SIMON SEBAG MONTEFIORE com John Bew e Martyn Frampton

MONSTROS
OS HOMENS E MULHERES MAIS PERVERSOS DA HISTÓRIA

CB028432

SIMON SEBAG MONTEFIORE com John Bew e Martyn Frampton

MONSTROS

OS HOMENS E MULHERES MAIS PERVERSOS DA HISTÓRIA

TRADUÇÃO

Sônia Augusto

Título original
Monsters
Copyright © 2008 by Simon Sebag Montefiore
1ª edição — Janeiro de 2022
Grafia atualizada segundo o Acordo Ortográfico da Língua Portuguesa de 1990,
que entrou em vigor no Brasil em 2009

Editor e Publisher
Luiz Fernando Emediato

Revisão da Tradução
Tilso Duchamp

Diretora Executiva
Fernanda Emediato

Preparação de Texto
Valquíria Della Pozza

Assistente Editorial
Ana Paula Lou

Revisão
Josias A. de Andrade

Capa, Projeto Gráfico e Diagramação
Megaarte Design

Dados Internacionais de Catalogação na Publicação (CIP)
de acordo com ISBD

M774m   Montefiore, Simon Sebag

Monstros: Os homens e mulheres mais perversos da História / Simon Sebag Montefiore, John Bew, Martyn Frampton ; traduzido por Sônia Augusto. - São Paulo : Geração Editorial, 2021.
320 p. : 18,7 cm x 23,2 cm.

Tradução de: Monsters
Inclui índice.
ISBN: 978-85-8484-021-2

1. Biografia. 2. História. I. Bew, John. II. Frampton, Martyn. III. Augusto, Sônia. IV. Título.

CDD 920
2021-3230   CDU 929

Elaborado por Odilio Hilario Moreira Junior – CRB-8/9949

Índices para catálogo sistemático:
1. Biografia 920
2. Biografia 929

GERAÇÃO EDITORIAL
Rua João Pereira, 81 – Lapa
CEP: 05074-070 – São Paulo – SP
Telefax: (+ 55 11) 3256-4444
E-mail: geracaoeditorial@geracaoeditorial.com.br
www.geracaoeditorial.com.br

Impresso no Brasil
Printed in Brazil

SUMÁRIO

Introdução

12 **Jezebel** século IX a.C.
Salomé

15 **Nabucodonosor**
c. 630-562 a.C.
Sargão da Acádia: o primeiro grande conquistador da Mesopotâmia

18 **Qin Shi Huang, o "Primeiro Imperador"** c. 259-210 a.C.
O mundo subterrâneo do imperador

21 **Sila** 138-78 a.C.
Tiranos e ditadores

24 **Crasso** c. 115-53 a.C.
Crucificação

27 **Herodes, o Grande** 73-4 a.C.
A dinastia herodiana

30 **Imperatriz Lívia** 58 a.C.- 29 d.C.
Tibério e Sejano

33 **Calígula** 12-41 d.C.
Heliogábalo

36 **Nero** 37-68 d.C.
Agripina

39 **Domiciano** 51-96 d.C.
A perseguição aos cristãos

43 **Cômodo** 161-192 d.C.
Gladiadores

46 **Caracala** 186-217 d.C.
Os bárbaros

49 **Átila, o Huno** 406-453
Hunos, godos e vândalos

52 **Imperatriz Teodora** 497-548
Revolta de Nika

55 **Imperatriz Wu** 625-705
Madame Mao

58 **Justiniano II** 669-711
O saque de Constantinopla

61 **Papa João XII** c. 937-964
Marózia, a Jezebel do papado

64 **Basílio, o matador de búlgaros** 957/958-1025
Cegar e estrangular em Bizâncio

67 **Hassan-i-Sabbah, xeique de Alamut** 1056-1124
Uma breve história do haxixe

70 **Godofredo de Bulhão e a invasão de Jerusalém** 1060-1100
Cruzados brutais

73 **Andrônico I Comneno** c. 1118-1185
Focas e Irene

76 **Simão de Monforte e a Cruzada Albigense** 1160-1218
Massacre em Montsegur

79 **Gêngis Khan** c.1162-1227
O arco composto: a arma que conquistou um continente

82 **Rei João** 1167-1216
Estranhas mortes reais

85 **Roger Mortimer, o primeiro conde de March** 1287-1330
Isabel, a Loba de França

89 **Pedro, o Cruel** 1334-1369
Epítetos reais

92 **Tamerlão** 1336-1405
Tamerlão, o Grande, de Marlowe

95 **Antipapa Clemente VII** 1342-1394
Antipapas e a Papisa

98 **Ricardo II** 1367-1400
A revolta camponesa

101 **Gilles de Rais** 1404-1440
Dois assassinos em série modernos

104 **Tomás de Torquemada** 1420-1498
A Inquisição Espanhola

107 **Vlad, o Empalador** 1431-1476
Quem foi Drácula?

110 **Ricardo III** 1452-1485
Reis que morreram em batalha

113 **Girolamo Savonarola** 1452-1498

114 **Rasputin: o monge louco**

116 **Selim, o Severo** 1470-1520
Cordas de arcos e gaiolas de ouro

119 **Francisco Pizarro** c. 1475-1541
Lope de Aguirre

122 **Barba Ruiva** c. 1478-1546
Braço de Prata c. 1474-1518
Corsários, piratas e corsárias

125 **Lucrécia Bórgia** 1480-1519
Veneno

128 **Hernán Cortés** 1485-1547
Astecas e incas

131 **Henrique VIII** 1491-1547
Assassinos reais de esposas e filhos

134 **O duque de Alba e o Conselho de Sangue** 1507-1582
Catarina de Médici e o Massacre do Dia de São Bartolomeu

137 **Maria, a Sanguinária** 1516-1558
Uma morte herética

140 **Ivã, o Terrível** 1530-1584
O califa insano

143 **Humphrey Gilbert** c. 1539-1583
O massacre em Drogheda

146 **Sawney Beane** século XVI
Jean-Bédel Bokassa

149 **Condessa Elizabeth Bathory** 1560-1614
As assassinas em série mais malvadas da história

152 **Dom Carlo Gesualdo, príncipe de Venosa** 1566-1613
Mortes de compositores

155 **Albrecht von Wallenstein** 1583-1634
Mercenários

158 **Aurangzeb** 1618-1707
O buraco negro de Calcutá

161 **Titus Oates** 1649-1705
Três teorias famosas de conspiração

164 **Nadir Xá** 1688-1747
A República Islâmica do Irã

167 **Maximilien Robespierre** 1758-1794
Tortura e execução

170 Shaka 1787-1828
    A queda do Império Zulu

173 Behram, morto em 1840
    Os dacoits

176 Jack, o Estripador
    Assassinos em série famosos

179 William Walker e os
    flibusteiros 1824-1860
    General Noriega

182 Solano López 1827-1870
    Elisa Lynch

185 Imperatriz Dowager Cixi
    1835-1908
    A Guerra dos Boxers

188 Leopoldo II 1835-1909
    O coração das trevas

191 Jacob H. Smith e a Guerra
    da Independência das Filipinas
    1840-1918
    *A invenção do campo de
    concentração*

194 Lothar von Trotha 1848-1920
    Povos desaparecidos

197 Dr. Crippen 1862-1910
    *O DNA e a investigação em
    medicina legal*

200 Vladimir Lênin 1870-1924
    *A campanha de Lênin contra
    os kulaks*

203 Pancho Villa 1878-1923
    Zapata

206 Josef Stalin 1878-1953
    Bandido e libertino

209 Talat Paxá e os massacres
    armênios 1881-1922
    Genocídio

212 Benito Mussolini 1883-1945
    A campanha abissínia

215 Hideki Tojo 1884-1948
    A marcha da morte em Bataan

218 Barão Ungern von Sternberg e
    a Guerra Civil Russa
    1886-1921

220 Adolf Hitler 1889-1945
    Os últimos dias de Hitler

224 Ante Pavelic 1889-1959
    Quislings

227 Francisco Franco 1892-1975
    *Os terrores branco e vermelho
    da Espanha*

230 Mao Tsé-tung 1893-1976
    A Revolução Cultural

233 Nikolai Yezhov 1895-1940
    *A vida e os amores do
    "anão sanguinário" de Stalin*

236 Marechal Choibalsan
    1895-1952
    A junta birmanesa

239 Dr. Marcel Petiot 1897-1946
    *Perfil psicológico de assassinos
    em série*

242 Al Capone 1899-1953
    A Máfia nos Estados Unidos

245 Lavrenti Beria 1899-1953
    A besta do sexo

248 Heinrich Himmler 1900-1945
    A conferência de Wannsee

251 Rudolf Hoess e Auschwitz
    1900-1947
    Os julgamentos de Nuremberg

254 Adolf Eichmann 1906-1962
    Reinhard Heydrich

257 Dr. Hastings Banda
    c. 1906-1997
    Médicos: ditadores e terroristas

260 François "Papa Doc" Duvalier
    1907-1971
    Vodu

263 Enver Hoxha 1908-1985
    *Os "pequenos Stalins" do
    Leste Europeu*

266 Dr. Josef Mengele 1911-1979
    ODESSA

269 Kim Il-Sung 1912-1994
    Ditadores hereditários

272 Alfredo Stroessner 1912-2006
    Trujillo, o Bode

275 Nicolae Ceausescu 1918-1989
    e Elena Ceausescu 1916-1989
    Os Macbeth

278 Francisco Macías Nguema
    1924-1979
    Os cães de guerra

281 Pol Pot 1925-1998
    Os campos da morte

284 Idi Amin 1925-2003
    A operação Entebbe

287 Mobutu Sese Seko 1930-1997
    Cleptocracias

290 Salvatore Riina n. 1930
    A Máfia siciliana

291 Jim Jones 1931-1978
    Videntes e charlatães

296 Charles Manson n. 1934
    O lado negro do Verão do Amor

300 Mengistu Haile Mariam
    n. 1937
    Robert Mugabe

301 Saddam Hussein 1937-2006
    A guerra Irã-Iraque

306 Turkmenbashi 1940-2006
    As loucuras da tirania

309 Slobodan Milosevic 1941-2006
    Caçando criminosos de guerra

312 Pablo Escobar 1949-1993
    O Cartel de Cali

315 Osama bin Laden
    n. 1957-2011
    Bombardeios suicidas

Este livro dos chamados "monstros" é um volume irmão de meu livro dos chamados "heróis". A história pode nos dar alertas do passado e lições para o futuro. Essas histórias de heroísmo e vilania são um modo em que podemos aprender a apreciar os valores — como responsabilidade, tolerância, decência, coragem — que deveriam ser a base da sociedade. Deveríamos aspirar à coragem dos heróis enquanto os crimes dos monstros se erguem como alertas vindos do passado, lições para o futuro e monumentos à surpreendente depravação e à infinita perversidade da natureza humana. Quer você concorde, quer discorde em relação às minhas escolhas, esses são personagens, histórias e acontecimentos que todos deveriam conhecer.

INTRODUÇÃO

> *A história é pouco mais que o registro dos crimes, loucuras e infortúnios da humanidade.*
> EDWARD GIBBON

Entretanto, eles também são fascinantes em si mesmos, embora sejam terríveis. Na verdade, apesar de todos os esforços do gênio poético de John Milton para realizar o contrário, Satã continua a ser o personagem mais fascinante em *Paraíso perdido*. Muitos dos monstros nestas páginas eram estadistas e generais inteligentes e complexos. Mas nada disso deve nos desviar da descrição de seus crimes.

Este livro é dedicado às vítimas que eles fizeram. Os 6 milhões de judeus mortos no Holocausto, o ato mais estarrecedor de perversidade na história humana, certamente não foram esquecidos, embora os detalhes reais desse massacre em escala industrial ainda desafiem a crença, mas aqui também lembramos os milhões assassinados no Congo, em Ruanda, os armênios e os hereros da Namíbia, e muitos outros. Ao dar nome a seus assassinos e descrevê-los, desafiamos o desejo dos criminosos que esperavam que a posteridade esquecesse seus crimes. "Quem se lembra agora dos armênios?", ponderou Hitler, ordenando a "Solução Final". O comentário dele mostra por que a história é importante, pois Hitler encontrou encorajamento e alívio nos massacres esquecidos dos armênios. O passado e o presente estão intimamente ligados: "Ninguém se lembra dos boiardos mortos por Ivã, o Terrível", disse Stalin, ordenando o Grande Terror. Na escala imensamente audaciosa e quase inacreditável desses crimes, os monstros encontraram um santuário diabólico de compreensão e julgamento. "Uma morte", disse Stalin, "é uma tragédia, mas 1 milhão é uma estatística." Os mais horrendos desses crimes foram cometidos no século XX, quando a utopia corrosiva e inclusiva de ideologias insanas se associou com a tecnologia moderna e o poder estatal onipresente para tornar o assassinato mais fácil, mais rápido e possível em uma escala gigantesca. Desse modo, o século XX e a 2ª Guerra Mundial devem ser representados de forma especial.

Como escolhi esses monstros? De um modo totalmente subjetivo. Alguns são óbvios, como Calígula; Vlad, o Empalador; Ivã, o Terrível; Idi Amin ou Saddam Hussein. Hitler, Stalin, Mao — os superassassinos totalitaristas do século XX, quando trens, metralhadoras e telégrafos facilitaram os massacres — estão aqui. Todos esses monstros foram ajudados por milhares de pessoas comuns que se tornaram assassinos e torturadores para tomar parte em seus planos. Poucos foram punidos, mas partilham a responsabilidade de seus líderes. Incluí alguns assassinos em série — criaturas repelentes, banais e medíocres cujos complexos de inferioridade obsessivos os impeliram a dominar e destruir indivíduos mais fracos do que eles.

Os estadistas são os mais difíceis de classificar. Praticamente todos os poderosos tomam algumas decisões que custam vidas inocentes. O monstro de um homem é o herói de outro e esses debates continuam relevantes atualmente. Lênin se beneficiou de uma das maiores reabilitações da história e ainda é reverenciado por muitas pessoas ignorantes e enganadas na Rússia e no Ocidente: ele continua a ser celebrado em seu mausoléu na Praça Vermelha, em Moscou. Stalin foi denunciado em 1956, mas o Kremlin apresentou recentemente um livro oficial para os professores de história aclamando Stalin como "o líder russo mais bem-sucedido do século XX", o construtor de um estado e um triunfante comandante militar que se igualou a "Bismarck e Pedro, o Grande". O presidente Mao Tsé-tung continua a ser o guia espiritual da República Popular da China.

Existem alguns líderes que têm de ser situados em algum ponto entre herói e monstro. Napoleão; Pedro, o Grande; Cromwell; Ataturk; e Alexandre, o Grande, que poderiam ser considerados heróis ou monstros, mas que apareceram em meu primeiro livro, *101 heróis*, enquanto Henrique VIII, considerado por muitos um herói inglês, aparece como um monstro. Gêngis Khan e Tamerlão eram ambos gênios político-militares, quase heroicos e certamente monstruosos. Talvez esses heróis monstruosos clássicos mereçam um livro próprio.

Minhas escolhas foram falhas e feitas ao acaso: eu poderia acrescentar, retirar e trocar nomes incessantemente. Essa é a diversão de fazer listas. O importante é o conhecimento, a lembrança e o julgamento. Todos deveríamos conhecer esses personagens, lembrar esses crimes e fazer nosso próprio julgamento.

SIMON SEBAG MONTEFIORE

Esta obra, como meu livro dos heróis, é para minha filha LILY e meu filho SASHA.

AGRADECIMENTOS

Eu gostaria de agradecer à equipe da Quercus: Anthony Cheetham, Richard Milbank e o heroico editor Slav Todorov; meus coautores John Bew e Martyn Frampton; Nick Fawcett e Ian Crofton por seu texto e edição verdadeiramente extraordinários; os *designers* Nick Clark e Neal Cobourne; a pesquisadora de imagens Elaine Willis; minha agente Georgina Capel e, como sempre, minha esposa, Santa.

A vilã suprema da Bíblia, Jezebel — uma princesa fenícia e esposa de Acabe, rei de Israel — era uma pagã e meretriz sanguinária que controlava seu marido, desafiava sua masculinidade e o usava como um fantoche para aterrorizar seus súditos. Seu fim brutal — atirada de uma janela e devorada por cães esfaimados — é retratado como um castigo adequado por ela ter desafiado Jeová, o Deus de Israel.

JEZEBEL — século IX a.C.

> *Ouvi falar de um rei que estava indo bem, até que se meteu com a malvada Jezebel.*
> CANÇÃO "HARDHEADED WOMAN", DE ELVIS PRESLEY

A história de Jezebel é contada nos livros bíblicos dos Reis 1 e 2. Ela era filha de Etbaal de Tiro, rei dos fenícios, um povo de marinheiros que viviam em cidades-estado ao longo da costa do Líbano e da Síria atuais. Como parte de uma importante aliança regional, ela foi retirada de seu lar e oferecida em casamento a Acabe, o recém-coroado rei de Israel, que havia se separado por volta de 920 a.C. do reino de Judá. O problema, porém, era que os israelitas exigiam a adoração a um só Deus, Jeová, enquanto os fenícios adoravam diversas divindades agrupadas sob o nome geral de Baal, que muitos judeus associavam com o sacrifício de crianças. Jezebel seguia sua religião com o mesmo fervor com que os israelitas seguiam a deles, e isso tornou o conflito inevitável.

Acabe estava preparado para tolerar as práticas religiosas de sua nova esposa e até mesmo construiu um templo para Baal no centro da cidade de Samaria, mas isso não era suficiente para Jezebel. Tendo levado a Israel centenas de sacerdotes e profetas fenícios, ela exigiu que Acabe não só seguisse sua religião, mas também a impusesse a seu povo. Segundo o livro dos Reis 1 18:4, ela planejou o extermínio sistemático de seus oponentes, prendendo e matando centenas de sacerdotes judeus e obrigando muitos mais a se esconder.

Jezebel logo encontrou um adversário formidável em Elias, um profeta ardente e intransigente e defensor da fé judaica. Elias desafiou a nova hierarquia religiosa de Jezebel — 450 profetas de Baal e 400 profetas de Asherah, o deus dos mares — a um duelo no monte Carmelo, para provar qual religião reinaria suprema. Os sacerdotes de Baal construíram um altar e Elias construiu outro; o desafio era oferecer um touro em sacrifício sem atear fogo a ele. Segundo o relato bíblico, os profetas de Jezebel passaram a maior parte do dia em súplicas a seus deuses, mas em vão, enquanto Elias, tendo primeiro encharcado o altar, a madeira e a oferenda com água, rogou a Jeová, que enviou o fogo do céu que consumiu não só a oferenda mas também a madeira e as rochas sobre as quais estava. Quando o rei Acabe contou a Jezebel o que tinha acontecido, ela respondeu emitindo uma sentença de morte contra Elias, que fugiu para o monte Sinai, mas não sem antes ordenar o assassinato de 400 dos profetas de Jezebel (um exemplo claro dos padrões duplos bíblicos).

O domínio de Jezebel sobre Acabe é mais nítido na história de Nabote, um israelita que possuía um vinhedo vizinho ao palácio real em Jizreel. Quando Nabote se recusou a vendê-lo a Acabe, o rei voltou derrotado ao palácio, o que fez Jezebel perguntar desdenhosamente: "É assim que você age como rei sobre Israel?". Então, ela mesma tomou a iniciativa, usando o selo real para enviar cartas aos cidadãos de Jizreel, instruindo-os a forjar uma queixa de blasfêmia contra Nabote. Este foi apedrejado até a morte e, a seguir, Acabe usurpou sua terra.

Depois da morte de Acabe e de seu filho mais velho, Ahaziah, Jezebel governou por intermédio de seu segundo filho, Jorão. Porém, os israelitas já tinham sofrido o bastante, e o sucessor de Elias, Eliseu, coroou desafiadoramente Jeú, o comandante militar de Jorão, como rei em seu lugar. As esperanças que Jorão tinha de negociar um acordo caíram por terra quando os dois homens se encontraram. Acusando Jezebel de "incontáveis atos de prostituição e de feitiçaria" (2 Reis 9:22), Jeú atirou uma flecha que atravessou o coração de Jorão, levou seu corpo para a terra de Nabote e correu em seu carro para o palácio real, onde, vendo sua aproximação, Jezebel começou a arrumar o cabelo glamourosamente e aplicou kohl negro em suas pálpebras, talvez na esperança de seduzir o assassino de seu filho. Quando Jeú chegou, porém, ele ordenou aos eunucos de Jezebel que atirassem a rainha pela janela para a rua abaixo, onde seu sangue salpicou sobre a muralha e os cavalos. Enquanto Jeú celebrava sua vitória dentro do palácio, os cães devoravam o corpo dela, pedaço a pedaço, deixando apenas o crânio, as mãos e os pés.

O nome de Jezebel se tornou um sinônimo de promiscuidade, o arquétipo de mulher fatal. Os escritores bíblicos a viam como uma ameaça para sua fé e assim a retrataram sob a pior luz possível. Jezebel continua a ser o protótipo moral e político da mulher manipuladora, malvada, sedutora e ambiciosa por trás de um homem poderoso.

Jezebel e Acabe assumindo a posse do vinhedo de Nabote, um episódio bíblico de Reis 1 21, representado por Frederic Leighton [1836-96]. A figura imponente à esquerda é o profeta Elias, que informa a Acabe, que se esconde, que ele se vendeu "ao trabalho do mal à vista do Senhor". Elias previu que "os cães comerão Jezebel na muralha de Jizreel".

SALOMÉ

Duas mulheres da Bíblia — Herodíade e sua filha Salomé — são lembradas, acima de tudo, por sua capacidade de sedução e por seu oportunismo calculista. Depois da morte de Herodes Filipe — seu primeiro marido —, Herodíade casou-se com o irmão dele, Herodes Antipas (c. 20 a.C.-39 d.C.) — o governador da Galileia, indicado pelos romanos e que, mais tarde, zombaria de Jesus de Nazaré e o enviaria para julgamento e crucificação nas mãos de Pôncio Pilatos. O casamento havia sido enfaticamente condenado pelo ardente profeta judeu João Batista, que declarou ser contrário à Lei de Moisés — conforme escrita em Levítico 18:16 — que um homem visse nua a esposa de seu irmão. Como punição, João havia sido preso e jogado ao cárcere, onde, segundo Mateus 14:3-12 e Marcos 14:15-29, estava definhando quando um grande banquete foi realizado para celebrar o aniversário de Herodes. Herodíade, diz Marcos, ressentia-se amargamente da temeridade de João ao julgá-la e queria vê-lo morto, mas Herodes — que, segundo Mateus, também queria matar João — tinha medo das consequências, acreditando que ele era um santo homem e, portanto, protegido por Deus. A desonesta e manipuladora Herodíade viu no banquete uma oportunidade para forçar a questão e se livrar de João de uma vez por todas. Ela persuadiu Salomé a dançar diante do rei, que ficou tão deliciado com sua dança erótica dos sete véus que lhe ofereceu o que quisesse como recompensa. "O que devo pedir?", Salomé perguntou à mãe, que respondeu com brusquidão: "A cabeça de João Batista" (Marcos 6:23-24). Sem deixar margem a nenhuma sugestão de que fosse apenas uma vítima inocente das maquinações de sua mãe, Salomé ansiosamente retornou com essa exigência abominável, exigindo "de imediato, a cabeça de João Batista em uma bandeja" (Marcos 6:25). Herodes não teve opção a não ser honrar sua palavra, e João, sumariamente executado em sua cela na prisão, teve sua cabeça decepada levada em uma bandeja e dada a Salomé, que a passou para sua mãe triunfante.

Salomé recebe a cabeça de João Batista, uma das cenas mais horrendas e famosas da Bíblia, aqui representada por Caravaggio.

Nabucodonosor foi o Leão da Babilônia e o Destruidor de Nações. Governante do grande império neobabilônio, de 605 a 562 a.C., ele foi a personificação do rei guerreiro. A Bíblia registra que Nabucodonosor foi o instrumento da vingança divina sobre o povo errante de Judá — um destino que ele parece ter acolhido com prazer. O mesmo relato bíblico diz que Deus, mais tarde, puniu Nabucodonosor por seu orgulho e arrogância com sete anos de loucura.

NABUCODONOSOR II c. 630-562 a.C.

> *Então, Nabucodonosor se encheu de furor... E ordenou aos homens mais poderosos que estavam no seu exército que atassem Sadraque, Mesaque e Abednego, para lançá-los na fornalha de fogo ardente.*
> DANIEL 3:19-20

Nascido algum tempo depois de 630 a.C., Nabucodonosor foi o filho mais velho do rei Nabopolassar (que governou de 626 a 605 a.C.), o fundador da dinastia caldeia na Babilônia. Nabopolassar havia conseguido quebrar o jugo do império assírio, ao norte, e saqueado a grande cidade de Nínive. Vangloriando-se de seus triunfos, ele contara como tinha "massacrado a terra da Assíria" e "transformado o território hostil em uma pilha de ruínas".

Como convinha a um príncipe herdeiro da Antiguidade, o jovem Nabucodonosor foi envolvido nas conquistas militares de seu pai desde tenra idade e, em 605 a.C., ele testemunhou a derrota das forças egípcias em Carquemis, que ajudou a transformar os babilônios nos mestres da Síria. Nabopolassar morreu naquele mesmo ano e Nabucodonosor subiu ao trono.

Nabucodonosor, uma representação fascinante e alucinatória do governante babilônio pelo poeta, pintor e visionário inglês William Blake.

Então, em uma posição de poder absoluto, Nabucodonosor decidiu expandir seus domínios em direção ao Ocidente; uma aliança por casamento com o império Medo ao leste havia assegurado que surgiriam problemas daquela direção. Entre 604 e 601 a.C., diversos estados locais — inclusive o reino judaico de Judá — submeteram-se à sua autoridade, e Nabucodonosor declarou sua determinação de "não ter oponentes do horizonte ao céu". Encorajado por seu sucesso, em 601 a.C. Nabucodonosor decidiu enfrentar seus maiores rivais e enviou seus exércitos para o Egito. Porém, eles foram rechaçados e essa derrota provocou uma série de rebeliões entre os vassalos de Nabucodonosor que, anteriormente, estavam quietos — em especial Judá.

Nabucodonosor retornou para a Babilônia, sua terra natal, planejando sua vingança. Depois de um breve intervalo, ele atacou as terras a oeste mais uma vez, acabando praticamente com tudo à sua frente. Em 597 a.C., o reino de Judá se submeteu. Nabucodonosor ordenou que o rei, Jeconias, fosse deportado para a Babilônia. Em 588 a.C., Judá, governado pelo tio do rei, Zedequias, revoltou-se. Em 587-586 a.C., Nabucodonosor marchou para a desafiante Jerusalém, manteve a cidade sob cerco durante meses e, finalmente, invadiu-a. Nabucodonosor ordenou que a cidade fosse destruída; as pessoas, massacradas; o templo judeu arrasado, e o príncipe Zedequias teve de testemunhar a execução de seus filhos antes que seus olhos fossem arrancados. Depois, os judeus foram deportados para o leste, onde lamentaram Sion "junto aos rios da Babilônia".

Em 585 a.C., Nabucodonosor sitiou a cidade rebelde de Tiro. Sua localização costeira significava que ela podia receber suprimentos por mar, o que lhe permitia resistir ao bloqueio babilônio. Depois de um cerco extraordinário, que durou 13 anos, foi negociado um acordo: Tiro foi poupada, mas concordou em aceitar a autoridade de Nabucodonosor.

As realizações de Nabucodonosor nos campos de batalha foram acompanhadas pelo aumento na construção em seu reino. Como muitos que exercem o poder absoluto, o governante babilônio estava obcecado com a grandiosidade arquitetônica e determinado a fazer com que a capital refletisse sua grandeza. Utilizando o trabalho escravo dos vários povos que havia subjugado, Nabucodonosor ergueu ou remodelou numerosos templos e prédios públicos. O novo e extravagante palácio real, que seu pai iniciara, foi concluído. E, o que ficou mais famoso, o rei encomendou os Jardins Suspensos da Babilônia — uma das maravilhas do mundo antigo — como um presente para sua esposa.

Desse modo, Nabucodonosor transformou a Babilônia em uma capital adequada a uma superpotência — que era o que seu império havia se tornado na época de sua morte, em 561 a.C. Contudo, a obra de sua vida mostrou-se efêmera: apenas duas décadas depois de sua morte, o império de Nabucodonosor deixou de existir, quando Ciro, o Grande, da Pérsia, conquistou a Babilônia, em 539 a.C.

Nabucodonosor é lembrado como o construtor de um império — o homem que restaurou a grandeza da Babilônia, mesmo que por um breve tempo; Saddam Hussein estava especialmente determinado a explorar a imagem de Nabucodonosor para seus próprios fins. Para outros estudiosos, porém, o nome de Nabucodonosor está indelevelmente associado com a conquista desenfreada e o tratamento brutal dos povos subjugados — o Destruidor de Nações que cumpriu a visão do profeta judeu, Jeremias: "Ele saiu de seu país para arrasar a sua terra. Suas cidades ficarão em ruínas, sem habitantes".

SARGÃO DA ACÁDIA: O PRIMEIRO GRANDE CONQUISTADOR DA MESOPOTÂMIA

A Mesopotâmia produziu o primeiro grande conquistador conhecido na história: Sargão I da Acádia (c.2334-2279 a.C.). Filho ilegítimo de uma sacerdotisa, Sargão — que era natural da cidade de Acádia, na região de mesmo nome no norte da Mesopotâmia — serviu como um copeiro na corte real do rei Ur-Zababa de Kish. Depois de o rei ficar com ciúme e tentar assassiná-lo, Sargão derrubou Ur-Zababa e deu início à sua própria conquista da Mesopotâmia.

Nessa época, a Mesopotâmia era constituída por uma série de cidades-estado independentes, mas uma a uma elas caíram diante de Sargão, que passou a exercer sua autoridade sobre todo o sul da Mesopotâmia, a região conhecida como Suméria. No processo, ele destruiu a grande cidade de Uruk e colocou em seu governante, Lugalzagesi, uma coleira de madeira, fazendo-o percorrer as ruas da Acádia sob humilhação. Outras vitórias se seguiram. Depois de um triunfo, Sargão destruiu totalmente a cidade de Kazala, de modo que "os pássaros não podiam encontrar um lugar para pousar acima do solo". Ele acabou por dominar toda a Suméria, chegando finalmente ao Golfo Pérsico, onde supostamente se banhou e lavou suas armas no mar para simbolizar o sucesso de sua conquista.

Depois, levou suas forças para o oeste, conquistando terras no Crescente Fértil, chegando até a Síria e o leste da Ásia Menor, no Mediterrâneo. Não é de admirar que um cronista o descrevesse como não tendo "nem rival nem igual".

Depois de sua morte, grande parte do império da Acádia se levantou em revolta, mas seus filhos conterritórios. Seus o controle sobre a maioria de seus territórios, seus descendentes posteriores obtiveram outras conquistas, e um deles, Naram-Sin (que reinou c. 2254-2218 a.C.), até se declarou "Rei das Quatro Direções, Rei do Universo".

Uma cabeça de bronze de Sargão I, o conquistador acádio que se declarou "Rei do Universo".

Qin Shi Huang criou o primeiro império chinês unificado que surgiu do "Período dos Reinos Combatentes". Em 221 a.C., ele havia conseguido destruir os últimos reinos rivais remanescentes dentro da China e se tornado governante supremo: o "Primeiro Imperador". Um estadista e conquistador admirável e implacável, com dons maníacos, assombrado pela loucura, pelo sadismo e pela paranoia. O reinado de Qin Shi Huang rapidamente degenerou em uma tirania brutal e sangrenta. Sua reputação na China sempre havia sido a de um tirano, mas foi o presidente Mao Tsé-tung, outro ditador monstruoso, quem se associou ao "Primeiro Imperador" e o promoveu a seu precursor glorioso.

QIN SHI HUANG, O "PRIMEIRO IMPERADOR"
c. 259-210 a.C.

> *Se você governar o povo por meio de punições, as pessoas terão medo. Com medo, elas não cometerão vilezas.*
> O LEGALISMO DO SR. SHANG, ADOTADO POR QIN SHI HUANG COMO BASE DE SEU REINADO

Nascido um príncipe da família real do reino de Qin, Zheng, como se chamava o futuro imperador, foi criado em um cativeiro honroso. Seu pai, o príncipe Zichu de Qin, estava então servindo como refém no estado inimigo de Zhaou, sob um acordo de paz entre os dois reinos. Libertado depois de algum tempo, Zichu retornou a Qin e assumiu a coroa, com seu filho Zheng como herdeiro.

Em 245 a.C., Zichu morreu e Zheng, aos 13 anos, subiu ao trono. Durante os sete anos seguintes, ele governou com um regente, até que, em 238 a.C., assumiu pleno controle em um golpe no palácio. Desde o início, Zheng mostrou uma nova crueldade: costumava executar os prisioneiros de guerra, o que era contrário ao estabelecido na época.

Zheng, então, competiu pelo poder com os outros reinos chineses e criou um exército poderoso. Ao chegar ao trono, Qin era um estado vassalo do reino de Zhaou. Em uma sequência de vitórias militares, seis reinos caíram diante das forças de Zheng: Han (230), Zhaou (228), Wei (228), Chu (223), Yan (222) e Qi, o último reino chinês independente, em 221 a.C. Um comandante soberbo, Zheng também era um diplomata habilidoso, especialmente em explorar as divisões entre seus inimigos. Então, ele tinha uma posição indisputada em uma China unificada. Para comemorar seu feito, assumiu um novo nome que refletia seu *status* sem igual: Qin Shi Huang, "O Primeiro Imperador Augusto de Qin".

Qin Shi Huang então criou um estado forte e centralizado em seus territórios. Como uma extensão das práticas já existentes no reino de Qin, as antigas leis e estruturas feudais que haviam permanecido em grande parte da China foram abolidas e substituídas por autoridades indicadas pelo governo central e por um novo aparato administrativo. A padronização da escrita, da moeda, dos pesos e medidas chineses mudou as esferas econômica, jurídica e o idioma, com um sistema unificado de novas estradas e canais, para fundir a China em uma unidade nacional coesa.

Houve, porém, um preço a ser pago pelas pessoas comuns da China. Um milhão de homens foram trabalhar em regime forçado para construir cerca de 7,5 mil quilômetros de estradas. Qin Shi Huang mandava gravar seus éditos em grandes letras escavadas nas encostas das montanhas. Conforme seus projetos de unidade nacional se tornavam cada vez mais ambiciosos, aumentava o custo das vidas que eles exigiam. Um desses projetos era ligar as numerosas muralhas de fronteiras independentes que protegiam o norte da China da ameaça das tribos hostis. Isso criou efetivamente um precursor da Grande Muralha da China, mas custou milhares de vidas.

Ao mesmo tempo, Qin Shi Huang não estava disposto a aceitar nenhum limite a seu próprio poder — em contradição com a crença de Confúcio de que um governante devia seguir ritos tradicionais. Assim, ele tornou o confucionismo ilegal e perseguiu brutalmente os que seguiam essa doutrina. Os estudiosos do confucionismo foram enterrados vivos ou degolados; um destino semelhante abatia-se sobre o seguidor de qualquer credo que pudesse desafiar a autoridade do imperador. Todos os livros que não eram especificamente aprovados pelo imperador foram proibidos e queimados; qualquer tipo de curiosidade intelectual devia ser substituído por obediência cega.

Conforme envelhecia, Qin Shi Huang ficou obcecado com sua própria morte. Mandava regularmente expedições em busca de um "elixir da vida" que o tornasse imortal. Ele ficou ainda mais temeroso dos desafios à sua posição, e isso com bons motivos, pois foi alvo de várias tentativas de assassinato. Os esforços do imperador para contrariar o destino tornaram-se ainda mais paranoides e bizarros. Aleatoriamente, os servos na residência imperial recebiam ordens para carregá-lo no meio da noite para dormir em um outro quarto. Numerosos "sósias" foram mobilizados para confundir qualquer possível assassino. Era mantida uma vigia atenta, e qualquer suspeito de deslealdade era instantaneamente afastado.

Em última instância, a busca de Qin pela imortalidade foi sua própria condenação. Acreditava-se que um homem poderia viver mais se bebesse metais preciosos, pois obteria parte da durabilidade deles. O imperador morreu em 210 a.C., numa viagem ao leste da China, depois de ter engolido pílulas de mercúrio, criadas pelo médico da corte em uma tentativa de lhe conferir a imortalidade.

Mesmo na morte, Qin Shi Huang parecia ter medo de estar vulnerável a ataques. Muito antes de morrer, ele ordenara que um gigantesco mausoléu, com 5 quilômetros de largura, fosse construído e guardado por um "exército de terracota", com mais de 6 mil modelos de soldados em tamanho natural. Mais uma vez, a escala épica do projeto de construção teve um custo monumental em termos das vidas perdidas. Cerca de 700 mil homens foram recrutados e uma parcela substancial deles não sobreviveu à conclusão do projeto.

Qin Shi Huang: fundador da nação chinesa? Ou um monstro autocrático? A reputação do "Primeiro Imperador" permanece polêmica. Seu legado imediato não durou muito. Qin Shi Huang havia declarado que o império que ele construíra iria durar mil anos, mas desmoronou apenas quatro anos após sua morte, quando a China entrou em um novo período de guerra civil. No entanto, ele criou a realidade e a ideia de um império chinês, uma entidade e um território similares à atual República Popular da China.

Uma estátua do imperador Qin Shi Huang no Museu dos Guerreiros de Terracota, Lintong, Província Shaanxi. O imenso túmulo subterrâneo que o imperador construiu para si mesmo permanece lacrado e praticamente inexplorado, sendo um dos sítios arqueológicos mais misteriosos do mundo.

O MUNDO SUBTERRÂNEO DO IMPERADOR

Em março de 1974, um grupo de camponeses chineses que cavava um poço perto da cidade de Xian fez uma descoberta extraordinária. Eles encontraram uma ampla câmara contendo cerca de 6 mil figuras de terracota em tamanho natural. Depois de mais exploração, descobriu-se que esse "Exército de Terracota" de soldados de infantaria, cavalaria, cocheiros, arqueiros e soldados armados com bestas guardava a entrada do enorme túmulo do "Primeiro Imperador", Qin Shi Huang.

Até o momento, apenas os soldados que guardam o caminho para a porta do túmulo foram descobertos. Cada um deles foi modelado com detalhes precisos e tem características faciais únicas. Todas as estátuas estão voltadas para o leste, de onde se supunha que viriam os inimigos do imperador adormecido para sempre. No total, todo o conjunto funerário enche uma montanha inteira, cobrindo um sítio de mais de 50 quilômetros quadrados. Sua construção se deu durante o reinado do imperador e só foi concluída anos depois de sua morte. O objetivo de Qin Shi Huang era garantir que na morte, como na vida, todos os seus desejos e caprichos fossem realizados nesse enorme palácio subterrâneo.

A escala do que resta para ser descoberto é indicada pelas palavras do antigo historiador chinês, Sima Qian (Ssu-ma Ch'ien; c. 145-85 a.C.), que descreveu o túmulo:

Alguns dos soldados de argila que deviam guardar o imperador na vida póstuma. Acredita-se que as estátuas foram produzidas com uma técnica similar à usada para a construção de canos de drenagem.

Os soldados individuais variam em altura, uniforme e estilo de penteado, segundo seu posto. Todos deviam carregar armas, mas estas foram roubadas logo depois de o exército ser completado.

Os trabalhadores... construíram modelos de palácios, pavilhões e escritórios e encheram o túmulo com vasos finos, pedras preciosas e raridades. Os artesãos receberam a ordem de instalar bestas disparadas mecanicamente para atirar em qualquer intruso. Com mercúrio, foram criados os diversos cursos d'água do império, os rios Yangtze e Amarelo, e até mesmo o grande oceano e, então, fizeram com que fluíssem e circulassem mecanicamente. Com pérolas cintilantes, as constelações celestiais foram representadas acima, e com estátuas de pássaros feitas de ouro e prata e com pinheiros esculpidos em jade, a terra foi representada abaixo.

Com olhos cinzentos e cabelo loiro-acobreado, Sila foi o general e ditador cujo governo assassino soou o dobre da morte da República Romana. Um comandante militar talentoso, mas implacável, e um político conservador, ele aniquilou seus rivais, granjeando uma reputação de metade raposa, metade leão. Embora se considerasse o "guardião da constituição", a ambição incansável de Sila acabou se revelando o motivo de sua ruína.

SILA   138-78 a.C.

> *Sua boa sorte sem igual — até seu triunfo na guerra civil — encontrava correspondência em sua energia... De sua conduta subsequente, não posso falar sem sentimentos de vergonha e nojo.*
> SALÚSTIO, A GUERRA JUGURTINA (C. 41-40 A.C.)

Lúcio Cornélio Sila foi um retardatário no duro e violento mundo da política romana. Embora de origem nobre, ficou sem nenhuma fortuna após a morte de seu pai. Com vinte e poucos anos, segundo o historiador romano Plutarco, "Ele passava muito tempo com atores e bufões e partilhava de sua vida dissoluta". O que essas experiências deram a Sila foi o toque comum, essencial para qualquer populista ambicioso.

Sila alimentou sua ambição ao se estabelecer como o amante de uma viúva rica, que lhe deixou sua fortuna ao morrer. Graças a essa sorte, foi capaz de iniciar o *cursus honorum* — o processo pelo qual políticos iniciantes subiam na hierarquia da vida pública na República Romana. Nessa época, porém, ele já tinha trinta anos. E, como muitos de seus rivais haviam iniciado a carreira com vinte e poucos anos, Sila foi, desde o início, um homem com pressa.

Em 107 a.C., Sila tornou-se questor e se distinguiu em uma campanha militar vitoriosa contra o rei numídio, Jugurta, servindo sob o comando do cônsul Caio Mário. Cerca de vinte anos mais velho que Sila, Mário passaria de mentor do jovem a seu mais acirrado rival. Entre 104 e 101 a.C., Sila mais uma vez serviu com distinção sob o comando de Mário e retornou a Roma com uma reputação triunfante e perspectivas brilhantes.

Nesse ponto, porém, a carreira de Sila entrou em uma certa calmaria. Foi só durante a Guerra Social de 91-88 a.C., na qual Roma enfrentou uma grande revolta de seus aliados italianos, até então leais, que Sila voltou ao serviço na frente de batalha e conquistou uma reputação como um general brilhante por direito próprio. Ao ajudar a derrotar a sublevação, ele exibiu a combinação de conhecimento militar e brutalidade selvagem que veio a se transformar em sua marca.

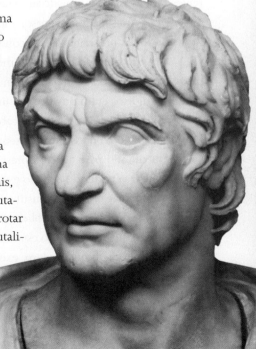

Lúcio Cornélio Sila. Esse intimidante busto de mármore foi feito por volta do ano 100 d.C.

Retornando a Roma em triunfo, Sila tornou-se cônsul no ano 88 a.C. — o auge dos cargos eleitos sob a República. Ele também garantiu um comando militar pós-consular extremamente lucrativo, em campanha no leste contra o rei Mitrídates de Ponto. Mário, embora envelhecido, continuava extremamente ambicioso e acreditava que o comando de Sila no leste deveria ser seu. Assim, enquanto Sila estava ausente de Roma, Mário aproveitou a oportunidade para que seus aliados políticos transferissem a posição de Sila para ele.

Entretanto, Mário equivocou-se ao julgar seu rival. A possibilidade de perder tudo pelo que havia trabalhado tanto e por tanto tempo tornou Sila ardentemente determinado a derrotar seus inimigos por qualquer meio necessário. Sila tinha seis legiões sob seu comando, totalizando quase 30 mil homens. Então, ele assumiu a posição escandalosa e sem precedentes de marchar contra Roma — a Primeira Guerra Civil.

Mário foi derrotado e fugiu para a África. Sila fez com que seus adversários fossem declarados "inimigos do estado" e recuperou seus antigos cargos. Fora isso, sua revanche foi surpreendentemente moderada. Ele introduziu várias reformas e, depois, em 87 a.C., partiu para o leste, onde alcançou importantes vitórias contra Mitrídates e esmagou uma rebelião na Grécia. Durante o cerco de Atenas, ordenou a destruição dos bosques onde Platão e Aristóteles haviam refletido sobre a condição humana. Quando a cidade finalmente caiu, Sila deixou seus soldados livres para pilhar e assassinar conforme desejassem.

Mais uma vez, porém, Sila estava sendo desafiado em Roma. Novamente, aproveitando a ausência de seu rival, Mário havia regressado e se tornado cônsul — pela sétima vez. Ele declarou inválidas todas as leis de Sila e o exilou de Roma. Em 82 a.C., Sila retornou à capital — de novo à frente de um exército — e, dessa vez, não haveria limites para sua vingança.

Mário havia morrido durante seu último consulado, em 86 a.C., mas seus aliados políticos e seus parentes foram caçados impiedosamente. Depois de destruir seus rivais, no início de 81 a.C., Sila foi indicado ditador por um senado temeroso, e logo listas de "proscritos" começaram a aparecer no fórum central de Roma. Todos os proscritos foram condenados à execução e suas propriedades, saqueadas.

Em um período de poucos meses podem ter sido mortas até 10 mil pessoas. Em uma ocasião famosa, Sila discursou ao Senado atemorizado enquanto os gritos dos prisioneiros que estavam sendo torturados e mortos eram ouvidos em um prédio vizinho. As margens do Tibre ficaram cobertas por corpos; e os prédios públicos, repletos de cabeças degoladas.

Em meio ao massacre, Sila tentou reconstruir a integridade da República Romana, que ele mesmo havia contribuído para abalar. Apresentando-se como "guardião da constituição", introduziu novas leis para restaurar o poder do Senado e das autoridades eleitas. Em 79 a.C., depois de vencer seus adversários e de concluir suas reformas constitucionais, ele se retirou ostensivamente da vida pública.

Longe de salvar a República, Sila havia preparado o caminho para seu colapso derradeiro. Ele tinha deixado claro que o poder não estava nas mãos dos políticos, mas nas dos generais. E o poder último estava nas mãos do homem que pudesse exercer a força militar com a brutalidade mais impiedosa. Foi Sila, com sua selvageria desenfreada, quem abriu as portas pelas quais marchariam os imperadores.

Tiranos e Ditadores

Embora atualmente as palavras "tirano" e "ditador" sejam aplicadas indiscriminadamente a qualquer pessoa que exerça um marcante excesso de poder, no mundo clássico os termos tinham significados mais específicos e menos pejorativos. Na Grécia antiga, um *túranos* (tirano) era alguém que assumisse o poder sem ter o direito legal de fazer isso, mas que tivesse o apoio de facções cruciais dentro da política e que governasse, depois disso, de maneira absoluta. Um desses tiranos foi Pisístrato, que governou Atenas de 560 a 527 a.C. Militar bem-sucedido, Pisístrato assumiu o controle pela força, mas governou subsequentemente (apesar de ter sido exilado duas vezes) com um grau significativo de apoio popular. Sob a República Romana, o cargo de ditador ("aquele que decreta") só era preenchido em momentos de emergência, durante os quais seu ocupante exercia poder absoluto por um período de seis meses. Em outros momentos, o poder executivo supremo ficava nas mãos de dois cônsules. Um homem só podia assumir o cargo de ditador depois de ser aprovado por um *senatus consultum* pelo Senado, que recorria aos dois cônsules para indicar alguém para essa posição. O mais famoso dos ditadores romanos tradicionais foi Quinto Fábio Máximo — "o que adia" — que foi indicado em 221 a.C. e, de novo, em 217 a.C., quando o general cartaginês Aníbal, depois de marchar com um exército sobre os Alpes, ameaçava a própria cidade de Roma.

Apenas uma década depois de Fábio Máximo ter exercido essa função, Públio Sulpício Galba Máximo tornou-se o último homem a ser indicado como ditador no sentido tradicional. O cargo caiu em desuso até ser retomado por Sila, mas sob uma forma muito diferente. Sua autoelevação *de facto* a uma posição de poder ilimitado, em vez de salvar a República, provocou o seu declínio. Sila abriu caminho para que Júlio César, alguns anos depois, se declarasse *dictator perpetuum*, ditador vitalício, um movimento que marcou o início do fim da República Romana e o nascimento da nova era imperial.

A Lenda de Dâmocles, de Richard Westall (1765-1836). Quando Dâmocles, um nobre excessivamente bajulador na corte de Dionísio II, tirano de Siracusa, saudou seu mestre como um homem verdadeiramente afortunado, o tirano decidiu puni-lo por bajulação, convidando Dâmocles para trocar de lugar com ele por um dia. Ele realizou um banquete extravagante no qual o cortesão foi aguardado como um rei, mas acima de sua cabeça havia uma espada suspensa por um único fio de cabelo, e Dâmocles rapidamente perdeu o apetite. A lenda tem sido usada há muito para demonstrar a precariedade do poder absoluto, e a expressão "Espada de Dâmocles" denota um perigo ou catástrofe iminente.

Corpulento, ambicioso e vaidoso, Marco Licínio Crasso foi um homem impelido por avareza e ambição impiedosas. Para aumentar sua fortuna, ele se apoderou do dinheiro dos homens assassinados por serem "proscritos" por Sila e fez seu maior "assassinato" ao acrescentar um homem às listas de morte especificamente para ficar com o dinheiro dele. Para se promover, crucificou 10 mil escravos ao longo de 160 quilômetros da Via Ápia. Chamado de Dives, "Homem rico", Crasso prosperou como político, soldado e milionário, e foi o primeiro mecenas de Júlio César, mas morreu com infâmia.

CRASSO
c. 115-53 a.C.

> *As muitas virtudes de Crasso foram obscurecidas pelo vício da avareza e, de fato, ele parecia ter apenas esse vício; como era o mais predominante, ele ocultava os outros aos quais se inclinava.*
> PLUTARCO

Marco Licínio Crasso cresceu em uma Roma dividida entre as facções adversárias de Mário e Sila. Seu pai tinha sido um oponente de Mário e fora executado com seu irmão. Crasso foi obrigado a fugir para a Espanha (onde seu pai havia sido governador).

O pai de Crasso combinou política com negócios e deixou a seu filho uma herança magnífica — grande parte da qual em bens espalhados por todo o império. Crasso passou seus "meses como fugitivo" vivendo no luxo.

Ele montou um exército privado com cerca de 2,5 mil homens — um feito extraordinário por si mesmo — e prendeu sua bandeira ao mastro de Sila. Sila havia sido superado e corria o risco de ser derrotado, mas foi socorrido pela intervenção decisiva de Crasso. Crasso derrotou as forças samnitas, que apoiavam Mário, na Porta Collina em Roma, em 82 a.C. O banho de sangue resultante foi a base para a reputação de Crasso e o estabeleceu como um homem cruel, mas leal a Sila.

Sob o regime de Sila, Crasso recuperou as propriedades de sua família e, depois, aproveitou-se dos bens dos "inimigos do estado" que haviam sido proscritos por Sila. Ele denunciava qualquer pessoa cuja terra e fortuna desejasse e ficou fabulosamente rico, até que por fim Sila achou que as coisas tinham ido longe demais e repreendeu seu voluntarioso aliado.

Ao mesmo tempo, Crasso encontrou pela primeira vez seu maior futuro rival: Pompeu. Pompeu havia se aliado a Sila do mesmo modo que Crasso. Fisicamente atraente — "nada era mais delicado que as feições de Pompeu", disse um cronista —, herói guerreiro e *playboy* de Roma, Pompeu rapidamente se tornou o castigo de Crasso: Pompeu era o homem elegante em primeiro plano; Crasso, o manipulador nos bastidores e o ator político. Quando Sila renunciou, em 79 a.C., os dois homens aspiravam a uma futura ascensão.

Crasso conseguiu se tornar pretor em 73 a.C. e logo confrontou a revolta dos escravos, liderada por Espártaco, que abalou a Itália em 73-71 a.C. Ele viu apenas oportunidade pessoal nessa calamidade. Usando seus contatos no Senado, persuadiu o órgão a retirar os poderes dos cônsules e lhe dar o comando militar.

Quando duas de suas legiões desobedeceram às ordens, Crasso fez com que os homens se postassem em formação e, então, os decimou: cada décimo homem foi espancado até a morte. Ele esmagou os exércitos rebeldes, mas cerca de 5 mil fugiram, apenas para serem capturados e destruídos por Pompeu que estava retornando da Espanha à frente de seus próprios exércitos. Espicaçado pela inveja, Crasso ordenou uma horrenda demonstração de seu próprio triunfo sobre os escravos: 10 mil deles foram executados ao longo dos 160 quilômetros da Via Ápia. A cada 36 metros, um escravo foi pregado em uma cruz com um cartaz que celebrava o triunfo de Crasso.

Apesar da rivalidade com Pompeu, Crasso reconheceu a vantagem potencial que teria se ambos trabalhassem juntos. Eles se uniram em 70 a.C. para o primeiro consulado conjunto, determinados em destruir em grande parte o programa de reformas de Sila, que tivera o objetivo de salvaguardar a República, e decididos a garantir lucrativas posições pós-consulado para si mesmos.

Durante os anos 60 a.C., enquanto Pompeu estava no exterior, ampliando o império de Roma por meio de conquistas militares, Crasso permaneceu na capital, construindo um vasto império político e financeiro. Em 65 a.C., ele ocupou o cargo de censor, mas, de modo geral, tendia a exercer sua influência nos bastidores. Encontrou ainda tempo para ser processado por dormir com uma virgem vestal — um ato sacrílego, mas que foi contornado por Crasso por meio de suborno ao júri e à acusação.

Crasso teve vários protegidos, um dos quais era um jovem nobre empobrecido chamado Júlio César. Em 60 a.C., Crasso associou-se a César, muito mais jovem, e a Pompeu, que havia retornado, para criar o informal "Primeiro Triunvirato", pelo qual os três dividiram efetivamente o Império Romano entre si.

Logo surgiram tensões entre os três, e Crasso passou boa parte dos quatro anos seguintes fazendo manobras pelas costas de Pompeu. Contudo, em 56 a.C., os dois resolveram suas diferenças e no ano seguinte ocuparam seu segundo consulado conjunto. Então Crasso partiu para o leste, onde estava determinado a estabelecer uma reputação militar que rivalizasse com a de Pompeu e a de César.

Como governador da Síria, em 54 a.C., Crasso rapidamente encontrou um pretexto para declarar guerra a Pártia, o império rival de Roma no Oriente. Acompanhado por sete legiões (cerca de 44 mil homens), ele tolamente tentou atravessar o deserto — um sinal de seu fraco julgamento militar. Em 53 a.C., Crasso foi emboscado por uma força de mais de mil cavaleiros partos de armadura e 10 mil arqueiros montados, na Batalha de Carras, na atual Turquia. Os legionários romanos foram cercados e esquartejados. Menos de 25% deles sobreviveram, e o próprio Crasso foi morto na batalha.

Busto de mármore de Marco Licínio Crasso. Um dos muitos atos de ganância e violência de Crasso foi o saque do templo judaico em 54 a.C. O templo foi reconstruído e ampliado por Herodes, o Grande em um período de 46 anos, mas foi finalmente destruído na rebelião judaica de 66 d.C.

CRUCIFICAÇÃO

Uma das primeiras referências à crucificação encontra-se no trabalho do antigo historiador grego Heródoto, que registrou que ela era praticada pelos persas. Vários outros povos adotaram a prática, especialmente os cartagineses, e foi provavelmente com eles que os romanos aprenderam essa ação. Contemporâneo de Crasso, o grande orador Cícero descreveu a crucificação como o *summum supplicum* — a suprema punição, considerada um destino pior que a decapitação ou a queima. Era tipicamente reservada aos considerados culpados de ameaçar de algum modo o estado romano e geralmente era aplicada aos que não eram cidadãos de Roma. Houve exceções, porém: em 66 d.C., depois de uma revolta judia, o governador romano local crucificou em Jerusalém diversos judeus que também eram cidadãos romanos.

O horrendo espetáculo oferecido pela crucificação era usado muito deliberadamente como um fator de dissuasão — em especial para manter os escravos "em seu lugar". No século I d.C., a escravidão permeava toda a economia romana, e não era coincidência que os escravos fossem a maioria das vítimas da crucificação.

Os condenados a ser crucificados geralmente eram chicoteados primeiro. Depois, obrigados a carregar a cruz em que morreriam até o local da execução. Despidos, eles eram presos — por cordas ou por pregos — à cruz, que tinha ou uma forma de X ou a forma clássica da cruz cristã (atualmente, alguns estudiosos, porém, pensam que Jesus sofreu uma forma de crucificação que envolveu a colocação do corpo em um tipo de posição fetal). Uma pequena plataforma fornecia algum suporte para o corpo do prisioneiro, mas só o suficiente para mantê-lo na posição e não para aliviar a pressão sobre suas articulações. Colocados na posição, os crucificados eram simplesmente deixados para morrer em agonia. Isso pode demorar vários dias, embora muitos morressem mais depressa devido à sufocação pelos fluidos que se acumulavam nos pulmões. Às vezes, os soldados que supervisionavam a execução quebravam as pernas da vítima a fim de que a morte fosse mais rápida. No entanto, esses atos de compaixão eram raros. Mais comuns eram as variações cruéis, como a crucificação de cabeça para baixo ou pregar os genitais na cruz.

A prática da crucificação continuou a ser usada no Império Romano durante séculos. Foi apenas em 337 d.C. que o imperador Constantino aboliu essa forma de punição, depois de o cristianismo ter sido adotado como a religião oficial do estado.

Willem Dafoe como Jesus Cristo no filme A última tentação de Cristo, *de Martin Scorsese [1988].*

Herodes, o Grande, era o rei da Judeia, meio judeu, meio edomita, e aliado de Roma, cujos 32 anos de reinado viram realizações colossais e crimes terríveis. Foi um monarca talentoso, ativo e inteligente, que subiu por esforço próprio, combinou a cultura helenística e a judaica, ordenou a reconstrução do templo judeu, a ornamentação e a restauração de Jerusalém e a construção de grandes cidades e de fortalezas impressionantes. Em resumo, ele criou um reino grande, rico e poderoso com uma posição especial no coração do Império Romano do Oriente. No entanto, em sua ânsia por poder, mulheres e glória, ele se transformou no vilão sedento de sangue dos Evangelhos cristãos e o déspota de Josefo na Guerra Judaica. Mesmo que não ordenasse realmente o Massacre dos Inocentes, como é contado nos Evangelhos, Herodes matou três de seus próprios filhos, assim como sua esposa e muitos de seus rivais, e usou o terror e o assassinato para manter-se no poder até sua morte.

HERODES, O GRANDE — 73-4 a.C.

> *Então Herodes, quando viu que os sábios haviam zombado dele, ficou extremamente enfurecido e enviou ordens para que se assassinassem todos os meninos que houvesse em Belém, e em todos os outros locais, de dois anos de idade ou menos.*
> MATEUS 2:16

Nascido por volta de 73 a.C., Herodes era o segundo filho de Antípatro, primeiro-ministro do rei judeu Hicarno II, bisneto de Simão, o Macabeu, que estabeleceu a Judeia em 142 a.C. como um estado judeu independente. Os macabeus (também chamados de asmoneus) haviam governado a Judeia como reis e sumos sacerdotes desde então, mas para recuperar seu trono em 63 a.C., depois de seu irmão Aristóbulo tê-lo ocupado, o incapaz Hicarno foi forçado a se aliar ao general romano Pompeu, o Grande, cedendo

A conquista de Jerusalém por Herodes, o Grande, em 36 a.C., em uma representação do século XV feita pelo pintor francês Jean Fouquet. Herodes, com o auxílio dos romanos, retomou impiedosamente a cidade de Antígono, o último rei asmoneu da Judeia.

o controle da Judeia a Roma. Herodes e seu pai, Antípatro, eram astutos observadores da política em Roma, sempre apoiando o vencedor nas guerras civis, desde Pompeu até Augusto, a fim de se manterem no poder. Quando Júlio César indicou Antípatro como governador da Judeia, em 47 a.C., Hicarno continuou como rei apenas nominal e, embora sobrevivesse à revolta de 43 a.C. liderada por seu popular sobrinho Antígono — uma revolta em que Antípatro foi envenenado —, ele foi exilado três anos depois, quando Antígono se rebelou novamente. Herodes — que havia sido nomeado governador da Galileia por seu pai — garantiu a ajuda de Roma e, durante os três anos seguintes, travou uma guerra amarga contra seu próprio povo, que terminou com a execução de Antígono e com a nomeação de Herodes como "Rei dos Judeus" pelo Senado romano.

Já odiado por seu povo, Herodes tentou legitimar sua posição, livrando-se de sua primeira esposa, Doris — que havia lhe dado um filho, Antípatro —, e casando-se com Mariamme, a filha adolescente de Hicarno (cuja execução ele ordenou depois, em 30 a.C.). No total, ele se casou dez vezes, na maioria delas por motivações políticas, e gerou 14 filhos, três dos quais finalmente lhe sucederam em um governo conjunto depois de sua morte.

Herodes realizou mudanças impressionantes em seu reino. Ele ordenou uma série de projetos grandiosos de construção, que incluíam aquedutos, anfiteatros, o incrível porto comercial de Cesareia (considerado por muitos como uma das grandes maravilhas do mundo) e as fortalezas de Massada, Antônia e Herodium. O mais ambicioso de todos foi a reconstrução do Segundo Templo em Jerusalém — um projeto enorme que demorou anos para ser concluído. Mais de 10 mil homens passaram dez anos construindo apenas o Monte do Templo, e o trabalho nos pátios e prédios anexos ao Templo continuou muito depois da morte de Herodes. O último muro de sustentação existe até hoje como o local mais sagrado do judaísmo: o Muro das Lamentações, ou Muro Ocidental.

No entanto, por mais importantes que tenham sido, as realizações de Herodes foram superadas por suas atrocidades. Logo no início de seu reinado, ele criou uma força policial secreta, e qualquer suspeito de deslealdade era preso e executado. Controlou o Templo da mesma maneira, exterminando 46 membros-chave do Sinédrio, e em 36 a.C. mandou afogar o sumo sacerdote Aristóbulo, irmão de sua esposa, a quem temia como um rival em potencial. Nem mesmo seus parentes mais próximos estavam a salvo. Em 29 a.C., Herodes ordenou a execução de Mariamme devido a suspeitas de que ela estivesse tendo um caso. Mais tarde, em 7 a.C., ordenou o assassinato de Aristóbulo e Alexandre — seus filhos com Mariamme —

A DINASTIA HERODIANA

Herodes fundou uma dinastia que durou um século. Seus filhos sobreviventes foram:

✥ Herodes Arquelau (c. 23 a.C.-18 d.C.), cujo governo sangrento como etnarca da Judeia, Samaria e Idumeia terminou quando os romanos o exilaram em 6 d.C.

✥ Herodes Antipas (c. 20 a.C.-39 d.C.), que como tetrarca da Galileia e Peraia a partir de 4 a.C. levou paz e prosperidade para a região e foi exilado para a Gália depois de acusações feitas por Herodes Agripa I de que estava conspirando contra Calígula. Antipas foi o Herodes dos Evangelhos, que se recusou a julgar Jesus e foi retratado frivolamente na ópera-rock *Jesus Cristo Superstar*, de Lloyd Webber e Tim Rice.

✥ Herodes Filipe II (c. 27 a.C.-33 d.C.), que como tetrarca de Itureia e dos distritos a noroeste da Galileia a partir de 4 a.C. se distinguiu como um governante excelente, amante da paz e justo.

Os netos de Herodes incluíam:

✥ Herodes Agripa I (10 a.C.- 44 d.C.), filho de Aristóbulo, irmão de Herodíade, que foi feito tetrarca da Batanea e de Traconitis por Calígula em 37 d.C. (rece-

MONSTROS

depois de ter sido persuadido por Antípatro (seu filho com Doris) de que os dois estavam tramando contra ele. O imperador romano Augusto brincou que preferiria ser o porco de Herodes a ser filho dele, pois os judeus não comiam porcos.

A velhice e graves problemas de saúde não diminuíram a matança. (O historiador judeu Josefo descreve que Herodes sofria de uma doença horrível que provocava o apodrecimento dos genitais, dizendo que "a putrefação de seu membro pudendo produzia vermes"). Atingido por críticas dos essênios — uma rígida comunidade judaica —, Herodes ordenou que seu monastério em Qumran fosse queimado em 8 a.C.. Depois, quando um grupo de estudantes arrancou a águia imperial romana da entrada do Templo, em 4 a.C., ele ordenou que fossem queimados vivos. Dias antes de sua morte, mandou que executassem seu filho Antípatro, pois suspeitava que ele estivesse conspirando para assumir o trono; e seu último ato foi decretar a execução dos principais homens da nação, depois de sua morte, de modo que seu funeral fosse marcado por uma expressão nacional de luto. Felizmente, esse último comando foi ignorado.

Herodes é condenado por mais um crime que não cometeu: o chamado "Massacre dos Inocentes". Segundo o Evangelho de Mateus, quando soube que um novo "Rei dos Judeus" havia nascido em Belém, Herodes ordenou a execução de todos os meninos com menos de dois anos. Nenhuma evidência documental sustenta essa história.

Herodes Antipas governou a Galileia e Pereia de 4 a.C. a 39 d.C., ordenou a execução de João Batista e entregou Jesus às autoridades romanas. Ele é representado aqui em uma aquarela de Jacques Tissot (1836-1902).

bendo a Galileia e Pereia em 39 d.C., depois de Herodes Antipas ter sido exilado) e rei da Judeia em 41 d.C. por Cláudio, ponto em que seus domínios rivalizaram com os governados anteriormente por Herodes, o Grande. Herodes Agripa era um rei atraente e astuto, amigo de Calígula e de Cláudio e, depois de seu avô, o mais poderoso judeu do século, mas morreu cedo demais para realizar seu potencial.

✥ Herodes de Cálcis (morto em 48 d.C.), filho do príncipe Aristóbulo, irmão de Herodes Agripa I e Herodíade, que se tornou tetrarca de Cálcis (Síria antiga) em 41 d.C. e foi encarregado de supervisionar o Templo de Jerusalém depois da morte de Herodes Agripa.

Finalmente, dois bisnetos continuaram a dinastia:

✥ Tigranes VI, filho do príncipe Alexandre, foi feito rei da Armênia por Nero, em 58 d.C.

✥ Herodes Agripa II (27-100 d.C.), filho de Herodes Agripa I, governou Cálcis em 50 d.C. e, depois, recebeu Abilene, Traconitis, Acra, Galileia e Peraia. Ele expandiu a cultura helenística e tentou dissuadir os judeus da revolta contra Roma, em 66-70 d.C., o que levou à destruição do Templo.

A imperatriz Lívia foi a intrigante assassina, vingativa e sedenta de poder que dominou a corte de seu marido, Augusto César, o primeiro imperador romano e fundador da dinastia Júlio-Claudiana que durou até a queda de Nero. Aristocrática e inteligente, ela era, de muitas formas, uma vantagem para Augusto. Suas ambições — vingar-se de ofensas, influenciar a política e colocar seu filho Tibério no trono, envenenar aqueles que ficavam em seu caminho — foram realizadas de modo impiedoso. Ela continua famosa como a personificação da ameaça política, brutalidade fria e conspiração feminina.

Imperatriz Lívia — 58 a.C.-29 d.C.

> *Uma mãe terrível para o estado, uma madrasta terrível para a casa dos Césares.*
> — Plutarco

Lívia nasceu em 58 a.C., na família de Marco Lívio Druso Claudiano, um magistrado de uma cidade italiana cuja linhagem de sangue carregava uma herança orgulhosa. Ela foi prometida a seu primo, Tibério Cláudio Nero, em 42 a.C., e deu à luz seu primeiro filho (também chamado Tibério Cláudio Nero) — o futuro imperador.

Contudo, era uma época tumultuada para iniciar uma família. Nas guerras civis que se seguiram à morte de Júlio César, em 44 a.C., o marido e o pai de Lívia apoiaram os assassinos de César contra o herdeiro de César, seu sobrinho-neto, o jovem Otaviano, então com 19 anos. Quando Otaviano e seu aliado Marco Antônio derrotaram os assassinos de César na Batalha de Filipos, em 42 a.C., o pai de Lívia cometeu suicídio. Então, o marido dela uniu-se às novas forças contra Otaviano que se reuniram ao redor de Marco Antônio, cuja aliança com o herdeiro de César havia durado pouco. Como resultado, a família foi obrigada a abandonar a Itália em 40 a.C. para escapar à "proscrição" de Otaviano a seus inimigos. Após um breve período na Sicília e depois na Grécia, Tibério Cláudio Nero e sua esposa foram persuadidos a retornar a Roma em 39 a.C., quando Otaviano ofereceu anistia aos que haviam apoiado Marco Antônio. De volta à capital, Lívia foi apresentada a Otaviano, e todos os relatos concordam que ele ficou imediatamente apaixonado por ela. A ambição fria e a astúcia política dele eram iguais às dela. A essa altura ela estava grávida de seu segundo filho, Druso, mas apesar disso, seu marido foi persuadido a se divorciar dela e a presenteá-la como um presente político a Otaviano.

Desde o momento em que se casou com Otaviano, Lívia comportava-se em público como uma esposa reservada, dedicada e leal. Conforme a força política do marido aumentava, o *status* dela era reconhecido. Em 35 a.C., ela foi nomeada *sacrosanctas*, o que lhe dava a mesma inviolabilidade de um tribuno. A divisão do Império Romano entre Otaviano, que governava o oeste; e Antônio, que governava o leste, estava desmoronando. Em 31 a.C., Otaviano derrotou Antônio na Batalha de Áccio, conquistando todo o império. Otaviano assumiu o título de príncipe, ou primeiro cidadão, e em 27 a.C. tornou-se primeiro imperador, recebendo o título de Augusto, "exaltado", do Senado.

Lívia foi tratada com reverência ainda maior, e teve até uma estátua sua construída durante a vida — homenagem que quase nenhuma outra mulher recebeu nessa época. Mas foi nos bastidores que ela exerceu sua maior influência, muitas vezes maligna.

O imperador Augusto, que governou por surpreendentes 40 anos, foi um dos maiores de todos os imperadores romanos, famoso por encontrar Roma em tijolos e deixá-la em mármore. Administrador brilhante e político eficiente, consolidou as fronteiras imperiais, o poder militar e o serviço público, as bases dos séculos do império. No entanto, teve apenas uma filha, Júlia, nascida de um casamento anterior, e devido ao fato de uma herdeira ser culturalmente inaceitável, não estava claro quem deveria ser seu sucessor. Para Lívia, no entanto, isso estava muito claro: seus filhos deviam herdar o trono.

A primeira escolha do imperador foi seu sobrinho, Marco Cláudio Marcelo. Porém, em 23 a.C., Marcelo morreu em circunstâncias estranhas. Lívia, que conhecia vários especialistas em venenos, foi considerada suspeita de assassinato.

A seguir, Augusto favoreceu Marco Vipsânio Agripa, seu amigo mais íntimo e seu comandante militar mais importante, vitorioso em Áccio. Em 17 a.C., Augusto adotou os dois filhos mais novos de Agripa, Caio e Lúcio César, e a linha sucessória parecia estar garantida.

Entretanto, Agripa morreu em 12 a.C., e a questão de quem sucederia a Augusto ficou mais uma vez indefinida quando, respectivamente nos anos 2 d.C. e 4 d.C., Lúcio e Caio morreram. As circunstâncias da morte dos jovens príncipes foram misteriosas, e mais uma vez Lívia foi responsabilizada. Finalmente, Augusto foi obrigado a aceitar a opção advogada por Lívia: seu filho Tibério, reservado, mas capaz, foi adotado pelo idoso imperador em 4 d.C. — sendo assim estabelecido como o claro herdeiro do trono.

Mesmo assim, porém, Lívia foi obrigada a intervir mais uma vez. No ano 4 d.C., durante os últimos ajustes em seus planos de sucessão, Augusto também adotou Agripa Póstumo — o único filho sobrevivente de Agripa. Dois anos depois, Póstumo foi exilado de Roma, possivelmente devido a acusações de que havia se envolvido em uma conspiração de golpe contra Augusto, embora não se possa descartar a mão de Lívia nos eventos. Ainda assim, em 14 d.C. houve sinais de que Augusto estava procurando reabilitar seu último filho adotivo. Sem aceitar um possível rival para Tibério, acredita-se que Lívia tenha envenenado seu próprio marido, o idoso imperador.

Depois da morte de Augusto, Agripa Póstumo foi rapidamente assassinado, e Tibério tornou-se imperador. Lívia continuou a ser uma figura importante, ainda mais que seu marido lhe havia legado um terço de suas propriedades (um ato muito incomum). Ela então passou a ser conhecida pelo título de "Júlia Augusta". Tibério sempre havia se horrorizado com as intrigas dela, mesmo que estas o favorecessem, e agora ele se ressentia com sua interferência.

Quando ela morreu, em 29 d.C., ele não foi ao funeral. Também proibiu que ela fosse divinizada e se recusou a honrar os termos do seu testamento. A eulogia mais adequada a Lívia foi proferida por Calígula, filho de Germânico, a quem ela havia ajudado a criar. Calígula, que se tornaria um dos piores e mais depravados imperadores, descreveu-a como um "Ulisses em vestimentas de matrona" — e seu elogio talvez tenha sido a mais certa condenação que Lívia poderia ter recebido.

A imperatriz Lívia, representada aqui por Sian Phillips no drama de TV da BBC I, Claudius, que foi exibido pela primeira vez em 1976 e se baseou no famoso romance histórico de Robert Graves de mesmo nome.

TIBÉRIO E SEJANO

O empenho de Lívia em relação à sucessão imperial tinha o objetivo de beneficiar Tibério Cláudio Nero, o filho de seu primeiro casamento. Embora Tibério fosse um administrador competente e um general talentoso, ele não foi a primeira escolha de seu pai adotivo, nem, de fato, a segunda ou terceira opção. Em vez disso, o poder só foi assumido pelo taciturno Tibério quando todas as outras possibilidades haviam sido esgotadas, o que talvez explique por que ele nunca pareceu à vontade como governante. Muito de seu reinado foi assolado por perturbações internas e intrigas políticas. No ano 26 d.C., cansado dos assuntos de estado, ele se mudou para um palácio na ilha de Capri e passou a última década de seu governo em semiaposentadoria, deixando o prefeito pretoriano, Lúcio Élio Sejano, como governante de fato nas questões cotidianas.

O ambicioso Sejano via seu novo papel como um trampolim para o poder absoluto. A partir do ano 29 d.C., ele governou por meio do terror. Seus inimigos das classes senatorial e equestre eram falsamente acusados de traição, julgados e executados, transformando-o no homem mais poderoso de Roma. Sejano também planejou para que os herdeiros de Tibério fossem deixados de lado. Ao se tornar herdeiro do imperador Augusto, em 4 d.C., Tibério havia adotado seu sobrinho Germânico, que se tornou um general popular e, depois, governou a parte oriental do império. Porém, em 19 d.C., Germânico morreu na Síria, em circunstâncias misteriosas. Druso, filho de Tibério, morreu em 23 d.C., quase certamente envenenado por Sejano, que procurava impulsionar suas ambições políticas, casando-se com Livila, viúva de Druso. Tibério, porém, recusou dar permissão para o casamento. Quando dois dos filhos de Germânico foram retirados de cena em 30 d.C., a sucessão parecia destinada a Calígula, o filho sobrevivente de Germânico, ou a Tibério Gemelo, filho de Druso. Em 31 d.C., Sejano, determinado a se apoderar do poder, criou um plano para eliminar o imperador e os homens sobreviventes da casa imperial. Tibério mandou prender o prefeito pretoriano, depois o estrangulou e o fez ser esquartejado por uma multidão.

Enquanto isso, em Capri, Tibério havia se dedicado a prazeres mais sensuais desde que se mudara de Roma. O historiador sensacionalista Suetônio dá uma amostra do que estava envolvido nisso em seu relato chocante "Vida de Tibério":

> Ao se retirar para Capri, ele criou um local especial para suas orgias secretas: grupos de pessoas licenciosas, de ambos os sexos, selecionados como especialistas em relações sexuais desviantes, chamados de analistas, copulavam diante dele, em uniões triplas, para excitar suas paixões enfraquecidas. Alguns quartos tinham pornografia e manuais de sexo do Egito — que faziam com que pessoas ali instaladas soubessem o que se esperava delas. Tibério também criou recantos de luxúria nos bosques e fazia com que meninas e meninos vestidos como ninfas e Pãs se prostituíssem ao ar livre... Ele granjeou uma reputação por depravações ainda mais brutais que mal se podem suportar contar ou ouvir, e muito menos acreditar. Ele treinava menininhos como "peixinhos" para que o perseguissem enquanto ele nadava e se colocassem entre suas pernas e o mordiscassem. Ele também fazia com que bebês, ainda não desmamados, sugassem seu peito e sua virilha.

Depois da morte de Sejano, o Senado emitiu um damnatio memoriae ["condenação da memória"]. Todas as representações e monumentos a Sejano foram sistematicamente destruídos. A tentativa de apagar o nome de Sejano pode ser vista nesta moeda, originalmente gravada para marcar seu consulado.

Calígula subiu ao trono imperial como o jovem queridinho dos romanos e terminou seu reinado de quatro anos com uma reputação de um tirano insanamente cruel. Caprichoso, politicamente inepto e militarmente incompetente, sexualmente ambíguo e perversamente incestuoso, ele passou de um príncipe amado a um psicopata açougueiro em um reino que rapidamente desembocou em humilhação, assassinato e loucura.

CALÍGULA — 12-41 d.C.

> *Faça com que ele sinta que está morrendo.*
> Ordem de Calígula quando alguma vítima sua estava sendo executada.
> SEGUNDO SUETÔNIO

Calígula — cujo nome verdadeiro era Caio César — era o bisneto de Augusto, o primeiro imperador de Roma. O apelido Calígula — que significa "botinhas" — deriva das sandálias militares em miniatura que ele usava ainda garoto, quando acompanhava o pai, Germânico, em campanhas. Isso transformou Calígula na mascote favorita do exército. Germânico morreu repentinamente, em 19 d.C., seguido pelos dois irmãos mais velhos de Calígula e por sua mãe, Agripina. Muitos desconfiaram que o tio-avô de Calígula, o imperador Tibério, tivesse envenenado Germânico por considerá-lo uma ameaça ao trono. Em 31 d.C., Calígula foi morar com Tibério em sua villa na ilha de Capri, onde se suspeitava que o imperador se entregasse a todo tipo de práticas não naturais. Foi durante esse período que o lado sombrio do caráter de Calígula começou a emergir. Como relatou depois o historiador romano Suetônio (que não era uma fonte objetiva), "Ele não podia controlar sua crueldade e depravação naturais e era uma testemunha ávida das torturas e execuções daqueles que eram punidos, comprazendo-se à noite na gula e no adultério, disfarçado com uma peruca e um longo robe". Também circulavam boatos de que Calígula mantinha um relacionamento incestuoso com sua irmã Drusila.

Quando Tibério morreu, em março de 37 d.C., alguns disseram que Calígula havia asfixiado o idoso déspota com um

Uma foto do épico Calígula, *de 1970, de Tinto Brass, com Malcolm McDowell. O filme tinha no elenco outros atores notáveis, como Sir John Gielgud, Helen Mirren e Peter O'Toole, com um roteiro escrito por Gore Vidal.* Calígula *foi parcialmente financiado por Bob Guccione, fundador da* Penthouse, *que inseriu numerosas cenas sexualmente explícitas no que havia sido planejado como um épico histórico sério.*

travesseiro. Tibério tinha desejado que, depois de sua morte, Calígula e seu primo, Tibério Gemelo, governassem em conjunto, mas meses depois Calígula mandou matar Gemelo. A falta de experiência política de Calígula, combinada com sua arrogância mimada e seu desejo de poder absoluto, iria se mostrar desastrosa.

Existem muitos exemplos da megalomania de Calígula. Para repudiar uma profecia de que ele tinha tanta chance de se tornar imperador quanto de atravessar o golfo de Nápoles a cavalo, ele ordenou que navios formassem uma ponte sobre a água e cavalgou sobre ela em triunfo, usando o peitoral de Alexandre, o Grande. Também é dito que ele nomeou seu cavalo favorito, Incitatus, para o cargo de cônsul. Em outra ocasião, na Gália, ordenou que seus soldados derrotassem Netuno reunindo conchas na praia como "despojos do mar".

Mas nem todas as suas excentricidades eram tão inócuas. Calígula se tornou profundamente paranoide e ficava ofendido quando qualquer pessoa nem sequer olhasse para ele, pois era muito sensível em relação à sua calvície crescente e à quantidade de pelos corporais. Os suspeitos de deslealdade — muitas vezes sob pretextos insignificantes — eram, antes da execução, submetidos a uma diversidade de tormentos engenhosos criados pelo imperador, como ser coberto de mel e depois exposto a um enxame de abelhas enfurecidas.

Qualquer pessoa era uma vítima em potencial. Como Suetônio registra: "Muitos homens de passado honroso foram primeiramente desfigurados com as marcas de ferro de marcar, e depois condenados às minas, a trabalhar na construção de estradas ou a serem atirados a bestas selvagens; ou então ele os trancava em jaulas, na posição de quatro, como animais. Nem todas essas punições eram aplicadas por ofensas graves, mas meramente por criticar uma de suas aparições ou por nunca ter jurado por ele".

Calígula começou a acreditar que era divino. Ele fez com que as cabeças das estátuas dos deuses do Olimpo fossem substituídas por réplicas da sua própria e quase provocou uma revolta judia ao ordenar que sua divindade fosse adorada no Templo em Jerusalém. Suetônio afirma que ele falava comumente com as outras divindades como se elas estivessem a seu lado. Em uma ocasião, perguntou a um ator quem era maior, ele mesmo ou Júpiter. Quando o homem não respondeu com rapidez suficiente, o imperador ordenou que fosse chicoteado impiedosamente. Os gritos dele, afirmou Calígula, eram música para seus ouvidos. Em outra ocasião, quando jantava com os dois cônsules, ele começou a rir descontroladamente. Quando lhe perguntaram o motivo, ele retrucou: "O que vocês esperam, quando com um único aceno de cabeça meu, vocês dois podem ter a garganta cortada na hora?". Do mesmo modo, ele costumava beijar o pescoço da esposa enquanto sussurrava: "Essa bela cabeça será decepada a qualquer momento que eu ordenar. Ah, se Roma tivesse um pescoço!". A mais repugnante história da depravação do imperador diz que, depois de engravidar sua irmã Drusila ele ficou tão impaciente por ver seu filho que o arrancou do útero dela. Quer essa história seja verdadeira, quer não, sabe-se que Drusila morreu em 38 d.C., provavelmente de uma febre, e que, depois da morte dela, Calígula declarou que ela era uma deusa.

O narcisismo desenfreado de Calígula e seu apetite ainda maior por brutalidade separaram-no de todas as camadas da sociedade. A Guarda Pretoriana decidiu que seu governo precisava chegar ao fim, e em janeiro de 41 d.C., dois de seus guardas mataram o imperador, esfaqueando seus genitais. Eles prosseguiram e mataram a esposa e a filhinha dele, batendo com a cabeça da criança na parede.

A vida de Calígula demonstrou como o sistema imperial criado por Augusto, embora preservasse os símbolos da República, havia na verdade concentrado o poder absoluto nas mãos de um único homem. Calígula arrancou o verniz de restrições constitucionais e ostentou sua autoridade total sobre seus súditos da maneira mais horrenda e caprichosa possível. Calígula personifica a imoralidade, o desejo de sangue e a insanidade do poder absoluto.

HELIOGÁBALO

Calígula foi apenas um dos diversos imperadores romanos loucos que se consideravam, pelo menos, semidivinos. Um dos mais famosos foi Marco Aurélio Antonino, que ao se tornar imperador, em 218 d.C., adotou o nome Heliogábalo, o deus sol adorado na cidade síria de Emesa (atual Homs). O novo imperador ofendeu os romanos tradicionalistas ao instituir a adoração desse deus estrangeiro como a nova religião oficial e ao tomar como sua esposa uma das virgens vestais de Roma. Suas escapadas homossexuais com inúmeros "favoritos" da corte — como o auriga Hiérocles — escandalizavam os romanos. Heliogábalo gostava de fingir que era uma prostituta e sonhava em ter uma vagina cirurgicamente transplantada para seu corpo. Os romanos ficaram horrorizados com um imperador que desejava se tornar uma mulher e mutilar sua genitália masculina. Certamente, o único governante na história a considerar publicamente esse tipo de metamorfose, Heliogábalo foi provavelmente o primeiro transexual de que se tem registro. Uma história mais fantasiosa diz que ele asfixiou os convidados de um banquete ao lançar do teto uma quantidade enorme de pétalas de rosa sobre eles.

Cada vez mais desafiado por rivais da família, em 222, Heliogábalo tentou eliminar seu primo e herdeiro, Alexandre (a quem tinha sido obrigado pela avó a adotar), em um esforço de garantir sua posição. A tentativa fracassou, e ele e sua mãe foram assassinados nos aposentos imperiais e seus corpos lançados no rio Tibre. Alexandre foi proclamado como o novo imperador. Como Calígula, dois séculos antes, Heliogábalo constitui uma prova das inadequações do sistema de sucessão na Roma imperial, que podia fazer com que jovens inadequados e mimados assumissem uma posição de poder absoluto por meras circunstâncias familiares, com pouca preparação ou experiência. O imperador, então, decaiu a comportamentos ainda mais bizarros, que levaram à sua aniquilação física.

The Roses of Heliogabalus, *de Sir Lawrence Alma-Tadema [1888], uma luxuosa representação vitoriana do banquete de Heliogábalo, no qual os convidados foram esmagados sob pétalas de rosa. Esse extraordinário método de assassinato foi mencionado primeiro na História Augusta [séculos II e III], mas é agora amplamente considerado como um mito de propaganda.*

O imperador que "tocava enquanto Roma ardia", Nero foi o último da dinastia Júlio-Claudiana que levou Roma de uma República ao governo de um só homem. Criado em meio à violência e tirania, ele governou com vaidade ridícula, caprichos dementes e despotismo inepto. Poucos lamentaram sua abdicação e morte em meio ao caos que ele próprio havia criado.

NERO   37-68 d.C.

> *Ele não demonstrou nem discernimento nem moderação ao ordenar a morte de quem bem desejasse.*
> — Suetônio

Lúcio Domínio Enobarbo nasceu em 37 d.C., na cidade de Antium, não longe de Roma, enquanto o imperador Calígula — tio de Nero — estava no trono. Como tantos, ele sofreu nas mãos de Calígula, que o obrigou a ir para o exílio com sua mãe, Agripina, quando ela perdeu os favores do imperador. Cláudio, o sucessor de Calígula, que recentemente executara sua imperatriz ninfomaníaca, Messalina, permitiu que ambos retornassem. Em 49 d.C., Agripina tornou-se a quarta esposa do imperador. Cláudio não só adotou Nero como seu filho, mas o tornou herdeiro do trono, em vez de Britânico, seu filho com Messalina.

Entretanto, Agripina não estava disposta a permitir que a natureza seguisse seu curso, e em 54 d.C. envenenou Cláudio (seu marido), lançando assim, desde o início, uma nuvem sombria sobre o reinado de seu filho. As relações

Charles Laughton como o imperador romano Nero, em O Sinal da Cruz (1932), um filme produzido e dirigido por Cecil B. DeMille em seu estilo tipicamente excessivo e extravagante.

entre mãe e filho também eram tensas; e quando, no ano seguinte, Agripina percebeu que seu domínio sobre Nero estava enfraquecendo, ela conspirou para substituí-lo por Britânico. Ao descobrir a conspiração, Nero prontamente ordenou que seu rival fosse envenenado e baniu Agripina do palácio imperial sob o pretexto de que ela teria insultado sua jovem esposa, Otávia.

Apesar dessas intrigas, os primeiros anos do reinado de Nero foram marcados por um governo sábio, em grande parte porque os negócios de estado estavam nas mãos de consultores astutos como o filósofo Sêneca e o prefeito pretoriano Burro. Essa calma relativa não estava destinada a durar. Cada vez mais seguro de si, Nero quis se libertar do controle dos outros e exercer o poder por seu próprio direito.

A primeira a sentir as consequências de sua nova assertividade foi a mãe, que continuava a conspirar pelas suas costas. Cansado de suas maquinações, Nero resolveu livrar-se dela em 59 d.C. Quando uma tentativa inicial para afogá-la na baía de Nápoles fracassou, o imperador enviou um assassino para concluir a tarefa. Segundo a lenda, percebendo o que iria acontecer quando o assassino se aproximava, Agripina despiu suas roupas e gritou, em um último ato de desprezo por seu filho matricida: "Aqui, golpeie meu útero!".

Com a mãe fora do caminho, o reinado de Nero logo afundou em um despotismo mesquinho. Burro e Sêneca foram levados a julgamento sob acusações tolas e, apesar de serem absolvidos, perderam muito de sua influência. No entanto, mesmo enquanto obtinha maior controle sobre os mecanismos do poder, o imperador parecia perder cada vez mais contato com a realidade. Ele se apaixonou por Popeia Sabina, esposa de um de seus amigos, e decidiu casar-se com ela. Segundo o historiador Suetônio, o marido de Popeia foi "persuadido" a lhe dar o divórcio, enquanto Otávia, a esposa de Nero, foi primeiramente exilada e, depois, assassinada por ordem do imperador, abrindo caminho para a união de Nero e Popeia.

Em 64 d.C., um grande incêndio espalhou-se por Roma, enquanto o imperador observava com indiferença. De fato, segundo o cronista romano Tácito, o próprio Nero estava por trás dele. Em um esforço para desviar a atenção, Nero procurou um bode expiatório e, assim, começou a perseguição aos cristãos. Tácito relatou as atrocidades cometidas: "Todo tipo de zombaria foi acrescentada às mortes. Cobertos com peles de bestas, eles eram atacados por cães e pereciam, ou eram pregados a cruzes, ou lançados às chamas e queimados, para servir como iluminação noturna quando a luz do dia se apagava".

Cada vez mais convencido de que os rivais conspiravam contra ele, Nero mandou executar todos que considerava uma ameaça, inclusive, entre 62 e 63 d.C., Marco Antônio Palas, Rubélio Plauto e Fausto Sila. Então, em 65 d.C., foi descoberta uma conspiração liderada por Caio Calpúrnio Pisão para derrubar o imperador e restaurar a República. Quase metade dos 41 acusados foi executada ou obrigada a cometer suicídio, entre eles Sêneca. No mesmo ano em que Roma queimou, Nero começou a cantar e a atuar no palco público, passando mais tempo no teatro do que governando o império. Ele também se considerava um atleta e até tomou parte nos Jogos Olímpicos de 67 d.C. — ostensivamente para melhorar as relações com a Grécia, mas mais provavelmente para receber os elogios obsequiosos que sempre celebravam seus esforços. Nero recebeu vários prêmios, em sua maioria garantidos antecipadamente pelos gordos subornos pagos pelo Tesouro imperial.

Em 68 d.C., homens do exército — que o imperador diletante havia ignorado — decidiram que essas tiranias não podiam continuar. O governador de uma das províncias na Gália rebelou-se e persuadiu outro governador, Galba, a se unir a ele. Galba surgiu como um foco popular para a oposição a Nero e, crucialmente, a Guarda Pretoriana lhe declarou apoio. Diante da deserção do exército, Nero foi obrigado a fugir de Roma e se esconder e, pouco tempo depois, cometeu suicídio. Seu legado foi de agitação em todo o império, e Roma sofreu o Ano dos Quatro Imperadores, durante o qual irrompeu a guerra civil entre os candidatos ao trono. As hostilidades só terminaram com o surgimento de Vespasiano e a fundação da dinastia flaviana.

AGRIPINA

A lenda diz que quando Agripina consultou astrólogos sobre o futuro de Nero, seu filho, eles previram que ele governaria o império, mas mataria a mãe. O que ela respondeu? "Ele pode me matar, desde que se torne imperador." Por mais apócrifa que seja, a história capta a intensidade ardente da ambição de Agripina: ver seu filho sentado no trono imperial de Roma.

Nascida em 15 d.C., Agripina foi criada, depois da morte de seu pai, Germânico (o herdeiro desejado por Tibério), por sua mãe, Agripina Maior, junto com sua bisavó, a dominante matriarca Lívia.

Seu primeiro casamento foi com Cneu Domício Enobarbo, pai de Nero, em 37 d.C., mas ele morreu três anos depois. Após a morte do imperador Tibério, Agripina tornou-se importante durante o reinado de seu irmão, Calígula, cujas supostas relações incestuosas com suas irmãs foram um dos escândalos da época. Depois que os sentimentos de Calígula em relação a ela esfriaram, Agripina se juntou ao amante, Marco Emílio Lépido, em uma conspiração para matar Calígula, e passou os dois anos seguintes em exílio, após o plano ter sido descoberto. Porém, a morte de Calígula, em 41 d.C., fez com que o tio, o novo imperador Cláudio, a trouxesse de volta a Roma, onde ela se casou com o rico Caio Salústio Passieno Crispo, que também morreu em 47 d.C., em meio a rumores de que Agripina o tinha matado por dinheiro. A morte dele abriu caminho para que ela se casasse com Cláudio, o que aconteceu em 49 d.C. Cinco anos depois, tendo convencido Cláudio a adotar Nero como seu herdeiro, ela o envenenou durante um banquete.

Nero dissecando sua mãe, em uma iluminura de De Casibus Virorum Illustrium ["Sobre os destinos de homens famosos"], de Giovanni Boccaccio (1313-75). Nero supostamente mandou assassinar a mãe e abriu o corpo dela para ver o útero que o abrigara.

Dominus et Deus ("Senhor e Deus"): era assim como Domiciano, o último imperador da dinastia Flaviana, via a si mesmo. Homem extravagante, patrono ávido das artes, tirano paranoide, assassino sádico e perseguidor de cristãos, Domiciano recebeu a condenação da história.

DOMICIANO — 51-96 d.C.

> *Sua crueldade selvagem não era apenas excessiva, mas também astuta e repentina... Desse modo, ele se tornou um objeto de terror e de ódio de todos.*
> SUETÔNIO

Domiciano teve uma infância solitária. Sua mãe e sua irmã morreram quando ele ainda era pequeno, e o pai e o irmão mais velho se ausentavam muito devido ao serviço militar ativo. Durante os eventos turbulentos do Ano dos Quatro Imperadores — a guerra civil que se seguiu ao suicídio do imperador Nero, em 68 d.C. —, o pai de Domiciano, Vespasiano, um importante comandante legionário, lutou pelo trono imperial. Depois de seis meses em batalha contra generais rivais — período em que o jovem Domiciano foi colocado em prisão domiciliar por outro candidato ao trono e até teve de fugir de Roma sob disfarce —, Vespasiano finalmente emergiu triunfante como imperador.

No início dos anos 70 d.C., depois de seu casamento com Domícia Longina, Domiciano recebeu o título de César, foi nomeado pretor com poder consular e se tornou representante de Vespasiano no Senado. Durante esse período, porém, era ofuscado pelo comandante de confiança de seu pai, Muciano, a quem Vespasiano confiava a autoridade real em Roma quando se afastava devido a guerras. Além disso, seu irmão mais velho, Tito, que havia demonstrado ser um general brilhante ao sufocar a rebelião judia de 71 d.C., era considerado o herdeiro de seu pai.

Com oportunidades limitadas para exercer um poder genuíno, Domiciano se dedicou cada vez mais às artes e à literatura,

Fragmento de uma imensa estátua de mármore retirada do Templo de Domiciano na moderna Esmirna, na Turquia considerada uma representação do próprio Domiciano.

A PERSEGUIÇÃO AOS CRISTÃOS

Considerado pelo historiador Tácito uma "superstição perniciosa", o cristianismo era visto como um desafio aos deuses em que se acreditava que o sucesso de Roma estava baseado. As práticas cristãs eram comumente mal entendidas: o alimento da Última Ceia, por exemplo, era interpretado como canibalismo, e o beijo trocado entre os crentes era considerado uma evidência de imoralidade e licenciosidade. A crença cristã na vida após a morte era considerada não apenas herética, mas como implicando a sede pelo martírio, que muitos governantes romanos ficaram felizes em aplacar.

A última prece dos mártires cristãos, de Jean-Leon Gerome [1824-1904]. O historiador romano Tácito escreveu: "Na morte [os cristãos] se tornavam alvo de esporte, pois eram envoltos em peles de animais selvagens e despedaçados por cães, ou pregados a cruzes, ou queimados em fogueiras e, quando o dia declinava, eram queimados para servir como luzes".

Desde o início, segundo o Novo Testamento, os cristãos foram uma minoria perseguida e, embora o governador da Judeia, Pôncio Pilatos, possa ter "lavado as mãos" diante do fundador do cristianismo, as autoridades romanas posteriores assumiram um papel mais proativo na supressão dessa crença supostamente perigosa e subversiva. Assim, dos 11 apóstolos que sobreviveram a Jesus (pois Judas Iscariotes se enforcou), apenas João, irmão de Tiago, conseguiu evitar uma morte violenta.

A primeira perseguição organizada à seita começou quando Nero decidiu responsabilizar os cristãos pelo grande incêndio de Roma de 64 d.C., com consequências horrendas. Depois disso, a discriminação continuou sob Domiciano e ressurgiu regularmente nos séculos que se seguiram. A repressão, muitas vezes, era localizada — como quando Marco Aurélio reprimiu os cristãos de Lion em 177 d.C. —, mas aumentava inexoravelmente. Em 250 d.C., o imperador Décio (c. 249-51), temendo que as fortunas de Roma estivessem em declínio porque a cidade havia abandonado seus costumes religiosos tradicionais, emitiu um édito ordenando a restauração do panteão pagão e a supressão do cristianismo em todo o império. Na selvagem onda de repressão que se seguiu, milhares perderam a vida e, embora a morte de Décio trouxesse um breve alívio, os cristãos confrontaram um novo ataque sob o imperador Valeriano entre 257 e 259 d.C.

Um último massacre ocorreu nas mãos de Diocleciano e Galério, no início do século IV. Entre 303 e 311 d.C., os dois governantes tentaram livrar o império da influência cristã, e milhares foram assassinados ou exilados até que, em 313 d.C., o imperador Constantino legalizou a fé e se tornou o primeiro imperador cristão. Depois disso, a sorte do cristianismo mudou dramaticamente, e em 391 d.C., tornou-se a religião oficial do império, e todas as outras passaram a ser proibidas.

dando pouca atenção aos assuntos de estado. Porém, em 81 d.C., a morte prematura de Tito — apenas dois anos depois de suceder a seu pai como imperador — levou Domiciano ao trono imperial. Não se sabe se Domiciano estava envolvido na morte de seu irmão, mas ele certamente foi rápido para garantir sua sucessão, apressando-se para ir ao acampamento pretoriano, onde foi declarado imperador enquanto Tito ainda estava agonizando. Desesperado para escapar à sombra do irmão, ele realizou várias celebrações de triunfos em Roma, embora as vitórias ocas que eram celebradas só enfatizassem suas fraquezas em comparação a Tito.

Os primeiros anos do reinado de Domiciano coincidiram com uma grave recessão econômica, que o obrigou a desvalorizar o denário e a elevar os impostos, duas medidas altamente impopulares. No entanto, embora a recessão estivesse além do controle do imperador, ele pouco fez para melhorar a situação. Pelo contrário, enquanto seu povo trabalhava sob dificuldades materiais, Domiciano continuou a desfrutar de seu amor pelas artes, independentemente do custo. Em 86 d.C., supervisionou os primeiros Jogos Capitolinos — um grande evento esportivo (baseado nos Jogos Olímpicos) que seria realizado de quatro em quatro anos, com competições de atletismo e de corrida de bigas, além de oratória e música.

Em um ato mais sombrio, Domiciano liberou ondas de repressão sobre o povo de Roma. Tendo subido inesperadamente à posição mais elevada, ele vivia perpetuamente com medo de que os adversários tentassem derrubá-lo. Portanto, realizou expurgos mais frequentes daqueles que acreditava estarem conspirando dentro das classes superiores romanas, aplicando a acusação de *majestas* (traição) contra os suspeitos oponentes. Um dos efeitos dessa estratégia, é claro, foi inspirar a oposição onde ela não havia existido anteriormente.

Em 89 d.C., uma revolta liderada por Antônio Saturnino, o governador da Germânia Superior, só foi debelada pela intervenção das legiões leais da Germânia Inferior, a quem Domiciano havia prudentemente concedido um aumento de salário. O choque desse desafio gerou uma onda ainda maior de repressão, particularmente contra as famílias ricas e privilegiadas. As propriedades confiscadas de suas vítimas ajudaram a pagar pelos extravagantes gastos públicos do reinado de Domiciano, com o imperador presenteando-se com um novo palácio e uma *villa*, bem como realizando mais jogos e espetáculos públicos para o povo.

A partir de 93 d.C., o reinado de Domiciano descambou para o terror. A partir de então, os senadores viviam em meio ao temor de serem denunciados por um dos informantes ou espiões pagos por Domiciano, o que frequentemente resultou na aprovação de execuções com bases falsas. Enquanto isso, o imperador cada vez mais autocrático e imprevisível, rebaixou a posição do próprio Senado, tirando-lhe todo o poder de tomada de decisões. Toda autoridade devia emanar da pessoa do imperador, e o preço da discordância era a morte.

Em 96 d.C., a execução de Flávio Clemente, primo do imperador, confirmou (como se isso ainda fosse necessário) que ninguém estava a salvo na Roma de Domiciano. Uma nova conspiração foi iniciada, desta vez com a própria esposa do imperador entre os conspiradores, e o imperador foi esfaqueado oito vezes por um membro da Guarda Pretoriana, em um golpe organizado por membros do Senado e da família real.

Depois de sua morte, um édito de *damnatio memoriae* foi emitido contra Domiciano — o único imperador a ser submetido a tal medida. Sob esse decreto, ele foi apagado de todos os registros históricos; um fim justo para um homem que havia lançado tantos de seus súditos no esquecimento.

Malévolo, maquinador, cruel, depravado, assassino, megalomaníaco e corrupto, Cômodo recentemente voltou à consciência popular com o filme hollywoodiano *Gladiador*. Independentemente de sua exatidão histórica, esse filme captou a essência de Cômodo, um homem ansioso pelo poder, cujo reinado, na opinião do historiador inglês Edward Gibbon, marcou o início do declínio do Império Romano.

CÔMODO — 161-192 d.C.

> *Desde tenra idade, ele era ultrajante e desonrado, cruel e indecente, com boca suja, e também depravado.*
> — História Augusta

Nascido em Lanuvium, perto de Roma, filho do grande Marco Aurélio, Cômodo foi preparado desde muito cedo para suceder ao trono, sendo declarado César (efetivamente "imperador júnior") quando tinha apenas cinco anos. Em 169 d.C., a morte de seus dois irmãos deixou-o como filho único e herdeiro do imperador e, posteriormente, ele viajou com o pai por todo o império, vendo por si mesmo como o governo era exercido.

Em 176 d.C., Cômodo (com apenas 14 anos) recebeu o título de imperador, e um ano depois o de Augusto, quando se tornou cogovernante *de jure* e herdeiro indicado pelo imperador. Outros cargos se seguiram, inclusive os de tribuno e cônsul. Este último, recebido em 177 d.C., transformou-o no cônsul mais jovem até então na história de Roma. Três anos depois, seu pai morreu e ele se transformou no único imperador em 180 d.C.

Ao alcançar o poder exclusivo, Cômodo imediatamente assinou um acordo de paz para terminar as campanhas militares de seu pai no Danúbio e celebrou esse acordo com um grande desfile triunfal pelas ruas de Roma para comemorar suas "conquistas". Ele mostrou pouco interesse, porém, pelos assuntos de estado, deixando as questões cotidianas

O imperador Cômodo, interpretado pelo ator norte-americano Joaquin Phoenix no épico de Ridley Scott Gladiador *(2000).*

do governo a cargo de uma sucessão de favoritos pessoais, o primeiro dos quais foi Saotero — um ex-escravo. Outros foram os prefeitos pretorianos Tigídio Perênio e Marco Aurélio Cleandro.

Cômodo preferia passar o tempo no anfiteatro dos gladiadores, tanto como espectador como, o que era mais extraordinário, participante. Convencido de que era a reencarnação do mítico deus-herói Hércules, ele entrava na arena vestido com uma pele de leão e carregando uma clava ou espada. Diante de senadores e plebeus atônitos, o homem mais poderoso do império se comportava como um escravo feroz (como era a maioria dos gladiadores), matando animais selvagens e massacrando adversários que haviam sido cuidadosamente aleijados antecipadamente. Há relatos que dizem que alguns deles eram soldados feridos ou amputados tirados das ruas.

Quando não estava lutando em batalhas falsas, o imperador granjeou uma reputação de depravação. Os boatos diziam que um harém de 300 mulheres e meninas e de 300 meninos permitia que ele efetuasse todas as suas fantasias sexuais. A alta sociedade romana estava escandalizada com as histórias de orgias e de decadência moral. A insatisfação com a direção do governo de Cômodo e sua licenciosidade aparente logo provocaram agitações, e seu reinado foi marcado por uma série de conspirações e revoltas. Já em 182 d.C., sua irmã mais velha, Lucila, liderou uma conspiração para derrubá-lo, mas os planos foram descobertos, e Cômodo ordenou que os conspiradores fossem executados (inclusive Lucila).

Cômodo, então, realizou um reinado sangrento de terror. Os ministros que ele considerava insubordinados ou que simplesmente demonstravam deferência insuficiente eram mortos; o mesmo acontecia com os suspeitos de se oporem a seu governo. O imperador ficou cada vez mais obcecado com a grandeza pessoal, a tal ponto que até o nome "Roma" foi considerado um reflexo inadequado de sua majestade. Dessa forma, a cidade foi renomeada como Colônia Comodiana e "refundada" em 190 d.C., com Cômodo assumindo o papel de Rômulo. Ele deu novos nomes aos meses do ano, seguindo os 12 nomes que dera a si mesmo. As legiões foram chamadas de Comodianas, parte da frota africana recebeu o título de Alexandria Comodiana Togata, o Senado foi chamado de Senado Afortunado Comodiano, e seu palácio e o povo romano receberam o nome de Comodiano. Realmente, sua megalomania atingiu uma escala imensa.

Não é de surpreender que as conspirações contra Cômodo tenham continuado e, finalmente, no início de 193 d.C., um plano que envolvia sua amante, Márcia, teve sucesso. Enquanto tomava banho, Cômodo foi estrangulado por um lutador chamado Narciso.

Depois de sua morte, os cidadãos de Roma — especialmente os das classes superiores — soltaram um suspiro de alívio coletivo e o Senado proclamou o prefeito da cidade, Públio Hélvio Pertinax, o novo imperador. Porém, ele logo enfrentou um desafio e o império descambou mais uma vez para a guerra civil — um triste desenlace para a dinastia antonina que havia tentado acabar com essa luta interna.

Cômodo foi o primeiro imperador desde Domiciano — quase oitenta anos antes — a assumir o poder pelo nascimento, em vez de por mérito ou força. Tragicamente para o futuro de Roma, as consequências foram notavelmente similares às da ocasião anterior. Como observou o famoso historiador romano Díon Cássio, o governo de Cômodo marcou a mudança de "um reino de ouro para um de ferrugem e ferro". A *História Augusta*, uma coletânea de biografias dos imperadores romanos, realizada no século IV d.C., registra que o Senado proclamou o seguinte depois da morte de Cômodo:

Que a memória do assassino e gladiador seja totalmente apagada... Mais selvagem do que Domiciano, mais louco do que Nero. Como ele fez com outros, que seja feito a ele... Os inocentes ainda estão insepultos; que o corpo do assassino seja arrastado na poeira. O assassino desencavou os enterrados; que o corpo do assassino seja arrastado na poeira.

GLADIADORES

No século III d.C., o satirista romano Juvenal reclamou que seus concidadãos viviam apenas por duas coisas: pão e circo. Ele estava se referindo às distribuições gratuitas de alimentos e às corridas de carro no Circo Máximo, ambos eventos que os imperadores subsidiavam na esperança de manter contentes os agitados cidadãos de Roma. Mas o que realmente entusiasmava os romanos era o combate entre gladiadores, no qual os participantes faziam a mais alta das apostas: vida e morte.

Em Roma, esses eventos esportivos sangrentos eram realizados no Coliseu, uma arena circular na qual entre 50 mil e 70 mil espectadores podiam assistir não só aos gladiadores lutando até a morte, mas também espetáculos em que condenados ou cristãos eram despedaçados por leões famintos. Pelo menos, em uma ocasião, o terreno foi inundado a fim de que uma falsa batalha marítima fosse representada, embora não houvesse nada de "falso" quanto ao banho de sangue.

Os próprios gladiadores adotavam diferentes estilos de combate, desde o espadachim com o gládio (espada curta) — de onde se originou o o termo gladiador — até os reciários (lutadores com rede), assim chamados porque lutavam armados com uma rede e um tridente. Uma luta típica terminava quando um gladiador imobilizava o outro. Então, ele pedia ao patrocinador — o imperador — para dar seu julgamento. Este respondia com um gesto simples para refletir o desejo da multidão: polegar para cima se o lutador vencido seria poupado; polegar para baixo se ele teria de ser executado.

Embora os gladiadores fossem escolhidos entre os escravos e alguns deles fossem criminosos, os lutadores de maior sucesso recebiam níveis de adulação similares aos das celebridades atuais, e alguns deles até chegaram a frequentar a cama de respeitáveis matronas romanas. Foi esse glamour que induziu alguns romanos bem-nascidos, tanto homens quanto mulheres, a tentar a sorte na arena, para desgosto de seus contemporâneos. Porém, a vida de um gladiador era brutal e curta, e foi o ressentimento contra essas condições que provocou a grande revolta escrava de 73-71 a.C., liderada pelo mais famoso dos gladiadores: Espártaco.

Sob a República, os espetáculos de gladiadores eram patrocinados pelos que aspiravam a altos cargos políticos; depois da queda da República, os imperadores eram os principais patrocinadores. Os "jogos" davam ao patrocinador a oportunidade de conquistar o apoio e a aprovação da multidão: quanto mais pródigo o espetáculo, maiores os ganhos. A escala de alguns deles podia ser inacreditável: para celebrar a conquista da Dácia, em 108-109 d.C., o imperador Trajano patrocinou jogos que duraram 123 dias e envolveram a morte de 11 mil animais e lutas entre 10 mil gladiadores. Foi só gradativamente, depois de os imperadores romanos terem se convertido ao cristianismo, que os espetáculos mais violentos na arena começaram a ser abolidos.

Um exemplo inicial do combate entre gladiadores, conforme retratado em um mosaico romano do século IV. Segundo o historiador romano Tito Lívio, os primeiros jogos de gladiadores conhecidos foram realizados pelos campânios em 310 a.C. para comemorar sua vitória sobre os samnitas.

Caracala herdou um império unido e pacífico, mas seu reinado como imperador romano terminou em uma expedição militar abortada, massacre, assassinato e guerra civil. Em pouco mais de seis anos, Caracala cometeu fratricídio, uxoricídio e assassinato indiscriminado em massa.

CARACALA 186-217 d.C.

> *Seu modo de vida era perverso.*
> ESPARCIANO

Lúcio Sétimo Bassiano nasceu em Lugdunum, na Gália, em 186 d.C. Seu pai era o bem-sucedido general Septímio Severo, que se estabeleceu como imperador único em 197 d.C. e renomeou seu filho como Marco Aurélio Antonino César, em um esforço para estabelecer uma conexão com os respeitados imperadores antoninos da geração anterior. Porém, o futuro imperador era amplamente conhecido apenas como "Caracala", em decorrência da túnica com capuz que usava e que popularizou.

Educado pelos melhores estudiosos disponíveis, Caracala, em sua juventude, era um homem culto, tranquilo e pensativo, muito distante do ogro autocrático em que se transformou mais tarde. No entanto, outros traços de personalidade menos saudáveis já estavam se desenvolvendo. Forçado pelo pai a se casar com Fúlvia Plaucila, filha de um dos guardas pretorianos, quando tinha apenas 14 anos, em 205 d.C., ele a exilou para a Sicília e ordenou que o pai dela fosse executado, supostamente por ter conspirado contra a família real.

Severo governou até sua morte, em 211 d.C., e parecia ter levado a calma de volta ao império, depois do caos que se instalou após Cômodo. Em outras ocasiões, no entanto, um governo prudente do pai foi seguido pela tirania errática do filho. Por alguns meses, Caracala governou em conjunto com o irmão Públio Sétimo Antonino Geta, pois os dois haviam sido elevados pelo pai à posição de governantes conjuntos um pouco antes de sua morte. Entretanto, a animosidade pessoal entre os dois homens combinada com a crescente ambição garantiu que o período desconfortável de cooperação entre eles durasse pouco.

Antes do fim do ano, Caracala agiu. Primeiro, o próprio Geta foi assassinado — segundo um relato, nos braços da mãe deles. Seguiram-se rapidamente o assassinato da esposa exilada, Fúlvia — estrangulada sob ordens de Caracala —, e de sua família imediata. Depois, veio uma perseguição contínua aos partidários — reais ou supostos — de Geta, e Caracala até mesmo decretou um *damnatio memoriae* contra o irmão: a memória da existência de Geta deveria ser removida do registro histórico de Roma.

Uma conclusão horrenda ocorreu em Alexandria, onde as tentativas de Caracala para justificar o assassinato de Geta foram recebidas com escárnio. Uma sátira sobre o episódio — e, mais em geral, do imperador — mostrou ter ido longe demais para Caracala e, em 215 d.C., depois de ordenar que os habitantes da cidade se reunissem para recebê-lo, ele soltou suas tropas sobre eles, em uma orgia de morte e saque. Quando o banho de sangue terminou, segundo uma estimativa da época, cerca de 20 mil pessoas haviam morrido. Esse massacre foi seguido de outro, em 212-213 d.C., quando, em uma expedição militar ao vale do Reno, Caracala ordenara o morticínio total de uma tribo germânica até então aliada.

De volta a Roma, Caracala estava determinado a deixar sua marca no império. Como muitos imperadores antes dele, embarcou em um programa de construção luxuoso, que incluiu a construção dos esplêndidos Banhos de Caracala. Tudo isso proporcionou uma forte tensão sobre as finanças do império, exacerbada pelos grandes aumentos de salário que o imperador concedeu aos militares (para garantir a lealdade deles) e também por seus gastos mais exóticos.

Durante seu reinado, Caracala estava determinado a repetir os feitos de seu herói, Alexandre, o Grande. Foi esse impulso que o levou a realizar campanhas militares, primeiro na Germânia, e depois contra os partos no leste, os quais ele sonhava conquistar. Essa idolatria a Alexandre era tamanha, que Caracala cada vez mais imitava seu estilo de vestir e os gestos macedônios. Ele até insistiu que as pessoas acrescentassem a designação "Magno" (o Grande) a seu próprio nome, como no nome de Alexandre. Caracala também estava convencido de sua própria divindade. Obcecado com Serápis, o deus egípcio do sol, de quem acreditava ser parente, ele ordenou a cunhagem de moedas que proclamavam seu *status* celestial e até mesmo fez construir estátuas que o representavam como um faraó egípcio.

O comportamento cada vez mais imprevisível de Caracala levou a seu assassinato, que aconteceu quando ele estava viajando para o leste para uma campanha contra os partos, em 217 d.C. As circunstâncias de sua morte — que provocou uma era de agitação em todo o império — foram menos do que dignas: ele foi esfaqueado por um de seus próprios guardas enquanto urinava ao lado de uma estrada; talvez um fim apropriado para um homem que trouxe tanta humilhação para seu governo. Como concluiu o historiador romano posterior Esparciano: "esse imperador [foi] o mais cruel dos homens".

Uma cabeça de mármore contemporânea do imperador Caracala. O busto de pórfiro foi acrescentado depois.

OS BÁRBAROS

Como muitos imperadores romanos antes e depois dele, Caracala lutou contra os chamados bárbaros além dos rios Reno e Danúbio. Porém, em vez de visar a uma meta estratégica sólida, Caracala buscava apenas a glória militar, e, para isso, massacrou sem sentido uma tribo germânica que era, na verdade, aliada de Roma.

A palavra "bárbaro" havia sido originalmente cunhada pelos gregos, que chamavam os que não eram gregos de bárbaros, imitando sua fala incompreensível. A palavra incentivou uma visão maniqueísta do mundo: por um lado, os "civilizados" (isto é, gregos e romanos), e por outro, os "incivilizados" (todos os outros). Até o século I a.C., os romanos haviam identificado os gauleses como o principal grupo de bárbaros, mas depois de a Gália ter sido conquistada e ter enriquecido sob a *Pax Romana*, ela se tornou alvo da cobiça dos novos "bárbaros" — as tribos germânicas a leste. Para dar fim a essa ameaça à segurança, o imperador Augusto decidiu conquistar toda a Germânia, mas sua ambição terminou em 9 d.C., quando três de suas legiões cruzaram o Reno e nunca mais foram vistas com vida. Um líder tribal germânico, conhecido pelos romanos como Armínio (e por nacionalistas alemães posteriores como Hermann), ofereceu-se para guiar o comandante romano Públio Quintílio Varo e seus homens pelo terreno sombrio e difícil da floresta Teutoburgo. Varo aceitou, sem perceber que Armínio lhe havia montado uma armadilha. Os germânicos emboscaram a coluna romana em seu comprimento e, nas condições restritivas da floresta, os legionários não conseguiram montar suas formações normais de batalha. Roma ficou chocada quando se soube que sua força militar de elite havia sido aniquilada por bárbaros indisciplinados. Daí em diante, o Império Romano buscou manter relações pacíficas, só atacando do outro lado do Reno em expedições punitivas contra tribos problemáticas.

Por volta do século III d.C., as tribos bárbaras ao longo das fronteiras do império — francos e alemães ao longo do Reno, godos ao longo do baixo Danúbio — estavam sendo pressionadas por povos nômades guerreiros vindos das estepes do leste, principalmente os hunos e, por sua

O saque de Roma pelo rei vândalo Genserico, em 455, conforme retratado pelo pintor russo Karl Briullov (1799-1852).

vez, começaram a pressionar as fronteiras do império. Os imperadores dependiam cada vez mais do apoio das legiões, levando à instabilidade política e a frequentes guerras civis: entre 235 e 286 d.C. houve 26 imperadores, dos quais apenas um não teve morte violenta.

Embora o século IV visse alguma recuperação sob Diocleciano e Constantino, no fim do século, o império estava dividido em dois. O Império Ocidental foi ainda mais pressionado e, em 410, a própria Roma foi saqueada pelos visigodos. O último imperador romano no Ocidente foi deposto em 476 e substituído por Odoacro, rei dos godos. O Império Oriental, governado a partir de Constantinopla, prosperou gloriosamente por mais mil anos, até cair, em 1453, diante dos turcos otomanos.

Átila, rei dos hunos de 434 a 453, foi um general extraordinário e um guerreiro formidável, com um apetite voraz por ouro, terra e poder. Derrotado apenas uma vez, foi o mais poderoso dos governantes bárbaros que se aproveitaram dos últimos vestígios do Império Romano que desabava. Segundo a lenda, ele carregava a "Espada de Marte", que lhe fora concedida pelos deuses como um sinal de que ele governaria o mundo.

ÁTILA, O HUNO — 406-453

> *Ele nasceu para abalar as nações, o flagelo de todas as terras, alguém que, de algum modo, aterrorizou toda a humanidade com os terríveis rumores que se espalhavam a seu respeito.*
> JORDANES (HISTORIADOR GODO DO SÉC. VI),
> A ORIGEM E OS FEITOS DOS GODOS

Os hunos eram um conjunto de tribos da estepe da Eurásia, com uma reputação temível (a Grande Muralha da China foi construída para mantê-los a distância). Habitando onde fica atualmente a Hungria, eles se aproveitaram do declínio do Império Romano durante os séculos IV e V para expandir seus territórios até que, no auge, sob o governo de Átila, seu império se estendia do rio Danúbio até o mar Báltico, abarcando grandes trechos da Alemanha, Áustria e os Bálcãs. Dizia-se que Átila era tão feio quanto bem-sucedido: baixo, atarracado e moreno, com cabeça grande, olhos fundos, nariz achatado e barba com falhas. Agressivo e irritadiço, era completamente um soldado, comendo carne servida em pratos de madeira enquanto seus assessores comiam pratos refinados servidos em baixela de prata. Segundo a tradição huna, ele muitas vezes comia e negociava montado a cavalo e, quando repousava no acampamento, era entretido por um bobo, um anão ou uma de suas muitas jovens esposas.

Em 434, o tio de Átila, o rei Ruglia, morreu e deixou ele e seu irmão mais velho, Bleda, encarregados em conjunto do reino. O Império Romano já estava havia muito dividido em dois, e o Império Oriental (também chamado de Bizantino) era governado por Teodósio II. Para evitar

Uma litografia do século XIX, de Átila, o Huno, feita por Raymond Delamarre. Apelidado de "Flagelo de Deus", Átila tinha uma paixão insaciável por conquistas, o que lhe garantiu um lugar de notoriedade único na história.

um ataque dos hunos, Teodósio concordou em pagar um tributo anual, mas quando ele deixou de honrar os pagamentos, Átila invadiu o território bizantino e destruiu diversas cidades importantes, inclusive Singidunum (Belgrado).

Depois de uma trégua desconfortável, negociada em 442, Átila atacou novamente no ano seguinte, destruindo numerosas cidades e vilas ao longo do Danúbio e massacrando seus habitantes. O extermínio em Nis (na Sérvia atual) foi tão grande, que vários anos depois, quando os embaixadores romanos chegaram ao local para negociar com Átila, tiveram de acampar fora da cidade, para fugir ao fedor de corpos em putrefação. Inúmeras outras cidades tiveram o mesmo destino. Segundo um relato contemporâneo: "Houve tantas mortes e tamanho derramamento de sangue, que ninguém conseguiu contar os mortos. Os hunos saquearam igrejas e monastérios e assassinaram monges e virgens. Eles devastaram a Trácia de tal modo que ela nunca se recuperou nem foi reconstruída como era antes". Constantinopla só foi poupada porque as forças de Átila não conseguiram penetrar as muralhas da capital e assim ele se voltou contra o exército bizantino, infligindo uma derrota esmagadora e sangrenta. A paz veio ao custo de pagar o tributo devido e triplicar os pagamentos futuros. Depois, por volta de 445, Bleda foi assassinado, deixando Átila sozinho no comando do reino. Outro ataque ao Império Oriental seguiu-se em 447, quando os hunos investiram mais ao leste, queimando igrejas e monastérios e usando aríetes e torres de sítio para invadir as cidades, que eram arrasadas, e massacrar os habitantes.

A única derrota de Átila aconteceu quando ele invadiu a Gália, em 451. Sua intenção inicial havia sido atacar o reino visigodo de Toulouse em vez de desafiar abertamente os interesses romanos na área. Porém, em 450, Honória — a irmã de Valentiniano III, o imperador ocidental — apelou a Átila para que a salvasse de um casamento arranjado com um senador romano. Tendo recebido o anel de noivado dela, Átila interpretou o ato como uma proposta de casamento e exigiu metade do Império Romano do Ocidente como dote. Quando os romanos se recusaram, Átila invadiu a Gália com um enorme exército. Em resposta, o general romano Flávio Aécio combinou suas forças com os visigodos para resistir à invasão huna. Os exércitos rivais se defrontaram em Orleans, e na Batalha de Chalons (na atual região de Champagne), na qual milhares de homens de ambos os lados foram mortos, os hunos foram obrigados a se retirar. Essa foi uma das últimas grandes vitórias do Império do Ocidente, mas foi uma vitória de Pirro, pois suas forças se esgotaram.

Quando os hunos invadiram a Itália, em 452, Aécio estava impotente para impedi-los. Ágeis e ambiciosos, os exércitos de Átila saquearam e queimaram ainda mais vilas e cidades, inclusive Aquileia, Patavium (Pádua), Verona, Brixia (Bréscia), Bergomum (Bérgamo) e Mediolanum (Milão). Só uma epidemia de doença entre os soldados de Átila diminuiu a velocidade de sua invasão, mas na primavera ele estava a ponto de invadir Roma, onde o imperador romano ocidental Valentiniano III havia se refugiado. Foi preciso um apelo direto do papa Leão I para dissuadi-lo de saquear a cidade, e Átila concordou em não prosseguir mais ao sul.

A morte de Átila aconteceu em 453, após uma noite de bebedeira para comemorar o seu casamento com outra jovem. Ele se sufocou em uma poça de sangue depois de sofrer um grande sangramento nasal enquanto estava adormecido. Os soldados que o enterraram foram mortos para que nenhum de seus inimigos pudesse encontrar o seu túmulo e violá-lo.

Para o seu povo, Átila foi um ídolo que ajudou a consolidar um império poderoso e próspero. Jordanes, o historiador godo do século VI, descreveu-o como um "amante da guerra, mas contido em ação, poderoso no conselho, gracioso aos suplicantes e indulgente aos que foram recebidos sob sua proteção". No entanto, para os romanos ele foi o "Flagelo de Deus", "o saqueador das províncias da Europa", pessoalmente responsável por crueldade e violência gratuitas e, na *Divina Comédia*, de Dante, ele aparece no sétimo círculo do Inferno.

HUNOS, GODOS E VÂNDALOS

Os nomes dos três povos "bárbaros" assumiram significados atuais muito diferentes.

Durante a 1ª Guerra Mundial, os alemães eram coloquialmente descritos como "hunos". Acredita-se que esse uso se originou nos relatos de imprensa sobre um discurso do cáiser Guilherme II, em 1900, no qual ele exortou seus soldados na China a lutarem "como os hunos". Outras explicações menos prováveis são: (1) os capacetes alemães desse período, com espigão, parecem-se com os usados pelos hunos; (2) a palavra *uns* na frase *Gott mit uns* (Deus conosco), gravada nas fivelas dos soldados alemães, foi traduzida erroneamente como "hunos".

A palavra godo referia-se originalmente às tribos germânicas dos séculos III a VI, enquanto gótico se referia a um estilo de arquitetura do fim da Idade Média e a um gênero da literatura romântica de horror do início do século XIX. Porém, depois de Tony Wilson descrever a música do grupo Joy Division como gótica em um programa de TV de 1978, a palavra gótico passou a denotar uma subcultura pós-*punk*, que começou na boate Batcave de Londres nos anos 1980 e se expandiu rapidamente. Desprezando a violência *punk* e preferindo a arte, literatura e religião mística, os góticos usam roupas pretas, muitas vezes acentuadas com rostos esbranquecidos e olhos escurecidos, em intenso contraste com a cor e a efervescência do ambiente *disco* contemporâneo.

O termo vândalos significava originalmente vagantes e era o nome de uma tribo germânica que, tendo criado um reino no norte da África no início do século V, saqueou Roma em 455, destruindo desnecessariamente tesouros culturais valiosos e, subsequentemente, deixando uma trilha de destruição na Gália, Espanha e Itália. Seu nome deu origem às palavras vandalizar e vandalismo e denota atos de destruição gratuita.

The Course of Empire, *do artista norte-americano Thomas Cole [1801-48], uma representação espetacularmente imaginada da queda de Roma. O saque de Roma pelos visigodos de Alarico, em 410, revelou ao mundo o declínio do poderio do Império Romano.*

Teodora – assassina, amoral e faminta por poder – nasceu na sarjeta, prosperou como atriz, prostituta e profissional do sexo, e atingiu o auge como a esposa odiada de Justiniano, um dos maiores imperadores de Bizâncio. A mais surpreendente contradição do inteligente e capaz Justiniano foi seu amor por essa mulher extraordinária, inteligente, vaidosa, ambiciosa, corrupta e impiedosa.

IMPERATRIZ TEODORA c. 497-548

> *Nenhum outro tirano desde o início da humanidade inspirou tanto medo, pois nenhuma palavra podia ser pronunciada contra ela sem que ela fosse informada: sua multidão de espiões lhe trazia notícias do que fosse dito e feito em público ou em particular.*
> PROCÓPIO, A HISTÓRIA SECRETA (SÉC. VI)

O pouco que sabemos do início da vida de Teodora vem principalmente de *A história secreta*, de Procópio. Filha de treinador de ursos no Hipódromo, sua primeira carreira foi no teatro, como uma atriz que trabalhava no lado mais sórdido de sua profissão. Ela construiu rapidamente uma reputação tanto por sua beleza quanto por sua disposição para aparecer nos espetáculos burlescos obscenos que estavam em voga em Constantinopla. Como Procópio observou, "nenhum papel era escandaloso demais para que ela não o aceitasse sem corar". Em uma cena especialmente chocante, ela se deitava de costas, totalmente nua, enquanto grãos eram espalhados sobre todo o seu corpo. Gansos (representando o deus-rei Zeus) então pegavam a comida com seus bicos — para o prazer de Teodora.

Seu apetite sexual insaciável tornou-se lendário. "Muitas vezes, ela escolhia dez jovens ou mais, na força de seu vigor e virilidade, e fazia sexo com todos eles, por toda a noite", escreveu Procópio, acrescentando que ela preferia não deixar abertos nenhum de seus três orifícios. Mais tarde, correu o boato de que ela havia passado a ter a vida de uma prostituta de alta classe. Certamente, parece ter servido como cortesã para os ricos e poderosos de Bizâncio, e foi nessa época que engravidou e deu à luz seu único filho.

Depois de lutar por vários anos para se manter, Teodora encontrou ouro. O idoso imperador Justino havia adotado seu capaz sobrinho, Justiniano. O jovem se apaixonou loucamente por Teodora e a levou para a residência imperial como sua amante. A influência dele sobre Justino era tanta, que a lei foi alterada para permitir que se casasse com uma atriz, e quando ele sucedeu ao trono, em 527, ele a tornou oficialmente sua Augusta. Depois de cinco anos, ela havia demonstrado sua habilidade ao assumir o controle durante a revolta de Nika, que ameaçou a própria posição de Justiniano como imperador.

Justiniano tratava Teodora como sua parceira no poder, e muitos a consideravam perigosamente poderosa por suas intrigas e maldade. Mas a parceria funcionou. Justiniano alcançou grande glória durante seu bem-sucedido reinado: ele embelezou a capital e também Jerusalém, codificou as leis, estabilizou o império, administrou maravilhosamente e, usando o seu brilhante general Belisário, reconquistou partes do antigo Império Romano na Espanha, Itália e norte da África. Belisário também derrotou os persas. Foi um desempenho incrível, e Teodora merece parte do crédito.

No lado do débito, a imperatriz era totalmente impiedosa para manter sua própria posição. Ela criou uma força policial secreta e enviava seus espiões para se infiltrarem em qualquer grupo que pudesse servir como uma base potencial de oposição ao regime. Os adversários políticos eram atacados por assaltantes desconhecidos, chicoteados e — pelo menos no caso de um homem chamado Bassânio — castrados e deixados agonizantes. Outros homens que provocaram seu desprazer viram-se confinados no labirinto de cárceres privados embaixo de seu palácio; dizia-se que o filho dela estava entre os que foram mantidos ali, pois ela temia que ele a envergonhasse. As mulheres que poderiam ser rivais na afeição de seu marido — como a rainha goda Amalasontha — eram assassinadas.

Todos os compromissos oficiais tinham de ser aprovados por Teodora, e o mesmo acontecia com todos os casamentos entre os cortesãos imperiais. Enquanto isso, qualquer senso de adequação moral era abandonado pela corte, que se tornou famosa por seu estilo licencioso e demasiado indulgente.

O casal imperial tinha sorte de ter Belisário, um dos maiores generais de todos os tempos. A carreira de Belisário foi, sem dúvida, auxiliada por seu casamento com Antonina, amiga de Teodora. Justiniano, no entanto, temendo que o prestígio de Belisário pudesse ameaçar seu trono, tratava-o extremamente mal. Por duas vezes, ele chamou o general em desgraça da Itália e, depois, da Mesopotâmia. Foram apenas as intervenções de Teodora que o salvaram.

Teodora morreu, provavelmente de câncer, com 50 anos, depois de duas décadas de autoridade ilimitada. Quanto a Justiniano, ele viveu demais: os últimos dez anos de seu reinado foram um desastre. Talvez a temida imperatriz lhe trouxesse sorte; talvez ela também fosse uma hábil política. Enquanto ela viveu, ninguém ousava se opor às ordens da imperatriz, pois todos conheciam as punições para aqueles que o faziam. Como Procópio escreveu: "Quando essa mulher estava furiosa, nenhuma igreja oferecia abrigo, nenhuma lei dava proteção, nenhuma intercessão das pessoas trazia piedade para com sua vítima, nem nada no mundo podia impedi-la".

A imperatriz Teodora representada em um mosaico bizantino do século VI localizado em Ravena, Itália. Muitas das histórias mais escandalosas sobre a imperatriz vêm de **Anekdota**, *ou* **História secreta**, *que incluíam detalhes que Procópio afirmava não poder publicar em sua história oficial do reinado do marido de Teodora, Justiniano I.*

REVOLTA DE NIKA

Durante a era bizantina o único lugar para estar em um feriado público era o Hipódromo. Lá, milhares de fãs se apertavam para assistir a seus ícones esportivos — os aurigas — competirem por honras. Havia quatro "equipes principais" — cada uma com seu próprio grupo de fãs e cada uma definida pelas cores que vestiam: brancos, vermelhos, verdes e azuis, que, mais tarde, se uniram em duas equipes, os azuis e os verdes. O próprio imperador Justiniano era fã dos azuis.

Na ausência de qualquer outro canal para expressão política popular, as facções serviam como uma válvula de escape para todas as reclamações. Muitas vezes, os espectadores faziam exigências políticas ao imperador entre as corridas. Quando Justiniano chegou ao Hipódromo em janeiro de 532, depois de meses de insatisfação popular, estava preparado o cenário para uma rebelião que durou uma semana e quase provocou a sua queda. No fim do primeiro dia de competição, os azuis e os verdes haviam se unido para cantar "Nika" ("vitória"), exprimindo sua insatisfação com as políticas do imperador. Enquanto a multidão ruidosa no Hipódromo declarava sua lealdade a um imperador alternativo, irromperam tumultos e, conforme Constantinopla fugia a seu controle, Justiniano perdeu a calma e se preparou para fugir. Porém, Teodora fortaleceu a resolução dele, dizendo que preferia morrer na púrpura imperial a viver sem ela. Então, ela esboçou um plano para esmagar as forças de oposição. Ela e Justiniano enviaram um emissário ao Hipódromo para subornar metade da multidão reunida — uma tática que foi bem-sucedida. Depois, as tropas comandadas pelo general Belisário, um protegido da imperatriz, foram enviadas para lidar com os demais. A areia no piso do estádio ficou tingida de vermelho-escuro quando cerca de 30 mil pessoas foram mortas.

Por extraordinário que possa parecer o fato de um evento esportivo ter tais ramificações políticas na Bizâncio do século VI, um episódio comparável ocorreu na Europa do fim do século XX. Em maio de 1990, conforme a Iugoslávia começava a se dissolver sob a tensão dos diversos nacionalismos rivais — em especial, do violento nacionalismo sérvio, promovido por Slobodan Milosevic —, o país foi abalado por um grande tumulto em um jogo de futebol entre fãs de futebol croatas e sérvios. Durante um jogo entre o Dínamo Zagreb (da Croácia) e o Red Star, de Belgrado (da Sérvia), no Maksimir Stadium, que pertencia ao primeiro time, os *Delije* ("heróis") do Red Star atacaram os fãs do time adversário, com o auxílio da polícia, que era dominada pelos sérvios. Em resposta, a torcida organizada Bad Blue Boys, do Zagreb, rompeu as linhas policiais e muitos fãs do Red Star foram espancados. No fim do tumulto, mais de 60 pessoas estavam feridas nos dois lados. O incidente confirmou a preponderância dos nacionalismos croata e sérvio e intensificou o violento rompimento da Iugoslávia.

Os cidadãos de Pompeii e Neceria lutam no anfiteatro, 59 d.C., em uma pintura mural em Pompeii: um exemplo fascinante de hooligans nos esportes antigos, cerca de 400 anos antes da Revolta de Nika.

Única mulher na história chinesa a governar por direito próprio, a imperatriz Wu era depravada, megalomaníaca, assassina em massa e também uma inteligente manipuladora. Tendo começado a vida como concubina do imperador, ela dominou a corte imperial por mais de 50 anos, finalmente atingindo o poder absoluto como a "Imperatriz Celestial" autonomeada.

IMPERATRIZ WU 625-705

> Wu é uma monstra traiçoeira! Que eu me reencarne como um gato e ela se reencarne como um rato para que eu possa, para todo o sempre, pegá-la pela garganta.
>
> Esposa Xiao, uma das numerosas vítimas da imperatriz Wu

Wu Zhao, como ela era conhecida, tinha apenas 13 anos quando, em 638, entrou no palácio imperial como uma concubina do imperador Taizong. Desde tenra idade, ela tinha consciência do poder que obtinha com sua bela aparência e inteligência, e quando, uma década depois, Taizong morreu, ela já havia caído nas graças de seu filho e herdeiro, Gaozong.

Como o costume era de que as concubinas se recolhessem após a morte de seu mestre, Wu Zhao passou um breve período em retiro em um convento budista. No entanto, alguns anos depois, voltou ao centro da vida da corte imperial, e seu retorno, em parte, foi provocado pela imperatriz Wang, a esposa de Gaozong. Com ciúme de uma das outras concubinas de seu marido, a esposa Xiao, Wang esperava que Wu pudesse desviar a atenção dele. Esse foi um movimento fatal.

Como previra, Wu rapidamente substituiu Xiao como a nova concubina favorita do imperador e deu-lhe quatro filhos. Porém, Wu queria o poder para si mesma e buscou maneiras de eliminar a influência da imperatriz Wang. Em 654, quando Wu deu à luz

A imperatriz Wu Zetian, que usurpou o poder durante a dinastia Tang, na China, no fim do século VII. A imperatriz era famosa por sua beleza e inteligência e também por sua brutalidade. Esta imagem foi retirada de um álbum de retratos do século XVIII, com reproduções de governantes chineses.

uma filha que morreu logo depois, ela conseguiu que Wang fosse a principal suspeita da morte da bebê. Gaozong acreditou mais em sua concubina do que em sua esposa, e assim removeu Wang e a esposa Xiao de suas posições. Wu tornou-se imperatriz no lugar delas.

Cada vez mais, Gaozong sofreu ataques debilitantes de doenças, dando à imperatriz Wu muitas oportunidades de exercer seu poder. Ela usou seus agentes para espiar e eliminar rivais potenciais e autoridades de cuja lealdade ela duvidava — inclusive membros de sua própria família. Alguns foram rebaixados, outros exilados — e muitos assassinados. Entre as centenas que foram estrangulados, envenenados ou esfaqueados, estavam a ex-imperatriz Wang e a esposa Xiao, cujas mortes foram ordenadas por Wu depois que se soube que Gaozong estava pensando em perdoá-las. Uma atmosfera de terror geral se espalhou pela corte imperial, e a obediência servil era a única garantia de sobrevivência.

Em 675, com a saúde de Gaozong se deteriorando ainda mais, a imperatriz Wu manobrou para assumir a sucessão. A tia do imperador, a princesa Zhao, que ele parecia favorecer cada vez mais, foi colocada sob prisão familiar e morreu de fome. Depois, o filho de Wu, o príncipe herdeiro Li Hong, morreu subitamente, envenenado por uma mão "desconhecida". Ele foi substituído pelo irmão Li Xian, o segundo filho de Wu. O relacionamento de Wu com ele também degringolou rapidamente, e em 680, Wu o acusou de traição e ele foi exilado. Depois, ele foi forçado a "cometer suicídio". A linha de sucessão, então, passou para o terceiro filho, Li Zhe.

Quando Gaozong finalmente morreu, em 684, foi Li Zhe quem se tornou imperador, assumindo o novo nome de Zhongzong. Nem é preciso dizer que a autoridade real ainda estava nas mãos de Wu, agora imperatriz viúva. Quando Zhongzong parecia estar a ponto de desafiar seu poder, ela o depôs e o substituiu por outro de seus filhos, que se tornou o imperador Ruizong.

Wu, então, passou a exercer um controle ainda maior, impedindo Ruizong de se encontrar com qualquer oficial e conduzir alguma ação de governo. Qualquer um que questionasse esse estado de coisas era sumariamente removido e, frequentemente, executado. Em 686, ela ofereceu a Ruizong a devolução dos poderes imperiais, mas ele teve o bom senso de recusar.

Sempre atenta a possíveis ameaças à sua posição, Wu incentivou sua polícia secreta a se infiltrar nos círculos oficiais e a identificar possíveis conspiradores. Em 688, um complô contra a imperatriz viúva foi esmagado, e isso provocou uma onda especialmente feroz de assassinatos políticos. Acusações falsas, tortura e "suicídios" forçados transformaram-se praticamente em rotina. Então, em 690, depois de uma série de petições "espontâneas" exigindo que a imperatriz viúva assumisse o trono, ela concordou com o pedido. Ruizong foi rebaixado a príncipe herdeiro e Wu tornou-se imperatriz.

Nos 15 anos seguintes, Wu governou usando os mesmos métodos brutais que haviam garantido seu acesso ao poder, e denúncias por motivos políticos e assassinatos aprovados pelo estado continuaram a ser comuns. Em 693, a esposa de seu filho Ruizong (o ex-imperador e agora novamente herdeiro) foi acusada de bruxaria e executada. Ruizong tinha medo demais de sua mãe para fazer objeções.

Finalmente, em 705, com a saúde debilitada, Wu foi convencida por Ruizong a renunciar ao trono. Ao contrário de tantas de suas vítimas, ela morreu pacificamente em sua cama, aos 80 anos. Enquanto ela esteve no poder, a política imperial foi reduzida a pouco mais do que um jogo mortal em que muitos foram os perdedores. Um antigo provérbio chinês diz que o governo de uma mulher é como ouvir uma "galinha cantar como um galo ao amanhecer". Considerando-se a experiência do país com a imperatriz Wu, não é de surpreender que ela tenha sido a única pessoa a testar esse ditado.

MADAME MAO

O século XX produziu um equivalente comunista da figura da imperatriz Wu, sob a forma de Jiang Qing, também conhecida como "Madame Mao", ambiciosa, cruel e dogmática.

Filha única de uma concubina, Jiang tornou-se atriz depois de deixar a universidade, adquirindo uma crença duradoura sobre a importância das artes. No fim dos anos 1930, porém, ela conheceu Mao Tsé-tung, futuro fundador da República Popular da China, depois de se juntar ao lado comunista na guerra civil da China, tornando-se sua quarta e última esposa em 1939. Como Mao ainda estava casado na época, ela teve de manter-se discreta por muitos anos.

Porém, em 1966, Mao a indicou como diretora suplente da Revolução Cultural, um amplo terror revolucionário, em parceira com Zhang Chunqiao (que havia sido jornalista), Yao Wenyuan (um crítico literário) e Wang Hongwen (um ex-guarda de segurança) — o chamado Grupo dos Quatro. Ela dirigiu zelosamente a repressão, manipulada por Mao. Sua exigência por formas radicais de expressão, instilada com a questão do assunto "ideologicamente correto", transformou-se em um ataque completo às elites intelectuais e artísticas existentes. Famosa por sua retórica inflamada, ela manipulava técnicas de comunicação de massa para levar os jovens guardas revolucionários a um frenesi antes de enviá-los para atacar — verbal e fisicamente — tudo o que fosse "burguês" ou "reacionário". Em uma orgia de denúncias, terror e assassinatos, o Partido Comunista, que incluía moderados como o presidente Liu Shaoqi e o secretário-geral Deng Xiaoping, foi expurgado. As vítimas reais foram os cidadãos comuns: cerca de 3 milhões foram mortos enquanto inúmeros outros se viram aprisionados ou brutalizados.

Embora Mao a odiasse, Jiang continuou poderosa. Quando ele morreu, em 1976, o sucessor dele, Deng, pôs fim ao poder dela e prendeu Madame Mao em um golpe palaciano. Em 1981, Jiang foi considerada culpada de crimes "contrarrevolucionários". Sua sentença de morte foi convertida em prisão perpétua, mas ela cometeu suicídio em 1991. Figura odiada, ela foi descrita por um biógrafo como uma "mulher cruel, que ajudou a descartar muitas pessoas"; o "demônio de ossos brancos", que, em suas próprias palavras (no julgamento), era "a cadela do presidente Mao. Eu mordia quem ele me pedisse para morder".

Uma litografia de propaganda de Jiang Qing, a última esposa do presidente Mao. Jiang era a famosa líder do "Grupo dos Quatro", considerada culpada, em 1981, de ter planejado os excessos da Revolução Cultural.

Justiniano Rinotmetos (o de nariz cortado) foi o imperador bizantino que reinou duas vezes e cujas campanhas militares fracassadas, massacres sangrentos, vingança incansável, intolerância religiosa, tirania caprichosa, sadismo pessoal e nariz mutilado reconstituído com ouro o tornaram um monstro grotesco mesmo pelos padrões do Império do Oriente.

JUSTINIANO II 669-711

> Suas paixões eram fortes, sua compreensão era falha e ele estava embriagado com um tolo orgulho por seu nascimento ter lhe dado o comando de milhões, dos quais nem a menor das comunidades o teria escolhido para seu magistrado local.
>
> EDWARD GIBBON, *DECLÍNIO E QUEDA DO IMPÉRIO ROMANO*

Justiniano, o filho mais velho de Constantino IV, foi feito imperador conjunto por seu pai em 681, quando tinha apenas 11 anos, tornando-se o único governante quatro anos depois, quando Constantino morreu. No início, ele se mostrou um dirigente capaz, manobrando com êxito — militar e diplomaticamente — para restaurar territórios anteriormente perdidos. Depois de um ousado ataque à Armênia, ele celebrou um novo acordo com os califas muçulmanos Omíadas, a leste, regularizando e aumentando o tributo que eles pagavam a seu império, que havia retomado o controle sobre parte de Chipre.

Com a fronteira oriental segura, Justiniano voltou sua atenção aos Bálcãs — onde terras bizantinas haviam caído sob governos eslavos. Com uma grande campanha militar em 688-689, Justiniano superou os búlgaros, da Macedônia, e retomou a grande cidade de Tessalônica. Estimulado por seus êxitos, em 691-92 ele retomou as hostilidades contra os árabes, na Armênia. Grande parte dos homens para esse novo ataque foi composta de eslavos conquistados, cerca de 30 mil dos quais haviam sido direcionados para os exércitos de Justiniano. Quase que inevitavelmente essa força recrutada mostrou-se pouco confiável, e muitos foram subornados e mudaram de lado. Em menor número e vencidas, as forças de Justiniano foram expulsas completamente da Armênia em 695.

Essas derrotas no exterior foram acompanhadas por uma brutal repressão doméstica, em grande parte de base religiosa. A seita maniqueísta foi considerada perigosamente subversiva. O mesmo ocorreu com outras manifestações do cristianismo não ortodoxo. Em 692, Justiniano estabeleceu o Concílio Quinissexto, para codificar uma interpretação mais rígida da fé ortodoxa. Os 102 cânones disciplinários emitidos pelo Conselho foram, a partir de então, impostos a todo o Império, independentemente de quanto colidissem com outras práticas cristãs, em especial no Ocidente. Não é de surpreender que o papa Sérgio I se recusasse a endossar as conclusões do Concílio.

Ultrajado pelo desafio do papa, Justiniano enviou imediatamente um exército para obrigar o papa Sérgio a aceitar as novas regras, mas foi novamente vencido pela deslealdade dos soldados, quando suas forças mudaram de lado em Ravena e apoiaram o líder espiritual em vez de apoiarem o líder temporal. Foi um presságio nefasto para Justiniano. No entanto, o imperador apenas aumentou a escala de suas exigências religiosas e financeiras, usando estas em um frenesi de construções autoengrandecedoras em Constantinopla.

Inevitavelmente, o descontentamento acabou irrompendo em uma revolta popular, em 695 — liderada por um dos mais importantes generais do império, Leôncio. Justiniano foi deposto do trono, teve a língua e o nariz cortados e foi exilado em Cherson, na Crimeia. Lá, ele permaneceu taciturno por quase uma década, enquanto outros imperadores subiam e caíam. Leôncio, que havia se elevado ao papel de imperador depois de remover Justiniano, foi deposto por Tibério III em 698.

Então, em 702-703 Justiniano fugiu ao confinamento e conseguiu chegar ao canato dos cazares (que governavam o sul da moderna Rússia europeia). Lá, o cã dos cazares recebeu calorosamente o ex-imperador e até lhe deu sua irmã, Teodora, como noiva. A amizade logo se transformou em traição quando o imperador Tibério subornou o cã para assassinar Justiniano. Entretanto, avisado pela esposa, Justiniano fugiu para o lado dos búlgaros e estabeleceu uma nova aliança com o cã búlgaro Tervel, que concordou em ajudá-lo (em troca de terras e título) e lhe forneceu 15 mil cavaleiros para uma marcha sobre Constantinopla. O imperador retomou seu trono em 705, usando um nariz de ouro maciço para ocultar sua mutilação e falando em grunhidos que eram traduzidos por um intérprete devido à falta da língua.

O imperador então se apressou a tentar reverter as concessões que havia feito a Tervel, mas foi derrotado em 708. Essa derrota foi seguida por outras contra o califado árabe Omíada no leste, com perdas na Ásia Menor, Cilícia e Capadócia.

Esses desastres no estrangeiro foram acompanhados pelo despotismo do governo nacional de Justiniano que, mais uma vez, tinha subtons teológicos. Ainda determinado a aplicar a autoridade do Concílio Quinissexto, ele enviou outra expedição militar para Ravena e, dessa vez, conseguiu obrigar o novo papa, Constantino, a aceitar as diretrizes religiosas do concílio.

Enquanto isso, o imperador restaurado exibia uma vingança incansável. Os ex-imperadores Leôncio e Tibério III foram mutilados e executados, juntamente com muitos de seus partidários, enquanto o patriarca de Constantinopla, Calínico I, foi deposto e cegado. Justiniano ordenou um frenesi de execuções em massa por todo o império. Por fim, esse terror afastou até mesmo aqueles que haviam apoiado o retorno de Justiniano.

Em 711, irrompeu uma nova revolta, centrada em Cherson; e um outro general, Bardanes, proclamou-se imperador Filípico e zarpou para Constantinopla. Diante desse desafio, poucos estavam dispostos a defender a coroa de Justiniano. Depois de oferecer uma breve resistência, Justiniano foi derrotado e degolado.

A mutilação do imperador bizantino deposto, Justiniano II, como representada por Matthaus Merian, gravador suíço do século XVII. Justiniano teve o nariz cortado (à esquerda), enquanto seus servos eram arrastados para ser queimados na fogueira (à direita).

O SAQUE DE CONSTANTINOPLA

O saque de Constantinopla, em 1204, foi um dos maiores crimes de vandalismo já cometidos. A cidade grega de Constantinopla, capital do Império Bizantino, era o bastião da cristandade. Então, foi irônico que os que a saquearam em 1204 fossem os cristãos da Quarta Cruzada.

O destino original desses cruzados latinos — vindos da França, Itália, Bélgica e Alemanha — deveria ser o Cairo, a capital do califado muçulmano, a partir de onde eles planejavam retomar Jerusalém, que estava em posse dos muçulmanos. Eles se reuniram em Veneza para ser embarcados em navios venezianos. Mas Veneza havia assinado um acordo comercial com o sultão do Egito. O governador de Veneza, o doge Enrico Dandolo, tinha 85 anos e era cego, mas mesmo assim era um príncipe mercador impiedoso. Quando os cruzados não puderam pagar o preço pedido, o doge sugeriu que, em vez de navegar para o Cairo, a expedição se dirigisse para Constantinopla, a cidade rival de Veneza no leste do Mediterrâneo, derrubasse o imperador e criasse um império latino. Os cruzados concordaram prontamente, pois acreditavam que os cristãos ortodoxos gregos de Constantinopla eram separatistas repulsivos, "piores do que os judeus".

Depois de atracarem no Bósforo, Dandolo planejou uma série de golpes políticos que levaram a um ano de quatro imperadores. Um incêndio destruiu metade da cidade. Finalmente, o doge ordenou a invasão de Constantinopla, que caiu em 12 de abril de 1204. Disseram que o octogenário Dandolo chegou a lutar, mas ele certamente comandou. Durante três dias, os cruzados saquearam a cidade que queimava. Milhares de cidadãos indefesos foram massacrados, e freiras foram estupradas nos altares. A Grande Biblioteca de Constantinopla foi destruída, os santuários foram pilhados, obras de arte de valor inestimável foram despedaçadas. Em Hagia Sofia — a maior igreja da cristandade e, mais tarde, local do túmulo do doge Dandolo — uma prostituta foi colocada no trono do patriarca para cantar músicas obscenas. Dandolo colocou Balduíno de Flandres no trono imperial e outros líderes latinos fundaram domínios senhoriais latinos; o doge exigiu e recebeu um império veneziano de "três quartos do Império Romano", apoderando-se de Creta e de outras ilhas, além de uma grande quantidade de despojos. O Império Latino de Constantinopla durou até 1261, quando Miguel VIII Paleólogo reconquistou a cidade para os bizantinos. Porém, a cidade nunca recuperou sua antiga grandeza e foi capturada pelos turcos em 1453.

A captura de Constantinopla pelas forças da Quarta Cruzada, em 1204, em uma pintura de Palma il Giovane, um artista italiano do século XVI. Fundada por Constantino I, em 330, a cidade, sitiada por várias vezes, foi em momentos diferentes capital dos impérios Romano, Bizantino e Otomano.

O papa João XII foi o mais vergonhoso pontífice a liderar a Igreja Católica, a antítese das virtudes cristãs. Ele levou uma vida privada de imoralidade ostensiva, transformando o Vaticano em um bordel. O comportamento dele era hipócrita, cruel e tolo — personificava a "pornocracia" papal da primeira metade do século X. Como seria de esperar, ele acabou por provocar sua própria queda por meio de sua depravação insaciável.

PAPA JOÃO XII   c. 937-964

> ...*esse monstro sem uma única virtude para compensar seus numerosos vícios.*
> VEREDICTO DOS BISPOS CONVOCADOS POR OTÃO PARA JULGAR O PAPA JOÃO XII, 963

Originalmente chamado Otávio, o futuro papa João XII era o filho único do duque Alberico II de Espoleto, o Patrício de Roma, que decretou aos nobres de Roma um pouco antes de sua morte que seu filho devia ser eleito papa. Em 16 de dezembro de 955, depois da morte do papa anterior, Agapito II, Otávio se tornou a maior autoridade na Igreja Católica, o governante espiritual e temporal de Roma com apenas 18 anos, assumindo o nome de João XII.

Pelo lado da mãe, Alda de Vienne, ele era descendente de Carlos Magno, mas nunca mostrou nenhuma das virtudes esperadas de um papa. Sua vida privada foi um desfile de pecados. Desprezando o celibato exigido por sua posição, era um adúltero desenfreado, fornicava literalmente com centenas de mulheres, inclusive com Stephna, a concubina de seu pai. O sagrado Palácio de Latrão, anteriormente a morada dos santos, tornou-se um bordel, no qual se alojavam centenas de prostitutas, prontas a servir aos caprichos sexuais dele. João até teve relações incestuosas com duas de suas irmãs.

Durante seu reinado, a sorte de João esteve interligada com a do rei alemão Otão I, o Grande, um amigo de igreja a quem João apelou por ajuda depois de ser derrotado em uma guerra contra o duque Pandulfo de Cápua e, mais tarde, quando perdeu os estados papais para o rei Berengário da Itália. Otão chegou à Itália com seu exército poderoso, obrigando Berengário a retroceder. Em Roma, no fim de janeiro de 962, Otão fez um juramento de lealdade e de que reconheceria a autoridade de João e, em 2 de fevereiro de 962, João coroou Otão sacro imperador romano, juntamente com sua esposa, a rainha Adelaide, a quem nomeou imperatriz.

Essa poderosa aliança foi para o benefício de ambos, João e Otão, mas cada um deles imediatamente tentou dominar o outro. Logo depois de Otão ser coroado imperador, ele emitiu seu *Privilegium Ottonianum*, um tratado que prometia reconhecer o direito do papa ao território da Itália em troca de uma promessa de que todos os papas futuros só seriam consagrados depois de terem jurado lealdade ao sacro imperador romano. Porém, quando Otão deixou Roma, em 14 de fevereiro de 962, para continuar sua guerra contra o rei Berengário, João — com medo da força de Otão — começou negociações secretas com o filho de Berengário, Adalberto, para se insurgir contra ele, e enviou cartas a outros governantes europeus, incentivando-os a fazer o mesmo. Quando as tropas alemãs interceptaram essas cartas, a conspiração foi revelada e, se João tinha alguma esperança de acalmar o furioso Otão, elas logo caíram por terra. Depois de João receber Adalberto em Roma com grande cerimônia, os bispos e nobres simpáticos

Otão I sendo coroado sacro imperador romano pelo papa João XII em 2 de fevereiro de 962.

ao rei alemão se rebelaram. Em 2 de novembro de 963, João foi obrigado a fugir de Roma enquanto Otão entrava na cidade.

Enquanto João se escondia nas montanhas da Campânia, Otão convocou um painel de 50 bispos na Basílica de São Pedro para que compilassem uma lista de acusações políticas e pessoais contra ele. Estas iam desde sacrilégio (jurar blasfêmias e brindar ao demônio com vinho) até adultério, perjúrio e assassinato (ele foi acusado de cegar seu confessor, Benedito, provocando sua morte, e de castrar seu cardeal subdiácono). Os excessos de sua vida privada também o levaram a abusos flagrantes em seu cargo, inclusive simonia — concedendo bispados e outros títulos eclesiásticos em troca de pagamentos —, a fim de pagar por suas enormes dívidas de jogo.

Em 4 de dezembro de 963, o sínodo considerou João culpado e o depôs, substituindo-o pelo papa Leão VIII. Porém, a indicação foi feita sem seguir o procedimento canônico adequado e poucos consideraram Leão como um substituto legítimo. Enquanto Otão e Adalberto se enfrentavam novamente no campo de batalha, uma nova revolta irrompeu em Roma, restaurando João no papado ao mesmo tempo em que Leão fugia. Aqueles que traíram João sofreram então uma vingança horrível. A mão direita do cardeal diácono foi cortada pelo impiedoso papa, enquanto o bispo Otgar de Speyer foi flagelado; um oficial perdeu o nariz e as orelhas e muitos outros foram excomungados. Em 26 de fevereiro de 964, João cancelou os decretos de Otão em um sínodo especial e restabeleceu sua própria autoridade como papa.

A posição de João ainda era precária, e quando Otão finalmente derrotou Berengário no campo de batalha e retornou a Roma, parecia muito provável que ele fosse deposto novamente. Mas, em 16 de maio de 964, libidinoso ao máximo, João caiu e morreu oito dias depois de ser pego no ato de adultério. Alguns dizem que ele foi espancado pelo marido ciumento; outros dizem que ele foi assassinado; outros ainda afirmaram que o diabo veio buscá-lo. A maioria acreditou que ele havia sido golpeado pela intervenção divina ou por exaustão carnal.

O papa João XII foi uma mancha no nome da Igreja Católica. Diz-se que os monges rezavam dia e noite por sua morte. "Você é acusado de tais obscenidades que faria corar a todos nós se fosse um ator", foi o veredicto do imperador Otão quando lhe escreveu depois de convocar um concílio de bispos para depô-lo. "Seria preciso um dia inteiro para enumerar a todas."

MARÓZIA, A JEZEBEL DO PAPADO

Marózia era uma prostituta política e nobre poderosa que se tornou senadora e patrícia de Roma, rainha da Itália e amante, assassina, mãe, avó e bisavó de papas. Ela teve uma carreira surpreendente de depravação, ambição, assassinato e crueldade que dominou o papado por décadas.

Bela, inteligente e mestra no uso do poder e da intriga, Marózia nasceu em 890, filha do conde Teofilato e sua cortesã, Teodora, conhecida como uma "prostituta desavergonhada". Sem dúvida, tanto mãe quanto filha foram tristemente famosas. Como escreveu o historiador inglês Edward Gibbon:

A influência das duas prostitutas, Marózia e Teodora, baseava-se em sua riqueza e beleza, suas intrigas políticas e amorosas: os mais estrênuos de seus amantes foram recompensados com a mitra romana, e seu reinado pode ter sugerido à Idade Média a lenda de uma papisa. O filho bastardo, o neto e o bisneto de Marózia, uma rara genealogia, sentaram-se na cadeira de São Pedro.

Aos 15 anos, Marózia tornou-se amante do papa Sérgio III, tendo um filho que, mais tarde, veio a ser o papa João XI. Em 909 ela se casou com Alberico, duque de Espoleto, e teve outro filho, Alberico II. Depois, Alberico I foi morto e ela se tornou amante do papa João X que pontificava na época. Porém, Marózia voltou-se contra ele e se casou com seu inimigo Guido da Toscânia. Juntos, eles conquistaram Roma, aprisionando o papa. Marózia ordenou que João X fosse estrangulado no castelo de Sant'Ângelo e, depois, assumiu o poder, governando por meio dos papas fantoches Leão VI e Estêvão VIII, antes de elevar seu próprio filho bastardo ao trono de São Pedro como João XI, aos 21 anos. Viúva novamente, Marózia casou-se com Hugo de Arles, rei da Itália, com quem ela governou. O casal foi derrubado pelo filho dela, o duque Alberico II, que aprisionou sua mãe até a morte dela.

Marózia (890-937), a bela e poderosa amante do papa Sérgio III, representada em uma xilogravura do século XIX. Durante o chamado "governo das prostitutas", no início do século X, o papado foi influenciado por algumas mulheres da família aristocrática Teofilato, incluindo Marózia e sua mãe, Teodora.

Basílio II foi um dos mais poderosos, efetivos e brilhantes — embora impiedoso — governantes do Império Bizantino, o herói-monstro por excelência. Estadista e soldado admiravelmente bem-sucedido, eternamente envolvido em guerras, Basílio, que nunca se casou nem teve filhos, reinou por 50 anos, expandindo seu império até sua maior extensão. Ele converteu os russos ao cristianismo, derrotou os búlgaros, conquistou o Cáucaso e patrocinou as artes.

BASÍLIO, O MATADOR DE BÚLGAROS 957/958-1025

> *O imperador não cedeu e a cada ano marchou até a Bulgária e deixou em ruínas e arrasou tudo diante dele... O imperador cegou os prisioneiros búlgaros — cerca de 15 mil, pelo que dizem — e ordenou que grupos de 100 fossem liderados de volta... por um homem com apenas um olho.*
> JOÃO SKYLITZES, HISTORIADOR BIZANTINO DO FIM DO SÉC. XI

Os relatos da aparência de Basílio combinam bem com sua atitude brutal. De compleição atlética, com um rosto redondo, bigode cerrado e olhos azuis penetrantes, ele tinha o hábito de torcer suas suíças entre os dedos sempre que estava com raiva ou agitado — uma ocorrência frequente, considerando-se seu temperamento explosivo. Segundo se dizia, escolhia as palavras com parcimônia, grunhindo-as em vez de falando, de acordo com seus modos abruptos. Sem nunca relaxar, ele estava sempre em guarda contra os inimigos, e sua mão direita ficava invariavelmente em posição de pegar a espada. Ele desdenhava joias, vestia-se com armadura e comia a mesma ração que seus soldados, e lhes prometia que cuidaria de seus filhos caso morressem em batalha por ele.

Basílio era neto de Constantino VII e filho de Romanos II. Porém, a política do poder bizantino era traiçoeira, e os primeiros anos da vida de Basílio foram marcados por intriga e rebelião. Romanos II havia morrido em 963, deixando Basílio, com cinco anos, e seu irmão mais novo, Constantino, como imperadores conjuntos. Embora Constantino mais tarde sucedesse a Basílio, em 1025, e governasse por três anos, ele não tomou parte ativa no reinado de Basílio, acentuando a supremacia do irmão e preferindo assistir a corridas de carros no Hipódromo de Constantinopla. No entanto, em 963, Basílio era pequeno demais para governar o império e assim sua mãe, Teofana, se casou com um general do exército, que se tornou o imperador Nicéforo II em 963. Em 969, Teofana fez com que Nicéforo fosse assassinado por seu próximo amante, João Tzimisces, que também se tornou imperador até sua morte, em 976. Basílio, então com 18 anos, finalmente subiu ao trono, mas logo confrontou uma rebelião aberta liderada por dois proprietários de terras ambiciosos: o primeiro foi Bardas Skleros, cujos exércitos foram rapidamente destruídos em 979; e o segundo foi Bardas Focas, que teve suas forças derrotadas em batalha em abril de 989, depois de dois anos de lutas. A lenda diz que Basílio se sentou pacientemente sobre seu cavalo, com a espada em uma das mãos e uma imagem da Virgem Maria na outra, preparando-se para enfrentar Focas no combate individual, antes de este morrer subitamente de um ataque.

Basílio, que ainda jovem havia exigido a cabeça degolada de Focas como troféu, tinha demonstrado ser um combatente corajoso e impiedoso, sem medo de liderar seus exércitos em batalha. Ainda assim, o governo do império permaneceu, em grande parte, nas mãos de seu tio, o eunuco Basílio Lecapeno, o camareiro-mor do palácio imperial; e assim Basílio acusou-o de simpatizar secretamente com a causa rebelde e o exilou de Bizâncio, em 985. Sem confiar na elite estabelecida, Basílio preferia oferecer patronato e proteção aos pequenos fazendeiros, em troca de serviço militar e impostos regulares. Ele derrubava sistematicamente todos os rivais em potencial, confiscando as terras e o dinheiro deles para ajudar a financiar suas infindáveis campanhas militares.

Em 995, furioso com as incursões árabes no território bizantino, ele reuniu 40 mil homens e atacou a Síria, conquistando-a para o império pelos 75 anos seguintes. No processo, saqueou Trípoli e quase chegou à Palestina e a Jerusalém. Seu inimigo mortal, porém, era o igualmente ambicioso e autonomeado "czar" Samuel da Bulgária, que havia usado as distrações das guerras civis bizantinas para ampliar seu próprio império do Adriático ao mar Negro, engolindo porções do território bizantino. As primeiras investidas de Basílio contra os búlgaros, como o cerco de Sofia em 986, haviam sido caras e fracassadas, levando à desastrosa emboscada nas Portas de Trajano, na qual milhares de seus soldados foram mortos e ele escapou por um triz. A partir de 1001, porém, tendo aniquilado os inimigos locais, Basílio começou a atacar o território conquistado por Samuel, logo recuperando a Macedônia. O sucesso foi constante, embora não espetacular, até que na Batalha de Kleidion, em 29 de julho de 1014, as forças de Basílio conquistaram uma grande vitória e tomaram a capital de Samuel.

Em um desenlace brutal para a campanha, Basílio alinhou os prisioneiros derrotados e mandou que fossem cegados. Em um gesto macabro, deixou um em cada 100 homens com um só olho, para que as tropas indefesas pudessem voltar para casa. Segundo relatos, 15 mil soldados se arrastaram em colunas patéticas, feridos, cegos e completamente aterrorizados. Segundo o historiador John Skylitzes, do século XI, o czar desmaiou ao ver seus soldados retornarem e morreu em decorrência de um derrame. Devido a esse momento horrível, Basílio recebeu o epíteto de "matador de búlgaros". Ele também ampliou o território bizantino para incluir os Bálcãs, a Mesopotâmia, a Geórgia, a Armênia e o sul da Itália: um imperador monstruosamente impiedoso, mas admiravelmente bem-sucedido.

O imperador bizantino Basílio II triunfante sobre as tribos búlgaras, em imagem baseada numa miniatura do século XI da basílica de São Marcos, em Veneza.

CEGAR E ESTRANGULAR EM BIZÂNCIO

O ato de mandar cegar e mutilar era usado para desqualificar um candidato ao trono, enquanto ordenar o estrangulamento era o método ideal para matar príncipes sem derramar sangue real.

Constantino VI (771-797), imperador bizantino de 778 a 797, foi cegado e também cegou. Depois de suceder a seu pai, o imperador Leão IV, ele foi considerado um governante fraco e ineficaz por não ter conseguido demonstrar liderança e coragem contra Kardam da Bulgária, que o derrotou em 791 e 792. Quando a oposição a seu governo se uniu ao redor de seu tio, César Nicéforo, Constantino ordenou que o tio fosse preso e tivesse os olhos arrancados, removendo também a língua dos quatro outros irmãos de seu pai, para que eles não pensassem em seguir o exemplo do irmão. Ele também mandou cegar o general armênio Alexios Mosele, fazendo com que os armênios se revoltassem. Mas a mãe de Constantino nunca havia ficado feliz com o governo de seu filho e os seguidores dela o capturaram e o cegaram, causando-lhe ferimentos mortais, enquanto ela era coroada imperatriz Irene.

Esse padrão de crueldade dentro da família foi um aspecto recorrente no Império Bizantino no decorrer dos séculos.

Isaac II Ângelo (1156-1204) foi imperador de 1185 a 1195, mas, enquanto estava se preparando para uma campanha contra a Bulgária, seu irmão mais velho, Aleixo Ângelo, declarou-se imperador Aleixo III, capturou Isaac, mandou cegá-lo e o aprisionou em Constantinopla. Entretanto, em 1203, Aleixo III fugiu da capital bizantina quando um exército cruzado se preparava para invadi-la. Isaac foi liberado e recolocado no trono, mas sua saúde estava tão debilitada pelos oito anos de cativeiro, que ele entregou o controle a seu filho, Aleixo IV. O novo rei mostrou-se igualmente incapaz de proteger a cidade dos cruzados e, em 1204, foi deposto e aprisionado por Aleixo Ducas — um oficial da corte e aristocrata bizantino apelidado de "Mourtzouphlos" por suas grossas sobrancelhas e maneiras bruscas — que se declarou Aleixo V. Aleixo IV foi posteriormente estrangulado na prisão e seu pai morreu logo em seguida. O reinado de Mourtzouphlos começou em fevereiro de 1204, mas só durou alguns meses. Em novembro, ele foi capturado pelas forças dos cruzados e jogado do alto de uma coluna em Constantinopla.

O exército búlgaro arrasta-se para casa depois da pesada derrota de 1014 nas mãos de Basílio, o Matador de Búlgaros, na qual 15 mil de seus soldados foram cegados por ordem do imperador bizantino. Esta xilogravura dramática foi inspirada em uma pintura do artista tcheco Emil Holarek [1867-1919].

"O velho da montanha", Hassan-i-Sabbah, foi possivelmente o pioneiro do moderno terrorismo islâmico, mas ele também foi uma figura culta e mística, um líder carismático militar e religioso que obteve poder para sua seita muito além de seus recursos. Seu feudo de Alamut, no alto da cordilheira Elburz, no norte do Irã, era a base da seita misteriosa e mortal conhecida como os Assassinos. Marco Polo, que visitou a área em seu caminho de volta da China, falou de um belo jardim no qual um xeique poderoso treinava matadores fanáticos para se tornarem seus seguidores leais com promessas de paraíso movidas a haxixe. Esses mesmos homens, então, faziam tudo o que o Velho pedia — até mesmo se matavam, se fosse isso o que ele desejava.

HASSAN-I-SABBAH, XEIQUE DE ALAMUT — 1056-1124

> *Nenhum homem conseguia escapar quando o xeique da montanha desejava sua morte.*
> MARCO POLO

Hassan-i-Sabbah nasceu na cidade persa de Qom, tornando-se um estudioso admirado do xiismo. Enquanto ainda era jovem, sua família mudou-se para a cidade de Rayy e foi lá que ele resolveu dedicar sua vida à seita do xiismo.

Hassan teve uma carreira na corte dos turcos seljuques, uma dinastia sunita cujo império controlava grande parte do Irã, Mesopotâmia, Síria e Palestina entre os séculos XI e XIV. A serviço do sultão seljuque, Hassan chegou a se tornar chefe da inteligência, mas terminou provocando uma afronta e foi banido, um insulto do qual ele nunca esqueceu.

Hassan vagou pelo Oriente Médio até chegar ao Egito por volta de 1078. Cairo era então a capital do Império Fatímida no norte de África, cujos califas eram xiitas. Ele permaneceu lá por cerca de três anos, continuando seus estudos e estabelecendo-se como líder religioso da facção nizariya. Porém, quando ele e sua facção perderam uma luta política e foram expulsos do Cairo, Hassan liderou sua seita para um novo caminho. Ele e seus seguidores estabeleceram ou fortificaram uma série de fortalezas remotas no Oriente Médio, do Líbano até o Iraque, e da Síria até o Irã. Ele voltou a seu Irã nativo, tomando o castelo Alamut na cordilheira Elburz. Ali se tornaria seu refúgio e capital até sua morte. Hassan decidiu formar uma milícia de seguidores armados que podiam defender seu "reino", converter pessoas à seita e destruir os inimigos do verdadeiro Islã. Pela combinação do uso pródigo do haxixe, uma droga psicoativa, e de seu próprio apelo carismático, Hassan criou o "haxixismo" — de onde veio a palavra "assassinos" — para matar os "ímpios usurpadores" e os líderes sunitas. (Ele permaneceu nominalmente leal aos califas fatímidas no Cairo, mas na realidade se tornou uma força política independente, temido e detestado por todas as grandes potências do Oriente Médio.) Seus adeptos se chamavam de Nova Doutrina, enquanto seus guerreiros temidos eram os *fedayin* — ou Assassinos Sagrados, admirados por alguns, temidos por todos. Sua arma favorita era a adaga, algumas vezes envenenada.

Hassan governou seus partidários com austeridade estrita. Ao descobrir um de seus seguidores tocando flauta, mandou que fosse expulso. Até executou seu próprio filho por ter bebido vinho. Aqueles que iam servir a Hassan eram doutrinados, treinados e equipados antes de serem enviados para realizar as ordens de seu mestre. Uma parte integral desse processo foi o belo jardim que ele mandou construir, descrito por Marco Polo como "o maior e o mais refinado" que o mundo jamais viu. Dentro das muralhas foram escavados condutos pelos quais corriam vinho, leite, mel e água, enquanto grupos de belas mulheres brincavam. O efeito era tal que fazia as pessoas acreditarem que aquele era realmente o Paraíso. Marco Polo descreveu como Hassan manipulava os jovens a se tornarem seus seguidores cegamente obedientes:

> O Velho... lhes dava uma poção que os fazia dormir imediatamente, então ele ordenava que fossem levados e colocados no jardim e, depois, despertados. Quando acordavam, eles... viam todas as coisas que eu lhe contei, e assim acreditavam que estavam realmente no Paraíso. E as mulheres e os jovens permaneciam com eles o dia inteiro, tocando e cantando e divertindo-os, e os jovens tinham seu prazer com elas. Assim, esses jovens tinham tudo que poderiam desejar e nunca deixariam o lugar por vontade própria.

Nesse ponto, porém, eles eram drogados novamente, removidos do jardim e levados novamente ao castelo de Hassan. O acordo que ele lhes oferecia era simples: eles poderiam retornar ao Paraíso, do qual ele era o guardião, desde que fizessem tudo o que ele pedisse.

Com a lealdade inabalável de seus homens garantida, Hassan trabalhou para fomentar levantes contra os sultões seljuques e os califas abássidas, ambos sunitas, bem como contra os infiéis cruzados. Os Assassinos exterminaram oficiais seljuques e abássidas e, algumas vezes, fatímidas também. Eles assassinaram os príncipes cruzados Raimundo II, conde de Trípoli, e Conrado de Montferrat, cuja morte pode ter sido ordenada por Ricardo I da Inglaterra (sabe-se que Hassan algumas vezes cooperava com cruzados). Um assassino quase conseguiu matar o príncipe Eduardo da Inglaterra, que mais tarde se tornou Eduardo I,

Hassan-i-Sabbah inicia os que aderem à sua seita Assassinos, dando-lhes vinho com drogas, em uma iluminura de um manuscrito do século XV. Pensa-se que Hassan recrutava seus partidários induzindo-os a experimentar visões de êxtase.

UMA BREVE HISTÓRIA DO HAXIXE

O registro mais antigo do uso do haxixe — as folhas e as flores secas do cânhamo, *Cannabis indica* ou *Cannabis sativa* — data do terceiro milênio a.C., quando era empregado medicinalmente na China. Na Índia antiga, o *ganja* (do sânscrito *gangjia*) era considerado sagrado e seu uso ritual se espalhou pelas estepes do oeste da Ásia em direção ao Leste Europeu. No primeiro milênio a.C., os xamãs dos citas, trácios e dácios — chamados de "aqueles que andam nas nuvens" — queimavam a erva e inalavam a fumaça para atingir transes extáticos. O primeiro relato ocidental da droga vem do explorador inglês Thomas Bowrey, do século XVII, que encontrou *bhang* — uma infusão de sementes e folhas de *cannabis* — ao longo da costa de Bengala. Ele registrou que a bebida tinha um efeito "feliz" sobre seus companheiros do navio, "cada homem se imaginando nada menos do que um imperador".

No início do século XX, os governos do Ocidente haviam criminalizado a *cannabis*, e um pôster norte-americano dos anos 1930 alertava contra — "a droga assassina 'maconha' — um narcótico poderoso no qual espreitam o Assassinato! a Insanidade! a Morte!". Ainda assim, ela se tornou a quarta droga mais popular no mundo, depois da cafeína, da nicotina e do álcool. Na Inglaterra, foi desclassificada para uma droga de classe C, em 2004, apesar do alto poder das variedades modernas, inclusive o *skunk* (ou supermaconha), que está ligado à psicose.

Fumantes de haxixe, de Gaetano Previati (1852-1920). O haxixe foi moda na Paris do século XIX, onde o "Clube dos fumadores de haxixe" se dedicava à exploração das experiências induzidas pela droga e era frequentado por celebridades literárias e artísticas como Charles Baudelaire, Theophile Gautier, Gerard de Nerval e Eugene Delacroix, florescendo durante os anos 1840.

com uma adaga envenenada, mas ele sobreviveu. Foi dito que os cavaleiros da Ordem de Malta contratavam Assassinos para matar vários de seus adversários. Outros líderes muçulmanos ficaram indignados com o poder do Velho da Montanha e muitas vezes tentaram esmagá-lo, mas ele era um adversário perigoso. Quando o sultão Saladino decidiu destruir os Assassinos, encontrou uma adaga sob seu travesseiro e entendeu o alerta. Os grandes príncipes do Oriente Médio atacaram os Assassinos, mas a cada vez eles sobreviveram como um estado idiossincrático fora da lei.

O xeique morreu de causas naturais, em 1124. Ele foi substituído por seu carrasco Kya Bozorg-Ummid, que criou uma dinastia Assassina quando foi sucedido por seu filho. Mas os Assassinos foram finalmente destruídos pelo cã mongol e construtor de um império, Hulugu, neto de Gêngis Khan, que invadiu Alamut em 1256. O novo governante do Egito, o sultão Baibars, um mameluco, varreu do mapa as últimas fortalezas Assassinas na Síria em 1273.

A história dos Assassinos é um testemunho do poder do desejo da humanidade por uma vida póstuma celestial: alguns consideram o xeique como um Bin Laden antigo, no entanto este é um terrorista sunita, enquanto o primeiro continua a ser um respeitado líder religioso xiita.

O guerreiro cruzado Godofredo de Bulhão foi um fundamentalista religioso brutal que liderou o cerco a Jerusalém em julho de 1099. Ousado e zeloso, ele professava uma versão do cristianismo que glorificava o derramamento de sangue infiel. Foi o primeiro governante cristão do Reino de Jerusalém, depois de ter massacrado indiscriminadamente milhares de judeus e muçulmanos, "purificando" a cidade em nome de Deus. Sua invasão da Cidade Santa foi um dos maiores crimes da história.

GODOFREDO DE BULHÃO
E A INVASÃO DE JERUSALÉM   1060-1100

> *Se vocês tivessem estado lá, seus pés teriam ficado vermelhos até os tornozelos com o sangue do massacre. O que mais devo relatar? Nenhum deles foi deixado com vida; nem mulheres nem crianças foram poupadas.*
> FULQUÉRIO DE CHARTRES, CRONISTA MEDIEVAL E CAPELÃO DOS EXÉRCITOS DE GODOFREDO DE BULHÃO E DE SEUS IRMÃOS, DESCREVENDO O SÍTIO A JERUSALÉM, EM 1099

Godofredo nasceu em 1060, provavelmente em Bolonha-sobre-o-Mar, filho de Eustáquio II, conde de Bolonha (que havia lutado do lado dos normandos na Batalha de Hastings em 1066), e de Ida "a Abençoada" de Bolonha (uma mulher piedosa e santa que fundou diversos mosteiros). Godofredo era um garoto atlético e de cabelos lisos, com fisionomia "agradável", que, nas palavras de Guilherme de Tiro, era de "estatura alta... forte além de comparação, com membros solidamente construídos e um peito firme".

Como o segundo filho da família, Godofredo não estava em posição de herdar muito de seu pai, mas em 1076 seu tio corcunda e sem filho, também chamado Godofredo, legou-lhe o ducado da Baixa Lorena, uma área de importância estratégica entre os estados da França e da Alemanha do Sacro Império Romano. A região era tão importante que, por algum tempo, Henrique IV, o rei alemão e futuro imperador, tomou a terra para si mesmo, embora a tenha devolvido em 1089, em reconhecimento pela lealdade contínua de Godofredo.

Godofredo de Bulhão, duque da Baixa Lorena, líder da Primeira Cruzada e primeiro governante do Reino de Jerusalém, como retratado por um artista alemão anônimo do século XVI.

Em 1095, o papa Urbano II convocou os nobres de Flandres para que embarcassem na Primeira Cruzada, para ajudar o imperador bizantino Aleixo I contra as forças turcas que atacavam o império cristão de Bizâncio, e para que liberassem a Cidade Santa de Jerusalém para a cristandade. Vendendo ou hipotecando suas propriedades para levantar os fundos necessários, Godofredo reuniu um exército de cruzados, como fizeram diversos outros importantes nobres europeus, como Raimundo de Toulouse, o impetuoso cavaleiro normando Boemundo I e os dois irmãos de Godofredo, Eustáquio e Balduíno. Godofredo declarou que estava determinado a vingar o derramamento do sangue de Jesus pelo povo judeu.

Em agosto de 1096, o exército de Godofredo — estimado em 40 mil homens — iniciou a longa marcha pela Hungria rumo a Constantinopla. Quando chegaram, em novembro, logo ficou aparente que os cruzados e Aleixo I tinham prioridades muito diferentes. Aleixo queria se concentrar em reconquistar as terras que havia perdido para os turcos, enquanto os cruzados estavam ansiosos para conquistar Jerusalém e capturar a Terra Santa. Depois de um período de tensão política durante 1097 — no qual os soldados de Godofredo pilharam as cercanias de Salabria —, Godofredo concordou hesitantemente em que seu exército se submeteria às ordens de Aleixo durante algum tempo antes de marchar para o sul na direção de Jerusalém.

A partir do verão de 1098, Godofredo e outros exércitos cruzados começaram a fazer incursões nas terras muçulmanas, e sua reputação cresceu na mesma medida. Em outubro, ele supostamente matou 150 turcos com apenas 12 cavaleiros em uma batalha próxima a Antióquia e, no mês seguinte, cortou um turco na metade com um único golpe descendente de sua espada. Finalmente, em fevereiro de 1099, os vários exércitos cruzados se uniram e começaram seu avanço sobre Jerusalém, lutando em Trípoli e em Beirute antes de chegarem para cercar a cidade, em junho. Na manhã da sexta-feira, 15 de julho, Godofredo estava entre os primeiros cruzados a romper as defesas da cidade, depois de seus homens terem construído e escalado uma torre móvel, que haviam colocado contra as muralhas. Uma luta feroz aconteceu no alto da muralha, enquanto Godofredo mantinha sua posição corajosamente e incitava seus homens a entrarem na cidade para abrir os portões.

Milhares de cruzados inundaram as ruas enquanto os cidadãos muçulmanos fugiam para a mesquita de Al-Aqsa. Iftikhar ad-Dawla, o governo fatímida da cidade, fez seu último bastião na Torre de Davi. Sob a condição de se renderem, Iftikhar e alguns de seus soldados tiveram permissão para fugir, mas, nas 48 horas seguintes, os que ficaram na cidade — combatentes e civis, muçulmanos e judeus — foram atacados e assassinados nas ruas. Os cruzados pilharam lugares muçulmanos sagrados, como o Domo do Rochedo, e queimaram suas vítimas até a morte, ou abriram o estômago delas, acreditando que os muçulmanos haviam engolido seu ouro. Os judeus da cidade tinham fugido para uma sinagoga, que os cruzados simplesmente queimaram até o chão. Raimundo de Aguilers afirmou ter visto "pilhas de cabeças, mãos e pés" espalhadas pela cidade, enquanto Fulquério de Chartres, um capelão do exército de Balduíno, escreveu com aprovação que "este lugar, há tanto tempo contaminado pela superstição dos habitantes pagãos, foi limpo de seu contágio".

No auge do massacre sistemático, Godofredo despiu-se e, apenas com a roupa de baixo, andou solenemente, descalço, pelo sangue, para rezar no Santo Sepulcro, uma igreja no local em que os cristãos acreditam que Jesus foi crucificado. Em 22 de julho, seus companheiros cruzados o escolheram para ser o primeiro governante cristão de Jerusalém, embora ele se recusasse a assumir o nome de rei na cidade em que Cristo havia morrido, preferindo o título de duque e Protetor do Santo Sepulcro. Foi lá que ele foi sepultado depois de morrer de peste, em 18 de julho de 1100, com sua missão concluída.

Godofredo foi idealizado por escritores cristãos posteriores e se tornou o sujeito de muitas lendas. Para Roberto de Rheims, que escreveu no século XII, ele foi mais monge do que cavaleiro, um homem que desprezava as vaidades do mundo. Hoje, porém, Godofredo de Bulhão é visto mais como um assassino fanático e santarrão do que um herói, muito menos um cristão.

CRUZADOS BRUTAIS

Para os cronistas cristãos da Europa medieval, os líderes das Cruzadas eram a personificação dos heróis, piedosos e corajosos, que se sacrificavam por uma missão divina. Para os que se encontravam nos destinos dos exércitos cruzados, porém, eles eram colonizadores e usurpadores, que buscavam novos feudos e tesouros e se deleitavam em massacres indiscriminados.

A mensagem do papa Urbano II para os participantes na Primeira Cruzada fora muito clara: eles deviam libertar a Terra Santa e os cristãos de Bizâncio do governo muçulmano. Muitos daqueles inspirados por essa mensagem, porém, usaram-na como um pretexto para ataques sectários aos judeus da Europa, influenciados por Pedro, o Eremita, um pregador de Amiens, que incitava multidões e fazia previsões apocalípticas sobre a Segunda Vinda de Cristo.

Um deles era o conde Emicho, um nobre alemão da Renânia que, em 1096, afirmava que Cristo lhe havia aparecido em um sonho e declarara que ele devia conquistar Jerusalém. Ele começou por aterrorizar as comunidades judias da Alemanha e da França, exigindo que elas não só financiassem sua aventura, mas também que se convertessem ao cristianismo, em preparação para a Segunda Vinda. Seus soldados atacaram comunidades judias em Worms, Mogúncia, Colônia, Tréveris e Metz, muitas vezes assassinando os que recusavam a conversão. Em Worms, seus soldados invadiram a catedral e assassinaram 800 pessoas indefesas que haviam se refugiado ali com permissão do arcebispo da cidade. Em Speyer, eles aterrorizaram e saquearam o bairro judeu. A derrota finalmente aconteceu na Hungria, onde o exército do rei Coloman obrigou Emicho a voltar à Renânia antes de ele poder ver Constantinopla, muito menos Jerusalém.

Outro cruzado assassino foi Boemundo I, nascido por volta de 1058 na Calábria, filho de Roberto Guiscardo, duque de Apúlia e Calábria, e de sua primeira esposa, Alberada de Buonalbergo. Vendo a Primeira Cruzada como uma oportunidade para conseguir terras no leste, ele tomou a Cruz em 1096, reuniu um grande exército e, no ano seguinte, avançou até Constantinopla. De lá, acompanhado pelo igualmente ambicioso e impiedoso Roberto II de Flandres, foi para Antióquia, onde, depois de um longo e difícil cerco, a cidade foi traída por um de seus próprios guardas. No pôr-do-sol de 2 de junho de 1098, 60 cavaleiros, liderados por Boemundo e Roberto, escalaram as muralhas da Torre das Duas Irmãs — deixada deliberadamente desprotegida — e abriram a Porta de São Jorge. Os cruzados invadiram a cidade, massacrando todos os não cristãos que encontravam e, na noite seguinte, o sangue corria pelas ruas.

A cidadela cruzada de Kerak, localizada no vale do rio Jordão. Construída pelo cruzado Pagano, nos anos 1140, Kerak foi repetidamente sitiada pelo sultão Saladino, que, finalmente, a capturou em 1189.

Andrônico conspirou e assassinou para chegar ao trono bizantino, antes de governar em um reinado de terror que soou a trombeta da morte para a dinastia comnena. Ele foi descrito por um cronista como tendo sido "dotado pela natureza com os mais admiráveis dons, tanto de corpo quanto de mente: ele era bonito e eloquente, mas licencioso". Infelizmente, o desregramento sexual foi o menor de seus crimes.

ANDRÔNICO I COMNENO
c. 1118-1185

> *O maduro pretendente abraça a donzela imatura, o caquético e a menina com seios pontudos, o enrugado e fraco velho com a garota de dedos rosados...*
> NICETAS CHONIATES, DESCREVENDO ANDRÔNICO
> E SUA NOIVA-MENINA, AGNES DA FRANÇA

Como general de sucesso e político capaz, Andrônico obteve os favores de seu primo, o imperador Manuel I Comneno. Mas sua paixão por mulheres mostrava seu outro lado. Uma de suas conquistas na corte imperial de Manuel I foi sua própria sobrinha, a bela princesa Eudócia. Segundo o historiador bizantino Nicetas Choniates, o caso enfureceu o imperador, e a família de Eudócia concebeu um plano para assassiná-lo. Andrônico, avisado dos planos, conseguiu escapar.

Em 1153, ele participou de um complô para assassinar Manuel I. Quando a conspiração foi descoberta, Andrônico teve sorte de escapar da morte, sendo apenas aprisionado — um ato de compaixão que seria funesto para os descendentes de Manuel.

Depois de se evadir da prisão, em 1164, Andrônico conseguiu se reconciliar com o imperador Manuel I, e os dois lutaram juntos na Hungria. Mais uma vez, Andrônico se distinguiu por seus dons militares. Mas a colaboração durou pouco. Os dois se separaram quando Andrônico seduziu Filipa, a filha do príncipe de Antióquia, que era também irmã da esposa de Manuel, Maria. Não é de surpreender que Andrônico tivesse de fugir de novo.

Sua parada seguinte foi Jerusalém, onde o rei Amalrico I o recebeu calorosamente e até o nomeou Senhor de Beirute. No entanto, mais uma vez, Andrônico sucumbiu

Uma iluminura de manuscrito mostrando a execução e o desmembramento de Andrônico I Comneno, de uma edição do século XV das Histórias, de Guilherme de Tiro.

a uma tentação proibida — desta vez, Teodora Comnena, sobrinha do imperador Manuel. Diante da nova fúria de Manuel, Andrônico fugiu novamente, levando Teodora. O casal passou os anos seguintes em busca de refúgio, mas Teodora foi capturada por forças leais ao imperador e enviada de volta a Constantinopla.

Inconformado com a perda de sua amante, Andrônico se entregou à compaixão de Manuel, aparecendo diante do imperador com uma corrente ao redor do pescoço e implorando perdão. Ele lhe foi concedido e o casal teve permissão para viver em exílio em Oeneaeum, no mar Negro. Se a história de Andrônico terminasse aí, seria difícil sentir por ele algo diferente de uma certa afeição pelo incorrigível mulherengo.

Em 1180, Manuel I morreu, deixando como sucessor seu filho Aleixo, com dez anos. O poder real passou para a mãe dele, Maria, que se tornou regente. Mas seu nascimento franco era motivo de ressentimento para muitos gregos. Na ausência de Manuel, seu adversário de tanto tempo, Andrônico não conseguiu resistir a voltar a Constantinopla para afirmar seu direito de ser o regente. Os que se opunham à regência organizaram grandes tumultos nas ruas para coincidir com a chegada de Andrônico à cidade, em 1182, à frente de uma pequena força armada.

Ao entrar em Constantinopla, Andrônico concordou com o massacre de cerca de 80 mil "latinos". A princípio, esse monumental ataque visava aos mercadores venezianos que controlavam grande parte da economia da cidade, mas logo ele se expandiu e passou a incluir qualquer ocidental. A tolerância (ou mesmo, incentivo) ao massacre garantiu a Andrônico o apoio popular e facilitou sua ascensão ao poder, enquanto ele superava Maria e seus aliados. Andrônico supervisionou a coroação do príncipe como imperador Aleixo II Comneno, mas usou-o como pouco mais do que uma fachada para seu próprio governo pessoal. Ele armou a execução da maioria dos parentes de Aleixo, inclusive sua mãe e sua meia-irmã. Em um lance de crueldade, o jovem imperador foi obrigado a assinar o mandado de morte de Maria.

A seguir, Andrônico se elevou à posição de coimperador. Em 1183, ele manobrou para que Aleixo fosse estrangulado com um arco e, depois, se casou com a viúva, Agnes da França. Embora Agnes tivesse apenas 11 anos e Andrônico 60 e poucos, o casamento foi consumado.

Apesar de garantir seu *status* como imperador, Andrônico se tornou mais paranoide. Em 1184, ele enfrentou uma série de revoltas nas cidades de Lopadium, Niceia e Prusa. Cada uma recebeu uma retribuição violenta. Os cronistas relatam atos gratuitos de pilhagem e assassinatos — com corpos abandonados para apodrecer ao sol como um alerta aos outros. Em 1185, depois de uma série de grandes derrotas militares diante dos normandos, húngaros e venezianos, que resultou em perdas significativas do território bizantino, Andrônico ordenou que todos os que haviam sido presos por sedição fossem executados. Em uma grande ofensiva a qualquer sinal possível de discordância, a aristocracia foi vigorosamente atingida, e todos cuja lealdade pudesse ser posta em dúvida foram presos ou mortos.

Inevitavelmente, essas medidas draconianas e injustificadas provocaram ressentimento e, em 1185, Andrônico foi deposto por Isaac Ângelo, que se declarou imperador. Andrônico tentou fugir para Constantinopla por mar, com a esposa, Agnes, e sua concubina favorita, Maraptike. Mas foi capturado, levado de volta e entregue a uma multidão enfurecida. Por vários dias, ele ficou amarrado a um poste e foi espancado por multidões vingativas até ficar inconsciente. Nesse processo, sua barba foi arrancada, sua cabeça raspada, a mão direita cortada, os dentes e um dos olhos foram arrancados. Depois, ele foi exibido em um camelo pelas ruas até o Hipódromo. Lá, foi pendurado de cabeça para baixo pelos pés e atingido repetidamente por espadas. Depois que seu corpo foi baixado, foi desmembrado em um ato final de ignomínia.

Andrônico foi o último membro da família Comneno a governar Constantinopla. No fim de sua vida, o arquetípico "trapaceiro amável" havia se transformado em um usurpador homicida e um tirano sádico. Sua morte sangrenta espelhou os tumultos e os massacres que marcaram seu curto reinado como imperador.

FOCAS E IRENE

A coroa de Bizâncio era algumas vezes hereditária, algumas vezes eletiva e, muitas vezes, simplesmente o prêmio em revoluções palacianas e golpes militares. Planejado para conferir glórias sem regras, isso muitas vezes levou ao poder supremo. Em 602, Focas, um soldado violento que se tornara populista, depôs o imperador Maurício. Durante os oito anos de seu reinado, Focas suprimiu cruelmente qualquer sinal de oposição, e milhares de pessoas foram mortas, inclusive o ex-imperador Maurício, que foi obrigado a assistir à execução de seu filho antes que chegasse a sua vez.
Por fim, Focas foi derrubado por Heráclio, que decapitou pessoalmente seu rival antes de ordenar que seu corpo fosse mutilado e arrastado pelas ruas de Constantinopla.
Crueldades similares foram realizadas por muitos outros governantes bizantinos, mas talvez nenhuma seja tão tristemente famosa como a da imperatriz Irene, que, em 797, depois de lidar com o filho de um modo completamente não maternal, se tornou a primeira mulher a governar o império por direito próprio. Hoje, Irene é lembrada orgulhosamente por muitos na igreja oriental por seu legado espiritual, pois foi por meio de seu patronado do Segundo Concílio de Niceia, em 787, que a prática da veneração de ícones foi restaurada, depois de um período de proibição. De fato, foi isso que levou à sua subsequente canonização pela Igreja Ortodoxa grega. No entanto, os atos dela em assuntos temporais estavam longe de serem santos. Depois da morte de seu marido, o imperador Leão IV, em 780, Irene havia se tornado regente para seu filho, Constantino VI. Quando Constantino chegou à maioridade, dez anos mais tarde, Irene se recusou a entregar-lhe o poder. Em vez disso, ordenou que Constantino fosse colocado em prisão domiciliar e exigiu que os militares fizessem um juramento de lealdade diretamente a ela. Esses atos provocaram uma rebelião que a fez ser banida da cidade. Porém, em 792, Constantino perdoou sua mãe e permitiu que ela retornasse — um erro fatal. Em 797, Irene mais uma vez conspirou contra o filho e, depois de forças leais a ela o terem capturado, ela o jogou na prisão e o cegou no mesmo "quarto roxo" em que havia nascido, antes de assumir o poder sozinha.

Detalhe de um mosaico mostrando a imperatriz Irene, em Hagia Sofia, em Istambul.

Simão IV de Monforte foi um nobre francês elogiado por sua oposição à violência gratuita na Quarta Cruzada, apenas para posteriormente liderar uma campanha amarga e brutal de massacre inspirado pela religião na chamada Cruzada Albigense, uma campanha de 20 anos de aniquilação contra os hereges cátaros. Os soldados de Monforte levaram a destruição às terras cátaras no sul da França, saqueando cidades, sitiando castelos, usurpando terras e queimando hereges impiedosamente, antes de Simão finalmente ter uma morte sangrenta, com a cabeça esmagada por uma rocha quando se preparava para esmagar uma revolta em Toulouse.

SIMÃO DE MONFORTE
E A CRUZADA ALBIGENSE   1160-1218

> *Se ao matar homens e derramar sangue, ao enfraquecer almas e pregar o assassinato, ao seguir conselhos malignos e atear incêndios, ao arruinar nobres e manchar a honra, ao saquear o país e exaltar o orgulho, ao atiçar a corrupção e sufocar o bem, ao massacrar mulheres e seus bebês, um homem puder se tornar merecedor de Jesus neste mundo, então Simão certamente usa uma coroa, resplandecente no céu.*
> — CANÇÃO DAS GUERRAS CÁTARAS

Nascido perto de Paris em 1160, Simão de Monforte IV foi o segundo filho de Simão III de Monforte (descendente dos senhores de Montfort L'Amauray da França) e de Amicia, filha de Roberto de Beaumont, terceiro conde de Leicester. Em 1181, ele se tornou barão de Monforte, depois da morte de seu pai; e em 1190, casou-se com outra família nobre, tomando como esposa Alice de Montmorency, filha de Bouchard de Montmorency III. Embora tivesse muitas terras na Inglaterra, ele mostrou pouco interesse em suas propriedades ali e, em vez disso, passou a maior parte de sua vida na França.

Em 1199, com vários outros cavaleiros franceses, ele tomou parte em um campeonato esportivo em Ecry-sur-Aisne, na província de Champanhe, onde ouviu Fulco de Neuilly, um pregador eloquente e popular, pregando a favor da Quarta Cruzada. Junto com o conde Teobaldo de Champanhe, ele tomou a Cruz, mas em 1204 decepcionou-se depois que alguns cruzados, desobedecendo às ordens do papa Inocêncio III, saquearam as cidades cristãs de Zara (no Adriático) e Constantinopla. Ele se uniu ao papa na denúncia de eventos tão vergonhosos.

Logo depois de abandonar a Quarta Cruzada, Simão de Monforte sucedeu no condado de Leicester, na Inglaterra, apenas para que o rei João confiscasse suas terras, em fevereiro de 1207, com o pretexto de dívidas não pagas. Mais uma vez, Simão estava preocupado com outros assuntos. O emissário do papa, Arnold, abade de Citeaux, havia lhe pedido que liderasse uma cruzada contra os cátaros de Languedoc. Também chamados de albigenses (por causa da cidade de Albi), os participantes da seita dualista Catarismo diziam que o mundo material era mau, mas que a alma humana era boa e podia permitir que as pessoas se reunissem com Deus. O papado considerava essas crenças perigosamente heréticas.

Depois de inicialmente recusar o pedido, Simão de Monforte mudou de ideia e passou a ser capitão-general do exército dos barões do norte da França que marcharam para o sul contra os cátaros. A campanha tornou-se famosa por causa da extrema crueldade dos cruzados, que queimaram, pilharam e saquearam uma sucessão de cidades e vilas na região, assassinando milhares de pessoas, inclusive civis e não combatentes. Em 22 de julho de 1210, na vila de Minerve, Simão ordenou que mais de 150 cátaros fossem queimados, simplesmente porque se recusaram a abandonar sua fé. Segundo um poema da época que relatava os acontecimentos, "Homens agitados e mulheres enlouquecidas... gritavam entre as chamas... Depois disso, os corpos foram jogados fora e cobertos com lama para que nenhum fedor de sua podridão viesse a incomodar as forças estrangeiras". Entre junho e novembro de 1210, Simão de Monforte também sitiou o castelo de Termes, usando máquinas avançadas de sítio para lançar pedras e mísseis sobre a cabeça dos habitantes. Tal foi seu sucesso que, no mesmo ano, os barões ingleses fizeram uma conspiração para tirar o rei João do trono e substituí-lo por Simão. No entanto, ele estava mais preocupado em continuar sua Cruzada Albigense do que em tomar o poder na Inglaterra.

Em março de 1211, Simão tomou a cidade de Lavaur: o chefe da guarnição, Aimeric-de-Montreal, foi enforcado com seus cavaleiros; a irmã de Aimeric, a sra. Girauda, foi jogada em um poço onde pedras pesadas foram empilhadas sobre ela; e mais de 400 hereges foram queimados vivos. Então, em 12 de setembro de 1213, ele obteve sua vitória mais importante, com a derrota de Pedro II de Aragão — que havia chegado para ajudar seu cunhado Raimundo de Toulouse — na Batalha de Muret. Simão havia efetivamente esmagado os cátaros, mas se recusou a parar. Indicado pelo concílio de Montpellier, em 1215, como conde de Toulouse e duque de Narbonne, ele usou seu domínio da região — com as bênçãos do papa — para continuar a suprimir a heresia cátara. Entretanto, em 1217, irrompeu uma rebelião em Provence, quando o filho do derrotado conde Raimundo entrou em Toulouse, obrigando Simão a retornar e sitiar a cidade. O sítio se arrastou até 25 de junho de 1218, quando ele recebeu notícias, durante uma missa, de que seus inimigos estavam tentando rompê-lo. Extremamente piedoso, Simão se recusou a sair antes que a cerimônia estivesse terminada e quando, finalmente, chegou ao local da batalha, foi morto por uma pedra catapultada das muralhas da cidade por uma mulher de Toulouce — seu crânio foi quebrado e sua testa e a mandíbula se separaram com o impacto.

Simão de Monforte foi tão feroz quanto ideólogo quando foi, como guerreiro, um homem marcado por um comprometimento extremado com a ortodoxia religiosa. Mesmo para os padrões de guerra medievais, seu massacre sistemático de civis era excessivo. Sem conseguir ver a hipocrisia de sua lógica distorcida, ele ficou enojado com os ataques dos companheiros cristãos que marcaram a Quarta Cruzada, mas tratou os cátaros de seu próprio país como seres sub-humanos, preferindo queimá-los vivos a permitir que existissem como hereges.

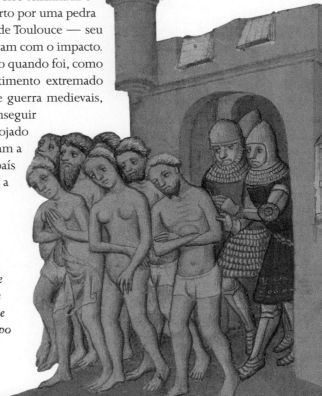

Uma iluminura de um manuscrito do século XV representando a expulsão dos albigenses (ou cátaros) de Carcassonne em 1209, depois da queda da cidade diante de um exército cruzado francês comandado por Simão de Monforte. (Ele não deve ser confundido com seu filho de mesmo nome, o sexto conde de Leicester, barão inglês que derrotou o rei Henrique III e governou por um breve tempo até ser morto na Batalha de Evesham, em 1265.)

MASSACRE EM MONTSEGUR

No fim do século XII, a região de Languedoc, no sul da França, era independente do reino da França. A partir de 1208, quando o papa Inocêncio III convocou uma cruzada contra os cátaros, ela ficou sujeita a uma campanha contínua e brutal de invasões, tirania e coerção que durou duas décadas e marcou Languedoc por muito tempo.

Mesmo depois da morte de Simão de Monforte, em 1218, a campanha albigense continuou por mais 11 anos, enquanto a Igreja Católica e os cruzados tentavam suprimir todos os sinais da fé cátara. O papa Gregório IX perseguiu os cátaros ainda com mais empenho que seus antecessores. Em 1229, foi estabelecida uma Inquisição em Toulouse, que condenou e queimou todos os identificados como hereges. Em 1243, quase todas as principais fortalezas dos cátaros haviam sido conquistadas pelos cruzados, exceto a fortaleza da montanha de Montsegur — que alguns acreditavam ter abrigado o Santo Graal —, pendurada a 900 metros em uma formação rochosa no sopé dos Pireneus, a sudoeste de Carcassonne. Foi ali que o desenlace trágico da Cruzada Albigense ocorreu.

Dez mil soldados franceses católicos haviam cercado a cidade por quase dez meses até que, no início de março de 1244, foi combinada uma trégua de uma noite para discutir os termos da rendição. Quando a noite acabou, em 15 de março, eles invadiram o castelo, arrastando mais de 200 cátaros montanha abaixo e obrigando-os a entrar em um redil de madeira, construído especialmente, onde foram queimados vivos.

A fortaleza de Montsegur, última fortificação dos cátaros, onde mais de 200 membros da seita herege foram cercados e massacrados pelas forças da coroa francesa em 1244.

Carismático, dinâmico, feroz, violento e ambicioso, Gêngis Khan foi um gênio militar, um estadista brilhante e conquistador do mundo que uniu as tribos nômades das estepes asiáticas para criar o império mongol, o maior império terrestre da história. Porém, os triunfos desse monstro heroico tiveram um preço terrível: um reino de terror e assassinatos em massa por toda a Eurásia, em uma escala nunca antes vista.

GÊNGIS KHAN   c. 1163-1227

> *A maior felicidade é dispersar o inimigo, empurrá-lo à sua frente, ver as cidades dele reduzidas a cinzas, ver aqueles que o amam desfeitos em lágrimas e pegar entre seus despojos as esposas e as filhas dele.*
> GÊNGIS KHAN

Gêngis Khan nasceu entre 1163 e 1167, no terreno montanhoso da província de Khentii, na Mongólia, presumivelmente segurando um coágulo de sangue — um suposto anúncio de sua futura grandeza como guerreiro. Ele foi chamado Temujin, nome de um homem recentemente capturado por seu pai. Terceiro filho de Yesukhei — um chefe local — e de Hoelun, Temujin logo experimentaria em primeira mão o perigoso mundo da política tribal mongol. Quando Temujin tinha apenas nove anos, seu pai fez um acordo para que ele se casasse com Borte, uma menina de uma tribo vizinha. Ele foi enviado para viver com a família de Borte, mas pouco tempo depois Yesukhei foi envenenado por homens vingativos de sua tribo, e Temujin foi obrigado a voltar para casa. Privada de seu protetor, a família de Temujin foi obrigada a viver em uma região selvagem e erma, onde sobreviveram comendo frutas silvestres, nozes, camundongos e outros pequenos animais. Aos 13 anos, Temujin assassinou seu meio-irmão.

Seguiram-se vários anos de vida nômade, marcados por raptos intertribais e feudos, período em que Temujin — que logo se tornou conhecido e temido por sua liderança, inteligência e capacidade militar — conquistou muitos seguidores. Jovem alto, forte e endurecido, com olhos verdes penetrantes e barba ruiva e longa, ele finalmente casou-se com Borte, quando ela tinha 16 anos, e ficou sob a proteção de Toghril Ong-Khan, chefe da tribo Kerait (e "irmão de sangue" de seu pai). Quando, mais tarde, Borte foi raptada pela tribo Merkit, Temujin e Toghril uniram forças com Jamuka, um amigo de infância de Temujin que era então chefe mongol, e enviaram um grande

Gêngis Khan, líder guerreiro e fundador do Império Mongol, conforme representado em um retrato chinês do século XVIII. Em 1206, depois de unir as tribos da Mongólia após 20 anos de guerra ininterrupta, ele embarcou em uma campanha de conquista que iria incorporar vastas áreas do norte da China, a maior parte do Afeganistão e todo o Irã no canato mongol.

exército para resgatá-la. (Borte estava grávida e Temujin criou o menino, Jochi, como seu próprio filho.) A aliança tripla permitiu que os mongóis e os keraits obrigassem as outras tribos a se submeterem.

Depois desse sucesso, em 1200, Toghril declarou Temujin seu filho adotivo e herdeiro — uma decisão fatídica que enfureceu tanto o filho natural de Toghril, Senggum, quanto o ambicioso Jamuka, provocando uma guerra na qual Temujin derrotou primeiro Jamuka e, depois, Toghril para estabelecer seu domínio sobre as tribos mongóis. Em 1206, um conselho de líderes mongóis — chamado Kurultai — se reuniu e reconheceu a autoridade de Temujin, dando-lhe o nome de Gêngis Khan, que significa Khan Oceânico, ou Governante do Universo.

Antes de 1200, os mongóis haviam sido um povo disperso, mas Gêngis — afirmando ser um enviado divino — rapidamente transformou-os em uma nação poderosa e unida. "A minha força", ele declarou, "foi alimentada pelo Céu e pela Terra. Predestinado pelo Poderoso Céu, fui trazido aqui pela Mãe Terra." Seus soldados eram principalmente guerreiros nômades, inclusive arqueiros mortais que montavam pôneis mongóis pequenos, mas resistentes, que podiam cobrir grandes distâncias. Gêngis transformou-os em uma máquina de guerra disciplinada e brilhantemente coordenada, que varria tudo à sua frente.

Em 1207 — depois de celebrar uma aliança com os uigures e subjugar os antigos rivais dos mongóis, a tribo Merkitas —, Gêngis começou imediatamente suas operações expansionistas, conquistando o território Xi Xia no noroeste da China e também partes do Tibete. Seu alvo era a Estrada da Seda — uma importante via comercial entre o Leste e o Oeste por onde transitavam muitas riquezas. Em 1211, depois de se recusar a pagar o tributo à dinastia Jin no norte da China, ele declarou guerra novamente, sitiando e destruindo a capital, Jin Yanjing, atual Pequim, e garantiu assim um tributo para si mesmo. Ele retornou à Mongólia em triunfo, levando despojos, artesãos e, acima de tudo, a garantia do comércio com a China.

Em 1219, Gêngis voltou suas atenções para o norte depois de um ataque a uma caravana de mercadores que ele havia enviado para estabelecer vínculos comerciais com o império Corásmio — um reino que incluía a maior parte do Uzbequistão, Irã e Afeganistão sob o domínio do sultão Maomé, xá da Corásmia. Gêngis conteve-se, mas quando membros de uma segunda delegação mongol foram decapitados, ele reuniu 200 mil soldados e marchou para a Ásia Central, com seus quatro filhos, Jochi, Ogedei, Chagatai e Touli como comandantes. Nos três anos que se seguiram, Gêngis submeteu o povo corásmio a uma campanha aterradora de choque e pavor, tomando as cidades de Bucara, Samarcanda, Herat, Nishapur e Merv — nesta última, seus soldados alinharam os civis e, em um massacre a sangue-frio, cortaram a garganta deles.

Estrategista sem igual, Gêngis reconhecia o valor do medo na construção de um império e, muitas vezes, enviava mensageiros para assustar os inimigos e submetê-los por meio de histórias de suas conquistas: civis massacrados, dinheiro e despojos roubados, mulheres estupradas, prata derretida derramada na orelha das pessoas. No entanto, mesmo com toda essa brutalidade, Gêngis não matava apenas por matar. Ele era leal a seus amigos e generoso com os que o apoiavam, um hábil gerente de homens, que promoveu uma elite de generais dando-lhes imensos poderes. Poupava os que o rodeavam, reservando o massacre desenfreado para ser um exemplo do que acontecia aos que resistiam. Os mongóis também não desfiguravam, mutilavam nem torturavam indiscriminadamente; seu principal interesse eram os despojos, e não a barbárie. De fato, em alguns aspectos, Gêngis mostrou ser um governante iluminado, que combinava a astúcia política com a habilidade econômica. Ele usava táticas de dividir-e-reinar para enfraquecer os inimigos e promover a lealdade. Reconhecia a importância da boa administração, alimentando a expansão de um idioma oficial unificado em seu império e um sistema jurídico escrito, chamado Jasagti. Também era tolerante em relação à religião e isentou os sacerdotes de impostos. Acreditando na importância de criar uma passagem comercial segura entre o Leste e o Oeste, ele proibiu os soldados e oficiais de abusar de mercadores e de civis, e seu reinado se tornou um período de interação cultural e progresso para o povo mongol. Também era patrono de artistas, artesãos e literatura.

Depois de seus primeiros triunfos sobre o império Corásmio, Gêngis pressionou, ansioso por consolidar suas vitórias. Ele invadiu a Rússia, a Geórgia e a Criméia, derrotando as forças do príncipe Mstislav de Kiev na batalha do rio Kalka em 1223, na qual, depois de uma retirada falsa, suas forças se voltaram contra seus perseguidores e os puseram em fuga. Ele então governava um vasto império que se estendia do mar Negro ao Pacífico, e seu povo desfrutava de riqueza crescente. Em 1226, porém, ele morreu ao cair de seu cavalo enquanto se apressava a voltar a Xi Xia, onde uma rebelião havia irrompido em sua ausência.

O Grande Khan deixou seu império a seu filho Ogedei, embora ele logo fosse dividido entre os descendentes de seus filhos, que fundaram seus próprios canatos e governaram o Oriente Próximo, a Rússia e a China (onde seu neto Kublai Khan fundou uma dinastia própria). O Império Mongol então se expandiu ainda mais, até se estender da costa asiática do Pacífico, ao leste, até a Hungria; e a oeste até os Bálcãs. O canato da Criméia, o de maior duração dentre os estados que sucederam ao Império Mongol, existiu até 1783.

Uma linhagem de cromossomo Y demonstra que incríveis 8% dos homens na Ásia descendem de uma fonte. O mais provável é que essa fonte seja o próprio Gêngis.

O ARCO COMPOSTO: A ARMA QUE CONQUISTOU UM CONTINENTE

O principal instrumento na máquina de guerra mongol foi o arco composto, ou curvo. Ele era feito de uma combinação de madeira, tendão e chifre extraídos de caprinos ou ovinos nas planícies da Mongólia. Cada camada — que era colada à base de madeira — fazia com que as cordas do arco se retesassem, permitindo que ele atirasse flechas a maior distância e com mais rapidez do que os formatos anteriores, como o arco longo. Uma flecha atirada de um arco composto podia atingir um inimigo de armadura a quase 300 quilômetros por hora, se manejada corretamente. Os mongóis atacavam em grandes colunas, mas preferiam infligir o máximo de dano aos inimigos a distância, lançando uma chuva de flechas mortais de uma distância de até 270 metros, em vez de se envolverem em combates corporais. Os arqueiros podiam atacar ainda montados e até atirar flechas quando se retiravam, montando de costas e virados para seus perseguidores para desferir outros golpes fatais.

Uma representação da cavalaria mongol, realizada em 2006, para marcar o 800º aniversário da fundação do Império Mongol por Gêngis Khan.

O rei João perdeu a maior parte de seu império, quebrou todas as promessas que fez, derrubou o selo real no mar, empobreceu a Inglaterra, assassinou o sobrinho, seduziu as esposas de seus amigos, traiu seu pai, irmãos e o país, espumava pela boca quando estava com raiva, torturou seus inimigos e os matou de fome, perdeu praticamente todas as batalhas em que lutou, fugiu a todas as responsabilidades que pôde e morreu por comer pêssegos demais. Traiçoeiro, lascivo, maldoso, avarento, cruel e assassino, ele recebeu os apelidos de "Espada Macia", por causa da covardia e incompetência militar, e de "Sem Terra", por perder a maior parte de sua herança. Foi um dos piores e mais odiados reis que a Inglaterra já conheceu.

REI JOÃO 1167-1216

> *João era um tirano. Ele foi um governante corrupto que não se comportava como um rei. Era ambicioso e confiscou todo o dinheiro que pôde de seu povo. O inferno é bom demais para uma pessoa horrenda como ele.*
> MATEUS PARIS, CRONISTA DO SÉCULO XIII

Nascido em Oxford, na véspera de Natal, em 1167, João era o filho mais novo de Henrique II — o primeiro rei Plantageneta da Inglaterra, que governou de 1154 a 1189 — e de sua esposa francesa, Leonor de Aquitânia. Ela era herdeira por direito próprio de Poitou, Gasconha e Aquitânia, que, junto com as terras herdadas ou adquiridas por Henrique, criaram o império Angevino, que incluía Inglaterra, Irlanda, Bretanha, Normandia, Aquitânia, Gasconha, Maine, Poitou, Anjou (o nome "Angevino" origina-se da província francesa de Anjou) e outros territórios disputados como Toulouse — na verdade, mais territórios franceses do que os que eram governados pelo próprio rei da França. Henrique passou grande parte de seu reinado repelindo ataques do ambicioso Filipe II da França, que estava determinado a expandir suas próprias fronteiras.

Henrique teve quatro filhos legítimos. O primeiro, chamado de "Jovem Rei Henrique", morreu aos 20 anos. O segundo foi Richard, um soberto comandante militar e administrador implacável que veio a subir ao trono como Ricardo I Coração de Leão. Godofredo, que se tornou duque da Bretanha e conde de Richmond, foi o terceiro, e João foi o quarto. A brutal rivalidade entre o velho rei e seus filhos ambiciosos, ciumentos e violentos foi tão cruel que eles ficaram conhecidos como "Crias do Diabo". No entanto, o controlador e dominador Henrique II, um titã real arrogante, frequentemente favorecia João, talvez porque ele fosse o mais fraco e o menos capaz e, portanto, a menor ameaça a seu próprio poder.

Ricardo, que se tornou duque de Aquitânia em 1172, usou repetidamente sua posição para se rebelar contra o pai, algumas vezes até apoiando o rei francês, Filipe II, contra sua própria família. Em 1188, Henrique finalmente perdeu a paciência e declarou que não considerava mais Ricardo seu herdeiro, e o futuro Coração de Leão mais uma vez iniciou uma rebelião aberta. A princípio,

João lutou ao lado de Henrique, mas, no que se transformaria em um padrão, ele mudou de lado quando ficou claro que Ricardo iria triunfar. O rei Henrique morreu pouco depois, entristecido com a traição do filho, e Ricardo sucedeu-lhe como rei da Inglaterra e regente do império Angevino.

O carisma elegante e o brilho militar de Ricardo Coração de Leão contrastavam agudamente com a evasividade, a fraqueza e a desonestidade de João, que era corpulento e atarracado e que regularmente exagerava no consumo de bebida e comida, enquanto Ricardo era alto, bonito e atlético. João amava mulheres e prazeres; Ricardo era asceta e, possivelmente, homossexual. A rivalidade deles dominou a vida de João. Quando Ricardo se tornou rei, em 1189, ele tentou saciar a interminável sede de seu irmão por terra, dando-lhe o ducado da Normandia. Em retribuição, João concordou em se afastar do solo inglês quando Ricardo deixou o reino para lutar na Terceira Cruzada, em 1191. Enquanto Ricardo lutava contra Saladino, o sultão de Damasco e do Egito, ele não conseguiu retomar Jerusalém, mas fortaleceu o reino cruzado e granjeou uma reputação fabulosa antes de retornar a seus feudos. Mas, no caminho de volta, seus inimigos, o imperador Henrique VI e o duque Leopoldo da Áustria, o capturaram e o mantiveram sob resgate, dando a João a oportunidade, em janeiro de 1193, de se apoderar da coroa. João, porém, fracassou em uma tentativa de invadir a Inglaterra com o auxílio de Filipe II e, depois, fracassou também na tentativa de subornar os captores de Ricardo para que lhe entregassem a custódia do irmão. Como disse Ricardo: "Meu irmão João não é o homem para conquistar terras por força se houver alguém que se oponha a ele".

Ao retornar, Ricardo demonstrou uma incrível tolerância com o modo de agir do irmão e o declarou oficialmente seu sucessor. Assim, quando Ricardo foi morto, em 1199, por uma flecha em um cerco na França, João tornou-se rei da Inglaterra e duque da Normandia e Aquitânia. Em sua sucessão, seu sobrinho Arthur duque da Britânia, filho de Godofredo II e Constância, era um sério rival ao trono e considerado por muitos rei de direito, e, assim, João rapidamente prendeu o rapaz, de 15 anos, e — em um crime similar ao de Ricardo III e dos príncipes na torre — mandou matá-lo no ano seguinte. A morte de Arthur provocou uma rebelião na Britânia e uma retirada humilhante para os exércitos de João, que foram obrigados a sair da região em 1204. Em 1206, João, o Sem Terra, havia perdido quase todos os territórios da Inglaterra na França, com uma resistência muito branda. De fato, quando a Normandia — o último território inglês no continente — foi tomada pelos franceses, João, pelo que consta, permaneceu na cama com sua esposa, enquanto os soldados caíam em batalha.

Ricardo, com todos os seus defeitos, havia sido notado por seu cavalheirismo, ao contrário do altamente sexual João, que teve inúmeras amantes e filhos ilegítimos,

Uma efígie de mármore no túmulo do rei João na catedral de Worcester. João tramou contra o irmão, Ricardo, cobrou impostos opressivos a seus súditos, teve pelo menos 12 filhos ilegítimos e perdeu a maior parte do império Plantageneta no oeste e no norte da França por sua incompetência política.

muitas vezes se insinuando para as esposas e filhas de nobres importantes. O tratamento que ele dava aos prisioneiros era particularmente odioso: ele até deixou morrer de fome a esposa e o filho de um de seus inimigos.

Preso ao solo inglês e com pouco dinheiro, João implementou um processo implacável de reforma fiscal, que incluiu grandes aumentos nos impostos e exploração impiedosa de suas prerrogativas feudais, dando origem à lenda popular de Robin Hood, que se ocultava na Floresta de Sherwood contra a extorsão real. Entre 1209 e 1213, quando João foi excomungado pelo papa Inocêncio III, ele saqueou desavergonhadamente as rendas da Igreja.

A partir de 1212, João enfrentou crescente oposição da nobreza, que começou a tramar contra ele. Depois de outra campanha militar desastrosa na França em 1214, a rebelião finalmente irrompeu na Inglaterra. Em uma famosa reunião em um prado às margens do Tâmisa, em Runnymede, em 15 de junho de 1215, os barões obrigaram João a assinar a Carta Magna, a base das liberdades inglesas modernas, garantindo-as contra o governo arbitrário do rei. João não tinha intenção de manter sua palavra e rapidamente traiu a promessa de seguir a Carta, provocando a volta da guerra civil. Enquanto ele tentava reunir suas forças, sua comitiva — com seu tesouro e malas — quase se perdeu ao cruzar o Wash. A maré subiu inesperadamente e, com os esforços desesperados para salvar suas posses, ele perdeu o Grande Selo da Inglaterra, dando origem à lenda que resume seu reinado desastroso, assassino e absurdo. Sua morte combinou bem com ele, pois sucumbiu à disenteria depois de uma refeição excessivamente voraz de pêssegos e cerveja.

Estranhas Mortes Reais

- **Herodes, o Grande** da Judeia (4 a.C.): seus genitais putrefatos e infestados de vermes explodiram
- **Herodes Agripa** da Judeia (44 d.C.): também "consumido por vermes"
- **Heliogábalo,** imperador romano: assassinado em seus aposentos privados com sua mãe (222 d.C.)
- **Valeriano,** imperador romano (260): capturado pelos persas, teve de beber ouro derretido, foi esfolado vivo e depois recheado
- **Edmundo II** da Inglaterra (1016): uma espada foi enfiada em seu reto
- **Henrique I** da Inglaterra (1135): envenenado com alimentos depois de um "banquete de lampreias" (um tipo de peixe, ver abaixo)
- **Al-Musta'sim** o último dos califas abásidas (1258): enrolado em um tapete e pisoteado até a morte por cavalos
- **Alexandre III** da Escócia (1286): caiu do alto de um penhasco enquanto se apressava a voltar para casa uma noite
- **Eduardo II** da Inglaterra (1327): "um atiçador de ferro quente enfiado no lugar posterior secreto"
- **Martinho I** de Aragão (1410): indigestão piorada por um acesso de riso
- **Humayun**, imperador mongol (1556): caiu e morreu enquanto tentava se ajoelhar em uma escada de biblioteca depois de ouvir o chamado para a prece
- **Henrique II** da França (1559): teve o cérebro perfurado por uma lança enquanto competia em uma justa
- **Nanda Bayin** de Burma (1599): riu até morrer
- **Adolfo Frederico** da Suécia (1771): comeu até morrer em um banquete com lagosta, caviar, chucrute, arenque defumado, champanhe e 14 porções de seu pudim favorito
- **Príncipe Frederico**, filho de Jorge II da Grã-Bretanha (1751): atingido por uma bola de críquete
- **Jorge II** da Grã-Bretanha (1760): caiu enquanto estava no banheiro, com uma aorta rompida
- **Catarina, a Grande** da Rússia (1796): sofreu um derrame no banheiro
- **Paulo I** da Rússia (1801): atingido na cabeça com um tinteiro, depois estrangulado
- **Alexandre** da Grécia (1920): mordido por um macaco

Roger Mortimer tornou-se ditador na Inglaterra por meio de jogos de esgrima, sexo e assassinato. Bom comandante militar, era também um mestre na política medieval ao reunir muita riqueza, planejar a morte do rei Eduardo II e seduzir a esposa dele, a rainha Isabel de França. Odiado por sua arrogância, detestado por sua avareza e, acima de tudo, temido por sua brutalidade, ele dominava pela força das armas e de sua personalidade, mas acabou por encontrar um semelhante no jovem rei Eduardo III, cujo pai havia assassinado.

ROGER MORTIMER, O PRIMEIRO CONDE DE MARCH 1287-1330

> *A tua língua intenta o mal, como uma navalha amolada, traçando enganos. Tu amas mais o mal do que o bem, e a mentira mais do que o falar a retidão.*
> SALMO 52:2-3, LIDO A ROGER MORTIMER PELO CARRASCO QUE O EXECUTARIA

Mortimer foi o primeiro filho de Edmundo Mortimer, o segundo barão Wigmore, e de sua esposa, Margaret de Fiennes, prima em segundo grau de Leonor de Castela, a esposa de Eduardo I. Seu avô havia sido um aliado e amigo do rei Eduardo I e, em retribuição por serviços prestados à coroa, a família havia desfrutado do patronato real desde então. Roger casou-se com Joan de Geneville, a filha de um lorde das cercanias, em 1301, quando tinha apenas 14 anos. A herança que ela viria a ter, associada com a dele, ajudou a expandir as já vastas propriedades da família nas chamadas terras Marcher, na fronteira da Inglaterra e do País de Gales. Quando o pai de Roger foi morto em batalha, em 1304, Roger — então com 17 anos — ficou sob a custódia do favorito real Piers Gaveston até atingir a maioridade, depois do que ele granjeou uma reputação como soldado, defendendo e ampliando as propriedades da família na Irlanda e no País de Gales.

Em 1307, o rei Eduardo I morreu, e seu filho se tornou Eduardo II. Dominado pelo pai quando criança, o jovem Eduardo, embora imponente, era tímido e facilmente influenciável — uma fraqueza que os outros exploraram rapidamente. O primeiro a fazê-lo foi o ex-guardião de Mortimer, Piers Gaveston, um companheiro do príncipe que então se transformou em seu amante. O rei encheu-o de privilégios, e até nomeou-o regente em 1308, quando Eduardo viajou para a França para se casar com Isabel, irmã do rei da França. Furiosos e ressentidos, os barões do país acabaram por se rebelar em 1312, e Gaveston foi executado por ordem do conde de Lancaster. Para decepção deles, um novo favorito assumiu o lugar do anterior: Hugh Despenser. Em 1306, Hugh casou-se com Eleanor de Clare, neta de Eduardo I, e por meio da patronagem do rei, obteve ainda mais riquezas, terras e influência, tornando-se camareiro real em 1318 e um dos nobres mais ricos do reino.

As terras dos Despenser faziam limite com as dos Mortimer, e as famílias se odiavam mutuamente. Quando Hugh tentou expandir seus territórios para o sul do País de Gales, ameaçando os interesses de Mortimer na região, o ódio aos Despenser finalmente pesou mais que a lealdade de Mortimer ao rei e ele se juntou aos condes de Hereford, Lancaster e Pembroke — igualmente decepcionados com o comportamento real — em rebelião aberta. Em agosto de 1321, os *Contrariants*, como eram conhecidos, marcharam até Londres, onde obrigaram Eduardo a banir seus odiados rivais. No entanto, o rei rapidamente mobilizou apoio e um exército real, e com Hugh e seu pai entre eles, marchou para o oeste para confrontar os rebeldes. Em janeiro de 1322, abandonado pelos aliados, Roger rendeu-se em Shrewsbury.

Mortimer foi aprisionado na Torre de Londres durante os dois anos que se seguiram, mas depois de drogar seus carcereiros, ele fugiu da cela, saiu da torre por uma chaminé, cruzou o Tâmisa em um barco que o aguardava e foi até Dover, de onde foi para a França. Ele foi calorosamente acolhido em Paris pelo inimigo de Eduardo, o rei francês Carlos IV. No ano seguinte, em uma disputa pelos territórios franceses de Eduardo, este enviou a rainha Isabel, acompanhada pelo filho deles, Eduardo, para negociar um acordo. Isabel desprezava Hugh Despenser tanto quanto Roger, e este e Isabel logo se tornaram amantes.

Uma representação idealizada de Roger Mortimer: amante de Isabel de França, esposa de Eduardo II, instigador do assassinato brutal de Eduardo e, por três anos, regente de fato da Inglaterra.

Em 1326, depois de se mudarem para Flanders, Isabel e Mortimer reuniram um exército de 700 homens e voltaram à Inglaterra, com a intenção de se vingar. Pegos de surpresa, os Despenser saíram em fuga, e depois de um mês o rei Eduardo, abandonado pelos nobres, foi capturado pelas forças de Mortimer no sul do País de Gales. Represálias brutais se seguiram. O pai de Hugh foi enforcado e decapitado em Bristol em outubro de 1326. No mês seguinte, em Hereford, o próprio Hugh, arrastado por quatro cavalos, foi enforcado até quase sufocar, mas solto um instante antes de morrer para depois ser amarrado a uma escada, onde seu pênis e seus testículos foram fatiados e queimados diante de seus olhos. Enquanto ele ainda estava consciente, seu abdome foi cortado e suas entranhas e seu coração foram removidos. Depois, sua cabeça foi cortada e colocada nos portões de Londres, enquanto as quatro partes esquartejadas de seu corpo foram enviadas a Bristol, Dover, York e Newcastle.

Eduardo, enquanto isso, havia sido obrigado a abdicar em favor de seu filho, Eduardo III, que foi "coroado" em uma cerimônia em janeiro de 1327. Embora fosse o monarca nominal, o novo rei era tratado como um fantoche por Mortimer, que, embora sem ter um cargo oficial, controlou o país com Isabel pelos três anos seguintes, concedendo títulos e terras à sua família e dando a si mesmo o título arrogante de "conde de March". Em abril, Eduardo II foi levado para o castelo de Berkeley, que pertencia a Thomas Berkeley, genro de Mortimer, e nunca mais foi visto. Segundo uma história posterior de sir Tomás More, ele foi morto por ordem de Mortimer, com um atiçador de ferro quente enfiado em seu ânus (portanto, sem deixar marcas).

Os atos de Mortimer provocaram fúria entre os barões do país, levando-os a manter um corpo de homens armados de prontidão o tempo todo, mas ele finalmente exagerou quando, em 1330, ordenou a execução do popular tio de Eduardo, Edmundo, conde de Kent. Temendo que Mortimer planejasse usurpar o trono, barões importantes, liderados pelo ex-aliado dele, o conde de Lancaster, pediram a Eduardo III que lutasse contra Roger antes que fosse tarde demais, e o jovem rei, quase maior de idade e determinado a se livrar do odioso jugo de Mortimer, aproveitou a oportunidade. Embora a residência real fosse no castelo Nottingham, em outubro ele e seus partidários, guiados por dois membros da corte real — Richard Bury e William Montagu —, passaram pelos guardas de Mortimer usando uma passagem subterrânea (ainda hoje conhecida como "buraco de Mortimer") e surpreenderam Mortimer e Isabel no quarto da rainha. Apesar da súplica de Isabel, "Filho justo, tenha compaixão do gentil Mortimer", Roger foi preso e levado para a Torre de Londres, onde, sem julgamento, foi condenado por traição e sentenciado à morte. Em 29 de novembro de 1330, foi conduzido a Tyburn, despido e enforcado — destino normalmente reservado a plebeus — e seu corpo foi deixado na forca por dois dias.

A ascensão de Mortimer ao poder foi admirável, e sua queda igualmente espetacular. Em vez de aprender com a ambição e a arrogância dos que derrubara, ele repetiu seus erros, afastando os outros barões e subestimando tolamente o jovem rei que tentou controlar — um rei que viria a se tornar um dos maiores monarcas da Idade Média. Os riscos que Mortimer assumiu eram imensos — até mesmo seu filho, Godofredo, o chamava de "O Rei da Loucura" — e ele teve de pagar o preço de seus atos.

ISABEL, A LOBA DE FRANÇA

Isabel, rainha consorte de Eduardo II, era uma criatura impressionante, descrita por um contemporâneo como "a mais bela entre as belas". Porém, sua vida foi permeada de humilhações e triunfos e, no final, a negligência de Eduardo levou-a a traí-lo.

Isabel foi a única filha sobrevivente de Filipe IV da França. Quando ela não passava de um bebê, Filipe a prometeu como futura esposa do herdeiro do trono inglês, com o objetivo de atenuar as tensões entre os dois países. O casamento aconteceu em Bolonha-sobre-o-mar, em 1308. Isabel tinha apenas 12 anos; o apagado Eduardo II, que no ano anterior havia sucedido a seu formidável pai, Eduardo I, tinha o dobro de sua idade.

O jovem rei era alto, de cabelos lisos, bonito, e quase certamente homossexual, tendo como favoritos uma sucessão de jovens e belos cortesãos. Antes mesmo de voltar à Inglaterra depois do casamento, ele deu os presentes de casamento de Filipe para seu favorito do momento, Piers Gaveston. Embora Isabel tivesse lhe dado quatro filhos, Eduardo raramente lhe mostrava qualquer afeição, levando-a a se descrever como "a mais miserável das esposas". Ela considerava especialmente odiosa a predileção de Eduardo por Hugh Despenser, que havia sucedido a Gaveston na afeição do rei. Um cronista contemporâneo sugeriu que tal era a repulsa dela por esse homem, que Despenser pode até tê-la estuprado. Em 1321, grávida de seu quarto e último filho, ela implorou a Eduardo que exilasse Despenser e seu poderoso pai, também chamado Hugh. Ele fez isso, mas o chamou de volta no ano seguinte, para desespero de Isabel.

O rei não se importava com os sentimentos da esposa. Em 1325, ele a enviou à França como uma emissária para o irmão dela, Carlos IV. Uma vez em Paris, Isabel encontrou pretextos para não retornar; parece que ela temia que os Despenser quisessem matá-la. Em seu exílio autoimposto, começou a se associar a alguns dos nobres desafetos de Eduardo, entre eles Roger Mortimer, com quem ela logo estava partilhando a cama. Crucialmente, eles controlavam o herdeiro do rei, também chamado Eduardo, que havia sido enviado à França para se juntar à mãe.

Depois do golpe de 1326, os amantes governaram a Inglaterra, em nome de Eduardo III, até 1330, quando o jovem rei prendeu e executou Mortimer.

Apesar de ter traído o pai dele, o jovem rei permitiu que Isabel se retirasse para a obscuridade rural pelas três décadas que lhe restaram, com toda a riqueza e as dignidades da uma rainha rica. Essa mulher transgressora, capaz de muito amor e também de grande traição, é agora lembrada como adúltera, traidora e regicida.

A atriz francesa Sophie Marceau representa Isabel no filme Coração Valente, de Mel Gibson, um épico violento e fantasioso.

Pedro I, regente do reino medieval espanhol de Castela, recebeu a alcunha de "Pedro, o Cruel". Infiel no amor, assim como na guerra, Pedro teve um reinado depravado que só terminou com seu assassinato brutal sob as mãos de seu igualmente desprezível meio-irmão bastardo.

PeDrO, o CrUeL 1334-1369

> *No que se refere a engodos, falsidade, astúcia e traição sem remorsos, Pedro não era nada pior do que qualquer de seus parentes ou vassalos. Foram apenas sua ferocidade a sangue-frio, sua selvageria, suas paixões descontroladas e seu egoísmo intenso e quase desumano que o tornaram pior do que eles.*
> EDWARD STORER EM *PETER THE CRUEL*

Pedro era filho de Afonso XI de Castela e de sua esposa portuguesa, Maria, e teve uma infância muito infeliz. Afonso abandonou a mãe de Pedro por Leonor de Gusmão e deixou claro que preferia os filhos de sua amante a seu filho legítimo. O mais velho dos meio-irmãos ilegítimos de Pedro, Enrique de Trastamara, mais tarde surgiria como o maior desafiante ao direito de nascença de Pedro.

Quando Afonso morreu, em 1350, Pedro subiu ao trono. Ele tinha apenas 16 anos e, durante os primeiros anos de seu reinado, foi eclipsado pela mãe e pelo círculo de favoritos dela. João II, o rei francês, viu na menoridade de Pedro uma oportunidade para obrigar Castela a uma aliança militar contra a Inglaterra. Sob as ordens da rainha-mãe, essa aliança foi celebrada em 1352, e um ano depois Pedro foi obrigado a se casar com Blanche, filha do duque de Bourbon. Entretanto, o jovem rei já estava obcecado por sua bela amante, Maria de Padilha, e logo abandonou Blanche para ficar com ela. Ao agir assim, cometeu um grande ato de lesa-majestade contra sua noiva e rompeu o acordo franco-castelhano que o casamento havia ajudado a firmar.

Não é de surpreender que, com a derrocada de sua diplomacia internacional cuidadosamente planejada, sobreviesse um período de conflito entre Pedro e a mãe — e, por algum tempo, o rei se viu aprisionado. Porém, com a ajuda de um ministro leal, Pedro fugiu e decidiu pôr um fim à influência da mãe.

Agora estabelecido por si mesmo, Pedro logo embarcou em uma década de embates com o vizinho reino espanhol de Aragão. Na "Guerra dos

Pedro, o Cruel, rei de Castela, representado em uma gravação em cobre do século XVII.

dois Pedros" (1356-1366), Pedro tentou submeter seu adversário de mesmo nome, Pedro IV de Aragão. Essa se mostrou uma meta inatingível.

Enquanto a guerra estava sendo travada (e perdida) no exterior, Pedro aumentou o nível de repressão em seu reino. O governo tirânico do rei provocou uma série de revoltas, e seu meio-irmão bastardo, Enrique de Trastamara, se estabeleceu como um foco para os insatisfeitos com o regime. No entanto, Pedro acabou com todos esses desafios, esmagando impiedosamente qualquer sinal de oposição. Seu próprio senso de insegurança só serviu para intensificar a tirania de seu reinado.

Em 1366, uma coalizão internacional — que incluía Carlos V da França, o papa Urbano V e o rei de Aragão — foi persuadida a apoiar a reivindicação de Enrique de Trastamara ao trono. Quando Enrique chegou a Castela à frente de um exército mercenário, Pedro fugiu de seu reino, mas não sem um último ato de brutalidade. Mesmo quando se preparava para abandonar o trono, ele ordenou o assassinato do arcebispo Suero de Santiago, junto com seu decano, Peralvarez.

Depois de partir de Castela, Pedro se colocou à mercê do brilhante general inglês Eduardo, o Príncipe Negro — com cujo país Pedro havia firmado uma aliança em 1362. Depois de conseguir uma vitória na Batalha de Najera, em 1367, Eduardo ajudou Pedro a retomar seu trono. Esse foi, porém, um breve retorno. Em 1369, o Príncipe Negro — já chocado com o comportamento de seu aliado — ficou doente e deixou Castela. Na ausência de seu protetor militar, a vulnerabilidade de Pedro mais uma vez ficou óbvia, e Henrique e seus aliados franceses fizeram um novo ataque contra ele.

Dessa vez, Pedro não fugiu, e em março de 1369 os exércitos adversários se enfrentaram em Montiel.

EPÍTETOS REAIS

Vários reis foram chamados "o Grande", mas o "grande" de um país é o monstro de outro. Alexandre, o Grande, não tem esse nome na Pérsia, por exemplo. Herodes, o Grande, teve esse nome simplesmente porque foi o mais velho de uma linhagem de Herodes, mas seu nome se baseava na palavra grega *heros* (herói) e, apesar de sua monstruosidade, ele também foi um grande rei, construtor do Templo. Apenas um rei inglês tem esse epíteto — Alfredo, o Grande —, mas os que o mereciam foram Eduardo III, Henrique V e Elisabete I. A Rússia teve dois (Pedro I e Catarina II, esta última assim nomeada por Voltaire); a Alemanha teve um (Frederico II da Prússia): todos os três o mereceram.

Alguns nomes são autoexplicativos: o califa Omar, o Justo, conquistador de Jerusalém (c. 582-644); Alexandre, o Feroz, da Escócia (c. 1078-1124); Afonso, o Casto, rei de Astúrias (759-842); Etelredo, o Despreparado, da Inglaterra (968-1016); Carlos, o Simples, da França (879-929); e Carlos, o Audaz, de Borgonha (1433-77). Martelos denotam proezas militares, como no caso de Carlos, o Martelo, que salvou a Europa da conquista muçulmana na Batalha de Tours (732); Eduardo I, o Martelo dos Escoceses (1239-1307); e Judas, o Martelo ou o Macabeu (190-160 a.C.), fundador da dinastia judaica asmoneia. O reino espanhol de Aragão teve dois governantes chamados Afonso, o Magnânimo, uma alcunha preferível à do rei de Leão, no século XII; Afonso, o Porcalhão (1171-1230), ou seu antecessor, Bermudo, o Gotoso (956-959). A Polônia tem Boleslaw, o Bravo (967-1025); Boleslaw, o Boca Amarga (1085-1138); e Boleslaw, o Crespo (1120-1173). Augusto, o Forte, rei da Polônia e eleitor da Saxônia (1670-1733), recebeu esse nome não por meio de vitórias no campo de batalha, mas por sua virilidade prolífica ao ser pai de 300 filhos. O Sacro Império Romano teve Carlos, o Calvo (823-877), e Carlos, o Gordo (839-888), este último epíteto compartilhado por Afonso II de Portugal (1185-1223) e por Luís VI da França (1081-1137).

Henrique, o Passarinheiro, da Germânia (876-936) foi chamado assim porque ficou sabendo de sua ascensão

Em uma tentativa para evitar a batalha, Pedro concordou com uma negociação sob os auspícios de um dos aliados de Henrique, Bertrand du Guesclin. Entretanto, assim que chegou à tenda de Guesclin, ele foi entregue a Henrique. Finalmente, cara a cara com seu rival, Henrique imediatamente traspassou o coração de Pedro com sua espada e se declarou Henrique II, rei de Castela.

Grande parte da reputação sombria de Pedro vem dos escritos de Lopez de Ayala, que se tornou cronista da corte de Henrique, o usurpador que o derrubou. Aqueles que consideravam Pedro mais favoravelmente, deram-lhe postumamente a alcunha de "El Justiciero", o executor da justiça, vendo Pedro como o rei que havia trazido o governo da lei a Castela. E o poeta inglês Geoffrey Chaucer lembrava Pedro deste modo:

Ó nobre, Ó valoroso Pedro, glória da Espanha,
Quando a Fortuna tanto o elevou em majestade,
Bem deveriam os homens reclamar sua piedosa morte.

Entretanto, essas opiniões elogiosas não eram, de modo algum, desinteressadas. A alegada legalidade de Pedro havia sido bem recebida por grupos como os comerciantes, mas só porque os ataques de Pedro à nobreza os beneficiavam. Do mesmo modo, o elogio de Chaucer deve ser visto no contexto do apoio que a Inglaterra prestou a Pedro depois de 1362. Vendo retrospectivamente, a alcunha "Pedro, o Cruel" parece mais adequada para um homem cuja morte violenta foi lamentada por poucos.

---

ao trono enquanto colocava redes para pássaros. No início do século XVI, depois da morte de seu amado marido, Filipe, o Belo, de Castela (1478-1506), a rainha Joana levava o caixão para onde fosse, algumas vezes enchendo o cadáver de beijos e se tornando conhecida como Joana, a Louca. Porém, isso parece preferível a Abdul, o Maldito, uma alcunha pejorativa europeia que se refere ao papel do sultão otomano Abdul Hamid II (1842-1918) nos massacres armênios. Alguns nomes refletem o temperamento: Tarquínio, o Soberbo (o último dos sete reis de Roma, século VI a.C.); Haroldo, o Conselheiro Severo (1015-1066), da Noruega; Guilherme, o Taciturno, príncipe de Orange (1533-1584); Luís, o Teimoso (1289-1316), da França, e os sultões otomanos Selim, o Severo (1465-1520) (ver página 114); e Ibrahim, o Louco (1615-1648). Outros falam de conquistas militares (Demétrio, o Sitiador — 337-283 a.C. — da Macedônia), origem (Guilherme, o Bastardo — c. 1027-1287 — mais tarde, o Conquistador), realizações no próprio país (Davi, o Construtor — 1073-1125 — da Geórgia), riqueza (Ivã, o Avarento, — 1288-1340 — príncipe de Moscou), despotismo (Ivã, o Terrível), incapacidade (Timur, o Manco) ou estatura (Estêvão, o Pequeno, o impostor que afirmava ser o falecido czar Pedro III da Rússia e que se estabeleceu como governante de Montenegro em 1766). Poucos monarcas tiveram uma alcunha tão irradiante como o sultão otomano Bayezid, o Raio (1360-1403), cujo apelido elétrico não o protegeu do gênio militar de Tamerlão, que o derrotou e capturou na Batalha de Ankara em 1402. O Raio morreu no cativeiro aos 43 anos.

Um mural de azulejos representando a conquista de Badajoz por Afonso IX de Leão, também chamado de Baboso, ou "O Porcalhão".

Tamerlão foi um conquistador, estadista e comandante militar incrivelmente brilhante e brutalmente feroz que construiu um império que se estendeu da Índia até a Rússia e o mar Mediterrâneo. Nunca derrotado em batalha, a personificação do herói-monstro, ele se coloca ao lado de Gêngis Khan e Alexandre, o Grande, como um dos grandes conquistadores de todos os tempos, embora tenha deixado em sua esteira pirâmides de crânios humanos além da beleza estética de sua capital, Samarcanda.

TAMERLÃO 1336-140

> *Ele gostava de soldados corajosos e valentes, com cuja ajuda ele abriu as travas do terror, despedaçou homens como leões e revirou montanhas.*
> AHMAD IBN ARABSHAH, ESCRITOR ÁRABE, DESCREVENDO TAMERLÃO

Timur — que significa "ferro" em turco — nasceu em Kesh, ao sul de Samarcanda, em 1336. Seu pai era um chefe de pouca importância na tribo barlas, que vivia na Transoxiana (mais ou menos no atual Uzbequistão), no coração do declinante Império Mongol que estava se despedaçando em facções em guerra, governadas pelos descendentes de Gêngis Khan: as principais eram Jagatai, da dinastia Ilkhanida; e a chamada Horda Dourada. A situação no canato Jagatai — do qual os barlas faziam parte — era ainda mais complicada pelas tensões entre as tribos predominantemente nômades e as que desejavam uma vida sedentária de paz e comércio. Desse modo, as lutas tribais internas eram comuns e, ao participar de um ataque quando jovem, Timur — descrito por seus contemporâneos como forte, com uma cabeça grande e uma longa barba arruivada — sofreu ferimentos que o deixaram parcialmente paralisado de um lado e com um andar manco distintivo, do qual se originou o apelido "Timur, o Manco", mais tarde abreviado como "Tamerlão". No entanto, ele se transformou em um hábil cavaleiro e um soldado de qualidade, que logo conquistou muitos seguidores. Segundo o escritor árabe Arabshah, ele tinha uma "mente constante e corpo robusto, e era corajoso e destemido, firme como uma rocha... com estratégia impecável". Intelectualmente, ele era igualmente apto, falava pelo menos dois idiomas, persa e turco, e tinha um interesse agudo por história, filosofia, religião e arquitetura, além de ser um entusiasmado jogador de xadrez.

Em 1361, Timur foi encarregado da área ao redor de Samarcanda, depois de ter jurado lealdade a Tughluq, que havia assumido o canato Jagatai. Quando Tughluq morreu, pouco tempo depois, Timur fortaleceu sua posição, formando uma coalizão com Hussein, outro chefe tribal, cuja base de poder ficava em Balkh. Os dois exploraram grande parte da área circundante enquanto seus exércitos varriam as tribos rivais, mas as tensões latentes no relacionamento — anteriormente controladas por laços de família — irromperam depois da morte da primeira esposa de Timur, que era irmã de Hussein. Timur — que havia conseguido o suporte popular ao recompensar generosamente a lealdade — voltou-se contra seu antigo aliado e o derrotou, apenas para libertá-lo um pouco depois, pois se sentira arrasado com a visão de seu velho amigo algemado. Essa piedade, porém, durou pouco. Timur, posteriormente, mandou executar dois dos filhos de Hussein, pegou quatro esposas dele para si mesmo e perseguiu seus principais partidários por toda a região, decapitando-os e dividindo as esposas e filhos deles entre seus homens, como presentes.

Em 1370, como líder indisputado de um domínio em expansão, centrado em Samarcanda — onde construiu templos opulentos e belos jardins atrás de novas muralhas e de um fosso —, Tamerlão começou a ter sonhos de grandeza. Afirmando descender de Gêngis Khan (embora provavelmente fosse turco), ele anunciou a meta de recuperar o Império Mongol. Primeiro, porém, ele precisava dar estabilidade a seu novo regime e, assim, casou-se com a viúva de Hussein, Sarai Khanum, e usou apenas o título de emir — o comandante, governando nominalmente por meio de fantoches que se diziam descendentes de Gêngis Khan. Ele restabeleceu e monopolizou a Estrada da Seda, pela qual, anteriormente, o comércio havia passado da China para a Europa. Por meio dessa estratégia de guerra no exterior e paz no próprio país, ele podia satisfazer os que ansiavam por novas conquistas e também os que desejavam uma estabilidade próspera.

Tamerlão presidiu uma máquina de guerra altamente eficiente, dividida em "tumen", unidades de 10 mil homens, uma cavalaria hábil — incluindo, no fim, um corpo de elefantes vindos da Índia —, equipadas com suprimentos para campanhas longas e pesadamente armadas com arcos e espadas, bem como catapultas e aríetes para a guerra de sítios. Seus soldados — cuja vida dependia de conquistas — eram compostos de uma mistura étnica eclética, que incluía turcos, georgianos, árabes e indianos. Entre 1380 e 1389, Timur embarcou em uma série de campanhas nas quais ele conquistou um império colossal, que abarcava Pérsia, Iraque, Armênia, Geórgia e Azerbaijão, Anatólia, Síria, toda a Ásia Central, norte da Índia, arredores da China e boa parte do sul da Rússia: sua luta mais longa foi contra Tokhtamish, cã da Horda Dourada, que finalmente derrotou e destruiu em 1391.

O terror foi uma importante arma no arsenal de Tamerlão. Ele enviava agentes secretos à frente de suas tropas para espalhar boatos sobre as atrocidades que ele tinha cometido — como as vastas pirâmides de cabeças decapitadas, construídas por seus soldados para celebrar vitórias na batalha ou o assassinato em massa de cerca de 70 mil cidadãos em Isfahan, 20 mil em Alepo, a decapitação de 70 mil em Tikrit e 90 mil em Bagdá, a incineração de uma mesquita cheia de pessoas em Damasco e a destruição completa de cidades na Pérsia depois de uma revolta em 1392. Apenas o medo, muitas vezes, já era suficiente para garantir a obediência, mas milhões de pessoas foram mortas em suas batalhas. No entanto, ele embelezou Samarcanda, criou o jogo de xadrez de Tamerlane, praticou a tolerância religiosa e envolveu estudiosos em debates eruditos sobre filosofia e fé. Ele foi um homem completamente extraordinário, contraditório, uma força da natureza.

Em 1398 — estendendo seu império além do que Alexandre, o Grande, ou Gêngis Khan haviam conseguido — Tamerlão invadiu a Índia e capturou Delhi. Cem mil civis foram massacrados ali e outros 100 mil soldados indianos foram assassinados a sangue-frio após se renderem depois da Batalha de Panipat. Mas Tamerlão não estava satisfeito. Em 1401, seus homens conquistaram a Síria e atravessaram violentamente Damasco; em julho de 1402, depois de uma batalha grande e sangrenta perto de Ankara, Tamerlão derrotou o sultão otomano Bayezid I, pilhando, entre outros tesouros, os famosos portões do palácio otomano de Brusa, e mais tarde no mesmo ano, ele aniquilou a cidade cristã de Esmirna, pondo a cabeça

Busto de bronze de Tamerlão, o Grande. Impiedoso, determinado e cruel, Tamerlão foi um conquistador em escala similar à de Gêngis Khan, de quem afirmava descender.

decapitada de suas vítimas para flutuar no mar sobre pratos iluminados por velas. Em 1404, até mesmo o imperador bizantino João I estava lhe pagando tributos em troca da garantia de segurança.

Com pouco menos de 70 anos, Tamerlão embarcou em sua última aventura — uma tentativa de invasão da China —, mas adoeceu a caminho e morreu em janeiro de 1405. Seu corpo foi levado de volta a Samarcanda, onde foi erigido um mausoléu para ele. Depois de sua morte, seus filhos e netos lutaram pelo controle do império, antes que seu filho caçula, Shahrukh, finalmente assumisse o poder, em 1420, como o único sobrevivente da família. Seu descendente mais famoso foi Babur, fundador da dinastia Timúrida, que governou a Índia com os mongóis até 1857. Assassino cruel, cujos exércitos foram responsáveis por saques e brutalidade sem igual, Tamerlão foi igualmente um estadista hábil, um general brilhante e um sofisticado patrono das artes. Reverenciado no Uzbequistão até hoje — seu monumento em Tashkent encontra-se no local em que a estátua de Marx já esteve —, Tamerlão foi enterrado em um belo e simples túmulo em Samarcanda. Diz a lenda que quem perturbar seu túmulo será amaldiçoado: em junho de 1941, um historiador soviético abriu o túmulo. Dias depois, Hitler atacou a Rússia soviética.

TAMERLÃO, O GRANDE, DE MARLOWE

Pela simples escala de sua barbaridade, Tamerlão continuou a fascinar e a horrorizar as gerações futuras em igual medida. Christopher Marlowe — poeta inglês da Renascença e contemporâneo de Shakespeare — tentou capturar a ferocidade de seu reino de terror em uma peça de dois atos, *Tamerlão, o Grande*, encenada pela primeira vez em 1590. Centrada no relacionamento de Tamerlão com a filha do rei egípcio, a peça apresenta-o como um homem articulado e passional, temperamental e aterrador, "um criminoso robusto e um ladrão". Em uma cena, um mensageiro descreve o barulho dos sabres durante a aproximação dos exércitos de Tamerlão:

Trezentos mil homens em armaduras,
Arrogantemente cavalgando seus corcéis, desdenhosamente,
Com passos brutais sacudindo o chão.
Quinhentos mil homens a pé, ameaçando atirar,
Sacudindo suas espadas, lanças e armas de ferro,
Assumindo sua formação padrão, que era
Tão eriçada como uma madeira espinhenta.
Suas armas de guerra e sua munição
Excediam o número dos homens que marchavam.

Durante a peça, Tamerlão derrota Micetes, o imperador persa, descansa seus pés sobre o rei turco vencido, Bajazet (Bayezid), mata seu próprio filho por covardia, queima o Alcorão e se declara maior do que Deus. "Sou Tamerlão", diz o herói de Marlowe, "o flagelo de Deus."

Christopher Marlowe [1564-93], um dos maiores poetas e teatrólogos da Inglaterra elisabetana, foi esfaqueado até a morte, em circunstâncias misteriosas, em maio de 1593.

Provocador, assassino e vingativo, Roberto de Genebra — mais tarde conhecido como antipapa Clemente VII — ordenou o massacre de milhares de homens, mulheres e crianças inocentes em Cesena, Itália, em nome da Igreja Católica Romana, apenas para sabotar essa mesma Igreja ao estabelecer um papado rival em Avignon, França, onde maculou a posição de papa com sua corrupção e ambição.

ANTIPAPA CLEMENTE VII

1342-1394

> *Os dois papas declararam uma cruzada um contra o outro. Cada um deles... afirmava ter o direito de nomear cardeais e confirmar arcebispos, bispos e abades, de modo que houve dois Colégios de Cardeais e, em muitos locais, dois candidatos às altas posições na Igreja. Cada um deles... tentava coletar todas as rendas eclesiásticas e cada um excomungou o outro e todos os seus partidários.*
>
> AVALIAÇÃO DO PE. JOHN LAUX, EM SEU *CHURCH HISTORY*

Roberto de Genebra nasceu no opulento castelo de Annecy, cerca de 32 quilômetros ao sul de Genebra. Ele foi o filho mais novo de Amadeu III, conde de Genebra, e através de sua mãe, a sobrinha do cardeal Guy de Boulogne, descendente de uma família nobre e rica com conexões íntimas com a Igreja.

Roberto era um estudioso reconhecido, com um intelecto brilhante, mas ele se provou igualmente adepto das amargas lutas por poder que caracterizavam a Igreja no século XIV. Indicado "protonotário apostólico" em 1359, ele se tornou bispo de Therouanne dois anos depois e arcebispo de Cambrai em 1368, com apenas 26 anos. O papa Gregório IX reconheceu seus talentos e o promoveu a cardeal em 30 de maio de 1371.

Roberto granjeou a reputação de depravação, que permaneceria com ele pelo resto da vida, enquanto servia como legado de Gregório IX na Itália, de 1376 a 1378. Durante esse período, os Estados Papais — o território civil sobre o qual o papa exercia autoridade temporal — estavam em revolta contra a autoridade de Roma. Encarregado de suprimir a rebelião,

Cabeça de pedra do antipapa Clemente VII, na Igreja de São Pedro, Avignon. O Grande Cisma do Ocidente [1378-1417] foi uma cisão na Igreja Católica que levou à indicação de um papa em Avignon como um rival do papa oficial em Roma.

Roberto recebeu a ajuda de Sylvester Budes, líder de um bando de mercenários bretões; e de sir John Hawkwood, um famoso mercenário inglês.

Em fevereiro de 1377, Hawkwood e os bretões chegaram a Cesena, uma cidade antiga na província de Forli, que era o centro da revolta. Situada em uma colina próxima ao rio Savio, era uma cidade muito fortificada, mas não foi páreo para os mercenários, cujo exército, financiado pelo papado, logo destruiu suas muralhas defensivas e entrou na cidade.

Hawkwood estava preparado para oferecer clemência aos moradores em troca de rendição, mas seu pagador, Roberto, prevaleceu sobre ele, ordenando que todos fossem executados. Grupos de mercenários bêbados foram soltos na cidade, percorrendo as ruas em uma orgia de carnificina. Alguns entraram no convento e estupraram as freiras, enquanto outros vandalizavam a igreja de Santo Estéfano, matando aqueles que haviam se abrigado em seu interior. Cerca de 4 mil corpos foram enterrados nas semanas seguintes, e Roberto passou a ser conhecido como o "Carniceiro de Cesena".

No ano seguinte, em abril de 1378, Roberto participou na eleição de Bartolomeo Prignano como papa Urbano VI. Quase imediatamente, porém, ofendidos com o comportamento insultuoso e arrogante de Urbano, os cardeais formaram um conclave para reconsiderar e, em agosto, anularam a eleição de Urbano, optando em 20 de setembro por eleger Roberto como papa Clemente VII.

Agindo com o apoio do rei Carlos V da França, Clemente VII estabeleceu sua residência papal em Avignon, uma rica cidade na região do rio Ródano. Além da França, Clemente foi reconhecido pela Escócia e por alguns estados alemães, enquanto Urbano VI continuava a governar em Roma, com o apoio da Espanha e dos estados italianos. Assim começou o Grande Cisma, um período de divisão e amargura na Igreja, que só terminou em 1417.

O pontificado de Clemente de Avignon não deixou de ter suas realizações, e muitas das indicações que ele fez para os bispados nos domínios que aceitavam sua autoridade foram consideradas um sucesso. No entanto, afastado da sede tradicional da autoridade religiosa, Clemente de Avignon foi arrastado ao labirinto obscuro da política palaciana da França, na qual dinheiro e poder triunfavam sobre a piedade. Para cobrir as despesas, ele foi forçado a recorrer à simonia (a venda de cargos eclesiásticos) e à extorsão, principalmente aplicando impostos extremamente pesados ao clero francês. Também doou grandes porções dos Estados Papais ao poderoso Luís II de Anjou, como recompensa por seu apoio contínuo.

No fim das contas, a Igreja Católica apagou Clemente VII de sua história oficial: no que lhe diz respeito, o "verdadeiro" Clemente VII foi Giulio di Giuliano de Medici, que reinou como papa de 1523 a 1534. Sem seu pontificado, Roberto ficou sendo apenas o Carniceiro de Cesena.

ANTIPAPAS E A PAPISA

Na história da Igreja Católica Romana houve cerca de 30 a 40 antipapas que, em tempos perigosos e caóticos, afirmaram ter a lealdade de pelo menos parte da hierarquia eclesiástica.

O primeiro antipapa foi Hipólito de Roma, que lutou contra as autoridades papais no século III e estabeleceu uma congregação rival. Por sua heresia, ele foi preso em 235 e levado para as minas da Sardenha, onde morreu. No entanto, foi reconciliado postumamente com a Igreja e, posteriormente, canonizado como santo Hipólito de Roma.

Outro antipapa do século III foi Novaciano, que reivindicou a autoridade do Santa Sé, em oposição ao papa Cornélio, mas foi expulso de Roma em 258.

Os séculos XI e XII foram a era de ouro dos antipapas, enquanto sucessivos imperadores do sacro império romano — governantes dos estados alemães — respondiam aos conflitos com as autoridades em Roma indicando seus próprios sumos pontífices. O mais famoso desses foi Anacleto II, apelidado de "Papa Judeu" por Voltaire. Anacleto era um membro da imensamente rica família Pierleoni — sobrenome que significa "filhos de Pedro Leo" —, que descendia de Leo de Benedicto, um judeu convertido do século XI. Anacleto se estabeleceu em oposição ao ocupante legalmente eleito do cargo, o papa Inocêncio II, a quem expulsou de Roma, governando em seu lugar de 1131 a 1138. Anacleto foi atacado pelos partidários de Inocêncio devido à sua origem e aparência judia e injustamente acusado de roubo de igrejas e também de incesto.

Papisa Joana, a fictícia papisa que supostamente deu à luz um filho a caminho do Palácio de Latrão, é representada enforcada no Inferno. Segundo uma versão da lenda, recontada por Jean de Mailly no século XIII, Joana foi amarrada à cauda de um cavalo, arrastada por Roma, apedrejada até a morte e enterrada no local onde morreu.

Durante boa parte do período medieval circulou um boato popular em relação a um papa mulher, a papisa Joana, que supostamente havia reinado por dois anos e meio durante os anos 850. Apesar do fato de Joana provavelmente nunca ter existido, ela continuou a aparecer na iconografia cristã, nos séculos seguintes, ou como um anjo ou como a Prostituta da Babilônia. Segundo uma história, ela deu à luz enquanto ia de São Pedro a Latrão, e foi dito que os papas posteriores sempre desviavam os olhos do suposto local de sua vergonha enquanto faziam esse caminho.

O reinado de Ricardo II foi uma tragédia pessoal e política. Como governante, ele era rígido, incapaz, incoerente, paranoide, indigno de confiança e vingativo, mas também foi um refinado patrono das artes e o rei menino que enfrentou corajosamente as assustadoras multidões rebeldes da Revolta dos Camponeses. A tragédia de Ricardo foi subir ao trono como uma criança despreparada, tola e imatura, à sombra de seu avô Eduardo III, um dos mais heroicos reis ingleses, e de seu pai, o Príncipe Negro, paradigma da cavalaria.

RICARDO II 1367-1400

> *Ele derrubou todos os que violaram as prerrogativas reais; destruiu os heréticos e dispersou seus amigos.*
> EPITÁFIO ESCOLHIDO POR RICARDO II PARA SEU TÚMULO NA ABADIA DE WESTMINSTER

Nascido em Bordeaux, filho de Eduardo, Príncipe de Gales, e de Joana, a Bela Donzela de Kent, Ricardo tornou-se o próximo na linha sucessória ao trono, depois de seu pai, após a morte de seu irmão mais velho, ainda na infância. Quando seu pai morreu, em 1376, e em seguida o avô, Ricardo tornou-se o novo rei em 1377, com apenas dez anos, auxiliado por seu tutor, um leal amigo da família, sir Simon Burley. Durante os quatro primeiros anos de seu reinado, o poder foi devolvido extraoficialmente a três conselheiros reais, mas boa parte do governo do país ficou a cargo de João de Gante, tio de Ricardo, um estadista polêmico, mas capaz.

Ricardo era alto, bonito e simpático, mas considerado efeminado e mais interessado em formas elaboradas de etiqueta — ele exigia que colheres fossem usadas na corte e é dito que foi o inventor do lenço — do que no êxito em batalhas, uma traição da tradição "guerreira" dos reis ingleses. Em janeiro de 1382, o rei casou-se com a dócil e popular Ana de Luxemburgo, e dois anos depois da morte de Ana, em 1394, contraiu matrimônio com a princesa Isabella, de sete anos, filha de Carlos VI da França. Ricardo, porém, nunca teve um herdeiro legítimo, e seu reinado foi caracterizado por sua polêmica relação com uma série de favoritos — homens como Michael de la Pole e Robert de Vere, com quem supostamente ele teria tido um caso homossexual.

Retrato de Ricardo II, dos anos 1390. Um homem fraco e gago, cuja personalidade nunca esteve à altura das exigências do reinado, Ricardo afastou os poderosos magnatas da Inglaterra e lançou um século de conflitos e discórdias nacionais.

A Revolta Camponesa

A Revolta Camponesa de 1381 foi a primeira grande rebelião popular na história inglesa. Ela começou na aldeia de Fobbing in Essex em maio de 1381, e outra rebelião se seguiu em Kent. Muito tempo antes, grande parte do sudeste da Inglaterra e a Ânglia Oriental estavam envolvidas.

O estopim da revolta foi o imposto *per capita*, o terceiro desse tipo em quatro anos, com o objetivo de pagar pela longa e arrastada guerra com a França — a Guerra dos Cem Anos. O imposto, que exigia a mesma quantia de todos os indivíduos, independentemente da riqueza, havia sido introduzido em grande parte por conselho de João de Gante, tio do jovem Ricardo II. O país também estava sofrendo com o impacto a longo prazo da peste negra que assolou os povos entre 1348 e 1349, durante a qual cerca de um terço da população pode ter morrido. Com menos pessoas para trabalhar na terra, os camponeses esperavam mais dinheiro por seu trabalho. Porém, a nobreza havia começado a trabalhar em conjunto no Parlamento para manter baixos os ganhos dos camponeses.

Em 12 de junho, os rebeldes de Essex armaram acampamento em Mile End, na periferia de Londres, exigindo uma carta de direitos. Em 13 de junho, um bando de rebeldes de Kent liderado pelo carismático Wat Tyler chegou a Blackheat. Nos dois dias seguintes, os pobres de Londres juntaram-se aos rebeldes, abrindo-lhes as portas da cidade. Cheios de raiva e de álcool, queimaram o Palácio Savoy, residência de João de Gante, bem como diversas aldeias nas cercanias da cidade.

Em 14 de junho, Ricardo, com 14 anos, rodeado por seus cavaleiros e diversos lordes, encontrou os rebeldes de Essex em Mile End, onde concordou em atender às exigências deles. Mais tarde no mesmo dia, porém, soube-se que outra facção dos rebeldes havia invadido a Torre de Londres, onde capturaram o arcebispo de Cantuária, o lorde chanceler e o lorde tesoureiro — todos associados com o novo imposto — e os decapitara na Colina da Torre.

Em 15 de junho, Ricardo encontrou os rebeldes de Kent em Smithfield. Eles lhe deram uma lista de exigências, inclusive a abolição da nobreza e da servidão, e a distribuição da riqueza da Igreja entre os plebeus. Segundo alguns cronistas, Wat Tyler dirigiu-se ao rei de modo rude, o que levou o prefeito de Londres a atacá-lo com sua adaga. Tyler caiu de seu cavalo e foi morto por um dos senhores partidários do rei. Nesse momento, Ricardo cavalgou até o centro da multidão, exigindo sua lealdade e lhe prometendo concessões. Enquanto isso, o lorde prefeito e seus homens rodearam os demais líderes rebeldes e os massacraram.

Fora de Londres, a vingança contra os rebeldes foi rápida e brutal. Centenas foram enforcados e, em 15 de junho, um dos líderes rebeldes de Kent, John Ball, conhecido como o "Padre Louco", foi enforcado, arrastado e esquartejado na frente do jovem rei triunfante.

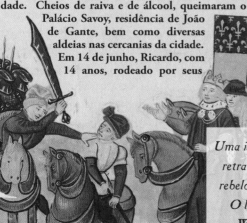

Uma iluminura (c. 1460/80) das Crónicas de Jean Froissart retratando o encontro entre Ricardo II, de 14 anos, e os rebeldes em Smithfield, Londres, em 15 de junho de 1381. O líder rebelde Wat Tyler é atingido por sir William Walworth, lorde prefeito de Londres (à esquerda), enquanto Ricardo tenta acalmar os rebeldes.

Depois de uma série de guerras caras contra a França, os conselheiros de Ricardo aumentaram os impostos, provocando a Revolta dos Camponeses de junho de 1381, liderada por Wat Tyler, na qual bandos de camponeses e artesãos de Essex e de Kent marcharam para Londres, saqueando a cidade e exigindo uma carta de direitos. Em 16 de junho de 1381, com apenas 14 anos, Ricardo negociou diretamente com os rebeldes em Smithfield. Quando irrompeu uma violenta discussão e Wat Tyler foi morto pelos homens do rei, Ricardo assumiu o controle da multidão, declarando: "vocês não devem ter nenhum capitão a não ser eu". Conforme centenas o seguiram para longe do local, os homens dele cercaram e mataram os líderes rebeldes remanescentes. Ricardo havia demonstrado coragem e iniciativa, mas também tinha participado do que foi quase que certamente uma traição violenta e planejada antecipadamente de seus súditos, na qual centenas foram executados nas ruas e muitos mais foram enforcados nas semanas seguintes.

Depois de lidar com a Revolta dos Camponeses, Ricardo enfrentou um problema mais sério: a oposição de alguns dos mais poderosos barões do reino. Em 1386, depois de Ricardo ter feito uma tentativa frustrada de invasão da Escócia, um grupo desses nobres do Parlamento — que chamavam a si mesmos de "os Lordes Apelantes", devido a seus apelos por uma boa governança — exigiu que Ricardo destituísse seus conselheiros impopulares. Liderados pelo tio do rei, Tomás de Woodstock, duque de Gloucester, os demais Lordes Apelantes eram Thomas Beauchamp, conde de Warwick; Richard FitzAlan, conde de Arundel; Thomas Mowbray, conde de Nottingham; e seu primo, Henrique Bolingbroke, conde de Derby, filho de João de Gante e um rival em potencial pelo trono.

Quando Ricardo os acusou de traição, os Lordes Apelantes se revoltaram, derrotaram os exércitos de Ricardo na ponte Radcot, nas cercanias de Oxford, e o aprisionaram brevemente na Torre de Londres. Em fevereiro de 1388, oito dos conselheiros do rei foram executados pelo "Parlamento Impiedoso". Michael de la Pole e Robert de Vere fugiram da Inglaterra, enquanto os Lordes Apelantes assumiam o poder, argumentando que Ricardo ainda era jovem demais para governar o país.

Os Lordes Apelantes fracassaram em campanhas militares contra os escoceses e os franceses e, em 1389, quando João de Gante voltou para a Inglaterra, vindo da Espanha, Ricardo reconstruiu sua autoridade; Mowbray e Bolingbroke submeteram-se ao rei, que, aos 22 anos, se alinhou com os Apelantes e assumiu o controle. Cada vez mais arrogante e autoritário, ele acreditava que tinha um direito divino a governar. Em 1397, Ricardo convidou Warwick para um banquete e o prendeu, dando garantias a Arundel de que ele não corria riscos apenas para prendê-lo também, além de ordenar que Gloucester fosse preso na França. Arundel foi executado, Warwick foi exilado e seu tio, o conde de Gloucester, asfixiado até a morte em Calais.

Cada vez mais paranoide, Ricardo manteve uma guarda armada de arqueiros de Cheshire. Em 1399, ele imprudentemente exilou seu primo, Henrique Bolingbroke, e depois apossou-se de suas terras. Quando Ricardo partiu para uma campanha militar na Irlanda, o popular Bolingbroke, que dizia que "o reino estava a ponto de se desfazer por falta de governabilidade e desrespeito às boas leis", desembarcou em Yorkshire com uma pequena força, desencadeando uma ampla rebelião. Na ocasião em que retornou à costa do País de Gales, a maioria dos nobres influentes do reino havia se voltado contra ele. Depois de sua captura, Ricardo foi levado para Londres e exibido pelas ruas, onde grandes multidões zombaram dele e lhe atiraram frutas podres. Deposto e humilhado, foi deixado para morrer de fome por seus captores no castelo de Pontefract em fevereiro de 1400.

Sádico, depravado e mentalmente descoordenado, Gilles de Rais foi um dos primeiros assassinos em série conhecidos, acusado de tortura, estupro e assassinato de muitos garotos e jovens em busca de extrema gratificação sexual. Seus acessos de matança eram entremeados por períodos em que ele era assolado pela culpa, apenas para matar de novo assim que o desejo o dominasse.

GILLES DE RAIS 1404-1440

> *Gilles de Rais... cortou muitas gargantas de muitos jovens e meninos inocentes, matou-os e massacrou-os de modo hediondo... ele praticou com essas crianças um desejo anormal e o vício da sodomia...*
> Relato do bispo de Nantes sobre Gilles de Rais, 1440

Gilles de Rais nasceu em uma rica e aristocrática família francesa durante o longo conflito com a Inglaterra, conhecido como a Guerra dos Cem Anos. Em 1415, quando Gilles tinha apenas dez anos, sua mãe ficou doente e morreu, e seu pai foi morto por um javali enquanto caçava. Nesse mesmo ano, seu tio foi morto em luta contra os ingleses na Batalha de Agincourt, deixando Rais como herdeiro da fortuna da família, que ainda era, por algum tempo, controlada por seu avô, Jean de Craon.

Jean de Craon assumiu a custódia de Gilles, mas mostrou pouco interesse no bem-estar do menino, usando-o como um peão político enquanto lhe dava liberdade para realizar todos os seus desejos. Depois de duas tentativas fracassadas de casar seu neto em famílias ricas, ele finalmente conseguiu encontrar uma noiva para ele — uma rica herdeira que foi raptada até concordar

O assassino em série Gilles de Rais é acusado de evocar o Demônio, sacrificando crianças pequenas, em uma ilustração do livro Histoire de la magie, *do autor ocultista francês Eliphas Levi. Pensa-se que Rais matou entre 60 e 200 crianças.*

com o casamento. Desde os 23 anos, Rais lutou contra os ingleses com distinção, servindo junto de Joana d'Arc em diversas campanhas, embora não se saiba se ele era próximo dela. Como Joana, acreditava-se que ele fosse profundamente piedoso, e ele certamente contribuiu para a construção de diversas igrejas e de uma catedral.

Em 1432, um ano depois de Joana ter sido queimada na fogueira, Rais deixou o serviço militar e retornou ao grande castelo de sua família em Machecoul, perto da fronteira com a Bretanha. Com o avô também morto, ele começou a gastar sua grande herança em diversões extravagantes e em um estilo de vida luxuoso, provocando a irritação de seu irmão Rene, que estava aterrorizado por Gilles fazer de tudo para dissipar a fortuna da família.

Uma verdade mais sórdida estava oculta sob a superfície. A partir de sua base em Machecoul, e usando diversos cúmplices, Gilles de Rais embarcou em uma orgia de assassinatos sexuais sádicos, cuidadosamente planejados, e pode ter sido responsável pela morte de 60 a 200 crianças — principalmente meninos — com idades entre seis e 18 anos.

As vítimas, que geralmente tinham olhos azuis e cabelos loiros, eram atraídas ao castelo com diversos pretextos ou tiradas à força da aldeia de Machecoul ou da área circundante. Pensa-se que a primeira vítima foi um mensageiro de 12 anos que foi pendurado pelo pescoço em um gancho de metal, estuprado por Rais e, depois, assassinado. Conforme mais e mais crianças desapareciam, a suspeita logo recaía sobre Rais. No entanto, os habitantes locais estavam aterrorizados e despreparados para desafiar um dos mais poderosos e ricos homens da França.

A maioria das vítimas foi torturada em uma câmara especialmente construída, onde eram enforcadas ou amarradas e depois estupradas, antes de serem mortas por inúmeros métodos que incluíam o desmembramento, a decapitação e a estripação. Em seu julgamento, Rais confessou admirar a cabeça cortada das vítimas mais belas e sentir prazer ao ver as entranhas delas serem abertas. Também foi afirmado que Rais fazia magia negra e adorava o demônio.

Enquanto isso, René de Rais resolveu assumir o controle da fortuna da família antes que Gilles gastasse tudo e ameaçou marchar sobre Machecoul. O duque da Bretanha também tinha planos para as terras de Gilles e capturou um de seus castelos. Em resposta a isso, em maio de 1440 Gilles raptou o irmão de um de seus desafetos, um padre que estava no meio da celebração da missa, fazendo com que o bispo de Nantes — que também tinha interesse na queda de Rais — instigasse uma investigação de seu comportamento.

O bispo começou a entrevistar as famílias das crianças sequestradas por Rais e construiu um caso chocante contra ele. Rais foi preso em setembro de 1440 e indiciado em 34 casos de assassinato. Depois de um mês, ele confessou seus crimes — sob a ameaça de tortura — e foi sentenciado culpado de assassinato, sodomia e heresia. Em 16 de outubro de 1440, depois de exprimir seu remorso e ter assegurado o direito à confissão, ele foi enforcado e queimado com dois de seus servos.

Até o fim, Gilles de Rais professou a força de sua fé. A única acusação que ele se recusou a admitir foi a adoração ao demônio; ele caiu em um ataque de choro quando lhe disseram que seria excomungado e não teria o direito à confissão. No entanto, esses lampejos de consciência nada tinham feito para interromper sua campanha de sadismo, assassinato e do que ele chamava de "deleite carnal".

DOIS ASSASSINOS EM SÉRIE MODERNOS

Os assassinos em série, geralmente, não são entidades insossas e patéticas que buscam poder por meio da destruição dos que são mais fracos do que eles. Eles são pouco interessantes, exceto pela escala de sua maldade, pelo fascínio de seus crimes e pela atração de sua descoberta: por causa da falta de conexão com suas vítimas, eles são difíceis de prender, algumas vezes isso lhes permite ter numerosos acessos assassinos no decorrer de muitos anos. Aqui estão dois exemplos: Jeffrey Dahmer — necrófilo, canibal e assassino em série — nasceu em 21 de maio de 1960 em Milwaukee, Wisconsin (EUA), em uma família de classe média amorosa e respeitável. Sem que seus pais soubessem, desde a adolescência ele começou a desenvolver fantasias necrófilas homossexuais. Em 1978, logo depois de sair do ensino médio, cometeu o primeiro assassinato. A vítima era um rapaz que pegara carona com ele. Dahmer matou-o com um haltere e enterrou o cadáver em um bosque. Dahmer esperou até 1987 antes de assassinar a segunda vítima, que ele encontrou em um bar frequentado por *gays*. Até ser preso, em 1991, já havia matado pelo menos 15 adolescentes e homens, com idades entre 14 e 31 anos. Geralmente ele pegava suas vítimas em bares frequentados por homossexuais, às vezes, oferecendo-lhes dinheiro e bebidas. Então, as drogava, matava, permitia-se à necrofilia e depois as desmembrava. Ele preservava partes dos corpos em frascos, fervia as cabeças para poder guardar os crânios como troféus e comia tiras de sua carne. Em 1992, foi sentenciado a 15 prisões perpétuas consecutivas; dois anos depois, foi assassinado por outro preso.

Entretanto, Dahmer não foi o assassino sexual mais ativo da era moderna. Essa distinção dúbia é do ucraniano Andrei Chikatilo, conhecido como "Estripador Vermelho". Pai de família articulado, culto e ex-professor, ao que parece Chikatilo só conseguia ter gratificação sexual no ato de matar. Depois, ele mordia a carne de suas vítimas. A polícia acabou prendendo Chikatilo em 1990, depois de o colocarem sob vigilância 24 horas por dia. No julgamento, foi sentenciado à morte pelo assassinato de 52 pessoas, inclusive de pelo menos dez meninos e mais de 40 mulheres, tanto meninas pequenas quanto prostitutas. Ele foi executado em 14 de fevereiro de 1994.

Andrei Chikatilo (à esquerda), visto em uma foto de arquivo de abril de 1992; e Jeffrey Dahmer (à direita), fotografado pelo escritório do xerife do condado de Milwaukee.

O próprio nome de Tomás de Torquemada, o primeiro inquisidor-geral da Espanha, era suficiente para provocar um tremor de medo até mesmo entre os mais endurecidos de seus contemporâneos. A partir de então, Torquemada — o perseguidor de judeus, mouros e outros supostos "heréticos" sob o governo intolerante e repressivo de Fernando e Isabel — se tornou sinônimo de fanatismo religioso e de perseguição zelosa.

TOMÁS DE TORQUEMADA 1420-1498

> *Se alguém possui um certo conhecimento, ele é considerado repleto de heresias, erros e traços de judaísmo. Assim, eles impuseram silêncio aos homens de letras; aqueles que buscaram o conhecimento passaram a sentir, como se diz, um grande terror.*
>
> DOM RODRIGO MANRIQUE, FILHO DO INQUISIDOR-GERAL, EM CARTA A LUIS VIVES, 1533

Pouco se sabe do início da vida de Tomás de Torquemada, além do fato de que o homem que se tornaria a ruína dos judeus espanhóis tinha também ascendência judaica: sua avó era uma *conversa* — uma judia que se convertera ao catolicismo. Durante sua juventude, Torquemada entrou para a ordem religiosa dominicana, e em 1452 foi nomeado prior de um mosteiro em Santa Cruz. Embora continuasse a ocupar essa posição nas duas décadas seguintes, ele também se tornou confessor e conselheiro do rei Fernando II de Aragão e da rainha Isabel I de Castela, cujo casamento, em 1479, uniu efetivamente os dois principais reinos espanhóis. Sob a monarquia dupla, foi feito um esforço renovado para completar a Reconquista (a reconquista da Espanha do domínio muçulmano), interrompida fazia cerca de dois séculos. Esse esforço foi bem-sucedido, em 1492, com a queda de Granada, o último bastião muçulmano na Espanha.

Enquanto isso, Torquemada havia convencido o governo de que a presença contínua, na Espanha, de judeus, muçulmanos e até convertidos recentes ao cristianismo, originários dessas fés, representava uma perigosa corrupção da verdadeira fé católica. Como resultado das recomendações enfáticas de Torquemada, foram aprovadas leis repressivas com o objetivo de obter a expulsão forçada das minorias não cristãs da Espanha.

Torquemada recebeu um incentivo bem-vindo do papado. Em 1478, uma bula papal de Sisto IV ordenava a criação de uma "Inquisição", sob a autoridade da monarquia espanhola, para investigar a heresia e proteger contra desvios religiosos na Espanha. Quatro anos mais tarde, Torquemada foi nomeado um dos "inquisidores" e logo depois se tornou o inquisidor-geral, a posição de maior destaque em toda a organização.

Torquemada era então quase tão poderoso quanto os próprios Fernando e Isabel; certamente ele era mais temido do que as autoridades temporais. Sob sua orientação, a Inquisição atingiu novo alcance em sua atividade. Em 1484, supervisionou a proclamação de "28 artigos" que relacionavam os pecados que a Inquisição estava tentando expor e expurgar. Esses iam desde a apostasia e a blasfêmia até a sodomia e a feitiçaria — embora muitos deles se concentrassem em identificar e revelar os judeus. Durante suas investigações, os inquisidores tinham poder para usar todos os meios necessários para descobrir a verdade — uma autorização que, de fato, legitimava a tortura em busca de uma confissão forçada.

O resultado foi uma política de perseguição violenta. Apenas no mês de fevereiro de 1484, 30 pessoas em Cidade Real foram consideradas culpadas de diversos "crimes" e queimadas vivas. Entre 1485 e 1501, 250 foram queimadas em Toledo; e em uma ocasião, em 1492, na cidade natal de Torquemada, Valladolid, outras 32 foram queimadas de uma vez.

Afirmando que a alma da Espanha estava em risco, Torquemada declarou que os judeus, em especial, eram uma ameaça mortal; e assim, em 1492, Fernando e Isabel decretaram que todos os judeus que não tivessem aceitado a verdade da revelação cristã fossem expulsos da Espanha.

A Virgem dos monarcas católicos Fernando e Isabel *(1490)*. *Essa pintura alegórica mostra a Virgem Maria, com o menino Jesus no colo, sendo adorada pelos "reis católicos" espanhóis, Isabel (1451-1504) e Fernando (1452-1516), dois de seus filhos e outras pessoas. Tomás de Torquemada é o frade à esquerda, ajoelhado perto do rei.*

Cerca de 40 mil deixaram o país — muitos deles resgatados e abrigados pelos tolerantes otomanos islâmicos em Istambul, Esmirna e Salônica (atual Tessalônica, na Grécia).

Torquemada ainda não considerava que seu trabalho estivesse completo e até recusou o bispado de Sevilha para continuar na Inquisição. Ao fazer isso, descobriu que as recompensas de seus esforços não eram apenas espirituais; na verdade, ele reuniu uma grande fortuna pessoal proveniente da riqueza confiscada daqueles que a Inquisição considerara culpados de heresia. Sempre que viajava, ele era acompanhado por 50 homens a cavalo e 250 soldados a pé, uma força que reflete sua crescente impopularidade, mas que também aumentava o terror e a intimidação que inspirava ao chegar a uma nova cidade para extirpar seus hereges.

No final, apenas a morte tirou Torquemada de seu posto. Nas duas décadas anteriores, seu zelo incansável havia levado cerca de duas mil pessoas a uma morte horrenda entre as chamas. Torquemada será sempre lembrado como a personificação da intolerância religiosa — a encarnação viva do "Grande Inquisidor" de Fiódor Dostoiévski, que busca queimar o próprio Jesus Cristo em nome de sua amada Igreja Católica, mas termina em um abismo espiritual.

Hereges sendo queimados. Uma cena do filme Torquemada, de 1989, de Stanislav Barabas.

A INQUISIÇÃO ESPANHOLA

A Inquisição Espanhola foi criada em 1º de novembro de 1478 pelo papa Sisto IV. Sua meta era exterminar o desvio e a heresia do interior da Igreja, e todas as meninas acima de 12 anos e todos os meninos acima de 14 estavam sujeitos a seu poder. Não foi a primeira vez que uma entidade como essa havia sido criada — uma Inquisição existira temporariamente na França, no século XIII, para lidar com os remanescentes dos hereges cátaros depois da cruzada albigense. Essa nova Inquisição, contudo, durou muito mais tempo e foi muito mais metódica em sua operação.

Os dois primeiros inquisidores foram nomeados em 1480, e as primeiras execuções nas fogueiras aconteceram alguns meses depois, em fevereiro de 1481, quando seis pessoas foram queimadas como hereges. Daí em diante, o ritmo das mortes se acelerou e, em fevereiro de 1482, para lidar com a crescente carga de trabalho, outros sete inquisidores — entre eles, Torquemada — foram nomeados pelo papa. Depois de uma década, as audiências da Inquisição eram realizadas em oito grandes cidades da Espanha.

Os inquisidores chegavam a uma cidade e rezavam uma missa especial, à qual todos eram obrigados a comparecer. Eles pregavam um sermão antes de convocar os culpados de heresia a se apresentar e confessar. Os suspeitos de transgressão tinham um prazo de 30 a 40 dias para se entregar. Os que obedeciam tinham a possibilidade de ser "recompensados" com uma punição menos severa do que a que receberiam os que se mostravam recalcitrantes. Não obstante, todos os que confessavam também eram obrigados a identificar outros hereges que não haviam se entregado. A denúncia era, portanto, parte tão integral dos trabalhos da Inquisição quanto a confissão. Consequentemente, a Inquisição logo se transformou em uma oportunidade de vingança.

Os acusados eram detidos e jogados na prisão, e suas propriedades, com as de sua família, eram confiscadas. Depois, seguia-se o interrogatório. Os inquisidores eram instruídos a aplicar a tortura conforme sua "consciência e vontade". Um suspeito podia ser obrigado a engolir água à força, ser esticado em uma prancha ou ser pendurado com as mãos amarradas atrás das costas — o que fosse considerado necessário para extrair uma confissão. Muitos eram mutilados nesse processo; muitos outros morriam. E, para aqueles que quebravam sob a pressão, só existia um resultado: morte na fogueira. Antes de ser queimada viva no que, eufemisticamente, era chamado de "auto de fé", a vítima tinha duas escolhas: ela podia se arrepender e beijar a cruz, ou permanecer irredutível. No primeiro caso, recebia a misericórdia de ser estrangulada antes de a fogueira ser acesa; caso contrário, sua morte seria demorada e incrivelmente dolorosa.

Vlad III, hospodar (príncipe) de Valáquia, afirmava que estava salvando seu povo cristão dos muçulmanos otomanos, mas estava mais interessado em exercer seu poder pessoal nas intrigas traiçoeiras da política dinástica local e imperial. Ele era um sádico assassino e degenerado que exibia uma crueldade tão selvagem, que inspirou a lenda de Drácula. No entanto, a história de Drácula é suave em comparação com a realidade. Por ter assassinado milhares de pessoas — de camponeses aleijados e andarilhos a nobres e embaixadores estrangeiros —, tornou-se conhecido como o "Príncipe Empalador": seu método favorito de execução era empalar suas vítimas em afiadas estacas de madeira, untadas na ponta e inseridas em seus intestinos.

VLAD, O EMPALADOR 1431-1476

> *Seu modo de vida era tão maligno quanto o seu nome.*
> MANUSCRITO RUSSO DO FIM DO SÉCULO XV

O mais provável é que Vlad tenha nascido em uma fortaleza militar, a cidadela de Sighisoara, Transilvânia, em 1431. Seu sobrenome era Dracul, que significa dragão, e lhe foi dado pelo pai, que havia sido um membro da Ordem do Dragão — a que Vlad também pertenceu desde os cinco anos —, uma organização secreta criada pelo imperador sacro romano para defender a cristandade e resistir às incursões muçulmanas otomanas na Europa. Sua mãe era uma princesa moldava, e seu pai, Vlad II, um ex-príncipe da Valáquia, exilado na Transilvânia.

Quando Vlad era criança, seu pai, sob a ameaça de um ataque do sultão otomano, havia sido forçado a provar a obediência aos turcos. Assim, enviou dois de seus filhos, Vlad inclusive, para que ficassem sob custódia otomana, em 1444. A experiência durou quatro anos, durante os quais foi espancado e chicoteado por sua insolência e caráter rebelde, o que fez com que Vlad passasse a odiar os turcos.

Valáquia (na Romênia atual) não era uma monarquia hereditária tradicional, e embora Vlad tivesse direito ao trono, o exílio do pai enfraqueceu sua posição. Seu irmão mais velho, Mircea II, governou por um breve período em 1442, mas foi obrigado a se esconder no ano seguinte. Em 1447, ele acabou sendo capturado por seus inimigos, que queimaram seus olhos e o enterraram vivo. A política da Valáquia era brutal e repleta de traições: o irmão mais novo de Vlad, Radu, o Belo, mais tarde conseguiu o apoio do sultão otomano Maomé II para expulsar o irmão.

Em 1447, no mesmo ano em que Mircea foi morto, os boiardos (famílias nobres regionais), leais a João Corvino, o Cavaleiro Branco da Hungria, capturaram e mataram o pai de Vlad, afirmando que ele dependia demais dos otomanos. Os otomanos invadiram a região um

Vlad Dracul, príncipe da Valáquia e protótipo para o romance clássico de vampiro Drácula, de Bram Stoker.

pouco depois disso, para reafirmarem seu controle. A seguir, por um curto período, instalaram Vlad, então com 17 anos, como um príncipe fantoche em 1448, apenas para que Corvino interviesse novamente e o obrigasse a fugir para a Moldávia. Posteriormente, Vlad deu o passo ousado de viajar para a Hungria, país com que a Valáquia havia repetidamente estado em guerra. Impressionando Corvino com suas credenciais antiotomanas, ele tornou-se o candidato preferido pela Hungria para o trono da Valáquia.

Em 1456, os húngaros atacaram os otomanos na Sérvia. Vlad aproveitou a oportunidade para invadir a Valáquia e assumir o controle, matando seu rival, Vladislav II, do clã Danesti, e retomando o trono para os Draculs. No Domingo de Páscoa, ele convidou os principais boiardos para um banquete, matando os mais velhos e escravizando os que ainda eram jovens o bastante para trabalhar. Muitos morreram trabalhando nas novas fortificações para os castelos de Vlad sob condições tão severas, que suas roupas nobres e finas se desintegraram, deixando-os nus.

Estabelecendo Tirgoviste como sua capital, Vlad estava determinado a tornar a Valáquia um grande reino, com um povo próspero e saudável. No entanto, para ele, isso significava erradicar a nobreza e todas as pessoas percebidas como um peso sobre os recursos do país. Entre seus alvos estavam os mais pobres e mais vulneráveis — andarilhos, deficientes e doentes mentais —, milhares dos quais ele convidou para um banquete em Tirgoviste, apenas para trancá-los na sala e queimá-los vivos assim que terminaram de comer. (Era perigoso aceitar um convite de Vlad, mas ainda mais perigoso recusar.) Vlad também perseguia mulheres acusadas de atos imorais, como adultério: seus seios eram cortados, e elas eram esfoladas ou fervidas vivas, e tinham o corpo exibido publicamente. Os comerciantes alemães que viviam na Transilvânia, e que ele considerava parasitas estrangeiros, eram também alvos de sua ira. No Dia de São Bartolomeu, em 1459, ele ordenou a execução de 30 mil comerciantes e boiardos da cidade de Brasov e outros 10 mil foram executados em Sibiu no ano seguinte.

Geralmente, suas vítimas eram empaladas. A morte era extremamente dolorosa e podia levar horas, enquanto a estaca atravessava as entranhas e saía pela boca. Executando milhares de pessoas ao mesmo tempo, ele organizava as estacas em círculos concêntricos ao redor de seus castelos e proibia que as vítimas fossem removidas, muitas vezes jantando na presença de carne em putrefação; quanto mais elevada a hierarquia, mais longa a estaca usada. Outros métodos de execução incluíam esfolar e ferver, e uma vez ele martelou pregos na cabeça dos embaixadores estrangeiros que se recusaram a retirar o chapéu em sua corte. Sua sede de sangue era tamanha, que corriam boatos de que ele bebia o sangue de suas vítimas e se banqueteava com sua carne.

No inverno de 1461-1462, ele cruzou o Danúbio e saqueou a área entre a Sérvia e o mar Negro, controlada pelos otomanos, matando 20 mil pessoas. O sultão Maomé II reuniu milhares de seus soldados para uma missão de vingança, e quando chegaram às margens do Danúbio, viram os 20 mil prisioneiros turcos que haviam sido empalados pelos exércitos de Vlad, criando uma floresta de corpos em estacas.

Apesar de uma ousada tentativa de se infiltrar disfarçado no acampamento inimigo e matar o sultão, Vlad foi vencido pela escala do massacre otomano. Quando os turcos cercaram seu castelo, em 1462, sua esposa atirou-se pela janela, enquanto ele fugia, e os otomanos instalaram seu irmão mais novo, Radu, no trono. Capturado pelos húngaros, Vlad passou os dez anos seguintes sob custódia, sonhando em recuperar seu trono enquanto empalava camundongos e pássaros em estacas em miniatura. De algum modo, ele conseguiu o apoio dos húngaros novamente, casando-se na família real húngara, e teve apoio para invadir a Valáquia em 1476, quando depôs brevemente o novo governante, Basarab, o Velho, do clã Danesti. Mais uma vez, porém, Vlad não foi páreo para os invasores otomanos e foi morto perto de Bucareste, talvez até mesmo por seus próprios homens. Sua cabeça foi cortada e enviada a Constantinopla, onde foi exibida em uma estaca.

Alguns romenos retrataram Vlad como um lutador pela liberdade contra invasores estrangeiros e comerciantes parasitas, alguém que desejava regenerar Valáquia e restaurar sua moralidade e seu orgulho. No entanto, seu objetivo real era manter o trono. Acima de tudo ele também era um predador psicopata, sádico e assassino em massa, cujas atrocidades eram diabólicas até mesmo para os padrões da sua época e localidade.

Quem foi Drácula?

A história de Drácula, como conhecemos hoje pelos filmes e livros, foi popularizada em 1897, no romance de mesmo nome do escritor irlandês Bram Stoker. Muitos presumiram que ela se baseasse na figura de Vlad, o Empalador, mas nem todos os estudiosos concordam. O nome "dracul" também pode ser traduzido como "demônio" e, na região dos Bálcãs, era usado frequentemente nesse sentido mais amplo em vez de simplesmente se referir a membros do clã Dracul ao qual Vlad pertencia. Não há dúvida, porém, de que Stoker tenha obtido grande parte do material para a história em suas extensas leituras do folclore europeu e dos mitos históricos que surgiram na região da Transilvânia. Ele também pode ter sido influenciado pela história da condessa Elizabeth Bathory, uma nobre húngara que, um século depois de Vlad, atraiu centenas de belas jovens a seu castelo e bebeu o sangue delas a fim de preservar a própria juventude.

O livro de Stoker apresenta Jonathan Harker, um advogado inglês, que viaja para uma região remota na fronteira da Transilvânia e vai até o castelo, de aparência sinistra, de seu cliente, o conde Drácula. Esse cenário foi repetido em muitas representações diferentes da história de Drácula nos últimos 100 anos, tanto no cinema quanto em livros, sendo a mais famosa a do filme clássico expressionista alemão dos anos 1920, *Nosferatu*, de F. W. Murnau.

Max Schreck como Graf Orlok no filme de F. W. Murnau Nosferatu, eine Symphonie des Grauens ["Nosferatu, uma sinfonia do horror"; 1921]. A história de Graf Orlok é, essencialmente, igual à de Drácula, mas com nomes e outros detalhes alterados, porque o estúdio que produziu o filme não conseguiu os direitos de filmagem do livro de Bram Stoker.

Ricardo III foi o usurpador corcunda que, ao matar duas crianças inocentes, uma delas o rei da Inglaterra por direito, manchou o trono que tanto desejava e provocou sua própria destruição. Em 1483, talvez no pior golpe de estado a sangue-frio da história inglesa, ele raptou e assassinou os próprios sobrinhos, o que garantiu que fosse lembrado por gerações de ingleses por sua ambição grotesca e impiedosa.

RICARDO III — 1452-1485

> *E assim cubro a minha infâmia manifesta com estranhos farrapos das Sagradas Escrituras. E semelho a um santo, quando faço de diabo o mais que posso.*
> SHAKESPEARE EM *RICARDO III*, ATO 1, CENA 3

Ricardo foi o segundo filho de Ricardo, terceiro duque de York, e de Cecily Neville, filha de Ralph Neville, primeiro conde de Westmorland e neta de João de Gante. Criança feia, deformada e com dentes protuberantes, ele cresceu durante a Guerra das Rosas, travada entre as casas dinásticas rivais de Lancaster e York. Depois do triunfo dos partidários de York, em março de 1461, em uma luta que viu a morte de seu pai em batalha, o irmão mais velho de Ricardo tornou-se rei Eduardo IV.

A partir de 1465, Ricardo foi criado na casa de seu primo Ricardo Neville, mais tarde chamado de "Fazedor de Reis", embora não haja motivos para acreditar que o jovem Ricardo tenha posto os olhos no trono nesse estágio. Ele deu todos os sinais de lealdade a seu irmão Eduardo e foi devidamente recompensado, recebendo terra e posições influentes. Depois de os partidários de Lancaster terem reinstalado brevemente Henrique VI como rei, em 1470, obrigando os irmãos York a se exilarem em Haia, Ricardo juntou-se a Eduardo em sua campanha de 1471, na qual Henrique VI foi deposto pela segunda vez.

Como um general hábil e um administrador capaz, Ricardo foi encarregado de controlar o norte da Inglaterra durante o reinado de Eduardo e criou uma reputação de retidão e justiça. Ele adquiriu uma fileira de castelos em Yorkshire, Durham e Cumbria durante as campanhas em prol dos York, mas sua lealdade — demonstrada, por exemplo, em uma campanha que Ricardo travou em nome de Eduardo contra os escoceses, em 1481 — significava que o rei tolerava a crescente influência do irmão.

Em 1478, Ricardo pode ter se permitido pela primeira vez sonhar com a coroa quando George, o irmão do meio, foi executado por traição, possivelmente por ordem de Ricardo, removendo assim outro obstáculo potencial ao trono. Mas foi quando Eduardo IV morreu inesperadamente, em 9 de abril de 1483, que suas ambições ficaram realmente expostas. O próximo na linha do trono era Eduardo V, de 12 anos, seguido por seu irmão, Ricardo de Shrewsbury, de nove, os dois filhos da bela esposa do rei, Isabel Woodville. Como lorde protetor do testamento do falecido rei, Ricardo inicialmente jurou lealdade a seu jovem sobrinho; mas, menos de um mês depois, ele capturou primeiro Eduardo e depois o irmão mais novo e os aprisionou na Torre de Londres.

Inicialmente, Ricardo afirmou que havia prendido os dois meninos para sua própria proteção e, com falsas acusações de traição, ordenou a execução daqueles que anteriormente cuidavam dos meninos. Apenas dois meses depois, ordenou que fosse feito um anúncio no exterior da Catedral de São Paulo, declarando ilegítimo o casamento de Eduardo IV com Isabel Woodville, pois, segundo o depoimento de um bispo não identificado, Eduardo já estava casado em segredo, na época, com sua "amante", *lady* Eleanor Butler. Ricardo obrigou o Parlamento a anular o casamento postumamente, o que ao mesmo tempo transformou seus sobrinhos em bastardos e abriu seu próprio caminho para o trono. Depois de sufocar uma curta revolta, ele foi coroado Ricardo III na Abadia de Westminster, em 6 de julho de 1483.

Para garantir sua posição, Ricardo capturou e assassinou brutalmente vários nobres que poderiam se opor a seu reinado. Porém, ele estava agudamente ciente de que seus sobrinhos, enquanto vivessem, seriam uma séria ameaça a seu governo. Assim, não foi surpresa para ninguém quando, no verão de 1483, os dois meninos foram declarados desaparecidos. No outono, todos supunham que estivessem mortos e ninguém duvidava de que o tio fosse o responsável. Segundo sir Thomas More, que escreveu alguns anos depois, os dois meninos foram sufocados por ordem do rei enquanto dormiam. Foi apenas em 1647, quando os esqueletos de duas crianças foram descobertos sob uma escadaria na torre, que eles foram finalmente enterrados na Abadia de Westminster.

O fato de Ricardo ter assassinado os príncipes era conhecido durante seu reinado e visto com horror, mesmo naqueles tempos brutais. Seu principal rival da casa de Lancaster, Henry Tudor — que mais tarde organizou uma campanha para manchar o nome de Ricardo e apresentá-lo como monstro —, reuniu um exército no continente e invadiu a Inglaterra em uma luta que chegou ao clímax na Batalha de Bosworth Field, em 22 de agosto de 1485. O ponto de virada do embate aconteceu quando Henry Percy, o conde de Northumberland, se recusou a enviar suas tropas para a batalha, enquanto os aliados ostensivos de Ricardo, Thomas Stanley, mais tarde conde de Derby, e seu irmão, *sir* William — que estavam esperando para ver para qual lado a batalha pendia —, intervieram a favor de Henrique. Embora Ricardo continuasse a lutar corajosamente, abrindo caminho por entre o exército inimigo e quase chegando ao próprio Henrique, ele acabou sendo cercado e morto pelo machado de um galês. Ricardo foi o último rei Plantageneta da Inglaterra e reinou por apenas dois anos.

Para os escritores da época, a deformidade era sinal de um caráter perverso, e as ações de Ricardo em 1483 evocaram a imagem da criatura assustadoramente feia que eles descreveram: dentes tortos, pelos corporais excessivos desde o nascimento, costas corcundas, um braço atrofiado e um rosto emaciado. Segundo um cronista, ele apertava os lábios e ficava tamborilando com os dedos, e "sua mão direita sempre ficava puxando até a metade da bainha e recolocando novamente a adaga que ele sempre usava". Alguns historiadores acreditam que os cronistas podem ter exagerado ao descreverem as deformidades de Ricardo, mas um claro reflexo de sua reputação é o corcunda nervoso e sinistro retratado em *Ricardo III*, de William Shakespeare, que as gerações posteriores vieram a conhecer como alguém "tão defeituoso e desengonçado / Que os cães ladram para mim quando paro perto deles".

Rei Ricardo III, retratado no século XV por um artista inglês desconhecido.

REIS QUE MORRERAM EM BATALHA

Os reis deviam liderar seus exércitos em batalhas, mas corriam um risco especial. Se fossem mortos, a batalha e seu reino poderiam estar perdidos:

- SAUL (o primeiro rei de Israel), após a derrota na Batalha do Monte Gilboa (1007 a.C.), caiu sobre sua espada depois que seu guarda-costas se recusou a matá-lo e, em seguida, implorou a um guerreiro amalequita que terminasse o trabalho.
- CIRO, O GRANDE, conseguiu uma vitória inicial depois de enganar e embebedar os soldados masságetas, mas foi morto perto do rio Tigre (c. 530 a.C.), depois que Tômiris, a líder masságeta furiosa, liderou uma segunda onda de ataque.
- VALENTE, imperador romano, foi morto na Batalha de Adrianópolis (378) contra os godos. Seu corpo nunca foi encontrado.
- O REI HAROLDO DA INGLATERRA foi morto na Batalha de Hastings em 1066 (ver legenda da imagem abaixo).
- RICARDO CORAÇÃO DE LEÃO morreu de gangrena enquanto sitiava um pequeno castelo na Aquitânia, em 1199, depois que uma cirurgia para remover um parafuso de besta fracassou.
- MURAD I (sultão otomano) morreu em 1389, na Batalha do Kosovo, ou durante a própria luta ou nas mãos de um soldado sérvio que se fingiu de morto e, depois, deu um salto e o esfaqueou. Os otomanos venceram a batalha, e isso agora é celebrado no folclore nacionalista sérvio.
- CONSTANTINO XI PALEÓLOGO (último imperador de Bizâncio) morreu defendendo as portas de Constantinopla em 1453, liderando uma última carga, e foi cortado em pedaços. Seus restos mortais nunca foram encontrados.
- SEBASTIÃO I de Portugal foi morto lutando contra um exército marroquino na Batalha de Alcácer-Quibir (1578). Seu aliado mouro, o rei Mohammed II Saadi, morreu na mesma batalha, que também é conhecida como a Batalha dos Três Reis.
- GUSTAVO ADOLFO da Suécia morreu em 1632 na Batalha de Lutzen. Declarando "O Senhor Deus é minha armadura", ele se recusou a colocar sua couraça e foi morto enquanto liderava uma carga de cavalaria.
- Carlos XII da Suécia, um rei guerreiro asceta, foi morto ou assassinado em luta contra os rebeldes noruegueses em 1718.

A morte do rei Haroldo II, o último rei saxão da Inglaterra, conforme retratada na Tapeçaria Bayeux. Esta imagem famosa sugere que Haroldo tenha sido morto quando foi atingido no olho por uma flecha normanda. Porém, o mais provável é que ele tenha sido cortado no calor da batalha, enquanto comandava seus homens.

O frei dominicano italiano Girolamo Savonarola foi um teocrata reacionário, fanático e intolerante que se opôs veementemente ao humanismo da Renascença Italiana. Sua "fogueira das vaidades" queimava livros e arte que ele considerava "imorais". A "república cristã e religiosa" de Savonarola era um reino de terror intolerante, beato e assassino. Seu nome se tornou sinônimo de monges loucos, crimes de teocracia e virtude distorcida.

Girolamo Savonarola 1452-1498

> *A primeira cidade a ser renovada será Florença... como Deus escolheu o povo de Israel para ser liderado por Moisés através da tribulação para a felicidade... assim agora o povo de Florença foi chamado a um papel similar, liderado por um homem profético, seu novo Moisés [o próprio Savonarola]... Na Era de Sabá, os homens se regozijarão na Nova Igreja e haverá um rebanho e um pastor.*
> "Sermão da Nova Era", de Girolamo Savonarola, anos 1490

Nascido e criado na cidade de Ferrara, então capital de um ducado independente, Savonarola recebeu sua primeira educação de seu avô paterno, Michele Savonarola, antes de ingressar na universidade. Seus escritos iniciais já exibem a mistura de pessimismo e moralização pela qual ele se tornaria famoso. Os poemas "De ruina mundi" ("Sobre a ruína do mundo") e "De ruina ecclesiae" ("Sobre a ruína da Igreja") são bons exemplos disso.

Em 1475, Savonarola entrou para a ordem dominicana no convento de São Domingos, em Bolonha. Quatro anos depois transferiu-se para o convento de Santa Maria dos Anjos, em sua Ferrara natal, antes de finalmente se tornar prior do convento em São Marco, em Florença. Foi ali que encontrou seu lugar na história.

Desde o início, Savonarola denunciou a corrupção política e religiosa que acreditava permear a sociedade. Seus sermões da Quaresma, de 1485-1486, eram especialmente veementes, e foi durante eles que começou a pedir a limpeza da Igreja como um prelúdio para sua reforma.

Em 1487, Savonarola deixou Florença por algum tempo para retornar a Bolonha como "mestre de estudos", mas voltou em 1490, incentivado pelo filósofo humanista conde Pico della Mirandola e com a patronagem de Lourenço de Médici, o regente de Florença.

Girolamo Savonarola, pregador e moralizador italiano, em uma pintura do século XVI, de Alessandro Bonvicino.

De volta a Florença, Savonarola logo começou a execrar o próprio governo que havia tornado possível seu retorno. Em linguagem floreada, Savonarola anunciava a aproximação do "fim dos dias" e afirmava estar em contato direto com Deus e os santos. Ele condenou a suposta tirania dos Médici e profetizou a iminente destruição de Florença, a menos que a cidade mudasse seus costumes.

Essas previsões pareceram completamente cumpridas quando o rei francês Carlos VIII invadiu Florença, em 1494. Pedro de Médici, filho e sucessor de Lourenço de Médici, foi expulso de uma cidade que estava, na época, nas mãos da demagogia de Savonarola. Com apoio francês, foi então estabelecida uma República democrática em Florença, com Savonarola como seu líder. Em seu novo papel, que combinava poder político e religioso, ele estava determinado a criar uma "República religiosa e cristã". Um dos primeiros atos dessa nova República íntegra foi tornar a homossexualidade punível com a morte.

Savonarola intensificou sua crítica à cúria romana, chegando até a atacar a vida privada desacreditada do papa. Ao mesmo tempo, ele encorajou o povo de Florença a levar uma vida ainda mais ascética. O resultado das últimas exortações foi o ato pelo qual o sacerdote se tornou mais famoso — a "Fogueira das Vaidades", no qual bens pessoais, livros e obras de arte, inclusive alguns trabalhos de Botticelli e Michelangelo, foram destruídos em um grande incêndio na Piazza della Signoria, em Florença.

Mesmo enquanto Savonarola se encontrava no auge do poder e da influência, a oposição local a seu governo estava começando a se formar. Indicando seus pronunciamentos contra o papado, esses adversários locais conseguiram obter a excomunhão de Savonarola em maio de 1497. Além de Florença,

RASPUTIN: O MONGE LOUCO

Grigory Yefimovich Novykh (c. 1872-1916) era conhecido como "Rasputin", "o Devasso" e o "Monge Louco". Camponês nômade analfabeto, Rasputin conseguiu exercer influência considerável sobre os governantes autocráticos da Rússia. Tornou-se conhecido como um místico enigmático, encontrando um público pronto para seu tipo peculiar de devoção religiosa em uma época em que muitos aristocratas russos estavam fascinados com o misticismo e o oculto. Ele parece ter abraçado uma versão distorcida do credo *khlysty*, redefinindo sua ênfase na flagelação para obter a exaustão sexual como o caminho mais certo para Deus.

Apresentado à família real em 1905, Rasputin aliviou o sofrimento de Alexei Petrovich, o herdeiro do czar Nicolau II da Rússia que sofria de hemofilia. Rapidamente, ele se tornou confidente e conselheiro pessoal da czarina Alexandra (alemã por nascimento) e, quando, em setembro de 1915, o czar Nicolau se tornou comandante em chefe dos exércitos russos depois do início da 1ª Guerra Mundial, passando muito tempo no *front*, temeu-se que Rasputin estivesse efetivamente governando o país. Alexandra seguiu o conselho de Rasputin para demitir diversos ministros e indicar novos, mas a autoridade permanecia com ela e o czar, que ratificava todas as decisões e, de fato, havia vetado o conselho de Rasputin para que ficasse fora da guerra. Nicolau e Alexandra eram, na verdade, reacionários ineptos, cruéis, rígidos e obtusos. Nicolau, em um discurso proferido em 1895, havia deplorado os "sonhos insensatos" daqueles que buscavam a democracia e ajudado a patrocinar o movimento assassino antissemita Centenas Negras depois de esmagar a revolução de 1905. Os problemas do país deviam-se totalmente à incompetência do czar e da czarina, mas Rasputin era um bom bode expiatório.

O relacionamento próximo de Rasputin com a czarina provocou boatos de desvios sexuais na corte russa

Savonarola enfrentava a oposição não só do corrupto papa Bórgia, Alexandre VI, mas também do duque de Milão, pois ambos desejavam derrubar as ambições regionais da França.

Quando as forças francesas se retiraram da península italiana, em 1497, Savonarola subitamente se encontrou isolado. Seu ato final aconteceu em 1498, em um episódio bizarro que refletiu a atmosfera fanática que ele havia contribuído para criar. Um monge franciscano tinha desafiado qualquer um que se recusasse a aceitar a excomunhão de Savonarola pelo papa para um "ordálio pelo fogo". Um dos seguidores mais fiéis de Savonarola havia aceitado o desafio, cujo resultado seria decidido por quem se retirasse primeiro (essa pessoa seria o perdedor). No evento, o franciscano não apareceu para o julgamento — formalmente, entregando a vitória a Savonarola. No entanto, muitos acharam que Savonarola havia, de algum modo, "fugido" do teste. Seguiu-se um tumulto durante o qual Savonarola foi arrastado de seu convento e colocado diante de uma comissão de investigação repleta de oponentes dele.

Julgado efetivamente pelos representantes do papa, Savonarola foi torturado até fazer uma confissão de culpa. Ele foi então entregue às autoridades seculares para ser crucificado e queimado na fogueira. A sentença foi executada em 23 de maio de 1498, no mesmo lugar em que a Fogueira das Vaidades havia sido acesa e onde o próprio Savonarola supervisionara a execução de diversos "criminosos". Enquanto sua própria pira era acesa, diz-se que o carrasco teria declarado: "Aquele que queria me queimar é agora colocado em chamas".

liderados pelo "monge louco" e, dentro de pouco tempo, a posição dele havia se transformado em um escândalo nacional. Ele passou a simbolizar a corrupção percebida do governo do czar, com histórias difundidas sobre os supostos lesbianismo de Alexandra e impotência de Nicolau. Finalmente, em dezembro de 1916, um complô de alto nível, envolvendo políticos importantes, nobres e membros da família imperial, desesperados para salvar o regime, conseguiu eliminar o clérigo. Rasputin foi envenenado, alvejado duas vezes, espancado e finalmente jogado no rio Neva, onde se afogou. Sua resistência surpreendente ao veneno e às balas sugeriu a alguns a misteriosa força de seus poderes.

Rasputin fotografado em 1910. O "Monge Louco" era famoso por sua presença física carismática, e dizia-se que havia seduzido diversas moças da sociedade russa.

O sultão Selim I conquistou todo o Oriente Médio, inclusive Meca, Medina e Jerusalém para seu Império Otomano em um reinado que foi curto, sombrio e extremamente bem-sucedido. Depois de ter eliminado todos os adversários internos, ele estabeleceu os otomanos como o poder predominante no mundo islâmico. Dos mais cruéis, ele foi também um dos maiores sultões.

SELIM, O SEVERO 1470-1520

> *Um tapete é grande o bastante para acomodar dois sufis, mas o mundo não é grande o bastante para dois reis.*
> SELIM, O SEVERO

Selim nasceu em 1470, filho e primeiro da linha de sucessão do sultão Bayezid II, cujo reinado foi minado por lutas internas reais nas quais o sultão foi desafiado por seu irmão, Cem. Este buscou auxílio de diversos aliados europeus — especialmente a ordem militar dos Cavaleiros de Malta e do papado —, mas acabou morrendo em uma prisão napolitana. Essa disputa familiar, porém, não foi nada em comparação com o que se seguiu.

Alto e forte, o jovem Selim destacou-se por sua coragem e inteligência aguçada. Muitos o consideravam como um futuro governante modelo. Contudo, alguém que não estava tão convencido era seu irmão Ahmed, que desejava o trono para si. A rivalidade entre os dois irmãos tornou-se cada vez mais amarga. Em 1511, depois de ter pacificado uma província otomana rebelde na Ásia Menor, Ahmed fez menção de marchar para a capital, Istambul. Selim fugiu.

Semiexilado como governador de Trabizon, uma região do norte da Anatólia, próxima ao mar Negro, Selim aprimorou suas habilidades militares, liderando em uma sucessão de campanhas militares contra a Geórgia e conseguiu colocar as cidades de Kars, Erzurum e Artvin sob controle otomano. Selim retornou de suas missões nas províncias em 1512, e com o apoio das milícias janízaras, derrotou e matou Ahmed em batalha. Ele então obrigou seu pai a abdicar.

Bayezid morreu um pouco depois, e em seguida seguiu-se um período extraordinário de derramamento de sangue intrafamiliar. Selim compreendeu os problemas que poderiam vir da rivalidade entre irmãos, tendo testemunhado o confronto entre seu pai e o tio, sem mencionar as próprias experiências com seu irmão Ahmed. Selim encontrou uma solução simples, mas feroz: a eliminação de todos os rivais possíveis ao trono. Ele não só ordenou a morte de seus dois irmãos sobreviventes e de seus sobrinhos como também a de seus filhos — com a única exceção de Suleiman, o filho que ele havia designado como seu herdeiro verdadeiro. Então voltou-se para aumentar seus domínios. Até esse momento, o foco da expansão otomana havia sido voltado para o oeste na Europa — especialmente os Bálcãs. Selim adotou uma política diferente. Assinando um tratado de paz com as potências europeias, ele voltou sua atenção para o leste, para os safávidas da Pérsia (atual Irã), cujo império Xiita representava um desafio ideológico direto aos sultões otomanos, que mantinham a tradição sunita. Além disso, os safávidas estavam fomentando a agitação entre os Qizilbash (tribos turcas no leste da Anatólia). Em 1514, Selim movimentou-se decisivamente contra seus vizinhos safávidas e os derrotou na Batalha de Chaldiran, no rio Eufrates.

Com seus rivais imediatos neutralizados, ele se preparou para atacar o império dos mamelucos no sul, cujo domínio se estendia do Egito até a Síria, passando pela Palestina, e que haviam provocado a raiva de Selim por sua interferência nos assuntos otomanos. Levando seu exército para o sul, Selim destruiu sucessivos exércitos mamelucos em Marj Dabiq, ao norte de Alepo, em 1516; e em al-Raydaniyyah perto do Cairo, em 1517. Ao fazer isso, ele colocou a Síria, a Palestina e o Egito sob domínio otomano. Selim então se proclamou califa e foi declarado guardião das cidades sagradas islâmicas de Meca e Medina. Seu triunfo teria curta duração. Em setembro de 1520, ele morreu depois de uma breve doença, provavelmente uma forma de câncer.

Durante seu reinado breve, mas extraordinário, Selim havia consolidado seu poder em seu país e em todo o Oriente Médio com uma energia incansável e maligna. Ele não havia deixado que nenhum homem ficasse em seu caminho nem vivesse para ameaçar sua posição. Na época de sua morte, o Império Otomano ia do Nilo, ao sul; e do Oceano Índico, a leste; até o Danúbio, ao norte; e o Adriático, no oeste. Sob seu filho, Suleiman, a expansão crescente levou os otomanos ao auge de seu poder. No entanto, enquanto seu filho é conhecido pela história como "o Magnífico", Selim — o pai que até matou seus filhos para atingir seus objetivos — será sempre lembrado como "o Severo".

*O sultão otomano **Selim I**, conhecido como "o **Severo**", executou ou assassinou quase todos os que podiam se opor a ele. Essa pintura anônima se encontra no Museu Topkapi, em Istambul.*

CORDAS DE ARCOS E GAIOLAS DOURADAS

Os *padishahs* (imperadores) otomanos, também conhecidos como sultões, foram inicialmente uma dinastia de conquistadores extraordinariamente dinâmicos. A sucessão exigia um grande número de herdeiros, que eram produzidos por um numeroso harém de mães potenciais de futuros sultões. No entanto, depois de um *padishah* subir ao trono, essa multidão de príncipes era uma ameaça constante a seu reinado, um problema que os novos sultões cada vez mais resolveram assassinando todos os seus irmãos. Mulheres do harém ou princesas problemáticas, que interferiam demais na política, também eram mortas. No Oriente era proibido derramar sangue real, e assim, da Mongólia ao Bósforo, os príncipes eram mortos por sufocação, esmagados em tapetes por cavalos ou elefantes ou estrangulados com uma corda de arco. As moças eram colocadas em sacos e jogadas no estreito de Bósforo.

Quando foi informado por sua esposa favorita, a loira eslava Roxelana, de que seu filho Mustafá estava conspirando contra ele, Suleiman, o Magnífico, convocou o príncipe e assistiu enquanto ele era asfixiado. Bayezid, um dos filhos de Roxelana, teve um destino similar depois de trair o sultão e se aliar brevemente com o xá persa; os quatro filhos de Bayezid foram mortos do mesmo modo.

O assassinato de todos os príncipes otomanos na sucessão de um novo sultão atingiu o auge quando Mehmed III (1566-1603) matou 27 de seus irmãos, quase exterminando a dinastia otomana. Uma solução mais humana foi encontrada na "gaiola dourada", na qual os príncipes eram mantidos em um isolamento total e luxuoso; mas, em última instância, isso enfraqueceu a dinastia otomana porque seus monarcas efeminados e distantes do mundo tinham cada vez menos experiência militar ou política e se tornavam governantes cada vez mais ineptos.

Ibrahim, o Louco (1615-1648), demonstrou a esclerose dinástica provocada pelo fratricídio. Filho mais novo do sultão Ahmed I (1590-1617), ele havia passado grande parte de sua vida aprisionado em uma "gaiola dourada", enquanto seu tio, Mustafá I (1591-1639), seguido por seus dois irmãos mais velhos, Osman II (1604-1622) e Murad IV (1612-1640), se tornaram sultões um após o outro. Cada um assassinou parentes, mas pouparam Ibrahim, considerando-o inofensivo. Porém, quando Murad morreu, aos 27 anos, não sobrava ninguém para assumir o trono, exceto Ibrahim.

Quando foi informado da morte do irmão, Ibrahim correu pelo palácio gritando histericamente: "o carniceiro está morto!" e, posteriormente, se entregando a uma orgia sexual desenfreada. Como relatou um cronista, "Ele frequentemente reunia todas as virgens nos jardins do palácio, fazia com que elas se despissem e corria entre elas, relinchando como um garanhão e, dependendo de seu capricho, chutando ou lutando segundo suas ordens". Mais tarde, tendo caído completamente sob o encanto de uma amante apelidada de "Cubo de Açúcar", Ibrahim ordenou o assassinato de todo o seu harém, que compreendia 280 mulheres, a fim de acalmar seu ciúme. Cada concubina foi amarrada, colocada em um saco e jogada ao rio, onde todas se afogaram — exceto uma, que escapou milagrosamente.

Ibrahim foi deposto e assassinado logo depois, estrangulado com a inevitável corda de arco.

Uma execução por estrangulamento durante o reinado de Selim I, da Cosmographia, de Sebastian Munster.

Francisco Pizarro personifica a desumanidade ambiciosa e insensível dos conquistadores espanhóis que, em busca de fama, dinheiro e terras, destruíram sem controle civilizações inteiras nas regiões recém-descobertas das Américas. Alguns prosseguiram para ajudar a governar esse império rico em ouro, mas muitos outros levaram o estilo de vida itinerante do aventureiro militar — explorando brutalmente as populações nativas e extorquindo a riqueza da terra para reunir grandes fortunas particulares. O lugar que Pizarro ocupa na história é o do homem que destruiu o império inca e entregou grande parte do Novo Mundo em mãos espanholas.

FRANCISCO PIZARRO c. 1475-1541

> *Amigos e camaradas! Naquele lado [sul] estão labuta, fome, nudez, tempestades violentas, deserção e morte; deste lado, facilidade e prazer. Ali se encontra o Peru, com suas riquezas; aqui, o Panamá e sua pobreza. Cada homem deve escolher o que é melhor para se tornar um bravo castelhano. No que me diz respeito, vou para o sul.*
> PIZARRO

Pizarro ainda é considerado um herói em sua cidade natal de Trujillo, na Espanha. Como muitos outros jovens europeus da época, ele foi atraído pela promessa do Novo Mundo, que oferecia oportunidades de progresso rápido aos que eram cruéis o bastante para aproveitá-las. Em 1502, Pizarro havia chegado à ilha caribenha de São Domingos, atualmente Haiti e República Dominicana, e foi ali que começou a carreira como conquistador. Em 1513, estava lutando com Vasco Núñez de Balboa, mas no ano seguinte Balboa foi removido de seu cargo como governador de Veragua, o território que ele havia ajudado a conquistar para a coroa espanhola. Seu substituto foi um homem chamado Pedro Arias Dávila (ou Pedrarias Dávila); e em vez de apoiar seu companheiro, Pizarro imediatamente jurou lealdade a Dávila. Cinco anos depois, seguindo ordens de Davila, Pizarro prendeu Balboa, que foi posteriormente executado. Como recompensa por sua lealdade a Davila, Pizarro foi nomeado prefeito da recém-fundada Cidade do Panamá.

Embora Pizarro usasse seu novo papel para acumular muitas riquezas, elas não foram o bastante para satisfazer suas ambições. Os rumores de um país fabulosamente rico ao sul — "Piru" — haviam chegado ao Panamá nessa época. Inspirado por essas histórias, Pizarro formou uma parceria com um soldado aventureiro, Diego de Almagro, e um padre, Hernando de Luque. Os três concordaram em liderar uma expedição em busca do "Piru" e combinaram que todas as terras que conquistassem seriam divididas igualmente entre eles.

Uma tentativa malsucedida em 1524 foi seguida por uma expedição muito mais promissora em 1526, na qual a existência de um rico império ao sul foi confirmada. Com ânimo renovado, os conquistadores decidiram realizar uma terceira expedição. Entretanto, o governador do Panamá estava ficando impaciente com o fracasso de Pizarro em atingir resultados imediatos e ordenou que a aventura fosse abandonada.

Quando Pizarro recebeu a notícia da decisão do governador, ele fez uma linha na areia com sua espada e declarou: "Ali se encontra o Peru, com suas riquezas; aqui, o Panamá e sua pobreza. Cada homem deve escolher o que é melhor para se tornar um bravo castelhano". Apenas 13 homens dentre os que

O conquistador Francisco Pizarro encontra Atahualpa, o último imperador inca independente, em Cajamarca, 1532. Mosaico de Cajamarca, Peru.

estavam presentes se comprometeram a permanecer com ele. Acompanhado por Almagro e Luque, Pizarro então continuou sua jornada, e em 1528, entrou pela primeira vez nos territórios do império inca. Ansioso para aproveitar esse sucesso, mas com poucos recursos, Pizarro retornou brevemente à Europa para apelar pessoalmente a Carlos V, rei da Espanha e Imperador Sacro Romano, que concordou em ajudá-lo.

Voltando ao Novo Mundo, Pizarro enviou emissários para encontrar os representantes do imperador inca, Atahualpa. Ficou combinado que Pizarro encontraria o imperador na cidade de Cajamarca em novembro de 1532. Avançando com seu exército de 80 mil homens, Atahualpa acreditava ter pouco a temer da força de Pizarro, com 106 soldados de infantaria e 62 de cavalaria. Ao chegar a Cajamarca, Atahualpa decidiu deixar a maior parte de suas tropas fora da cidade e entrou com um séquito muito menor — sem perceber que estava caindo em uma armadilha cuidadosamente armada. Em uma breve conversa, o imperador rejeitou desdenhosamente a sugestão de que deveria se tornar um súdito espanhol. Pizarro ordenou imediatamente que seus homens abrissem fogo contra os surpresos incas. Quase todos na comitiva de Atahualpa — talvez 3 mil ou 4 mil homens — foram assassinados, e o massacre continuou fora da cidade. Ao todo, 7 mil incas pereceram sob uma chuva de disparos; por outro lado, os espanhóis tiveram menos de dez baixas. O próprio imperador foi feito refém.

Pizarro exigiu que um vultoso resgate fosse pago para que Atahualpa fosse libertado: a sala em que o imperador se encontrava preso deveria ser cheia do chão ao teto com ouro e prata. Surpreendentemente, o povo de Atahualpa entregou o resgate exigido. Mas, em vez de libertar seu inimigo, Pizarro voltou atrás em sua palavra e ordenou que o imperador fosse executado.

Pizarro completou a conquista do "Peru". Em 1533, tomou Cuzco; e em 1535, fundou a cidade de Lima como sua capital. Então, começou a acumular uma assombrosa fortuna. O poder e a riqueza provocaram inveja e Pizarro logo se desentendeu com seu companheiro, Almagro, por causa dos despojos. Em 1538, a disputa entre eles se transformou em guerra. Pizarro derrotou Almagro na Batalha de Las Salinas e ordenou que seu ex-companheiro fosse executado. O filho do morto jurou vingança, e em 1541, seus partidários atacaram o palácio de Pizarro e o assassinaram.

Pizarro morreu como havia vivido. A prontidão para matar em troca de riqueza e poder era a característica que definiu sua carreira. Nesse processo, ele destruiu uma cultura antiga e abriu o continente sul-americano a séculos de exploração europeia. De fato, os crimes dos espanhóis que vieram em sua esteira certamente superaram os dele. Não é de surpreender, então, que muitos peruanos atuais o considerem não como um herói, mas como um criminoso culpado de genocídio.

LOPE DE AGUIRRE

Entre os conquistadores, outro nome que se destaca pela ferocidade brutal é Lope de Aguirre, o homem que chamava a si mesmo de "a ira de Deus". Pouco se sabe de Aguirre antes de sua chegada ao Peru, em 1544, e foi apenas em 1560 que ele realmente deixou sua marca. Nesse ano, ele se juntou a uma expedição de várias centenas de homens liderados por Pedro de Ursúa, determinados a encontrar El Dorado, a lendária cidade de ouro. Depois de jurar lealdade a Pedro de Ursúa, Aguirre voltou-se contra seu estilo cauteloso de liderança e organizou sua derrubada. Posteriormente, ele ordenou sua execução. Fernando de Guzmán, o homem que assumiu depois de Pedro de Ursúa, também não foi do agrado de Aguirre e acabou executado. Então, Aguirre assumiu pessoalmente o controle da missão, supostamente declarando: "Eu sou a ira de Deus, o Príncipe da Liberdade, o Senhor da Tierra Firma e das Províncias do Chile". ("Tierra Firma" referia-se ao istmo do Panamá.)
No que dizia respeito a Aguirre, os que permaneceram na expedição estavam a favor dele ou contra ele, e seus oponentes eram recompensados com a morte. Agindo desse modo, sem concessões, ele continuou sua busca, navegando o Amazonas, ou talvez o Orinoco, até o Atlântico, e massacrando os que encontrava no caminho. Em 1561, Aguirre tomou a ilha Margarida, na costa do que hoje é a Venezuela, dos colonos espanhóis já assentados lá e, assim, demonstrou estar em rebelião aberta contra a coroa espanhola. Depois de cruzar o continente, ele foi cercado e capturado em Barquisimeto. Em uma virada final horrenda, com a execução se aproximando, Aguirre supostamente assassinou a própria filha para garantir que ninguém, exceto ele, iria amá-la.

O conquistador brutal Lope de Aguirre e sua filha Flores, representados por Klaus Kinski e Cecilia Rivera no filme Aguirre, a Ira de Deus (1972), de Werner Herzog.

Considerado guerreiro heroico pelos turcos, mas pirata cruel por seus inimigos, Barba Ruiva — um almirante otomano, brilhante, extravagante e vitorioso, político arguto e fundador de seu próprio reino dinástico — foi um dos quatro irmãos corsários muçulmanos que dominaram o Mediterrâneo e massacraram e escravizaram cristãos inocentes com um entusiasmo audacioso no início do século XVI.

BARBA RUIVA BRAÇO DE PRATA

c. 1478-1546

c. 1474-1518

> *Eles caíram sobre um navio de Gênova carregado com grãos e o tomaram na hora. Depois, viram um galeão que parecia uma fortaleza, um navio mercante carregado com roupas, e o tomaram sem nenhuma dificuldade. Voltando a Túnis, entregaram um quinto do saque [devido ao governante], dividiram o restante e zarparam de novo com três navios para as costas infiéis.*
>
> Katib Chelebi, em sua *História das guerras marítimas dos turcos* (c. 1650), descrevendo um dos primeiros episódios da vida de Barba Ruiva e de seu irmão mais velho, Oruc

Barba Ruiva Hayreddin Pasha nasceu na ilha egeia de Lesbos, por volta de 1478, e recebeu o nome de Yakupoglu Hizir — um dos quatro filhos e duas filhas — de um turco muçulmano, Yakup Aga, e de sua esposa grega cristã, Katerina. Hizir era um jovem inteligente, abençoado com carisma e liderança. De pele morena, mais tarde deixou crescer uma barba luxuriante com um tom avermelhado — de onde vem seu apelido europeu "Barbarossa", que significa "barba ruiva" (na verdade, uma corruptela de Baba Oruc, um título honorífico herdado de seu irmão Oruc, que o recebeu em 1510, depois de ajudar muitos muçulmanos espanhóis a fugirem da perseguição).

Quando jovens, os quatro irmãos — Ishak, Oruc, Hizir e Ilyas — compraram um navio para transportar os produtos de cerâmica de seu pai, mas com os navios otomanos sujeitos, na época, aos ataques repetidos dos odiados Cavaleiros de Malta, com base na ilha de Rodes, Oruc, Ilyas e Hizir logo se voltaram para a pirataria, enquanto Ishak ajudava a supervisionar os negócios da família. Hizir trabalhava no mar Egeu, e Oruc e Ilyas, na costa do Levante, até que o navio deles foi interceptado pelos Cavaleiros. Ilyas foi morto e Oruc aprisionado por três anos no castelo de Bodrum antes de Hizir realizar uma ousada invasão para resgatá-lo.

Determinado a vingar o irmão, Oruc conseguiu o apoio do governador otomano de Antália, que lhe forneceu uma frota de galeras para combater os saques dos Cavaleiros. Em uma série de ataques, ele capturou vários galeões inimigos, e posteriormente atacou a Itália. Juntando forças, a partir de 1509, Oruc, Hizir e Ishak derrotaram muitos navios espanhóis no Mediterrâneo. Em uma dessas batalhas, em 1512, Oruc perdeu o braço esquerdo, e acabou recebendo o apelido de "Braço de Prata" depois de substituí-lo por uma prótese de prata.

Destemidos, os três irmãos atacaram ainda mais longe, na costa italiana e na espanhola, e em apenas um mês capturaram mais 23 navios. Eles começaram a produzir a própria pólvora, e nos quatro anos seguintes atacaram, destruíram ou capturaram uma sucessão de navios, fortalezas e cidades. Em 1516, libertaram Algiers dos espanhóis, Oruc se declarou sultão, embora abrisse mão do título no ano seguinte em prol do sultão otomano que, em troca, o nomeou governador de Algiers e governador naval do Mediterrâneo ocidental — posições que ele manteve até 1518, quando ele e Ishak foram mortos pelos soldados de Carlos I da Espanha (mais tarde, imperador Carlos V).

Hizir, o único irmão sobrevivente e que hoje conhecemos como Barba Ruiva, assumiu o lugar do irmão. Em 1519, ele defendeu Algiers contra um ataque conjunto espanhol e italiano, contra-atacando no mesmo ano e invadindo a Provença. Então, depois de inúmeros ataques ao longo da costa da França e da costa da Espanha, ele contribuiu, em 1522, para a conquista otomana de Rodes, que finalmente derrotou os Cavaleiros de Malta. Em 1525, atacou a Sardenha, voltando a recapturar Algiers e a tomar Túnis, em 1529, lançando mais ataques a partir desses locais.

Em 1530, o imperador Carlos V buscou a ajuda de Andrea Doria, o talentoso almirante genovês, para desafiar o domínio de Barba Ruiva, mas no ano seguinte Barba Ruiva derrotou Doria, recebendo a gratidão pessoal do sultão Suleiman, o Magnífico, que o nomeou *capudan pasha* — almirante da frota e governador do norte da África, dando-lhe o nome honorário de Barbarossa Hayreddin Pasha. Em 1538 — já uma lenda viva entre os muçulmanos por ter libertado os escravos muçulmanos africanos das galeras espanholas e levado glória ao Império Otomano —, Barba Ruiva dispersou uma frota conjunta espanhola, maltesa, veneziana e alemã na Batalha de Preveza, garantindo assim o domínio turco do leste do Mediterrâneo por quase 40 anos. Em setembro de 1540, Carlos ofereceu-lhe um grande suborno para que mudasse de lado, mas Barba Ruiva recusou-se imediatamente. Em 1543, quando sua frota espreitava na boca do rio Tibre, ele até ameaçou atacar Roma; entretanto, foi dissuadido pelos franceses com quem havia estabelecido uma aliança temporária. Na época, as cidades da costa italiana, inclusive a orgulhosa Gênova, haviam desistido de tentar derrotá-lo, preferindo enviar-lhe vultuosos pagamentos em troca de serem poupadas de ataques. Barba Ruiva foi o mestre da costa italiana e da costa mediterrânea.

Em 1545, sem ter sido derrotado e depois de garantir o domínio otomano no Mediterrâneo e no norte da África, Barba Ruiva retirou-se para uma magnífica villa na margem norte do Bósforo. Lá, escreveu suas memórias até morrer de causas naturais, em 1546. Deixou o filho, Hasan Pasha, como seu sucessor no governo de Algiers.

Ele havia capturado e escravizado cerca de 50 mil pessoas na costa da Itália e na da Espanha e era famoso por sua crueldade selvagem. Para os otomanos, Barba Ruiva foi um almirante admirável. Os cristãos o viam como um pirata impiedoso, talvez o mais aterrorizante que já viveu.

Barba Ruiva, o famoso corsário da Barbária do século XVI que fundou seu próprio reino hereditário, aqui representado em um retrato florentino.

CORSÁRIOS, PIRATAS E CORSÁRIAS

A distinção entre corsário e pirata depende, em grande medida, de quem estava no lado que recebia o ataque. Os corsários tinham permissão de seu governo para atacar navios de outros países, enquanto os piratas agiam por sua própria autoridade.

Um dos corsários mais famosos foi o capitão Henry Morgan, imortalizado no rum que leva seu nome. Nascido no País de Gales em 1635, ele atacou galeões e colônias espanholas na costa do Novo Mundo, perturbando o comércio espanhol e facilitando o inglês, com a bênção do rei Carlos II, que deu a Morgan o título de cavaleiro em 1674 e o governo da Jamaica em 1680. Nem todos os piratas e corsários combinam com a imagem estereotipada masculina e, na verdade, alguns eram mulheres. Uma delas foi a irlandesa Grace O'Malley, também conhecida como a Rainha Pirata Granuaile. Nascida em 1530, ela atacou navios mercantes no mar da Irlanda, e em 1593, ficou famosa por jogar fora um lenço real após assoar o nariz nele durante uma audiência com a rainha Elizabeth I. Foi perdoada pelas duas ofensas depois de prometer usar suas habilidades para lutar contra os inimigos da Inglaterra.

Outra pirata foi a ex-prostituta Cheng I Sao, também conhecida como Ching Shih. Cheng, no início do século XIX, aterrorizou o sul do mar da China. Em 1807, depois da morte de seu marido, o famoso Zheng Yi, ela assumiu a famosa Frota da Bandeira Vermelha — um grande bando de piratas —, que era comandada por ele. Cheng impunha uma disciplina implacável a seus homens — decapitações eram frequentes — e era igualmente impiedosa em combate. Seus 1.500 cascos rasos de junco carregados de canhões devastavam a costa da China e a da Malásia. O governo chinês finalmente ofereceu a ela uma anistia que lhe possibilitou se aposentar com todos os seus saques, vivendo em luxo até sua morte, em 1844.

Duas corsárias do século XVIII partilham uma história incrível. Anne Cormac, nascida na Irlanda, mas criada na Carolina do Sul (EUA), casou-se com James Bonny, um jovem marinheiro, e fugiu para as Bahamas apenas para deixá-lo e seguir o famoso pirata "Calico" Jack Rackham. Disfarçando-se de homem, ela se uniu à tripulação de Jack a bordo do The Revenge e embarcou em uma vida de pirataria. Por uma incrível coincidência, porém, a única outra mulher pirata no Caribe, Mary Read, estava a bordo, também disfarçada de homem. Criada como um menino para garantir uma herança, a inglesa Mary havia continuado a agir assim durante sua vida e, quando os piratas de "Calico" Jack atacaram seu barco a caminho das Índias Ocidentais, eles a confundiram com um homem e a obrigaram a se tornar um pirata. Com a reputação de "praguejar e atirar tão bem quanto qualquer homem", ela chamou a atenção de Anne Bonny. As duas se tornaram amantes, embora claramente também tivessem relações heterossexuais, pois em 1721, quando o The Revenge foi capturado pelos ingleses e a tripulação sentenciada à forca, Mary e Ann (ainda vestidas como homens) declararam: "Senhor, pedimos por nossos ventres", cientes de que uma mulher grávida não podia ser enforcada sob a lei inglesa. Ambas tiveram a sentença suspensa e, embora Mary morresse de febre alguns meses depois, Anne Bonny aparentemente escapou à Justiça, possivelmente com fiança paga por seu rico pai.

Anne Bonny, uma pirata que navegou pelo Caribe com "Calico" Jack Rackham e teve um caso lésbico com a pirata Mary Read.

Lucrécia Bórgia foi famosa por toda a Renascença italiana por sua corrupção, sexualidade e depravação. Para Lucrécia, a lealdade a seu pai e irmãos vingativos suplantava qualquer outro vínculo e ela contraiu vários casamentos, de boa vontade, para satisfazer aos interesses deles. Sua monstruosidade provavelmente foi exagerada, mas os contemporâneos a consideravam a personalização do mal e sussurravam que ela usava um anel oco, com o qual ela derramava veneno discretamente no vinho de todos os que ficassem no seu caminho.

LUCRÉCIA BÓRGIA 1480-1519

> *Lucrécia tinha uma imaginação desenfreada, uma natureza sem Deus, ambiciosa e manipuladora... Possuía a cabeça de uma Madonna de Rafael e ocultava o coração de uma Messalina.*
> ALEXANDRE DUMAS, CRIMES CÉLEBRES (1843)

Nascida na pequena cidade italiana de Subiaco em 18 de abril de 1480, Lucrécia foi o terceiro bebê e a primeira filha do cardeal espanhol Rodrigo Bórgia e de sua amante, Vannozza Cattanei. Os dois irmãos mais velhos de Lucrécia — que se envolveram em uma sucessão de lutas políticas mortais — foram João e César. César era o mais velho e o mais cruel dos dois, um animal com cicatrizes de sífilis, admirado por Maquiavel. Dizia-se que ele sentia desejo por Lucrécia e supostamente foi o responsável pela morte do irmão, cujo corpo foi encontrado no rio Tibre em 1497.

Lucrécia, uma menina bonita e cativante, transformou-se em uma grande beldade. Ela foi descrita por um contemporâneo como "de altura média e forma graciosa... seu cabelo é dourado, olhos cinzentos, boca bastante grande, dentes brancos e brilhantes, colo suave e branco e de proporções admiráveis". Aos 11 anos, já havia sido prometida a dois nobres espanhóis, mas as prioridades políticas da família Bórgia mudaram quando o pai, Rodrigo, foi eleito papa como Alexandre VI, em 1492. Lucrécia mudou-se para o recém-construído palácio Maria del Portico, que tinha uma porta particular para São Pedro. Isso deu lugar a boatos de que o papa Alexandre mantinha suas concubinas no palácio e de que entre elas estava sua própria filha.

Retrato de uma mulher (que se pensa ser Lucrécia Bórgia) do artista Bartolomeo da Venezia, do início do século XV. Lucrécia, a epítome da mulher fatal, supostamente assassinou seu segundo marido, Afonso de Aragão.

Em fevereiro de 1439, Alexandre arranjou para que Lucrécia, com 18 anos, se casasse com Giovanni Sforza, senhor de Pesaro, a fim de construir uma aliança com os Sforza — uma poderosa família de Milão — contra os Aragoneses, de Nápoles. O casamento, que aconteceu no Vaticano, foi um evento extravagante, no qual foi apresentada uma peça escandalosa sobre alcoviteiros e amantes. Lucrécia passou dois anos em Pesaro, mas estava infeliz e voltou para Roma. Os Bórgia, que já tinham uma reputação formidável, suspeitavam que Giovanni estivesse espionando para Milão; quando ele visitou a esposa em Roma, ficou aterrorizado ao ver Lucrécia repentinamente sorrir e lhe demonstrar afeição. Temendo por sua vida, ele fugiu disfarçado de Roma. A aliança entre Roma e Milão não era mais útil para os Bórgia, que estavam então tentando se aliar a Nápoles. O papa Alexandre exigiu que os Sforza concordassem com um divórcio, mas o único modo legal de fazer isso era obrigar Giovanni a fazer uma confissão falsa de que era impotente e que, portanto, nunca consumara o casamento. Humilhado, ele contra-atacou com a alegação de que Alexandre havia sabotado o casamento a fim de consumar um interesse sexual por sua própria filha.

Em meio aos procedimentos do divórcio, Lucrécia — ainda afirmando que era virgem — retirou-se para o convento romano de São Sisto, onde foi visitada por um mensageiro do pai, o belo cortesão Pedro Calderon, com quem ela logo começou um caso. Um ano depois, um bebê misterioso apareceu no clã Bórgia e, em seguida, Calderon foi encontrado flutuando no rio Tibre, aparentemente assassinado por ordens de um César ciumento. O historiador Potigliotto especulou que ou César ou Alexandre seria o pai do menino.

Em 1498, depois de ter sua afirmação de ser virgem aceita pelo tribunal de divórcio, Lucrécia foi oferecida a Afonso, duque de Bisceglie, de 17 anos, um filho ilegítimo de Afonso II de Nápoles. Entretanto, não demorou muito para que os Bórgia deixassem Nápoles de lado e se aproximassem do rei francês, Luís XII. O jovem marido de Lucrécia fugiu de Roma, temendo por sua vida, e quando sua noiva o convenceu a retornar, foi atacado com selvageria nos degraus de São Pedro, em Roma. É possível que Lucrécia fosse cúmplice no ataque, embora os contemporâneos acreditassem que ela amava genuinamente o segundo marido, argumentando que ela cuidou de seus ferimentos até que ele recuperasse a saúde. No entanto, a corte dos Bórgia não era um lugar seguro para um convalescente e, sob ordens de César, um mês depois do primeiro ataque, Afonso foi estrangulado enquanto estava deitado na cama.

Diz-se que Lucrécia ficou consternada com a morte de seu jovem marido. Ainda assim, ela logo retomou seu papel na política de poder dos Bórgia. Em 1501, um ano depois do assassinato de Afonso, Lucrécia se casou com Afonso d'Este, filho de Hércules I, duque de Ferrara. Embora a reputação de Lucrécia chegasse antes dela, seu charme rapidamente conquistou seus novos parentes por afinidade e, em 1505, ela se tornou duquesa de Ferrara. Depois da morte de Alexandre VI, em 1503, Lucrécia tornou-se uma respeitada patrona das artes e literatura em Ferrara, mas ainda encontrou tempo para ter um caso com seu cunhado bissexual e com o poeta humanista Pietro Bembo. Ela morreu de parto em 24 de junho de 1514, aos 39 anos.

Muitos mistérios rodeiam a vida de Lucrécia Bórgia. Será que ela foi, como se considera tradicionalmente, uma agente voluntária nas manobras políticas cruéis de sua família? Ou o pesar diante do assassinato de seu segundo marido sugere que ela era um peão indefeso nos jogos deles em busca de poder e influência? A astúcia e a intriga eram indispensáveis para sobreviver na atmosfera brutal da Roma renascentista, e Lucrécia foi capaz de assumir muitos disfarces para conseguir suas metas. Ela viu a corrupção de seu pai e irmão em primeira mão, mas mesmo assim sua primeira lealdade era sempre para com sua família.

VENENO

A VIÚVA NEGRA. Uma das muitas envenenadoras na Inglaterra vitoriana, de longe a mais prolífica, foi Mary Ann Cotton. Nascida em outubro de 1832, em uma família pobre, mas estritamente metodista em Low Moorsley, Condado de Durham, ela conseguiu matar 21 pessoas com arsênico, dentre elas quatro maridos, muitos outros amantes e até mesmo seus próprios filhos. Por fim, foi descoberta e enforcada em 24 de março de 1873.

HELENE, A DOMÉSTICA. Outra envenenadora famosa, que também preferia arsênico, foi a empregada doméstica francesa Hélène Jégado. Nascida na Bretanha, em 1803, Hélène supostamente matou cerca de 36 pessoas em um período de 18 anos. Sua carreira assassina começou em 1833, enquanto trabalhava na casa de um padre; depois de três meses, sete pessoas da casa estavam mortas, dentre elas o padre e a própria irmã de Hélène que viera visitá-la. Ela foi presa em julho de 1851, depois de matar duas colegas empregadas na casa de Théophile Bidard, um professor de direito na Universidade de Rennes. Foi executada na guilhotina em 26 de fevereiro de 1852.

O ASSASSINO DO GUARDA-CHUVA. Em 7 de setembro de 1978, o escritor búlgaro e dissidente antissoviético Georgi Markov foi espetado na perna pela ponta de um guarda-chuva quando voltava de seu trabalho na BBC, em Londres. Quatro dias depois, ele morria de envenenamento por ricina, supostamente administrada pelo guarda-chuva de um agente da KGB.

MORTE POR RADIOATIVIDADE. Em 1º de novembro de 2006, Alexander Litvinenko — um ex-agente de inteligência russo que se tornou adversário do presidente Vladimir Putin — foi hospitalizado logo depois de comer em um *sushi bar* em Londres. Ele morreu três semanas depois por envenenamento letal por polônio-210, que é radioativo. O governo britânico pediu à Rússia a extradição de um suspeito, Andrei Lugovoi, mas essa solicitação foi negada.

Mary Ann Cotton talvez tenha sido a mais prolífica assassina em série na história britânica. Ela morreu lentamente na forca, pois o carrasco errou no cálculo do comprimento da corda.

Fernão Cortez foi um dos conquistadores assassinos e avarentos que colocaram grande parte do Novo Mundo sob o duro governo da Espanha. Chegando ao México na liderança de um exército mercenário, ele massacrou inocentes e saqueou a terra, destruindo a civilização dos astecas e se enriquecendo além de seus sonhos mais desvairados.

HERNÁN CORTÉS 1485-1547

> *Ele veio dançando pela água*
> *Com seus galeões e armas*
> *Procurando o novo mundo*
> *Naquele palácio no sol...*
> *Ele veio dançando pela água*
> *Cortez, Cortez, que assassino.*
> NEIL YOUNG

O conquistador Hernán Cortés, em 1521, aceita a rendição de Cuauhtemoc, o último imperador asteca, em um quadro do século XIX, pintado por Carlos Maria Esquivel.

Cortés nasceu em uma família castelhana nobre em Medellín, Espanha, em 1485. Depois de uma infância doentia, os pais o enviaram para a prestigiosa Universidade de Salamanca, com a esperança de que o ambiente intelectual rarefeito combinasse com seu filho. Não foi assim, contudo, e Cortés logo voltou para casa. A vida em uma cidade pequena de província mostrou também insatisfatória para o jovem Cortés (exceto no que se referia a mulheres) e, em 1502, ele decidiu ir para o Novo Mundo. Chegando à ilha de São Domingos (atualmente Haiti e República Dominicana), em 1503, ele logo se estabeleceu como um homem capaz e atento às oportunidades.

Em 1510, aos 26 anos, Cortés conseguiu obter um lugar em uma expedição para conquistar Cuba. A expedição foi liderada por Diego Velazquez de Cuellar, que depois se tornou gover-

ASTECAS e INCAS

Na esteira da invasão dos conquistadores da América do Sul, os impérios que haviam permanecido estáveis por décadas pereceram. Um deles foi o Império Asteca que surgiu nos séculos XIV e XV de uma aliança de três cidades em rápido crescimento: Tenochtitlán, Texcoco e Tlacopan. Ele foi moldado por Montezuma I (c. 1398-1469) em uma unidade cultural e política coesa, com Tenochtitlán como sua capital, e atingiu seu auge sob Ahuitzotl (c. 1486-1502), que mais do que dobrou o território sob controle asteca. Depois de sua morte, foi sucedido pelo sobrinho, Montezuma II, o homem que ocupava o trono quando Cortés e seus mercenários chegaram, 17 anos depois.

Cortés atravessou territórios que hoje pertencem ao México e à Guatemala e encontrou-se face a face com os astecas. Esses índios nativos tinham uma cultura rica e diversificada, mas talvez o mais surpreendente para um europeu fossem os rituais religiosos de sacrifício humano com o objetivo de saciar as necessidades dos deuses. Comuns às sociedades mesoamericanas, essas práticas caracterizavam os astecas, em especial. Em uma ocasião, nos anos 1480, mais de 84 mil prisioneiros foram sacrificados na Grande Pirâmide de Tenochtitlán.

Francisco Pizarro também encontrou sacrifícios humanos entre os incas. Eles praticavam menos sacrifícios do que os astecas, mas respondiam a eventos momentosos (como uma catástrofe natural ou a morte de um imperador — que era adorado como um deus) com a tradição de *capacocha* — o sacrifício de crianças — em uma tentativa de garantir a bênção contínua dos deuses.

Originários das Terras Altas peruanas no século XII, os incas, em meados dos anos 1500, haviam criado um poderoso império que abrangia boa parte da costa oeste da América do Sul. Sob três governantes particularmente bem-sucedidos (Pachacuti, cerca de 1438 a cerca de 1471; Topa Inca, cerca de 1471 a cerca de 1493; e Huayna Capac, cerca de 1493 a 1525), eles passaram a dominar grande parte do que hoje pertence ao Equador, Peru, partes da Argentina e Chile. Entretanto, um pouco antes da chegada dos espanhóis, em 1532, o império foi cindido pela guerra civil que irrompeu durante o reinado do filho de Huayna Capac, Atahualpa, transformando-o em um "alvo estacionário", considerando-se especialmente a superioridade técnica dos atacantes europeus. A realidade brutal para os governantes astecas e incas foi que suas sociedades do "Novo Mundo" não eram páreo para as da "velha Europa" e eles pouco puderam fazer para resistir ao violento ataque dos conquistadores.

Sacrifício humano no templo de Tezcatlipoca — de uma história do século XVI sobre os astecas e a conquista do México. Tezcatlipoca era uma divindade central da religião asteca, associada com guerra, feitiçaria e natureza.

nador do território recém-conquistado. Tendo impressionado Velazquez, Cortés foi nomeado seu secretário. O relacionamento cordial entre os dois não durou, no entanto — em parte devido às constantes aventuras amorosas de Cortés, mesmo que ele estivesse casado com a cunhada de Velazquez, Catalina.

Cortés ficou cada vez mais inquieto com sua vida em Cuba e, em 1518, persuadiu Velazquez a lhe dar o comando de uma expedição que iria explorar e colonizar o continente (atual México). No último minuto, o governador mudou de ideia e tentou retirar o comando de Cortés. Era tarde demais: Cortés ignorou a contraordem e continuou com o plano original.

Em março de 1519, Cortés e uma força de cerca de 600 homens atracaram na península de Yucatã e, um mês depois, ele tomou posse formalmente da terra para a coroa espanhola. Para criar uma realidade que correspondesse à retórica, Cortés marchou primeiro para o norte e, depois, para o oeste, alcançando uma série de vitórias sobre tribos nativas hostis e mostrando-se um hábil praticante da arte de "dividir e conquistar".

Em 1519, Cortés e suas tropas chegaram a Cholula, então a segunda maior cidade na região. Boa parte da nobreza da cidade havia se reunido na praça central com a expectativa de conversar com o espanhol que se aproximava, mas ele não estava com vontade de ouvi-los. Em um ato de selvageria impiedosa, ordenou que suas tropas destruíssem a cidade. Milhares de cidadãos desarmados foram massacrados nesse processo.

Na esteira desse massacre, Cortés e seus homens foram recebidos pacificamente pelo imperador asteca, Montezuma II, na cidade de Tenochtitlán. Montezuma acreditava que Cortés fosse a encarnação do deus asteca Quetzalcoatl ("a Serpente Emplumada") e, tendo ouvido falar da superioridade militar dos invasores, estava ansioso por evitar um confronto direto. Por seu lado, Cortés estava determinado a obter a submissão do imperador asteca ao rei espanhol e, para isso, aprisionou Montezuma.

Enquanto isso, em Cuba, Velazquez invejava o sucesso de Cortés e, em 1520, enviou uma força comandada por Panfilo de Narvaez para dobrar o conquistador insubordinado. Apesar da inferioridade numérica de suas tropas diante das de Narvaez, Cortés venceu o desafio. Entretanto, durante sua ausência de Tenochtitlán, o homem que deixara a cargo da cidade havia assassinado muitos dos líderes e provocado uma revolta, na qual Montezuma foi morto. Depois de tentar reconquistar Tenochtitlán, Cortés foi obrigado a abandoná-la e conseguiu evitar por pouco a derrota nas mãos dos astecas que o perseguiam.

Mas Cortés não se deu por vencido. Assim que se reorganizou nas terras de seus aliados, os tlaxcalas, ele retornou no fim de 1520, na tentativa de retomar a cidade. Na guerra que se seguiu, o espanhol tentou romper a resistência asteca com uma estratégia de atrito. Tenochtitlán estava isolada e a resistência acabou sendo esmagada. A queda da cidade marcou o fim do Império Asteca. Cortés era então o senhor incontestável do território a que deu o nome de "Nova Espanha do Mar Oceano".

Como governador da nova colônia, de 1521 a 1524, Cortés supervisionou a destruição de muitos artefatos da cultura asteca. Os povos indígenas foram obrigados a aceitar um sistema de trabalhos forçados, no qual foram implacavelmente explorados nos séculos que se seguiram. Enquanto isso, a principal preocupação do conquistador espanhol era a grandeza pessoal. Os que sofriam sob o jugo de Cortés finalmente foram libertados de seu fardo quando ele foi retirado de seu cargo pelo rei espanhol, que havia recebido vários relatos sobre o desgoverno de seu vice-rei. Em 1528, Cortés voltou à Espanha para defender seu caso, mas, apesar de receber o título de marquês do vale de Oaxaca, Cortés não estava convencido de contar com o apoio do rei.

Nas duas últimas décadas de sua vida, Cortés, cada vez mais amargurado, viajou diversas vezes entre a Espanha e seus territórios no Novo Mundo e tentou lutar contra o que considerava mentiras de seus "vários e poderosos rivais e inimigos". Ele morreu em 1547, a caminho da América do Sul.

Henrique VIII foi um garoto talentoso que se tornou um governante poderoso, cheio de energia e ambicioso. Ele foi um monarca majestoso e implacável que criou uma monarquia "imperial" afirmando a independência inglesa, desafiou Roma, acabou com os mosteiros e promoveu o poderio militar e naval de seu reino e sua própria autocracia; e tudo isso, em última instância, levou ao triunfo do protestantismo. No entanto, ele também se tornou um tirano inflado e hipersensível que ordenou a execução — sob falsos pretextos — de muitas pessoas, inclusive duas de suas esposas, por causa de seu orgulho ferido. Herói e monstro, foi um Stalin inglês em sua crueldade paranoide.

HENRIQUE VIII 1491-1547

> *Ele nunca poupou um homem de sua raiva, nem uma mulher de sua luxúria.*
> SIR ROBERT NAUNTON,
> *FRAGMENTS REGALIA*, 1641

Henrique foi o segundo filho do astuto, maldoso e pragmático Henrique VII, que, como Henrique Tudor, havia se apossado do trono em 1485, reconciliando as facções de York e Lancaster depois da Guerra das Rosas, e estabelecido uma nova dinastia. A morte precoce de seu herdeiro, o príncipe Arthur, em 1502, logo depois que ele se casara com Catarina de Aragão, evidenciara a fragilidade dos Tudor, o que explica grande parte da brutalidade de Henrique VIII em relação à sucessão. Henrique subiu ao trono em 1509 e casou-se com a viúva espanhola de seu falecido irmão. Era bonito, robusto e vigoroso, mas também muito culto, e os cortesãos saudaram o início de uma era dourada. Ele promoveu sua glória com as diversões esportivas masculinas de um príncipe renascentista — caça, justas, dança e banquetes — e tornou-se popular ao executar os odiados cobradores de impostos de seu pai, Empson e Dudley, sob acusações espúrias. Isso criou um padrão para o modo como Henrique descartaria seus ministros quando o desejasse. Henrique desejava testar seu vigor nos territórios da Europa, por cujo domínio lutavam Francisco I da França e o imperador Habsburgo Carlos V. Ele começou a construir uma armada, inclusive seu grande navio de guerra, o Mary Rose, que mais tarde afundou. No início, apoiou o imperador contra o francês, liderando um exército até a França e venceu a Batalha de Spurs, em 1513, enquanto derrotava uma invasão escocesa em Flodden. Henrique firmou a paz com a França encontrando-se com Francisco em uma magnífica conferência de cúpula, o Campo do Pano de Ouro, planejada por seu hábil e riquíssimo ministro cardeal Thomas Wolsey — o filho de um açougueiro que subira na hierarquia eclesiástica. Mas, depois de Francisco ser capturado em Pavia, em 1525, Henrique mudou de lado novamente, pretendendo controlar o equilíbrio do poder na Europa.

Retrato de Henrique VIII aos 49 anos, pintado por Hans Holbein, o Jovem (c. 1497-1543). Severo, corpulento e paranoide, a figura neste quadro está muito distante da juventude vigorosa e forte de Henrique.

A esposa de Henrique, a rainha Catarina de Aragão, tia do imperador Carlos V, havia lhe dado uma filha, a futura rainha Maria, em vez de um herdeiro — uma afronta ao orgulho e à sensibilidade dinástica de Henrique; e assim, ele buscou, por intermédio de Wolsey, conseguir a anulação do casamento com a viúva do irmão. O papa, sob a influência do imperador Carlos, não permitiria que Catarina fosse posta de lado. "A grande questão para o rei" não era apenas de personalidade, mas da insistência de Henrique de que sua coroa fosse "imperial" e não se subordinasse ao papa nem a nenhum outro poder. Isso se tornou ainda mais importante quando ele se apaixonou por Ana Bolena, uma das damas de honra de Catarina, que — sedutora, inteligente e ambiciosa — se negou a quaisquer favores antes do casamento. O papa permaneceu intransigente, e assim, Henrique voltou-se contra Wolsey. O cardeal teria enfrentado o carrasco, mas morreu a caminho de encarar as acusações de traição.

Henrique então decidiu-se por um curso radical, e em seu Ato de Supremacia e Ato de Traição de 1534, declarou-se chefe da Igreja da Inglaterra, independente do papa, sob pena de morte. Finalmente, o casamento com Catarina podia ser anulado, e em 1533, ele contraiu matrimônio com Ana Bolena.

Henrique, apoiado por Thomas Cromwell, seu ministro em ascensão, reprimiu todos que questionassem suas políticas religiosas: Thomas More, seu ex-chanceler, foi executado. Uma rebelião no norte, a Peregrinação da Graça (1536), foi derrotada e, então, dispersada com a palavra de honra de Henrique, que ele quebrou ao executar os rebeldes implacavelmente. Durante seu reinado, Henrique foi impiedoso ao ordenar a morte de quem se opusesse a ele. Depois de Dudley e Empson, mandou executar Edmund de la Pole, conde de Suffolk, em 1513; Edward Stafford, duque de Buckingham, em 1521; até o jovem poeta Henry Howard, conde de Surrey, nos últimos dias de sua vida. É difícil calcular quantas foram suas vítimas — o historiador Holinshed afirmou absurdamente que foram 72 mil —, mas foram muitas.

Embora Henrique, algumas vezes, seja considerado o responsável pela Reforma Protestante na Inglaterra, no que diz respeito à doutrina, ele permaneceu um católico conservador. No entanto, sua revolução política tornou possível uma Inglaterra protestante. Sua lucrativa dissolução dos mosteiros — um ato de vandalismo em grande escala — financiou seu reino e marcou seu novo absolutismo. Ana Bolena deu-lhe uma filha em 1533, a futura Elizabeth I. Henrique voltou-se contra ela, ordenando a Cromwell que criasse acusações de adultério, incesto e bruxaria, evidenciadas por seu "terceiro mamilo" usado para amamentar o Demônio — na verdade, uma verruga em seu pescoço. Cinco homens, inclusive o irmão de Ana Bolena, foram envolvidos e executados. Ana foi decapitada em 19 de maio de 1536. Dez dias depois, Henrique casou-se com Joana Seymour, que lhe deu um filho, o futuro Eduardo VI, mas morreu no parto: a única esposa pranteada por Henrique.

Cromwell, pressionando por uma política exterior protestante e promovido a conde de Essex, persuadiu Henrique a se casar com Ana de Cleves. No entanto, Henrique, agora gordo e com tendência a feridas que supuravam, foi repelido por essa "Égua de Flandres". Cromwell foi preso e executado em 1540. No mesmo dia, Henrique casou-se com a bela Catarina Howard, de apenas 16 anos. Henrique ordenou que a decapitação de Cromwell fosse realizada por um jovem inexperiente. A cabeça foi separada do corpo na terceira tentativa.

Cada uma das esposas inglesas foi apoiada por uma facção familiar com ambições políticas e religiosas. Os Howard eram pró-católicos, mas sua rainha adolescente era uma agitada e ingênua sedutora cujas aventuras travessas do passado e adúlteras do presente permitiram que a facção protestante explorasse o frágil orgulho sexual do rei. Em 1542, aos 18 anos, ela foi decapitada. Sua sensata última esposa, Catarina Parr, sobreviveu a ele.

Henrique estava determinado a casar seu jovem filho Eduardo com a bebê Maria, Rainha dos Escoceses, mas a obstinação escocesa resultou no "Namoro Brutal", em que Henrique enviou seus exércitos além da fronteira para passar "homens, mulheres e crianças por fogo e espada, sem exceções". Em 1544, ele estabeleceu sua sucessão: o protestante Eduardo, depois a católica Maria e, em seguida, a protestante Elizabeth.

Henrique foi tanto um herói quanto um monstro, um egoísta brutal e um político eficaz. Como compreendeu o duque de Norfolk: "A consequência da raiva real é a morte".

ASSASSINOS REAIS DE ESPOSAS E FILHOS

A ambição, o orgulho e a inveja do poder pessoal absoluto colocaram uma tensão especial sobre as famílias — esposas e filhos — dos autocratas. Henrique VIII executou duas de suas esposas, mas pelo menos poupou seus filhos. Seu total de seis esposas se equipara ao de Ivã, o Terrível (oito), Filipe II da Espanha (quatro) e Herodes, o Grande (incríveis dez), entre os monarcas que mais se casaram. Mas enquanto as esposas de Filipe morreram naturalmente, os outros mataram pelo menos uma de suas esposas.

Herodes, o Grande, da Judeia, matou o amor de sua vida, a princesa asmoneia Mariamme, depois que inimigos dela fizeram com que ele se voltasse contra ela. Constantino, o Grande, que converteu o Império Romano ao cristianismo, mandou escaldar sua esposa, Fausta, até a morte e envenenar seu filho mais velho, Crispo, quando descobriu que ambos conspiravam contra ele. Em 1425, Nicolau III d'Este, marquês de Ferrara, acusou sua esposa, Parisina, de manter um relacionamento incestuoso com seu filho ilegítimo, Ugo, e ordenou que ambos fossem executados. Quase 150 anos depois, em 1561, seu trineto Afonso II d'Este, duque de Ferrara, seria suspeito de envenenar sua esposa, Lucrécia de Médici. O czar Ivã vangloriou-se de ter deflorado centenas de virgens durante sua vida, mas quando descobriu que sua sétima esposa, Maria Dolgurukaya, não era virgem, mandou afogá-la no dia seguinte ao casamento.

No entanto, o assassinato conjugal real funcionava nos dois sentidos. As imperatrizes romanas Lívia e Agripina supostamente envenenaram seus maridos, Augusto e Cláudio, enquanto Catarina, a Grande, foi cúmplice no assassinato de seu marido, Pedro III, quando assumiu o poder, em 1762.

As tensões marcam os relacionamentos reais entre pais e filhos: os filhos só podem se tornar realmente grandes quando os pais morrem, enquanto os pais envelhecidos são ameaçados por seus filhos em ascensão. O doente Herodes, o Grande, matou o número recorde de três de seus filhos. O sultão Suleiman, o Magnífico, matou dois; Constantino, o Grande, Ivã, o Terrível, e Pedro, o Grande, mataram um cada — e Ivã e Pedro fizeram-no com as próprias mãos.

Finalmente, existem filhos reais que mataram os pais. Alexandre, o Grande, pode ter tido um papel no assassinato de seu pai, Filipe da Macedônia; e o czar Alexandre I foi, pelo menos, deve ter sido cúmplice no assassinato de seu pai, o louco Paulo I, em 1801. O assassinato de mães reais é menos comum, e um raro exemplo é o de Agripina por seu filho, o imperador Nero.

Tantos monarcas mataram seus irmãos e irmãs, que são numerosos demais para ser mencionados.

Barba Azul, anti-herói assassino de mulheres do conto de mesmo nome de Charles Perrault (1628-1703), como retratado por Gustave Doré (1832-83). Acredita-se que Perrault baseou a personagem de Barba Azul no assassino em série Gilles de Rais.

Fernando Alvarez de Toledo, terceiro duque de Alba, foi governador da Holanda comandada pelos Habsburgo espanhóis de 1567 a 1573. Nesse papel, o chamado "Duque de ferro" tornou-se o flagelo dos protestantes holandeses e granjeou uma temida reputação por sua insensível indiferença ao sofrimento humano.

O DUQUE DE ALBA
E O CONSELHO DE SANGUE
1507-82

> *Tudo o que sei é que, quando ele chegou a este posto, encontrou os tumultos resolvidos e nenhum território perdido, e tudo tão quieto e seguro que ele poderia manejar a faca como desejasse. E no momento em que ele partiu toda a Holanda e a Zelândia estavam em poder do inimigo, bem como uma boa parte da Guéldria e de Brabante, e toda a opinião dessas províncias, com as finanças totalmente arruinadas.*
> LUIS DE REQUESENS, O SUCESSOR DO DUQUE DE ALBA COMO GOVERNADOR DA HOLANDA ESPANHOLA, RESUME O DESEMPENHO DE SEU PREDECESSOR

Fernando Alvarez de Toledo, duque de Alba, nasceu em uma família nobre com um longo registro de serviços à coroa espanhola. Desde tenra idade, foi criado para ser um soldado e se tornou versado nas artes da guerra. Em 1524, juntou-se ao exército, que na época estava combatendo com as forças francesas em Fuenterrabia. Lá, ele se distinguiu tanto, que foi indicado governador da cidade depois de ela ser conquistada.

Em campanhas subsequentes, em nome de Carlos V, rei da Espanha e Imperador Sacro Romano, Alba construiu uma reputação como um dos soldados mais profissionais de sua época, conhecido por sua ênfase em disciplina, treinamento e logística. Em 1552, ele havia chegado ao posto de comandante em chefe das forças de Carlos na Itália, papel em que derrotou os franceses e estabeleceu a hegemonia espanhola na península. Mas seu sucesso provocou suspeitas. Carlos abdicara em 1556 em favor de seu filho, Filipe II, a quem alertara contra a crescente ambição, o presunçoso senso de importância pessoal e as tendências megalomaníacas. O novo rei, embora continuasse a depender das capacidades militares de Alba, procurou limitar sua liberdade de manobra, de um modo que Carlos V não fizera.

Apesar disso, pelo menos em público, a confiança da coroa espanhola no duque continuava sólida. Em 1565, ele foi enviado como emissário de Filipe à França para manter negociações com a regente Catarina de Médici sobre uma possível aliança de casamento e uma política conjunta antiprotestante. A presença desse item na pauta alimentou a especulação de que Alba ajudou a criar a base para o massacre dos protestantes franceses no Dia de São Bartolomeu, em 1572 — especialmente à luz de suas opiniões explicitamente antiprotestantes.

Em 1567, depois da irrupção de tumultos populares na Holanda espanhola (que abarcava o que hoje é a Bélgica e a Holanda), Filipe enviou Alba como governador. Imediatamente após sua chegada à frente de 12 mil homens armados, o duque dedicou-se a restaurar a ordem — de um modo feroz. Determinado a extirpar e a destruir a heresia e a subversão, ele criou um novo "Conselho de Sangue" formado por dignitários locais que deviam servir como instrumento da vingança espanhola. Deixando de lado as leis locais já existentes, o tribunal — logo apelidado de "Tribunal do Sangue" — considerou vários milhares de pessoas culpadas de rebelião e as condenou ao exílio, prisão ou morte. Todas as áreas da sociedade sofreram, e um nascimento nobre provou não ser proteção diante do "punho de ferro" de Alba. Depois, em agosto de 1568, tendo entrado em Bruxelas, o duque supervisionou a decapitação sumária de 22 dos líderes da cidade. Numerosos massacres seguiram-se por toda parte.

No entanto, uma repressão tão brutal serviu apenas para alimentar uma insurreição contra o governo espanhol onde nenhuma havia existido antes. Quando os príncipes de Orange invadiram os Países Baixos, vindos simultaneamente da Alemanha e da França, eles foram seguidos por uma força de exilados — os *guezen* ("mendigos") — e por algum tempo conseguiram tomar o controle da Holanda, Zelândia e várias outras províncias. Embora o duque conseguisse posteriormente recapturar grande parte desse território, as punições adicionais que ele ordenou simplesmente geraram mais tumultos e o mesmo resultado teve sua política tributária punitiva e amargamente ressentida.

Em 1573, em meio a uma sensação crescente de que Alba havia se tornado uma parte central do problema na Holanda espanhola, o duque foi chamado de volta à Espanha. Embora inicialmente tivesse sido bem recebido por Filipe II, em 1579, ele foi colocado sob prisão domiciliar depois que seu filho provocou o desprazer do rei.

Mas, no ano seguinte, Filipe reconvocou Alba para que assumisse o comando de uma expedição contra os portugueses. Pela última vez ele demonstrou seus extraordinários dons militares, obtendo uma vitória esmagadora sobre os portugueses na Batalha de Alcântara. Entretanto, como na Holanda espanhola, suas proezas no campo de batalha só foram igualadas por sua falta de controle depois da vitória. Ao entrar em Lisboa, ele permitiu que seus soldados pilhassem e saqueassem a cidade, levando seu modo próprio de terror para a Península Ibérica.

Em dezembro de 1582, enquanto ainda estava em Lisboa, o idoso duque faleceu repentinamente. Durante sua vida, ele havia se mostrado um servo dedicado a seus mestres reais, e suas habilidades como general não foram superadas. No entanto, sua reputação será manchada indelevelmente para sempre com o sangue dos civis que pereceram sob seu comando. Seu comportamento nos Países Baixos provocou um ressentimento contra o governo espanhol, que levou a uma revolta que durou décadas e culminou na independência holandesa e marcou o início do fim do poder espanhol na Europa.

Fernando Alvarez de Toledo, terceiro duque de Alba, em um retrato intimidante pintado pelo retratista holandês Antonis Mor, em 1549.

CATARINA DE MÉDICI E O MASSACRE DO DIA DE SÃO BARTOLOMEU

O interlocutor de Alba na França era a rainha Catarina de Médici, regente durante a minoridade de seu filho, Carlos IX, e famosa por seu ódio aos protestantes franceses (huguenotes). A França foi afligida pela luta interna nas Guerras de Religião (1562-1598), travadas entre os poderosos rivais católicos e protestantes: a Casa de Guise e a Liga Católica *versus* a Casa de Bourbon. Quando o jovem rei Carlos — influenciado por seu conselheiro de confiança, o almirante Gaspard de Coligny — se aliou abertamente com os huguenotes, em 1572, a católica Catarina e seus partidários temeram que a França fosse arrastada a uma guerra com a Espanha pela Holanda protestante, na época ocupada pelos espanhóis. Para agir contra isso, a facção católica tentou, em 22 de agosto, assassinar Coligny, mas fracassou. Temendo represálias, Catarina usou o casamento de sua filha Margarete com o huguenote Henrique, rei de Navarra, como uma isca para atrair sua presa a Paris e persuadiu Carlos a autorizar o assassinato de quase 200 huguenotes importantes na noite de 24 de agosto. Os assassinatos se intensificaram e se transformaram em um massacre. Nos cinco dias que se seguiram, multidões chacinaram 3 mil huguenotes apenas em Paris, com milhares subsequentemente mortos fora da capital conforme a agitação se espalhava para as províncias. Foi o pior massacre religioso do século e um que o mestre de Alba, Filipe II, elogiou calorosamente. O elegante rei Henrique de Navarra sobreviveu por pouco e se transformou em Henrique IV, o Grande, da França, fundador da dinastia Bourbon. Conhecido como "Verde Galante" por ser mulherengo, ele ficou famoso por se converter nominalmente ao catolicismo para obter o controle da França, dizendo "Paris vale uma missa". Catarina de Médici coloca-se entre as líderes europeias mais monstruosas. O massacre foi incentivado por seu filho, que ordenou "Matem todos!". Mas ela foi o cérebro por trás dele.

O massacre do Dia de São Bartolomeu, 24 de agosto de 1572, como representado em uma pintura contemporânea de François Dubois. O quadro mostra o líder huguenote Gaspard de Coligny sendo atirado pela janela de sua casa (à direita, ao alto). Catarina de Médici, a instigadora do massacre, é a figura vestida de negro olhando para uma pilha de cadáveres de protestantes (no centro, ao alto).

Maria Tudor, rainha da Inglaterra e da Irlanda de 1553 até 1558, a primeira mulher a governar a Inglaterra por direito próprio, foi a famosa "Maria, a Sanguinária" que colocou seu reino aos pés do rei espanhol e presidiu a um terror religioso implacável, queimando os dissidentes na fogueira, para fortalecer e restaurar o catolicismo. Amargamente preocupada com o passado, ela tentou reverter a Reforma Protestante iniciada por seu pai, Henrique VIII. No entanto, sua própria vida foi trágica, seu casamento não gerou filhos, sua saúde era bastante frágil, sua mente cada vez mais perturbada; e seu reinado, tanto na repressão quanto na política exterior, fracassou completamente.

MARIA, A SANGUINÁRIA

1516-1558

> *Nunca encontraremos nenhum reinado de nenhum príncipe, nesta terra ou em outras, que venha a mostrar (em um tempo proporcional), tantos bons argumentos do desprazer e da ira de Deus, como existem para serem vistos no reinado dessa rainha Maria.*
> JOHN FOXE, ESCRITOR PROTESTANTE, 1563

Única filha sobrevivente de Henrique VIII e de sua primeira esposa, Catarina de Aragão, Maria continuou a ser uma católica fervorosa durante toda a sua vida, embora tivesse sido criada no mundo implacável da Inglaterra na época da Reforma. Apesar de ser uma pessoa comum, ela era inteligente, vivaz e alegrava os pais quando criança. Mas depois da anulação do casamento da mãe com Henrique e do nascimento, em 1533, de uma filha, Elizabeth, de sua segunda esposa, Ana Bolena, Maria foi cada vez mais deixada de lado. Ela foi proibida de ter acesso a seus pais e obrigada a agir como dama de honra de sua meia-irmã. Nunca mais viu a mãe, e as relações com o pai ficaram tensas até o ponto de rompimento. No entanto, Maria era obstinada e se recusou a desistir do título de "princesa". Quando Ana Bolena foi decapitada, em 1536, Maria reconciliou-se com Henrique, que finalmente lhe concedeu o direito da sucessão, logo depois de seu meio-irmão mais novo, o futuro Eduardo VI.

Durante o reinado de Eduardo, de 1547 a 1553, Maria retirou-se da vida pública, recusando-se a aceitar a nova religião oficial, o protestantismo,

A rainha Maria I, que recebeu a alcunha de "Maria, a Sanguinária", por sua perseguição aos protestantes ingleses, representada em um retrato de 1554 por Anthonis van Dashorst. Um embaixador visitante descreveu-a como sendo "... de baixa estatura, com pele clara e avermelhada e muito magra. Seus olhos são brancos e grandes, e seu cabelo é avermelhado".

em vez disso praticando abertamente a missa latina que Eduardo havia tornado ilegal. Quando ele tentou obrigar a irmã a se submeter, convocando-a à corte em março de 1551, ela chegou a Londres em uma exibição ostensiva de sua fé, com mais de 100 seguidores, cada um carregando um terço.

Quando Eduardo morreu, John Dudley, duque de Northumberland (filho de um oficial de Henrique VII, executado por Henrique VIII), liderou um golpe protestante, colocando a sobrinha-neta de Henrique VIII, lady Jane Grey, no trono depois de casá-la com seu filho Guildford. Maria foi obrigada a fugir para Ânglia Oriental, mas em poucos dias voltou à capital, com maciço apoio popular, e expulsou o usurpador do trono. A coroação de Maria foi saudada com uma enorme salva de tiros, que os contemporâneos compararam agourentamente a um terremoto. Sempre purista, ela foi ungida com óleos santos importados do continente para evitar o uso de óleos conspurcados pelo protestantismo do reino de Eduardo. Northumberland foi executado.

Maria I tinha uma grande obsessão: restaurar o catolicismo romano como a religião oficial. No início, ela procedeu cautelosamente, apenas repelindo parte da legislação anticatólica do reinado de Eduardo, mas depois, incentivada pelo cardeal Reginald Pole, fez planos de se casar com Filipe II, o rei católico da Espanha, filho de seu primo, o imperador Sacro Romano Carlos V. Vinculando a Inglaterra a uma dinastia católica, ela visava garantir que o país nunca se afastasse novamente de Roma.

> "Quando eu estiver morta e aberta", declarou Maria, "vocês encontrarão 'Calais' no meu coração."

Quando a notícia do noivado se tornou pública, em 1554, ela criou uma onda de medo e xenofobia que culminou em uma rebelião liderada por sir Thomas Wyatt, com o objetivo de colocar no trono a jovem princesa Elizabeth. A repressão à revolta foi rápida e brutal. Cerca de 100 rebeldes tiveram o sombrio destino que cabia aos traidores naquela época: enforcamento, arrasto e esquartejamento. Lady Jane Grey foi decapitada, tendo anteriormente escapado à morte por sua tentativa de usurpar o trono, mesmo que não estivesse diretamente envolvida na rebelião. A própria Elizabeth foi mantida por algum tempo na Torre de Londres, temendo por sua vida.

Os piores pesadelos dos rebeldes aconteceram quando, depois do casamento de Maria com Filipe, as leis draconianas contra heresia foram imediatamente restauradas. Durante três anos brutais, a Inglaterra sentiu toda a ferocidade da Contrarreforma. Cerca de 300 homens, mulheres e crianças foram queimados em fogueiras, entre fevereiro de 1555 e novembro de 1558, inclusive os bispos Thomas Cranmer, Hugh Latimer e Nicholas Ridley. A primeira vítima, o popular pregador John Rogers, foi queimado em Smithfield em 4 de fevereiro de 1555, diante de seus 11 filhos. Os tribunais da Igreja tinham o poder de condenar a heresia, mas apenas Maria podia assinar o mandado de morte.

Para sua máxima humilhação, Maria nunca teve um filho para iniciar uma linhagem de monarcas católicos na Inglaterra. Em novembro de 1554, ela estava convencida de estar grávida — e chegou até a realizar uma missa de ação de graças em antecipação ao parto —, mas acabou descobrindo que estava com câncer no útero. Sua posição foi ainda mais abalada quando, influenciada por Filipe, ela entrou em uma guerra desastrosa com a França, que provocou a perda de Calais em 1558, o último bastião da Inglaterra na Europa continental. "Quando eu estiver morta e aberta", declarou Maria, "vocês encontrarão 'Calais' no meu coração." Ela morreu no mesmo ano, estéril e sozinha, pois Filipe a havia deixado para retornar à Espanha.

Em nome de sua fé, Maria enviou inocentes para uma morte lenta e agonizante, agindo com o zelo implacável tão típico dos fanáticos. A alcunha de "Maria, a Sanguinária" foi bem merecida.

UMA MORTE HERÉTICA

Queimar na fogueira era a punição escolhida pela Igreja para os crimes de heresia e feitiçaria porque, ao contrário de outras formas de execução, não exigia derramamento de sangue. Ela foi introduzida na Inglaterra por Henrique IV em 1401, como parte da perseguição aos lollardos, um grupo protestante inicial cujo desagrado pelos ricos e privilegiados assustou os bispos e proprietários do reino. Embora algumas das leis de heresia de Henrique IV tivessem caído em desuso, elas foram retomadas por Henrique VIII e usadas por Maria, a Sanguinária, para matar quase 300 pessoas.

Quanto maior a fogueira, mais rápida a morte; carrascos mais piedosos permitiam que amigos e parentes do acusado alimentassem a fogueira com lenha, e os condenados, muitas vezes, gritavam por mais chamas. O mais comum, porém, era que o condenado fosse preso a uma estaca e uma fogueira fosse ateada a um pequeno feixe de gravetos colocados a seus pés, e o fogo começava a queimar os pés e tornozelos e, depois, lentamente, subia pelas pernas. Em meio aos gritos, a vítima também sofria uma lenta sufocação com a fumaça; os observadores contemporâneos notavam como a boca escurecia visivelmente, os lábios se afinavam e a língua inchava. *O Livro dos Mártires* (1563), de John Foxe, relata como, em alguns casos, o condenado, desesperado por oxigênio, batia com tanta força no peito que os braços caíam quando as chamas chegavam ao tronco.

Alguns hereges surpreendiam os observadores com exibições de força, perseverança e calma em sua fé. Quando os bispos Nicholas Ridley e Hugh Latimer foram queimados pela rainha Maria, em 16 de outubro de 1555, Latimer disse palavras que ecoaram pelos séculos: "Sinta-se confortado, mestre Ridley, e seja homem; neste dia acenderemos na Inglaterra, pela graça de Deus, uma vela que, confio, nunca será apagada". Algumas vezes, porém, quando as autoridades religiosas previam que isso podia acontecer, elas amordaçavam o condenado ou o queimavam antes de atear o fogo. Esse foi o destino de Giordano Bruno (1548-1600), um cosmologista e filósofo italiano cujas opiniões heréticas lhe valeram a ira do papa Clemente VIII, e que foi queimado na fogueira em Roma em 17 de fevereiro de 1600, tornando-se um dos primeiros mártires da ciência.

A queima de Thomas Cranmer, arcebispo de Cantuária, em 1556, do Livro dos Mártires, de Foxe. Cranmer havia sido obrigado anteriormente por Maria a assinar um documento renunciando ao protestantismo. Em um gesto dramático, ele estendeu ao fogo a mão com que havia assinado essa renúncia para que ela queimasse primeiro.

Ivã IV da Rússia, conhecido como "o Terrível", foi um monstro trágico e degenerado, tão aterrorizado e maltratado na infância, que construiu um império e foi um tirano astuto. No final, ele se deteriorou em um sádico demente e homicida, que matou muitos milhares em um terror frenético, empalando e torturando pessoalmente seus inimigos. Ao assassinar seu filho, apressou o fim de sua dinastia.

IVÃ, O TERRÍVEL 1530-1584

> *Você calou o reino da Rússia... como em uma fortaleza infernal.*
> Príncipe Kurbski, em carta a Ivã IV

Ivã foi declarado "Grande Príncipe da Moscóvia" quando tinha apenas três anos, depois da morte precoce de seu pai. Cinco anos depois, sua mãe também morreu. Com o desaparecimento dos dois, a tarefa de cuidar de Ivã passou para a família boiarda Shuisky, cujos membros também agiram como regentes durante toda a minoridade do príncipe. Os boiardos formavam uma classe aristocrática fechada de cerca de 200 famílias. Ivã reclamou que eles o intimidavam, aterrorizavam, negligenciavam e tentavam usurpar o direito que lhe cabia por nascimento.

A coroação de Ivã aconteceu em janeiro de 1547, e os primeiros anos de seu reinado se caracterizaram por reformas e modernização. As mudanças no código legal foram acompanhadas pela criação de um conselho de nobres e por reformas nos governos locais. Foram feitos esforços para abrir a Rússia ao comércio europeu e ao intercâmbio com os outros países. Ivã supervisionou a consolidação e a expansão do território moscovita. Em 1552, ele derrotou e anexou o canato Cazã, e a invasão da cidade de Cazã foi seguida pelo massacre de mais de 100 mil de seus defensores. Seguiram-se mais êxitos militares, e novos territórios, que incluíam o canato Astracã e partes da Sibéria, foram colocados sob domínio russo. Ele construiu a vistosa catedral de São Basílio na Praça Vermelha para celebrar a conquista de Cazã.

Depois de uma doença quase fatal, em 1553, a personalidade de Ivã parece ter passado por uma transformação e, desse ponto em diante, ele se tornou ainda mais imprevisível e com tendência a ter acessos de raiva. Em 1560, sua esposa, Anastasia Romanovna, morreu de uma doença desconhecida, e isso parece ter provocado um colapso em Ivã. Ele se convenceu de que os boiardos haviam conspirado para envenená-lo — e talvez estivesse certo. Se foi assim, o complô causou a morte de sua amada esposa. Ele decidiu que os boiardos deveriam ser punidos, e seu poder devia ser extinto. A deserção de um de seus partidários, o príncipe Kurbsky, intensificou sua paranoia insana.

O resultado, por um lado, foi uma reforma administrativa profunda, com o objetivo de aumentar o poder das autoridades locais eleitas e diminuir o poder da nobreza. Essas ações pareciam indicar o caminho para uma forma mais racional e competente de governo. No entanto, ao mesmo tempo, Ivã desencadeou um terror vingativo contra os inocentes boiardos, e seguiu-se uma onda de prisões e execuções. Ivã planejou mortes especialmente horríveis para alguns deles: o príncipe Boris Telupa foi empalado em uma estaca e levou 15 agonizantes horas para morrer, enquanto a mãe dele, segundo um cronista, "foi entregue a 100 atiradores que a profanaram até a morte".

O pior estava por vir. Em 1565, Ivã designou uma área da Rússia — chamada de Oprichnina (que significa "separada de") — dentro da qual as terras deveriam ser governadas diretamente pelo czar. Esquadrões oprichniki cruzavam o território para aplicar a vontade de Ivã. Vestidos com um manto negro que tinha uma insígnia com uma cabeça cortada de um cão e uma vassoura (simbolizando seu papel em "cheirar" a traição e varrer os inimigos de Ivã), os oprichniki esmagavam todas as fontes alternativas de autoridade. Os boiardos recebiam um tratamento especialmente duro.

Ivã embarcou em uma orgia de aventuras sexuais — tanto hétero quanto homossexuais — enquanto destruía seus inimigos imaginários. Ele torturou e matou muitos pessoalmente. A selvageria de Ivã era de natureza horrivelmente variada: as costelas eram quebradas; as pessoas eram queimadas vivas, empaladas, decapitadas, suas entranhas eram retiradas, os genitais eram cortados. Seu "refinamento sádico" em um acesso público de tortura, em 1570, superou tudo o que veio antes e quase tudo o que veio depois.

Em 1570, os agentes do czar perpetraram um massacre desenfreado na cidade de Novgorod, depois de Ivã ter suspeitado que seus cidadãos estivessem para traí-lo com os poloneses. Cerca de 1.500 nobres foram mortos — muitos foram afogados no rio Volkhov — e um número equivalente de pessoas comuns foi oficialmente registrado como mortas, embora o número de mortes possa ter sido muito maior. O arcebispo de Novgorod foi preso dentro da pele de um urso, e uma matilha de cães de caça foi solta atrás dele.

À medida que a dura repressão cobrava um alto preço do povo da Rússia, a sorte de Ivã ia declinando rapidamente. Durante a década de 1570, os tártaros do canato da Crimeia devastaram grandes trechos da Rússia, com aparente impunidade, e até conseguiram atear fogo a Moscou em uma ocasião. Ao mesmo tempo, as tentativas do czar de expandir seus territórios para o oeste, cruzando o mar Báltico, só conseguiram envolver o país na Guerra da Livônia contra uma coalizão que incluía a Dinamarca, a Polônia, a Suécia e a Lituânia.

O conflito se arrastou por quase um quarto de século, com poucos ganhos tangíveis. Enquanto isso, os oprichniki continuavam a se envolver em seus ataques selvagens de morte e destruição; sua área de operação, que já fora a região mais rica da Rússia, foi reduzida a uma das mais pobres e mais instáveis.

Em 1581, Ivã voltou sua ira destrutiva contra a própria família. Tendo anteriormente investido contra sua nora, grávida, ele discutiu com seu filho e herdeiro, que também se chamava Ivã, e o matou em um ataque de fúria cega. Foi só depois da morte de Ivã, o Terrível — possivelmente envenenado —, que a longa agonia da Rússia finalmente terminou.

Detalhe de uma famosa representação de Ivã, o Terrível, assassinando seu filho, em 16 de novembro de 1581, do artista russo Ilya Repin (1844-1930).

O segundo filho de Ivã, Fiodor, mostrou-se muito menos talentoso que o herdeiro original. Em 1598, um ex-conselheiro de Ivã, Boris Godunov, assumiu o controle, e a linhagem de Ivã chegou ao fim.

Os *oprichniki* inspiraram um tirano russo posterior, Josef Stalin, e serviram como um protótipo para sua polícia secreta, a NKVD. Seu próprio terror baseou-se no de Ivã, a quem muitas vezes se referiu como "professor". "Quem se lembra agora dos boiardos mortos por Ivã, o Terrível?", ele disse, certa vez. "O erro dele foi não matar todos os boiardos." Em última análise, Ivã, o Terrível, foi louco e mau. Como escreveu sua melhor biógrafa, Isabel de Madariaga: "Ivã não era como Deus, ele tentou ser Deus. Seu reinado foi uma tragédia de proporções shakespearianas. Sua crueldade não servia a nenhum propósito... Ele foi Lúcifer, a estrela da manhã que queria ser Deus e foi expulso do Paraíso".

O CALIFA INSANO

Al-Hakim bi-Amr Allah, o sexto califa Fatímida do Egito, foi outro governante estranho, perigoso e, em última análise, demente. Aos 11 anos, ele herdou um império repleto de problemas e conseguiu piorar ainda mais a situação com decretos disparatados, como a proibição de se comerem uvas e agrião e de jogar xadrez. Em outra ocasião, ordenou que todos os cães no Cairo fossem mortos e tivessem o corpo jogado no deserto. Achando que as pessoas são mais produtivas à noite, ordenou que todo o trabalho fosse feito durante as horas de escuridão. Ele também ordenou massacres brutais e opressão religiosa incoerente e mutável, atacando alternadamente cristãos, judeus e outras seitas muçulmanas. Em 1009, ordenou a destruição da Igreja do Santo Sepulcro, em Jerusalém. A tortura e as execuções ordenadas por ele eram comuns. Em 1020, o califa chegou a ordenar que seus exércitos saqueassem a sua capital, Cairo. Seu reinado finalmente chegou ao fim em 1021, quando ele saiu pelo deserto montado em um burro, sem guardas, e nunca mais foi visto. O burro foi encontrado coberto de sangue; talvez sua irmã, Sitt al-Mulk, tenha ordenado seu assassinato. Ou será que o califa louco apenas desapareceu no deserto?

A destruição da Igreja do Santo Sepulcro em Jerusalém (1009) pelas forças do califa Fatímida demente, Al-Hakim, em uma representação contemporânea.

Atraente, culto, obstinado e vaidoso, o aventureiro Humphrey Gilbert foi um brutal conquistador inglês que buscou tornar a Irlanda uma colônia inglesa, aterrorizando homens, mulheres e crianças e, algumas vezes, criando um macabro caminho de cabeças sem corpo até sua própria barraca.

HUMPHREY GILBERT c. 1539-1583

> *Ninguém podia ir até sua barraca sem um motivo, mas comumente ele tinha de passar por um caminho de cabeças que usava para assustar... provocando muito terror às pessoas, quando elas viam a cabeça de seus pais, irmãos, filhos, colegas e amigos colocadas no chão, diante de seus olhos, quando iam falar com o coronel.*
> THOMAS CHURCHYARD, QUE SERVIU SOB O COMANDO DE HUMPHREY GILBERT NA IRLANDA

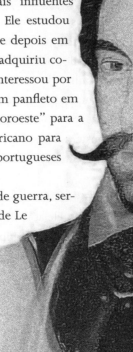

Gilbert nasceu em Devon, um dentre quatro filhos. Depois da morte do pai, sua mãe entrou para a família Raleigh e teve mais dois filhos, inclusive Walter Raleigh, que viria a se tornar um dos favoritos da rainha Elizabeth I. Gilbert ficou sob a orientação de sir Henry Sidney, vice-rei da Irlanda e um dos homens mais influentes no reino. Ele estudou em Eton e depois em Oxford, e aprendeu a falar espanhol e francês. Também adquiriu conhecimentos de estratégia militar e de navegação e se interessou por explorações. Em 1566, apresentou à rainha Elizabeth um panfleto em que esboçava sua ideia de encontrar uma "passagem noroeste" para a China ao redor do extremo norte do continente americano para acabar com o monopólio comercial dos espanhóis e portugueses com o Oriente.

Em 1562, Gilbert teve sua primeira experiência de guerra, servindo sob o comando do conde de Warwick no cerco de Le Havre. Ele serviu sob o comando de seu mentor, Sidney, na Irlanda em 1565, e voltou para lá em 1569, como governador da província de Ulster. Depois, planejou uma extensa ocupação colonial

Sir Humphrey Gilbert, soldado, aventureiro e colonizador inglês na Irlanda. Como governador de Munster, ele submeteu a província a um reinado de terror imerso em sangue.

inglesa nas cercanias de Baltimore, perto de Cork, na província sulista de Munster, como parte da política elizabetana de substituir os senhores feudais independentes irlandeses por "presidências de lordes", governadores militares leais a Elizabeth, uma política acompanhada pelo confisco de terra dos clãs locais.

As ações de Gilbert provocaram a irrupção, em junho de 1569, da primeira das rebeliões de Desmond, lideradas pelos Fitzgerald, condes de Desmond, que controlavam grande parte de Munster. Sidney ordenou a Gilbert que perseguisse o líder rebelde James Fitzmaurice Fitzgerald, um católico devoto que se ressentia das invasões das tropas protestantes de Elizabeth. Embora Fitzgerald escapasse à captura, retirando-se para as colinas e travando uma guerra de guerrilha, Gilbert — então governador de Munster — atuou segundo a política de devastar as terras dos Desmond. Em dezembro de 1569, Sidney recompensou Gilbert com o título de cavaleiro, cercado pelos cadáveres sangrentos de suas vítimas em um acampamento inimigo que seus soldados haviam acabado de dizimar.

A campanha de Gilbert foi totalmente incansável, e o ponto principal de sua estratégia era espalhar tanto terror entre os irlandeses fazendo com que eles se acovardassem diante do avanço de seus soldados. Assim, sem ter de depender da artilharia, normalmente necessária na guerra de cercos, Gilbert conseguiu a rendição de quase 40 castelos na área de Kerry em apenas três semanas. O próprio Gilbert lutou com grande coragem pessoal, mas o terror inspirado por suas forças era deliberado, sistemático, abominável e aplicado com prazer — como ocorria na prática de cortar a cabeça dos cadáveres e colocá-las ordenadamente no solo, com os rostos visíveis, para formar um corredor que levava à barraca de Gilbert. Assim, quando os inimigos iam discutir os termos de rendição, eram confrontados com as cabeças decapitadas de seus "pais, irmãos, filhos, colegas e amigos mortos".

No início de 1570, quase todos os rebeldes, exceto Fitzgerald, haviam se rendido, e Gilbert voltou à Inglaterra, onde se tornou membro do Parlamento por Plymouth e criou planos para uma academia em Londres. Em 1579, ele recebeu ordens de retornar à Irlanda, para cuidar de Fitzgerald que ressurgira como rebelde, mas sua frota navegou tão mal, que terminou na baía de Biscaia. Quando finalmente chegou ao porto de Cobh, em Munster, meses depois do planejado, ele retomou seu pior comportamento, espancando brutalmente um homem local na cabeça com a parte plana de sua espada e assassinando um comerciante no porto.

Em novembro de 1578, Gilbert fez uma tentativa de navegar até a América, mas foi obrigado a retornar devido a fortes tempestades. Ele acabou criando uma colônia na Terra Nova, em junho de 1583, mas morreu afogado na viagem de volta quando seu navio naufragou no mar tempestuoso. Dizem que Gilbert foi visto no deque, lendo *Utopia*, de Thomas More. Entretanto, no fim, Gilbert não seria lembrado por sua cultura, coragem ou imaginação, mas por estabelecer um padrão brutal no governo colonial inglês na Irlanda.

O MASSACRE EM DROGHEDA

O massacre de mulheres e crianças inocentes ordenado por Humphrey Gilbert caracterizou os piores excessos da colonização elizabetana da Irlanda. Mesmo nas guerras do século XVI, o assassinato de não combatentes era proibido por uma convenção. No entanto, as mais famosas atrocidades dos ingleses na Irlanda ocorreram 80 anos depois, durante a campanha de Oliver Cromwell no país, entre 1649 e 1650.

Cromwell chegou à Irlanda durante o auge da guerra civil inglesa, temendo que o futuro Carlos II tentasse lançar uma invasão à Inglaterra a partir da Irlanda, cuja população católica era simpática à causa real. Ele estava determinado a conquistar o país quanto antes, com medo de ficar sem dinheiro e alarmado com a perspectiva de maior instabilidade política na Inglaterra.

Um dos primeiros alvos de Cromwell em sua campanha foi a cidade-forte de Drogheda, ao norte de Dublin. *Sir* Arthur Ashton, um realista inglês, comandava a guarnição com pouco mais de 3 mil soldados realistas ingleses e católicos irlandeses. Em 10 de setembro de 1649, Cromwell ordenou que Ashton se rendesse ou a cidade enfrentaria as consequências. Depois de algumas negociações, Ashton rejeitou os termos que lhe foram oferecidos. Cromwell, à frente de um exército de 12 mil homens e impaciente por uma vitória rápida, lançou seu ataque em 11 de setembro. Falando a seus soldados, ele os proibiu de poupar qualquer pessoa que estivesse armada na cidade. Quando seus homens entraram em Drogheda, todos os defensores foram mortos, mesmo aqueles que se renderam prontamente. Centenas de civis também foram mortos. Os padres católicos foram caçados sistematicamente, e aqueles que haviam se refugiado da luta na Igreja de São Pedro foram queimados vivos quando os sitiadores incendiaram a construção. Cromwell afirmou a respeito dos soldados realistas: "Não creio que 30 deles tenham escapado com vida". Os que permaneceram vivos foram rapidamente vendidos como escravos em Barbados. Uma estimativa considera que os mortos chegaram a 3,5 mil, dos quais 2,8 mil eram soldados e os demais eram do clero ou civis.

As pesquisas modernas mostram que os massacres foram exagerados, mas mesmo assim não há dúvida de que foram crimes de guerra. Mais tarde, Cromwell explicou-se diante do Parlamento inglês. "Estou convencido", disse ele, "de que este é um julgamento honrado de Deus a esses vilões bárbaros que têm em suas mãos tanto sangue inocente e que ele tenderá a evitar o derramamento de sangue no futuro, que é base satisfatória para tais ações, as quais, de outro modo, podem apenas provocar remorso e arrependimento".

Perseguições na Irlanda, atribuído a Gerbrandt van den Eeckhout, c. 1657. O massacre de Cromwell em Drogheda em 1649 provocou uma onda de imagens populares condenando os abusos ingleses na Irlanda.

No século XVI, uma caverna escura e úmida em um trecho selvagem da costa no sudoeste da Escócia era considerada o lar de Sawney Beane, chefe de um clã incestuoso que vivia de roubos, assassinatos e dos cadáveres de suas vítimas. As histórias dos atos de Beane eram tão aterradoras, que alguns historiadores especularam que ele talvez nem tenha existido, mas tenha sido criado pelos ingleses como um modo de demonizar os escoceses como canibais selvagens.

SAWNEY BEANE — século XVI

> *Um monstro incrível que, com sua esposa, vivia de assassinato e canibalismo em uma caverna. Executado em Leith com toda a sua família, no reinado de Jaime I.*
> THE COMPLETE NEWGATE CALENDAR, VOL. I

A história de Beane tornou-se conhecida popularmente no século XVIII no *Newgate Calendar* — também chamado de "The Malefactor's Bloody Register" (registro sangrento do malfeitor) —, uma série de publicações sensacionalistas que descreviam os detalhes de crimes famosos, cujo nome vinha da prisão de Newgate, em Londres, onde os prisioneiros condenados eram, muitas vezes, mantidos antes de sua execução no Tyburn.

O que o *Newgate Calendar* nos diz é que Alexander Beane nasceu em East Lothian, cerca de 13 quilômetros a leste de Edimburgo, em algum momento no século XVI. Seu pai era cavador de valas e podador de sebes, mas Beane nunca demonstrou nenhum interesse no trabalho duro. Quando era adolescente, saiu de casa com uma mulher igualmente desagradável da mesma localidade e, sem vontade de aceitar um emprego convencional, atravessou o país até chegar a Bennane Head, na fronteira sul de Ayrshire e Galloway. Ali, o casal se instalou em uma profunda caverna costeira, oculta à visão dos passantes.

Nos 25 anos seguintes, Beane e sua companheira criaram uma extensa família nessa caverna. Na época de sua descoberta, estima-se que ele havia produzido oito filhos e seis filhas, que se haviam casado entre si para produzir 18 netos e 14 netas. Segundo o *Newgate Calendar*, as crianças foram criadas "sem nenhuma noção de humanidade ou sociedade civil". O clã sobrevivia atacando todos que eram desafortunados o bastante para viajar por esse remoto trecho de costa. Eles nunca roubavam uma vítima que não matassem e, depois, os corpos eram arrastados para a caverna, onde eram desmembrados e devorados. As sobras de carne eram conservadas como *pickles*, enquanto os ossos e as partes do corpo indesejadas eram lançados ao mar.

A visão desses restos medonhos que chegavam à praia chocava e deixava perplexa a população local. Mas Beane e seu clã, que trabalhavam à noite furtivamente, conseguiram não ser descobertos por muitos anos. Em vez disso, diversos hospedeiros locais e viajantes foram acusados equivocadamente de serem responsáveis pelas mortes e executados.

Uma noite fatídica, porém, o clã Beane atacou um casal. O homem conseguiu fugir dos assaltantes usando sua espada e sua pistola, mas não antes de sua esposa ser derrubada do cavalo e imediatamente eviscerada. Então, os selvagens beberam o sangue dela como se fosse vinho. Depois de fugir, o homem

Alexander ("Sawney") Beane, conforme representado em uma gravura de James Basire em Vidas dos criminosos mais notáveis (1735). Beane era o chefe de uma família escocesa de cerca de 50 membros, que assassinaram e comeram mais de mil pessoas antes de ser capturados e executados.

deu o alarme e não demorou para que o rei Jaime VI da Escócia — que mais tarde se tornaria Jaime I da Inglaterra — fosse informado do caso.

Quatrocentos homens e uma matilha de cães de caça foram enviados para descobrir os canibais. A caverna de Beane, bem escondida na face do penhasco e totalmente inacessível durante a maré alta, poderia ter passado despercebida se os cães não tivessem farejado o cheiro de carne humana. Quando os soldados entraram, foram recebidos por um cheiro pútrido e a visão horrenda de partes de corpos secas penduradas nas paredes, carne flutuando em barris e pilhas de joias, dinheiro e outros objetos de valor no chão.

Os selvagens Beane não tentaram fugir. Foram presos e levados para Edimburgo, antes de ser conduzidos para Leith ou Glasgow, onde foram executados sem julgamento. Os homens do clã tiveram as mãos, os pés e os genitais cortados e foram deixados para sangrar até a morte. As mulheres e as crianças foram obrigadas a assistir, antes de ser queimadas como bruxas. Foi dito que durante seu reino de terror eles haviam matado mais de mil vítimas.

O canibalismo não era desconhecido na Escócia do século XVI e, considerando-se que o *Newgate Calendar* dava considerável cobertura às selvagerias perpetradas pelos criminosos ingleses, parece improvável que as histórias de Sawney Beane fossem simplesmente propaganda antiescocesa. A história dessa figura de pesadelo era lida regularmente para as crianças na Escócia e na Inglaterra durante os séculos XVIII e XIX como um alerta cruel sobre as consequências da indolência e a inevitabilidade da punição dos que se afastavam do caminho correto.

JEAN-BÉDEL BOKASSA

A um mundo e uma era de Sawney Beane em sua fria caverna em Ayrshire, Jean-Bedel Bokassa foi o tirano assassino da República Centro-Africana com uma tendência à ilusão napoleônica e, corriam boatos, com um gosto por carne humana.

Filho de um chefe de aldeia, Bokassa nasceu em 1921 na borda de uma floresta em Ubangi-Shari, parte da África equatorial francesa. Ele ficou órfão aos 12 anos, quando o pai foi espancado até a morte pelas forças coloniais por liderar uma revolta contra as empresas florestais francesas que dominavam as tribos da floresta. Sua mãe, inconsolável, suicidou-se pouco tempo depois.

Educado em escolas missionárias, o jovem Bokassa se tornou forte e robusto e, em 1939, entrou para o exército colonial francês como recruta. Distinguindo-se durante a 2ª Guerra Mundial, ele logo subiu na hierarquia. Em 1960, Ubangi-Shari conseguiu a independência como República Centro-Africana e, em 1963, o novo presidente, David Dacko, convidou Bokassa para ser chefe do estado-maior. Em 31 de dezembro de 1965, Bokassa liderou um golpe contra Dacko e se declarou presidente. A seguir, aboliu a Constituição e tentou construir um culto de personalidade ao redor de sua liderança.

Bokassa foi um megalomaníaco implacável que era rápido em expurgar até mesmo seus aliados mais próximos se pensasse que poderiam ser uma ameaça. Em 1972, apesar de sua crescente impopularidade e de diversas tentativas de assassinato, ele se declarou presidente vitalício. Implementou a lei e a ordem por meios selvagens: os ladrões tinham uma orelha cortada no primeiro crime, a outra orelha no segundo e uma das mãos no terceiro. Em 1977, Bokassa declarou-se imperador do "Império Centro-Africano" e desperdiçou todo o orçamento de ajuda do país, cerca de 200 milhões de dólares, em uma cerimônia luxuosa na qual imitou Napoleão, coroando a si mesmo.

Em 1979, Bokassa mandou prender centenas de estudantes por se recusarem a usar uniformes feitos em uma fábrica do governo. Quando ele supervisionou

A coroação do imperador Bokassa, em 4 de dezembro de 1977. O ditador africano planejou conscientemente sua cerimônia de investidura conforme a de Napoleão I em 1804.

pessoalmente o massacre de 100 deles por sua Guarda Imperial, houve uma comoção internacional. Amplamente considerado à beira da loucura, Bokassa foi derrubado por um golpe apoiado pelos franceses e liderado por David Dacko. No julgamento que se seguiu ele foi condenado por assassinato, mas inocentado de canibalismo, e sentenciado à prisão perpétua. Foi libertado em 1993 e morreu de causas naturais três anos depois.

A condessa húngara Elizabeth Bathory, "a condessa sanguinária de Csejte", foi a assassina em série mais famosa da Europa Central. A tortura sádica e o assassinato de muitas jovens e meninas, talvez até centenas, só foram interrompidos com sua prisão e o julgamento de seus cúmplices. Sua prisão definitiva foi uma sala emparedada no castelo de Csejte, onde ela morreu sozinha.

CONDESSA ELIZABETH BATHORY
1560-1614

> *Elizabeth, você é como um animal selvagem... As sombras vão envolvê-la e você encontrará tempo para se arrepender de sua vida bestial.*
> **JULGAMENTO DA CONDESSA BATHORY PELO CONDE THURZO DEPOIS DE ELA TER SIDO PRESA**

Elizabeth Bathory nasceu em uma família nobre da região de Nyirbator, no leste da Hungria, e cresceu no castelo de Ecse. Os Bathory eram um dos clãs aristocráticos mais ricos e poderosos do país.

Em 1571, aos 11 anos, Elizabeth ficou noiva de Ferenc Nadasdy, um rapaz de 16 anos de outra família nobre. Como era costume na época, depois do noivado, ela se mudou para o castelo do futuro marido, na região de Sarvar, e eles se casaram em 1575. O marido era uma figura importante na corte real e se tornou comandante em chefe dos exércitos húngaros durante a guerra bem-sucedida do país contra o Império Otomano.

Nadasdy viajava com frequência, e a condessa mostrou-se mais do que competente para cuidar dos domínios do casal. Ela era muito inteligente e fluente em pelo menos três idiomas, em uma época em que até mesmo muitos nobres mal eram alfabetizados. Elizabeth logo demonstrou ser uma disciplinadora rígida e parecia sentir prazer na tarefa de punir os erros de seus empregados. Surgiram histórias de que ela espancava as jovens empregadas com bastões por suas transgressões, enquanto outras eram obrigadas a sair na neve e mergulhar em água fria até morrerem congeladas. Essa tendência para atos de sadismo desenvolveu-se em uma paixão desenfreada por tortura e assassinato. Deixada a seus próprios recursos, na ausência do marido, o lado sombrio do caráter da condessa fugiu ao controle.

Condessa Elizabeth Bathory, lembrada como a "Condessa Sanguinária de Csejte".

Jovens camponesas eram levadas para o castelo, ou atraídas pela possibilidade de trabalho ou simplesmente raptadas pelos ajudantes de Elizabeth. Uma vez lá, eram submetidas a formas assustadoras de abuso e depravação. As vítimas eram espancadas, mutiladas e queimadas; e tudo isso era parte de um padrão contínuo e sangrento de tormento. Uma testemunha relatou no julgamento como Elizabeth certa vez estava doente demais para sair da cama e ordenou que uma serva fosse levada até ela. Quando a jovem apareceu, a condessa atacou-a, mordendo-a e arrancando pedaços do rosto, ombros e seios da vítima, que gritava. Não parecia haver limite para seu prazer sádico diante de tanta crueldade, especialmente se houvesse muito sangue. De fato, foi isso que provocou a lenda nos séculos seguintes de que a condessa se banhava regularmente no sangue de virgens em uma tentativa de manter sua juventude.

Seu marido, Ferenc Nadasdy, morreu em 1604, e ela se mudou para outro castelo da família, em Csejte, na atual Eslováquia. Então, não só camponesas, mas também as filhas da baixa nobreza local se tornaram alvo, e Elizabeth ficou ainda mais ousada. Os corpos eram desovados independentemente do risco de serem descobertos e seu rastro levar até a condessa. Em um incidente famoso, quatro jovens foram jogadas das muralhas do castelo em plena vista dos aldeões horrorizados. Com as exibições abertas de crueldade desumana cada vez mais frequentes, era apenas uma questão de tempo para que o reinado de terror de Elizabeth chegasse ao fim.

Entre 1602 e 1604, boatos sobre atividades nefastas nas propriedades dos Nadasdy tornaram-se mais públicos, em parte pela agitação de um sacerdote luterano, Istvan Magyari. Inicialmente, o governo húngaro foi lento em responder ao crescente volume de acusações que estavam sendo feitas à condessa, por deferência ao marido dela. Depois da morte dele, as pessoas começaram a ficar mais atentas à condessa, mas foi apenas em 1610 que o rei Matias ordenou que o *nádor* da Hungria, o conde Gyorgy Thurzo, a investigasse.

Ao perceber a escala das atrocidades, Thurzo tentou evitar um escândalo envolvendo uma família nobre tão importante com a qual ele mesmo tinha parentesco. As autoridades preferiram confinar Elizabeth em prisão domiciliar em vez de levá-la a julgamento. Thurzo chegou ao castelo de Csejte em 29 de dezembro de 1610 e prendeu a condessa com quatro servos que foram considerados seus cúmplices. As ações horrendas de Elizabeth ainda eram evidentes. Thurzo descobriu uma jovem que já estava morta e outra que estava agonizando, além de muitas outras que eram mantidas na propriedade. Embora, como acordado, Elizabeth tenha escapado ao julgamento, o caso contra seus quatro cúmplices chegou rapidamente ao tribunal, em 7 de janeiro de 1611, e muitos detalhes do que havia acontecido em Csejte vieram à luz. Três dos acusados foram condenados e executados; o quarto foi considerado culpado e sentenciado à prisão perpétua. Elizabeth permaneceu confinada em uma sala em seu castelo. As janelas e a porta foram emparedadas; as únicas frestas permitiam ventilação e a passagem de alimentos. Ela morreu em agosto de 1614, aos 54 anos.

O romance *Drácula*, de Bram Stoker, publicado em 1897, levou as pessoas fascinadas pelo sangue a especular se a carreira da "Condessa Sanguinária" da Transilvânia teria sido a inspiração principal para o gênero vampirístico, pelo menos tanto quanto a vida de Vlad, o Empalador. No entanto, os prazeres sádicos e os atos depravados da Elizabeth Bathory da vida real garantem a ela um lugar como uma das monstras da história.

AS ASSASSINAS EM SÉRIE MAIS MALVADAS DA HISTÓRIA

- Marie, marquesa de Brinvilliers (1630-1676): uma parisiense que envenenou cerca de 50 pessoas, inclusive seu pai e dois irmãos
- Gesche Gottfried (1785-1831): uma envenenadora alemã cujas 16 vítimas incluíram seus pais, filhos, dois maridos e vários amigos
- Belle Gunness (1859-1931): uma norte-americana que matou pelo menos 20 pessoas, inclusive seus próprios filhos, dois maridos e numerosos pretendentes
- Margie Velma Barfield (1932-1984): uma norte-americana (e a primeira mulher a ser executada por injeção letal) que queimou o primeiro marido até a morte enquanto ele dormia e envenenou mais seis maridos, vários namorados e sua própria mãe
- Myra Hindley (1942-2002): a "Assassina dos Pântanos", que, junto com seu companheiro, Ian Brady, raptou cinco crianças, abusou sexualmente delas e assassinou-as entre julho de 1963 e outubro de 1965
- Genene Jones (nasceu em 1950): uma enfermeira norte-americana que matou pelo menos 11 crianças e talvez até 46
- Rosemary West (nasceu em 1953): uma inglesa que, junto com Fred, seu marido, foi responsável pela tortura, abuso e assassinato de pelo menos dez mulheres jovens em sua casa, em Gloucester
- Beverley Allitt (nasceu em 1968): o "Anjo da Morte" era uma enfermeira pediátrica que matou quatro crianças (e tentou matar várias outras) usando injeções venenosas
- Aileen Carol Wuornos (1956-2002), uma prostituta lésbica norte-americana executada por matar pelo menos sete homens, afirmando que eles haviam tentado estuprá-la

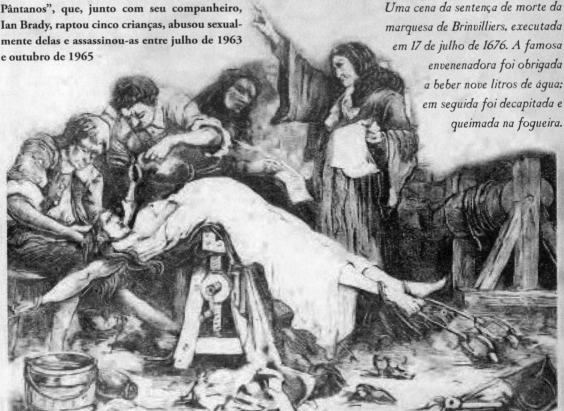

Uma cena da sentença de morte da marquesa de Brinvilliers, executada em 17 de julho de 1676. A famosa envenenadora foi obrigada a beber nove litros de água; em seguida foi decapitada e queimada na fogueira.

Maníaco-depressivo, auto-obcecado e inclinado a explosões violentas, dom Carlo Gesualdo, príncipe de Venosa, foi um talentoso compositor da Renascença que assassinou sua esposa e o amante dela de um modo horrendo. Sua música nos dá um vislumbre de uma mente muito selvagem, passional e imprevisível, capaz de criar muita beleza, mas também repleta de tristeza e dor.

DOM CARLO GESUALDO, PRÍNCIPE DE VENOSA 1566-1613

> *Culpa e remorso... perseguiram-no pelo resto da vida, e também o medo da danação eterna. Ele morreu em 1613, segundo todos os relatos, uma figura miserável e neurótica que, no entanto, compôs algumas das peças vocais mais ousadamente inventivas, complexas e idiossincráticas da Renascença.*
>
> TRECHO DE *PRINCE OF PAIN; THE STRANGE CASE OF CARLO GESUALDO*, DE CHRIS BLACKFORD

Os Gesualdo eram uma importante família nobre italiana que possuía grandes extensões de terra no sul da Itália, inclusive um castelo em Gesualdo e um palácio em Nápoles. Os retratos de dom Carlo mostram uma figura magra e angulosa, com uma contenção abatida e sem alegria, cabelo negro com entradas, sobrancelhas espessas, bigode fino e barba em ponta.

Desde a juventude, a primeira paixão de Gesualdo era a música, e ele era um excelente cantor além de ser especialista em alaúde e em espineta. Relatos contemporâneos sugerem que sua segunda paixão eram os homens, e corriam boatos de que ele tinha alguns casos homossexuais, que continuaram durante seus dois casamentos.

A primeira noiva de Gesualdo, com quem ele se casou em 1586, foi dona Maria d'Avalos, sua bela e atraente prima que, embora só tivesse 30 anos, já era duas vezes viúva. Os boatos, provavelmente infundados, diziam que o primeiro marido de dona Maria havia morrido em uma tentativa vã de satisfazê-la. Não muito depois de se casar com Gesualdo, dona Maria deu-lhe um herdeiro. Tendo cumprido seu dever dinástico, Gesualdo então voltou suas atenções novamente para a música.

Dona Maria, que ansiava por atenção, mas que costumava ser rejeitada pelo intenso e distante Gesualdo, logo encontrou consolo nos braços de outro homem, o elegante dom Fabrizio Carafa, duque de Andria, que também era casado. Durante um tórrido romance que durou dois anos, dona Maria e dom Fabrizio viveram perigosamente, arriscando-se em encontros apressados e subornando os servos de Gesualdo para que guardassem segredo. Enquanto isso, o tio de Gesualdo, dom Giulio, também havia colocado os olhos na esposa do sobrinho, mas seus avanços foram rejeitados. Então, por vingança, ele revelou os detalhes do caso de dona Maria a Gesualdo.

Gesualdo ficou furioso, e seus planos de vingança foram planejados a sangue-frio e meticulosamente. Em 16 de outubro de 1590, ele disse à esposa que ia sair de Nápoles para caçar, deixando-a livre para contatar o amante. Em vez disso, esperou secretamente no palácio até que dom Fabrizio chegasse e, depois, com a ajuda de seus servos, derrubou a porta do quarto de dona Maria, pegando os amantes nus nos braços um do outro e assassinando-os em um ataque descontrolado. Dom Fabrizio morreu com uma combinação de facadas e um tiro na cabeça, enquanto dona Maria sofreu uma horrenda sucessão de facadas na barriga e na genitália. Muito depois de a esposa ter morrido, Gesualdo continuou seu ataque ao cadáver dela, gritando: "Ela ainda não morreu!".

Como uma última humilhação, os corpos despidos foram levados para a rua e exibidos em público. Os boatos diziam que o corpo de dona Maria havia sido ainda mais conspurcado por um monge dominicano depravado. Também foi dito que dona Maria podia estar grávida quando foi atacada, ou que ela deixou um bebê que Gesualdo também matou, acreditando que o filho não fosse dele.

Depois do duplo homicídio, Gesualdo entrou em um período de depressão induzida pela culpa. No entanto, em fevereiro de 1594, ele se casou novamente. Sua segunda esposa foi Eleanora d'Este, sobrinha de Afonso II d'Este. A família d'Este morava em Ferrara, para onde Gesualdo se mudou por dois anos, desfrutando do animado cenário musical da cidade. Embora esse fosse um período em que Gesualdo produziu algumas de suas melhores músicas, o casamento foi profundamente infeliz para ambos. As composições dele nessa época indicam seu estado mental, caracterizado por mudanças súbitas no andamento, nas exclamações dramáticas e nas emoções que oscilavam entre raiva, erotismo e introspecção carregada de depressão.

Gesualdo manipulava e intimidava Eleanora, tanto física quanto mentalmente, espancava-a periodicamente e, depois, exigia que ela voltasse a ficar a seu lado, embora ele mantivesse abertamente uma amante. Eleanora reclamou do abuso para seu irmão, e a família d'Este tentou instigar os procedimentos para o divórcio. Enquanto isso, Gesualdo — que havia retornado à propriedade de sua família, em Gesualdo, em 1596 — tornou-se cada vez mais recluso e maníaco, raramente deixando o castelo e se envolvendo em cerimônias masoquistas bizarras, como ordenar que seus servos o açoitassem, algumas vezes enquanto o imobilizavam, outras vezes enquanto ele defecava.

Gesualdo morreu em Nápoles em 8 de setembro de 1613. Ele era claramente um homem mentalmente perturbado, raivoso e melancólico, com marcadas tendências sadomasoquistas. Foram esses excessos passionais que deram à sua música uma qualidade duradoura, mas, ao mesmo tempo, ele foi a prova viva de que uma grande arte pode ser criada pelo mais vil, desprezível e inadequado dos homens.

Carlo Gesualdo, compositor, alaudista e assassino de sua primeira esposa e do amante dela. Nesta pintura, ele é representado com o tio, São Carlos Borromeu, o famoso cardeal da Contrarreforma (à direita).

MORTES DE COMPOSITORES

Talvez a morte mais misteriosa de um músico tenha sido a de Jean-Marie Leclair (1697-1764), compositor barroco francês. Em 1764, ele foi encontrado morto em sua casa em Paris, esfaqueado por um atacante desconhecido. O assassino nunca foi descoberto, embora as suspeitas apontassem para o sobrinho de Leclair.

Outro compositor barroco francês, Jean-Baptiste Lully, foi morto por sua própria vocação, por assim dizer. Em 1687, enquanto regia um *"Te Deum"*, batendo o tempo no chão com um bastão, ele inadvertidamente machucou o dedão. O ferimento infeccionou e, algumas semanas mais tarde, ele morreu.

Durante a 2ª Guerra Mundial, os nazistas assassinaram três brilhantes compositores tchecos de ascendência judaica. Viktor Ullmann (1898-1944) era um cristão convertido que foi confinado no campo de concentração de Theresienstadt, na Boêmia, antes de ser levado para Auschwitz e assassinado, em 1944. Pavel Haas (1899-1944) foi um compositor nascido na Boêmia que havia se mudado para Praga em busca de fama, mas os nazistas o prenderam e o mandaram para Auschwitz, via Theresienstadt. O terceiro e mais jovem dos três, Gideon Klein (1919-45), era um talento prodígio que se apresentava em concertos clandestinos na Praga ocupada pelos nazistas, até ser identificado, internado em Theresienstadt e morrer fazendo trabalhos forçados em uma mina de carvão chamada Fürstengrube, três dias antes de o local ser liberado.

O compositor austríaco Anton Webern (1883-1945) conseguiu escapar à perseguição nazista, apesar do fato de sua música ter sido denunciada por eles como pró-bolchevique. Logo depois do fim da guerra, ele foi alvejado por um soldado norte-americano, quando saiu de casa durante o horário de se recolher para fumar um charuto.

Jean-Baptiste Lully, representado em um retrato contemporâneo de Pierre Mignard. Sua carreira como compositor na corte de Luís XIV foi interrompida por um golpe autoinfligido com o bastão com que ele estava regendo um "Te Deum" em honra à recente recuperação do Rei Sol de uma doença.

Wallenstein foi um comandante militar encantador, mas manchado com sangue, um capitão mercenário politicamente brilhante e brutalmente ambicioso que se tornou tão poderoso e rico que sequestrou imperadores em troca de resgate, dominou territórios colossais, foi elevado a um ducado e principado próprios e quase se juntou às fileiras dos reis. Mas ele extrapolou seus limites — sua ascensão e queda foi uma tragédia de ambição e megalomania.

ALBRECHT VON WALLENSTEIN 1583-1634

> *O duque de Friedland [Wallenstein] até agora desagradou e ofendeu ao máximo quase todos os governantes territoriais do império...*
> ANSELM CASIMIR VON WAMBOLD, MEMBRO DO COLÉGIO ELEITORAL DE MAINZ, EM 1629

Wallenstein nasceu em Heřimanice, Boêmia, em uma família de aristocratas protestantes de pouca importância. Sua carreira militar começou em 1604, quando ele se uniu às forças do imperador Sacro Romano Habsburgo, Rodolfo II. Dois anos depois, ele se converteu ao catolicismo — a religião de seu novo mestre — e isso abriu o caminho para seu casamento, em 1609, com uma viúva extremamente rica da Morávia.

Wallenstein usou a riqueza e as propriedades que recebeu por seu casamento para impulsionar a própria carreira no serviço dos Habsburgo. Em 1617, ele auxiliou o futuro imperador Fernando II, reunindo um exército para a guerra que este travava contra Veneza. Em 1618, no início da Guerra dos Trinta anos, quando os nobres protestantes da Boêmia se revoltaram e começaram a confiscar as propriedades de Wallenstein, o comandante militar reuniu um exército para lutar sob o estandarte imperial. Ele se distinguiu no campo

Albrecht Wenzel Eusebius von Wallenstein, comandante supremo dos exércitos do imperador Habsburgo, Fernando II, conforme retratado por Julius Schnorr von Carolsfeld, segundo um original de sir Anthony van Dyck.

de batalha e não só recuperou suas propriedades, mas também tomou as terras dos nobres protestantes que derrotou. Incorporou-as em uma nova entidade chamada "Friedland", na qual ele foi feito conde palatino e, em 1625, duque.

Com o início da Guerra Dinamarquesa, em 1625, Wallenstein reuniu um exército de mais de 30 mil homens para lutar pela Liga Católica Imperial contra a Liga Protestante do Norte. Fernando, então imperador, ficou grato e nomeou-o imediatamente comandante supremo. Wallenstein continuou a alcançar uma série de vitórias brilhantes, e Fernando recompensou-o com o principado de Sagan e o ducado de Mecklemburgo.

O poder e o sucesso parecem ter subido à cabeça de Wallenstein. Ele não se satisfazia mais em ser o auxiliar mais confiável do imperador; queria ser o mestre de seu próprio destino. Com este fim em mente, abriu negociações com seus antigos inimigos: os portos protestantes hanseáticos do norte da Alemanha. A separação crescente entre Wallenstein — que passara a chamar a si mesmo "Almirante dos Mares do Norte e Báltico" — e o imperador foi confirmada pelo Édito da Restituição, promulgado pelo imperador em 1629, declarando que todas as terras católicas, que desde 1552 haviam caído sob controle protestante, deveriam ser devolvidas a seus donos anteriores. Para um homem que construíra o próprio império pessoal por meio de acordos com os nobres protestantes do norte da Alemanha, o édito foi um anátema, e Wallenstein optou por desconsiderar as ordens de Fernando. Ele já havia provocado a inveja de grande parte da aristocracia imperial e, agora, eles aproveitaram a oportunidade de pressionar por sua destituição, que veio a ocorrer em 1630. Wallenstein retirou-se para Friedland e planejou sua vingança.

Com o rei Gustavo Adolfo da Suécia, um dos principais inimigos do imperador, Wallenstein tramou um plano que lhe teria dado o controle de todos os domínios Habsburgo. Ferdinando descobriu a traição de Wallenstein, mas seus fracassos militares tinham-no deixado tão desesperado, que ele pediu a Wallenstein que voltasse a servir-lhe — por um preço apropriadamente elevado — a fim de ajudá-lo a lutar contra os suecos e seus aliados saxões. Wallenstein concordou, e em 1632, lutou contra os suecos em Lutzen. Embora Gustavo Adolfo fosse morto, os suecos venceram a batalha.

Tendo revelado sua falibilidade militar, Wallenstein estava ciente de que sua posição era vulnerável. Determinado a evitar uma nova rejeição, recusou-se a desfazer o exército e, pior ainda, não fez nada para impedir que os suecos conseguissem novas vitórias na Alemanha. Ao mesmo tempo, tentou negociar com os inimigos do imperador: Saxônia, Suécia e França. Essa duplicidade se mostrou inconclusiva e, assim, Wallenstein retomou a ofensiva contra esses países no fim de 1633. Entretanto, as notícias da última traição de Wallenstein haviam chegado à corte imperial, em Viena. Nesse ponto, Wallenstein resolveu fazer uma última tentativa, e em janeiro de 1634, preparou-se para declarar revolta aberta contra o imperador. No entanto, ao perceber que o apoio de seus subordinados estava enfraquecendo, ele tentou um acordo final: se demitiria em troca de um pagamento substancial. Essa oferta foi rejeitada, e Wallenstein fugiu para os saxões e os suecos, em um novo esforço de se juntar a eles contra os Habsburgo. Essa tentativa estava fadada ao fracasso, e em fevereiro de 1634, Wallenstein foi assassinado por soldados de seu próprio exército.

MERCENÁRIOS

No mundo antigo, a maioria dos líderes, inclusive os reis bíblicos Davi e Salomão e o faraó egípcio Ramsés, o Grande, usavam mercenários (aqueles que lutavam apenas por dinheiro, não por seu país). Os persas empregavam inúmeros mercenários gregos, e Dario, o Grande, e seu filho Xerxes dependeram pesadamente deles nas guerras Greco-Persas. Em 401 a.C., 10 mil mercenários gregos lutaram desde a Mesopotâmia até a segurança na épica Marcha de Xenofonte. Dez mil gregos lutaram pelo rei Dario III nas batalhas do rio Grânico (334 a.C.) e Issus (333 a.C.) contra Alexandre, o Grande. Alexandre, por sua vez, usava mercenários gregos, como fizeram os cartagineses, em especial Aníbal, durante as Guerras Púnicas, enquanto os romanos costumavam usar numídios, baleares, ibéricos, cretenses e, depois, germânicos. Mercenários flamencos lutaram por Guilherme, o Conquistador, contra os ingleses, em 1066, enquanto em 1346 os arqueiros mercenários genoveses lutaram por Filipe VI da França na Batalha de Crécy. Os imperadores bizantinos contratavam mercenários bárbaros com regularidade, algumas vezes com resultados desastrosos, como em 1071, quando a Guarda Varegue ajudou a derrubar o imperador romano Diógenes e instalar seu irmão, Miguel VII, no trono.

Durante os séculos XIV e XV, a Itália, afligida pelas lutas entre as cidades-estado, foi dominada por bandos mercenários cujos *condottiere* (líderes) vendiam seus serviços a quem pagasse mais. Quando um desses grupos — a Companhia Catalã, de Roger de Flor, com 2,5 mil homens, empregada pelo imperador bizantino Miguel IX Paleólogo — foi dizimado por outro grupo — os alanos —, o conflito se estendeu à Trácia e à Macedônia, no que ficou conhecido como a Vingança Catalã. Outro *condottiere*, o inglês *sir* John Hawkwood (1320-1394), comandou a Companhia Branca (um dos inúmeros bandos contemporâneos "*freelancer*") na França e na Itália, tendo servido anteriormente na Guerra dos Cem Anos. Entre 1618 e 1626, um dos principais adversários de Wallenstein foi o mercenário alemão Ernst von Mansfeld. Apesar de ser católico, ele passou para o lado protestante depois de ter sido repreendido pelo arquiduque Leopoldo.

Os soldados irlandeses, como parte do Tratado de Limerick em 1691, partiram em massa (14 mil soldados e 10 mil mulheres e crianças) para servir como mercenários na França na chamada "Fuga dos Gansos Selvagens". O termo "Gansos Selvagens" — título de um filme de 1978 sobre os mercenários na África — foi posteriormente usado para se referir aos mercenários irlandeses que serviram nos exércitos europeus continentais nos séculos XVII e XVIII.

Os mercenários famosos do século XX incluem o psicopata ex-soldado britânico "coronel" Callan (nome verdadeiro Costas Georgiou), que lutou na guerra civil angolana (executado em 1976), e Morris "Duas Armas" Cohen (1887-1970), um ex-soldado judeu que se tornou guarda-costas do líder chinês Sun Yat-sen e, depois, seu chefe de inteligência. Hoje, os mercenários se vendem como empresas militares privadas, a mais famosa das quais é a Blackwater Worldwide, fundada em 1997 como Blackwater USA na Carolina do Norte e agora contratada pelo governo norte-americano para prestar serviços de segurança no Iraque.

Sir John Hawkwood, o mais famoso mercenário da Inglaterra, em um afresco equestre de Paolo Uccello (1397-1475) que se encontra na Catedral de Florença.

Aurangzeb, também conhecido como Alamgir ("Conquistador do Mundo"), foi o último dos grandes imperadores mongóis da Índia, que expandiu seu império e reinou por quase meio século, mas sua crueldade para com o pai foi vergonhosa até pelos padrões das rivalidades dinásticas, e sua repressão intolerante e a imposição da ortodoxia muçulmana sabotaram a tradição admiravelmente tolerante de seus grandes predecessores, os imperadores Babur e Akbar, o Grande. Assim, ele isolou seus milhões de súditos hindus, enfraqueceu seu império e deu início à decadência que levou à conquista britânica.

AURANGZEB 1618-1707

> *Pequei terrivelmente e não sei qual punição me aguarda...*
> **Suposta confissão de Aurangzeb em seu leito de morte**

Terceiro filho do Shah Jahan e de Mumtaz Mahal, na dinastia que descendia de Tamerlão, o conquistador mongol Aurangzeb foi um muçulmano piedoso desde tenra idade. Como jovem, ele demonstrou ser um administrador capaz e um soldado habilidoso a serviço do pai, mas se ressentiu do fato de Shah Jahan nomear seu filho mais velho e favorito, Dara Shikoh, como seu herdeiro, deixando Aurangzeb fora da linha de sucessão. Isso levou a um afastamento entre pai e filho e a uma rivalidade crescente entre Aurangzeb e Dara Shikoh.

A rivalidade entre os dois irmãos tornou-se cada vez mais amarga depois que o pai adoeceu, em 1657. O segundo filho de Shah Jahan, Shah Shuja, também desejava o trono imperial e o mesmo aconteceu com o quarto irmão, Murad Baksh. No entanto, a luta verdadeira ocorria entre Aurangzeb e o herdeiro natural. Para isso, Aurangzeb aliou-se com Murad contra Dara Shikoh, a quem derrotou em 1658. Enquanto Dara Shikoh fugia, Aurangzeb colocou o pai sob prisão domiciliar. Em um surpreendente ato de traição, ele atacou e derrotou Murad e ordenou que fosse executado. Ao mesmo tempo que fazia isso, tentou comprar Shah Shuja oferecendo-lhe um posto como governador. Mas não demorou muito para que Aurangzeb agisse contra o despreparado Shah Shuja, que foi derrotado, exilado e, depois, desapareceu — supostamente pelas mãos de agentes de Aurangzeb. Assim que derrotou Dara Shikoh novamente, Aurangzeb ordenou que seu último irmão sobrevivente fosse levado de volta a Delhi, acorrentado. Em 1659, na mesma época da coroação de Aurangzeb, Dara Shikoh foi executado publicamente e sua cabeça foi entregue ao pai, chocado e enlutado, em um ato de crueldade filial horrenda raramente igualada na história.

Com os irmãos impiedosamente fora do caminho, Aurangzeb começou a expandir seus domínios por meio de poderio militar, culminando três décadas depois com vitórias sobre os governantes de Bijapur e Golconda, que levaram o Império Mongol à sua maior extensão. Mas os problemas que iriam, por fim, enfraquecer fatalmente esse grande império começaram a emergir assim que Aurangzeb subiu ao trono. Imediatamente a vida na corte tornou-se marcantemente mais austera, alinhada com a interpretação mais rígida e puritana do Islã que era seguida pelo novo imperador. Proibiram-se a música e as obras de arte — como retratos e estátuas —, que podiam ser consideradas idolatria, e foram proscritas. Em um ato de maiores consequências, o imposto *jizya* sobre os não muçulmanos, que havia sido deixado de lado por seus predecessores, foi reinstituído, enquanto a adoração não muçulmana foi ativamente desestimulada, e muitos templos hindus foram destruídos.

Não é de surpreender que essas medidas tenham provocado resistência violenta. Uma revolta *pachtun* irrompeu em 1672 e só foi suprimida com dificuldade. Em 1675, Aurangzeb provocou uma grande rebelião depois de executar o líder *sikh*, guru Tegh Bahadur, por este ter se recusado a se converter ao Islã. Os três auxiliares mais próximos ao guru também foram executados com ele: um foi serrado ao meio, outro queimado vivo e o terceiro mergulhado em água fervente. Como no caso da revolta *pachtun*, essa rebelião também acabou sendo contida.

Depois, os maratas, uma casta guerreira hindu da área de Decão, no oeste da Índia, também se rebelaram. Por todo o seu reinado, Aurangzeb foi obcecado com a conquista do planalto de Decão, independentemente do custo (financeiro ou humano) ou dos impedimentos práticos — como a relutância dos povos hindus da área a ser subjugados. Durante o fim dos anos 1660, as forças mongóis pareciam ter colocado grande parte do Decão sob seu controle, e houve uma oportunidade para um acordo de paz com o senhor marata, Chatrapati Shivaji Maharaj. Entretanto, Aurangzeb traiu Shivaji, que então liderou uma insurreição que conseguiu expulsar os exércitos mongóis do Decão no início dos anos 1670. Depois da morte de Shivaji, em 1680, seu filho e sucessor, Chatrapati Sambhaji Maharaj, continuou a liderar a resistência a Aurangzeb. Nessa época, o próprio filho do imperador, Akbar, deixou a corte mongol para lutar ao lado dos maratas contra o pai.

Em 1689, Sambhaji foi finalmente capturado, torturado publicamente e executado. No entanto, em vez de pacificar a região, isso apenas inflamou a oposição. Quando o imperador morreu, em 1707, o Império Mongol era perturbado por agitações internas.

Na época de sua morte, o império estava com problemas financeiros e seu povo se encontrava exaurido e agitado. A imposição do fundamentalismo islâmico de Aurangzeb havia apagado o gênio tolerante de seus antecessores heroicos.

O imperador Aurangzeb em um retrato à tinta, datado do século XVIII.

O BURACO NEGRO DE CALCUTÁ

Cinquenta anos depois do imperador Aurangzeb, a influência britânica na Índia era tal que o último nababo independente de Bengala, Siraj-ud-Daulah, acreditava que estavam conspirando para derrubá-lo, um medo agravado pela recusa repetida do governador de Calcutá de parar de aumentar as fortificações até Forte William, no coração da cidade. Segundo a lenda, em junho de 1756, os homens de Daulah atacaram Calcutá e, depois de tomar a guarnição local da Companhia Britânica das Índias Orientais, forçaram rapidamente sua rendição, trancando os soldados derrotados em uma pequena sala sem janelas — 18 pés (5,5 metros) de comprimento por 14 pés (4,3 metros), reservada para pequenos criminosos. Segundo o depoimento posterior do comandante da guarnição, um homem chamado John Holwell, em seu livro *A genuine narrative of the deplorable deaths of the english gentlemen and others who were suffocated in the Black Hole*, 146 pessoas foram aprisionadas nesse espaço minúsculo e quase sem ar, e 123 delas morreram devido ao suplício. Havia surgido a lenda do "Buraco Negro de Calcutá".

Em 1915, contudo, em um artigo de J. H. Little, intitulado "The Black Hole — The Question of 'holwell's veracity'", foram formuladas sérias questões em relação à confiabilidade de Holwell como testemunha, porque foi comprovado que 146 pessoas não poderiam ter sido confinadas em uma sala com as dimensões mencionadas. Os sobreviventes também discordavam quanto à sala ter ou não uma janela. Mais tarde, no século XX, foi publicado um relato revisado afirmando que 64 prisioneiros foram colocados na sala (21 dos quais sobreviveram) — ainda uma experiência horrenda, mas consideravelmente menos chocante do que a história original. Análises posteriores, como a pesquisa realizada pelo estudioso indiano Brijen Gupta, em 1959, questionaram se o incidente realmente acontecera, sugerindo, em vez disso, que ele havia sido inventado como parte de uma campanha realizada pela Companhia das Índias Orientais para invalidar o governante bengali, retratando-o deliberadamente como um bárbaro selvagem. Estudos mais recentes concluíram que o Buraco Negro realmente existiu, embora em uma escala menor do que a afirmada por Holwell, mas provavelmente resultou de inaptidão administrativa, não de brutalidade deliberada.

O Buraco Negro de Calcutá, onde o nababo de Bengala supostamente prendeu soldados britânicos depois da queda do Forte William, em 1756. Uma lenda espalhou-se rapidamente afirmando que apenas 23 dos 146 prisioneiros britânicos sobreviveram, mas agora se sabe que essa história é comprovadamente um mito.

Conspirador, traidor, ladrão, sonhador e mentiroso mais famoso na história inglesa, Titus Oates foi diretamente responsável pela execução de mais de 30 homens e pela tortura e ruína de muitos outros. Em 1678, Oates inventou o "Complô papista", que mergulhou a Inglaterra em um frenesi de histeria anticatólica e, por algum tempo, ele foi saudado como um herói nacional. Enquanto Oates manipulava os medos do país para seu próprio engrandecimento, um contemporâneo observou que "seu maior prazer era ser temido por todos e prejudicar o máximo de pessoas possível".

TITUS OATES — 1649-1705

> *Se ele for um mentiroso, ele é o melhor e mais hábil que já vi, mas mesmo assim é algo estupendo pensar que vastas preocupações venham a depender das evidências trazidas por um jovem que por duas vezes já mudou de religião.*
> SIR HENRY COVENTRY, 1678, QUANDO TITUS OATES DAVA EVIDÊNCIAS DIANTE DO CONSELHO PRIVADO

Oates, que foi criado por um pai violento e nada amoroso, tendia a ter convulsões, a babar e vivia com o nariz escorrendo. Sua aparência pessoal era igualmente infeliz, com uma perna mais curta que a outra, "o rosto com a cor de um arco-íris e o resto do corpo negro, com orelhas mal posicionadas... pescoço curto... queixo magro e um tanto pontudo".

Em 1667, Oates matriculou-se na Universidade de Cambridge, mas saiu antes de se formar. Dizendo que havia concluído um curso, trabalhou por um breve período como pregador em uma paróquia em Kent, em 1673, mas foi obrigado a se demitir depois que a congregação expressou alarme diante de seu temperamento violento. Seu segundo emprego, como cura para o pai em Hastings, também foi breve e terminou quando ele recebeu uma intimação por perjúrio por ter acusado falsamente o professor local de sodomia com um de seus alunos.

Completamente desacreditado e fugindo da lei, Oates foi para Londres e conseguiu abrir caminho para um trabalho como capelão naval a bordo do navio Adventure, com destino a Tânger, mas foi demitido em 1676 por atividades homossexuais.

Condenado por perjúrio por seu papel na fabricação de evidências do Complô papista de 1678, Titus Oates ficou em pé em um suporte de madeira, com as palavras testis ovat *("a testemunha se alegra", um anagrama de seu nome) acima da cabeça.*

Em março de 1677, tendo esgotado completamente a paciência de todos os protestantes com quem havia entrado em contato e sem a menor sombra de sinceridade, Oates decidiu mudar de religião.

Ele procurou o padre Berry, um sacerdote mentalmente instável, e foi aceito na Igreja Católica Romana. Depois de um breve período em que mendigou e roubou de seus novos colegas católicos, ele conseguiu um lugar no Colégio Jesuíta Inglês em Valladolid, na Espanha. Foi lá que assumiu uma nova identidade, o piedoso convertido "Titus Ambrose of Ambrosius", e começou a reunir parte das informações que usaria depois para criar suas histórias de traição papista. Meses mais tarde, Oates já tinha se reinventado como "Samson Lucy", afirmando enganosamente que havia obtido um diploma da Universidade de Salamanca, e se mudara para outro seminário católico, em Saint-Omer, no norte da França.

Em Saint-Omer, os colegas de Oates rapidamente perderam a paciência com seu temperamento difícil, e um deles chegou a quebrar uma panela na cabeça dele. Expulso em 1678, Oates procurou um antigo conhecido, o dr. Israel Tonge, um pregador protestante que falava de fogo e enxofre e era obcecado com a crença de que os jesuítas estavam conspirando contra a Inglaterra. Não sendo mais bem-visto pelas instituições católicas, Oates afirmou então ter evidências em primeira mão de um "complô papista" para matar o rei Carlos II e substituí-lo por seu irmão católico, Jaime, duque de York.

Tonge, depois de conseguir uma breve audiência com o rei, passou as alegações de Oates às autoridades em 1678. Na atmosfera de pânico que se seguiu, apesar da natureza fantástica de suas afirmações, Oates foi convocado a depor diante da Casa dos Comuns. Sob interrogatório, sua história tornou-se mais confusa e contraditória, mas ele era hábil ao mentir, usando os preconceitos anticatólicos de seu público. Suas "evidências" provocaram uma onda de prisões, principalmente de padres jesuítas inocentes, mas também de alguns lordes católicos de destaque. Muitos suspeitos foram horrivelmente torturados. No total, mais de 30 homens foram considerados culpados de traição e executados. Em recompensa por seus atos, Oates recebeu uma pensão e uma sala em Whitehall. Sem nenhum sinal de humildade, ele se cobriu de glórias com o agradecimento do Parlamento, passou a usar vestes eclesiásticas e a se apresentar como o salvador da nação.

No final, Oates exagerou em suas mentiras e até tentou envolver a rainha no complô. Perturbado diante da investigação legal e com sua posição privilegiada desfazendo-se diante de seus olhos, começou a fingir doença e a desmaiar durante os interrogatórios. Em 1684, as alegações infundadas haviam desabado completamente e o duque de York processou-o por calúnia, recebendo 100 mil libras de indenização de Oates. No ano seguinte, após o duque de York subir ao trono como Jaime II, Oates foi preso, julgado, condenado a prisão perpétua e obrigado a usar na cabeça uma inscrição que se referia a seus "horríveis perjúrios". Como parte de sua punição, ele recebia cinco chibatadas por ano e foi colocado no pelourinho, onde era alvejado com ovos e frutas podres.

Oates nunca demonstrou nenhum remorso pelas vítimas de sua rede de mentiras. Depois da fuga de Jaime II, em 1688, e da restauração da monarquia protestante, ele foi libertado, mas logo dilapidou a pensão que lhe fora concedida por Guilherme III. Morreu em 1705, falido. A história de Oates revela tanto sobre os preconceitos sectários da Inglaterra do fim do século XVII — que ele havia usado de modo tão efetivo — quanto sobre sua própria desonestidade e sangue-frio.

TRÊS TEORIAS FAMOSAS DE CONSPIRAÇÃO

Mesmo em nossa era moderna racional de internet e notícias 24 horas por dia, os mitos irracionais podem ser mais influentes do que os fatos científicos. Como muitas outras teorias de conspiração na história, o suposto complô papista de Oates só teve tanta influência porque jogou com os medos e as esperanças das pessoas.

A teoria mais famosa de conspiração na história foi o documento conhecido como os Protocolos dos Sábios de Sião, supostamente as minutas de uma reunião de líderes judeus no primeiro Congresso Sionista na Basileia, em 1897, revelando seus planos para dominar o mundo.

Na realidade, o documento foi forjado em Paris, em alguma época entre 1895 e 1899, por Pytor Ivanovich Rachovsky, um agente da Okhrana (polícia secreta russa), que roubou a ideia de um romance extravagante, de 1868, chamado *Biarritz* e escrito por Hermann Goedsche, um funcionário público alemão e antissemita assumido. A falsificação russa tinha a intenção de aumentar o apoio ao czar Nicolau II, apresentando seus críticos como conspiradores judeus.

Além de provocar um surto de antissemitismo na Rússia, que durou muitos anos, a falsificação teve um legado ainda mais venenoso. Em Mein Kampf (Minha Luta), Adolf Hitler citou os Protocolos para apoiar sua argumentação contra os judeus, apesar do fato de um jornalista inglês já ter exposto o documento como falso. Até hoje, ele é considerado autêntico por grupos antissemitas como a Ku Klux Klan e islamistas extremados como o presidente Ahmadinejad do Irã, que até questionou a veracidade do Holocausto.

Outra teoria da conspiração com tons antissemitas foi o Caso Dreyfus, na França. Em 1894, o capitão Alfred Dreyfus, um judeu, que era oficial do exército e trabalhava no Ministério da Guerra, foi preso sob suspeita de fornecer informações militares aos alemães. Dreyfus foi transformado em bode expiatório pelos direitistas franceses, que o viam como instrumento daqueles que consideravam inimigos mortais da França: os alemães, os socialistas e os judeus. Dreyfus foi considerado culpado e enviado para a Ilha do Diabo, uma colônia penal francesa na América do Sul, apesar de uma campanha por sua liberação liderada pelo escritor Émile Zola, que foi obrigado a fugir da França e buscar asilo político na Inglaterra. Só após 1906 é que Dreyfus foi finalmente perdoado, muito depois de evidências irrefutáveis de sua inocência terem surgido.

Em nossa época, muitos teóricos da conspiração, iludidos, principalmente no mundo árabe, mas também no Ocidente, optaram por acreditar que os ataques terroristas de 11 de setembro de 2001, realizados pela Al-Qaeda contra os Estados Unidos foram obra do próprio governo norte-americano (para justificar as guerras contra o Afeganistão e o Iraque, que são países muçulmanos) ou de poderes misteriosos do judaísmo internacional, o que nos traz de volta ao antissemitismo insano dos Protocolos dos Sábios de Sião.

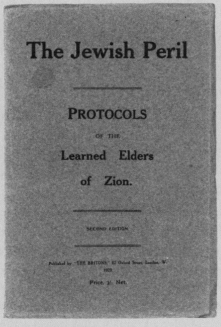

A primeira edição inglesa, publicada em 1920, dos Protocolos dos Sábios de Sião, um documento forjado pelos russos no século XIX, supostamente demonstrando que os judeus planejavam dominar o mundo. Traduções dos Protocolos ainda são publicadas em muitos países do Oriente Médio, nos quais o livro é considerado genuíno.

Nadir Xá, do Irã, foi um gênio militar e político que surgiu do nada e construiu um império, dominou seu país natal, derrotou imperadores mongóis e sultões otomanos, conquistou vastos territórios novos, roubou o Trono do Pavão para si mesmo, derrubou a dinastia Safávida para se elevar de um órfão escravizado e saqueador ao trono do Rei dos reis. Entretanto, ele afundou na brutalidade paranoide, em matança desenfreada e, finalmente, na insanidade que levou a seu assassinato. Conhecido como o "Segundo Alexandre", ele foi o trágico e assassino "Napoleão do Irã".

NADIR XÁ 1688-1747

> *Nadir de Isfahan invadiu [o Império Mongol] com suas tropas que pareciam as ondas do mar e massacrou todos os nativos das províncias de Cabul, do Punjab e Delhi imediatamente.*
> MUHAMMAD MUHSIN SADIKI, *JEWEL OF SAMSAM* (C. 1739)

Nadir era um membro de uma tribo turca que habitava uma área no norte do Irã. Começou a vida no anonimato. Seu pai morreu quando ele era pequeno, e Nadir e a mãe foram posteriormente raptados e escravizados por um bando de homens de uma tribo rival. No entanto, Nadir logo escapou e entrou para o serviço militar de um chefe local, uma posição em que se distinguiu, subindo rapidamente na hierarquia. Porém, depois de algum tempo, o obstinado Nadir abandonou o chefe e embarcou em uma vida de banditismo. Em meados dos anos 1720, ele contava com cerca de 5 mil seguidores.

Esse desprezo pela autoridade central não é de surpreender; esse era, afinal de contas, um período de profunda agitação na Pérsia. A tribo de origem de Nadir sempre havia sido leal aos xás Safávidas que haviam governado o país nos 200 anos anteriores. No entanto, no início do século XVII, o Império Safávida estava em declínio terminal. Em 1719, ele havia sido desafiado por seus antigos súditos afegãos que haviam invadido a própria Pérsia, e, três anos depois, o xá, Sultan Hussein, tinha sido deposto. Em resposta, Nadir tinha inicialmente cedido aos conquistadores afegãos, mas depois optou por se rebelar. Assim, ele se aliou a Tahmasp, o filho de Sultan Hussein, que estava tentando recuperar o trono do pai. As habilidades militares de Nadir logo foram reconhecidas e, em 1726, ele foi nomeado comandante supremo das forças de Tahmasp.

Em 1729, Nadir havia derrotado decisivamente os afegãos e restaurado Tahmasp no trono. Ele prosseguiu atacando os turcos otomanos e reconquistou os territórios que haviam tomado da Pérsia no Azerbaijão e na Mesopotâmia. Mas ele foi desviado por uma rebelião doméstica e, enquanto lidava com isso, o xá Tahmasp tentou reforçar suas próprias credenciais militares, lançando um novo ataque ao Império Otomano. Esse foi um movimento desastroso, e a maior parte do que Nadir havia conseguido foi perdida. Furioso com a incompetência de Tahmasp, Nadir o depôs em 1732, e em seu lugar colocou seu filho pequeno, Abas III — embora Nadir, como regente, tivesse o poder verdadeiro.

Em 1735, Nadir havia novamente recuperado os territórios perdidos para os otomanos. Mas essas realizações nos campos de batalha já não bastavam para Nadir. Em janeiro de 1736, ele convocou uma assembleia das mais importantes figuras políticas e religiosas da Pérsia e "sugeriu" que o jovem xá fosse deposto e ele, Nadir, fosse nomeado em seu lugar. Não é de surpreender que os notáveis reunidos dessem seu consentimento.

Nadir embarcou então em um frenesi de conquistas que lhe valeu o epíteto de o "Segundo Alexandre". Em 1738, atacou Kandahar, o último reduto dos afegãos. A cidade foi arrasada, e uma nova cidade, Naderabad, batizada em honra ao novo xá, foi construída em seu lugar. Nadir também enviou sua marinha através do golfo Pérsico, onde subjugou Bahrein e Omã. Depois, em 1739, lançou a campanha pela qual ficou mais famoso: seu ataque ao Império Mongol na Índia.

Os principais exércitos mongóis foram derrotados na Batalha de Karnal, em fevereiro de 1739, deixando o caminho aberto para Delhi, a capital mongol. Ao chegar à cidade, Nadir ordenou que seus habitantes fossem massacrados, resultando na morte de 20 mil a 30 mil pessoas em um único dia. A cidade foi então saqueada e todos os tesouros levados de volta para a Pérsia, inclusive o Trono do Pavão, que desde então simboliza a autoridade do xá. Mas a sede de conquistas de Nadir ainda não estava saciada e, enquanto passava pela Ásia Central, ele dominou otomanos, russos e uzbeques.

Em 1741, Nadir foi alvo de uma tentativa de assassinato, depois da qual ele se tornou ainda mais paranoide. Convencido de que seu filho mais velho, Reza Qoli Mirza, havia se envolvido na tentativa contra sua vida, ele ordenou que fosse cegado, enquanto os outros supostos conspiradores eram executados. A crescente severidade do governo de Nadir, em vez de esmagar a dissidência, serviu apenas para provocar novos surtos de agitação. Esses levantes eram abafados com reações cada vez mais ferozes, e Nadir tinha a reputação de mandar construir torres de crânios como uma demonstração do preço da deslealdade. Ao mesmo tempo, a disciplina férrea que ele impunha a seus soldados ficou cada vez mais dura. Essa inclinação para a crueldade acabou por se demonstrar fatal, pois em 1747, enquanto estava a caminho para confrontar outra rebelião, Nadir foi morto por soldados insatisfeitos.

Milhares morreram em suas mãos; seus impostos e guerras arruinaram seu próprio povo e, quando ele morreu, seu império desabou. Sua crueldade selvagem deu origem a uma lenda sombria. No entanto, ele realizou conquistas surpreendentes. Era tão brilhante quanto brutal; séculos depois, Stalin estudou Nadir Shah como um homem a admirar por sua grandeza com falhas, mas impiedoso.

Nadir Shah (1688-1747), xá da Pérsia (1736-1741) e fundador da dinastia Afshárida (1736-1761), retratado por um artista persa anônimo do século XVIII. Ele criou o maior e o mais poderoso império iraniano desde os Sassânidas, abarcando o Irã, o norte da Índia e partes da Ásia Central.

A REPÚBLICA ISLÂMICA DO IRÃ

Grande parte da terra que já foi governada por Nadir Shah forma hoje a República Islâmica do Irã, criada em 1979, depois da revolução popular que forçou a abdicação do xá Reza Pahlavi. Sua queda e exílio viram o retorno do aiatolá Ruhollah Khomeini, que direcionou a criação de um Shi'a — uma teocracia que fundiu um programa socioeconômico populista com o islamismo fundamentalista. Um ódio virulento ao "Grande Satã" dos Estados Unidos e ao Ocidente (como demonstrado pela crise dos reféns da embaixada norte-americana em 1979-1981 e pela *fatwa* de pena de morte emitida em 1989 contra o autor britânico Salman Rushdie por seu trabalho supostamente blasfemo, *Os versos satânicos*) e o antissionismo formaram o cimento que manteve a República unida. Embora aderisse a algumas formas democráticas, Khomeini estabeleceu uma rígida liderança teocrática que sufocou brutalmente a oposição, estabelecendo um controle brutal sobre a atividade política que nunca foi relaxado. O Líder Supremo, um aiatolá, apoiado pela elite da Guarda Revolucionária e por uma cruel polícia secreta, controla toda a polícia e coloca-se acima do presidente eleito e da assembleia.

Pouco depois da Revolução Islâmica, o Irã se viu mergulhado em uma crise causada pela invasão de Saddam Hussein à sua província de Khuzestão, rica em petróleo. E para repelir essa invasão, foi pago um alto preço em termos de vidas e de recursos. Desde então, a República transformou-se em um bastião da militância antiocidental no Oriente Médio, apoiando grupos terroristas — em especial, o Hezbollah, no Líbano, e o Hamas, em Gaza — a partir do início dos anos 1980 e patrocinando ataques suicidas a alvos israelenses e norte-americanos. O país também tentou se estabelecer como a potência islâmica líder, e sua aliança a um tipo Shi'a de islamismo constitui um grande desafio aos numerosos países sunitas na região, em especial à Arábia Saudita. Desde 2003, o Irã floresceu como uma superpotência regional, no vácuo provocado pela sangrenta guerra norte-americana no Iraque.

Khomeini foi sucedido como Líder Supremo pelo aiatolá Ali Khamenei, que bloqueou um fraco movimento de "reforma" nos anos 1990 e, em 2005, apoiou a eleição do atual presidente do Irã, Mahmoud Ahmadinejad, um demagogo radical e antissemita raivoso que negou o Holocausto, declarou que deseja exterminar Israel e cujo esforço de criar um arsenal nuclear iraniano, desafiando o Ocidente, ainda pode provocar uma catástrofe nuclear.

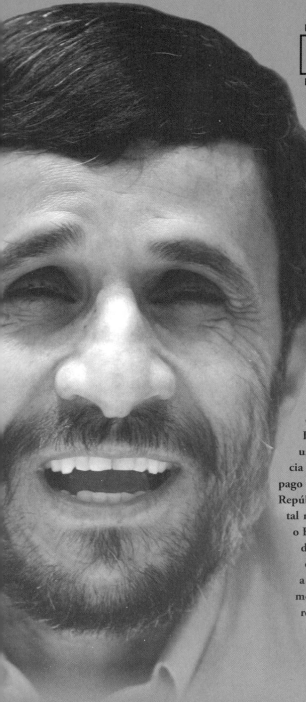

Mahmoud Ahmadinejad foi eleito presidente do Irã em 2005 com uma plataforma islamista populista. Ganhou notoriedade em abril de 2006, quando afirmou que Israel devia ser "varrido do mapa".

Robespierre foi o primeiro protótipo do moderno ditador europeu: sua visão beata da virtude republicana e o terror e o massacre brutal realizados em nome dela foram estudados com reverência pelos bolcheviques russos e ajudaram a inspirar os assassinatos em massa totalitaristas do século XX. Com a fama de "totalmente incorruptível", seu nome tornou-se um sinônimo da pureza fatal e corrupção degenerada do "Reinado do Terror" que se seguiu à Revolução Francesa, de 1789, e atingiu o clímax com a execução do rei Luís XVI, em 21 de janeiro de 1793. O Terror exemplificava não só os perigos corruptos dos monopólios utópicos da "virtude", mas também como, em última instância, essas caçadas consomem seus próprios filhos.

MAXIMILIEN ROBESPIERRE 1758-1794

> *Esse homem vai longe, ele acredita em tudo o que diz.*
> CONDE DE MIRABEAU, SOBRE ROBESPIERRE, NO INÍCIO DA REVOLUÇÃO

Nascido na região de Artois, no norte da França, Robespierre pertencia a uma família financeiramente segura, mas sua infância não foi feliz. O pai bebia e a mãe morreu quando ele tinha apenas seis anos. Mesmo assim, o jovem Maximilien conseguiu uma vaga para estudar direito no prestigioso Lycee Louis-le-Grand, em Paris, e logo fez seu nome como populista, defendendo os pobres contra os ricos.

Como muitos outros jovens profissionais que iriam impelir a Revolução Francesa — como o advogado fanático Louis de Saint-Just (mais tarde, chamado de "anjo da morte") ou o jornalista radical Jean-Paul Marat —, Robespierre absorveu animadamente as teorias do filósofo suíço Jean-Jacques Rousseau, cuja ideia de um "contrato social" dizia que um governo tinha de ser baseado na vontade do povo para ser verdadeiramente legítimo.

Embora desse importância à sua aparência e com frequência usasse as perucas empoadas associadas aos aristocratas do antigo regime francês, Robespierre — com sua voz fraca, baixa estatura e pele pálida — não tinha uma figura imponente. Mas como o conde

Uma caricatura anônima, do século XVIII, de Maximilien Robespierre extraindo dinheiro do povo francês.

de Mirabeau disse a respeito dele no início da revolução: "Esse homem vai longe, ele acredita em tudo o que diz".

Na esteira da invasão da Bastilha, em julho de 1789, o evento que desencadeou a revolução, Robespierre alinhou-se politicamente com a extrema-esquerda. Como representante de Artois na Assembleia Constituinte, criada em julho de 1789 para decidir sobre uma nova Constituição, ele se tornou intimamente envolvido com a facção radical chamada de Jacobinos, rivais dos mais moderados Girondinos. Suas ideias encontraram uma escuta simpática entre a burguesia parisiense, e ele subiu rapidamente, tornando-se Acusador Público em 1791 (o que lhe dava um poder de vida e morte sobre todos os cidadãos, sem possibilidade de julgamento nem recurso) e, um ano depois, primeiro deputado por Paris.

Uma paranoia implacável em relação aos inimigos potenciais da revolução assombrava-o e, em dezembro de 1792, quando Luís XVI foi levado a julgamento, Robespierre — um crítico acirrado do rei — insistiu que "Luís precisa morrer para que o país possa viver".

Acima de tudo, foi como um membro importante do "Comitê de Segurança Pública" que Robespierre forjou sua reputação sanguinária. Criado pela Convenção Nacional em abril de 1793, esse era um tribunal revolucionário investido com poderes ditatoriais ilimitados. Robespierre foi eleito membro em julho de 1793 e rapidamente instigou o chamado "Terror". Milhares de "traidores" — ostensivamente aqueles que tivessem expressado simpatia pela monarquia ou que pensassem que os jacobinos haviam ido longe demais em sua incansável perseguição aos "inimigos do povo" — foram reunidos sem julgamento e perderam a cabeça na guilhotina. Na verdade, qualquer um que Robespierre considerasse inimigo era liquidado, e o aparelho do estado era usado impiedosamente para silenciá-los. O próprio Robespierre garantiu que seus rivais Georges Danton e Camille Desmoulins fossem executados em abril de 1794.

Robespierre e seus aliados voltaram a atenção para a crescente oposição à revolução em Lion, Marselha e na rural Vendeia, no oeste da França. Depois que mais de 100 mil homens, mulheres e crianças haviam sido sistematicamente assassinados por ordem de Robespierre, o general revolucionário François Joseph Westermann escreveu em uma carta ao Comitê: "Vendeia não existe mais. Esmaguei as crianças sob os pés dos cavalos, massacrei as mulheres... exterminei-os. As estradas estão coalhadas de cadáveres". Para Robespierre, a virtude revolucionária e o "Terror" andavam de mãos dadas. Como ele afirmou, em fevereiro de 1794: "Se a fonte do governo popular em tempo de paz é a virtude, as fontes do governo popular na revolução são, ao mesmo tempo, a virtude e o terror: a virtude sem o terror é fatal; o terror sem a virtude é impotente".

Cada vez mais afastada por sua tirania, a Convenção Nacional voltou-se decisivamente contra Robespierre quando ele os acusou de conspirarem para expulsá-lo. Foi emitido um mandado para sua prisão e ele se recolheu à sua base de poder no Hotel de Ville, em Paris. Quando os soldados entraram no edifício para prendê-lo, Robespierre, rodeado por seus carrascos Georges Couthon, Louis de Saint-Just, Philippe Le Bas e Francois Hanriot, exibia um ferimento de bala (quase certamente autoinfligido) que abriu em dois seu maxilar. Sangrando em demasia, ele foi levado rapidamente e terminou por morrer na gilhotina, sofrendo o destino que tantos de seus adversários haviam tido.

Alguns veem Robespierre como um dos pais da democracia social e pensam que seus excessos revolucionários foram causados por seu empenho na causa do povo. No entanto, muitos mais o consideram como um ditador brutal que manipulou as massas parisienses para seus próprios fins, um déspota hipócrita cujo terror foi o precursor dos massacres totalitários de Hitler e Stalin na era moderna.

TORTURA E EXECUÇÃO

Durante a Revolução Francesa, as decapitações públicas tornaram-se algo como um esporte com espectadores. O equipamento usado para essas execuções em escala industrial era a guilhotina, uma alta armação de madeira com uma lâmina oblíqua que caía no pescoço da vítima. Os observadores diziam que a cabeça cortada, algumas vezes, permanecia alerta durante alguns segundos, com uma expressão de surpresa ou de indignação. Ironicamente, a introdução da guilhotina na França do fim do século XVIII tivera o objetivo de criar uma morte indolor. Inicialmente chamada de *louison*, a imprensa parisiense apelidou-a de "Madame Guillotin", por causa do dr. Joseph-Ignace Guillotin, membro da Assembleia Nacional Francesa e professor de anatomia que, em 1791, argumentara que todas as pessoas condenadas deviam sofrer o mesmo modo de execução, independentemente de classe social.

A guilhotina era comparada aos métodos anteriores de punição com a morte, como a evisceração, o desmembramento, a empalação, a crucificação, queimar na fogueira, ser fervido em óleo e ser esfolado vivo. Um procedimento de tortura, originário da Grécia antiga e comumente usado na Europa medieval, era a roda de Catarina — que recebeu esse nome por causa da mártir santa Catarina de Alexandria. A vítima era presa a uma grande roda de madeira, que era girada enquanto o executor fraturava cada um de seus membros com golpes de um garrote. Como um ato de misericórdia, os últimos golpes — de onde veio a expressão "golpe de misericórdia" — eram desferidos na cabeça e no peito. Depois da morte, os membros da vítima eram presos ao redor dos raios e levantados em um poste para que os corvos se alimentassem deles. Uma variação dessa tortura — quebrar na roda — era praticada na França até a revolução. A palavra *roue* (que originalmente significava "quebrado na roda", a partir da palavra francesa que significa roda) vem daí. Entretanto, a morte mais horrenda de todas era a *lingchi* chinesa, ou "morte por mil cortes", uma execução por pequenos cortes, realizada pela última vez diante de uma multidão em Pequim, em 1904, na execução de um assassino em série, Wang Weiqin, e outras duas vezes em 1905, antes de ser abolida nesse ano.

Outro método lento e horrendo de execução, preferido pela Inquisição Espanhola, envolvia esticar a vítima, algumas vezes até 30 centímetros, em uma prancha, com um sistema de polias. Enquanto as articulações estouravam e os ossos se partiam, o executor cortava os mamilos, a língua, as orelhas, o nariz e os genitais da vítima com tenazes ardentes. Outros métodos populares incluíam o garrote, um equipamento mecânico em que um fio ou corda ou faixa de metal era amarrado ao redor do pescoço da vítima e, depois, apertado gradativamente, provocando um estrangulamento lento.

Em 1888, Harold Brown — um dentista que era empregado de Thomas Edison, o inventor da lâmpada incandescente — criou a cadeira elétrica, que foi usada no ano seguinte em Nova York. A *Old Sparky*, como era chamada nos Estados Unidos, agora foi aposentada na maioria dos estados americanos, pois a cabeça das vítimas tem a infeliz tendência de estourar em chamas. Atualmente, a injeção letal é o método preferido, embora seja fato que várias execuções recentes com injeção letal, que foram lentas e dolorosas, tenham levado a campanhas para que essa prática seja abandonada. Na China, que é um dos países em que mais pessoas são executadas a cada ano, a vítima simplesmente leva um tiro na nuca, e sua família recebe a conta pela bala.

A China executou 470 pessoas em 2007, mas provavelmente o número de execuções foi maior. China, Irã, Arábia Saudita, Paquistão e Estados Unidos realizam 88% das execuções conhecidas anualmente.

Shaka foi o fundador e conquistador do Império Zulu e criador da nação zulu. Gênio militar de incrível energia, era também um tirano violento, paranoide, vingativo, cruel e autodestrutivo.

SHAKA 1787-1828

> *Ficamos sabendo que Shaka havia ordenado que um homem que estava em pé perto de nós fosse morto, mas não soubemos qual o crime; no entanto, logo descobrimos que essa era uma ocorrência comum no decorrer de um dia...*
> **LEMBRANÇAS DE UM CIRURGIÃO QUE VISITOU SHAKA EM 1824**

Shaka foi criado por um pai ausente e uma mãe forte, devotada e injusta em uma atmosfera de instabilidade, violência e medo. Seu pai, Senzangakona, era o chefe da tribo zulu, mas, de modo incomum, optou por casar com uma mulher de classe mais baixa do vizinho clã eLangeni. O casamento se desfez quando o jovem Shaka tinha seis anos, e sua mãe o levou de volta para os eLangeni; porém, ela foi deixada de lado lá por causa de seu casamento. O futuro líder não só passou o resto de sua juventude sem um pai, mas também teve de lidar com o estigma social que resultava de um casamento que trouxera "desgraça" à sua mãe. Sem conseguir aguentar isso, sua mãe foi para o exílio, e finalmente encontrou um lar no clã mtetwa, em 1802.

A sorte de Shaka começou a mudar quando, aos 23 anos — já alto, musculoso e surpreendente — ele foi chamado para prestar serviço militar para Dingiswayo, um chefe dos mtetwas. Como guerreiro, Shaka logo conseguiu uma reputação de habilidade e bravura, e ajudou os mtetwas a estabelecer seu domínio sobre muitos clãs menores, inclusive os zulus. Ele também testemunhou, em primeira mão, os esforços de Dingiswayo para reformar a organização e a atitude das forças armadas — lições que não esqueceu.

Em 1816, chegaram notícias de que o pai de Shaka havia morrido. Dingiswayo então liberou-o de seu serviço para que pudesse retornar e assumir seu direito de nascimento como chefe zulu. Embora os zulus fossem, na época, um dos menores clãs na costa leste do sul da África, Shaka tinha grandes planos para o futuro.

Ao retornar, ele imediatamente esmagou a oposição interna a seu governo. Depois, decidiu remodelar os zulus, transformando-os em um povo guerreiro. O exército foi reequipado e reorganizado, assumindo a formação de batalha de um "búfalo com chifres" que se tornaria sua marca. Quando implementada essa formação, seu objetivo era sempre o mesmo: a aniquilação das tropas inimigas.

Em uma época em que a maioria das "batalhas" se parecia com escaramuças, com pouco sentido de direção estratégica, a abordagem disciplinada e cruel de Shaka constituía uma revolução na guerra dos clãs. Seus exércitos rapidamente granjearam uma reputação aterradora, e Shaka começou a usá-los para redesenhar o mapa do sul da África.

Os primeiros a sentir sua ira foram os clãs mais próximos aos zulus ao longo da costa leste, inclusive os eLangenis. Shaka vingou-se de modo terrível dos que haviam entristecido sua mãe quando ele era criança, empalando os líderes do clã em estacas de madeira retiradas de suas próprias cercas.

Outras vitórias se seguiram, e depois de cada uma, Shaka incorporava os homens dos clãs derrotados a seu próprio exército. Dentro de um ano, ele havia quadruplicado o tamanho das forças que comandava. Quando, em 1817, Dingiswayo — que ainda era o senhor nominal de Shaka — foi assassinado por um rival, o chefe Zwinde, do clã ndwandwe, o caminho estava livre para a expansão ilimitada dos zulus.

Daí em diante, um clã depois do outro foi conquistado e suas terras foram devastadas. Aqueles que ficavam no caminho de Shaka tinham uma escolha cruel: submeter-se, fugir ou morrer. Os principais clãs da área, inclusive os ndwandwes, foram subjugados, o que também aconteceu aos numerosos pequenos clãs ao sul dos zulus. Em 1823, Shaka havia devastado grande parte do sudeste da África.

Não eram apenas os que tinham contato imediato com Shaka e suas forças que eram afetados. A fuga de milhares de pessoas para o interior do continente, com medo dos exércitos saqueadores de Shaka, dilacerou a estrutura de clãs estabelecida e a estrutura social do interior africano. No *mfecane* ("massacre") que se seguiu, aproximadamente 2 milhões de pessoas podem ter morrido quando esse "embaralhamento" interno na África fugiu ao controle.

O pior ainda estava por vir. Em 1827, a mãe de Shaka morreu, e o chefe guerreiro abandonou todo o senso de contenção. Ele não estava mais preocupado em estabelecer um grande Império Zulu, mas em infligir a dor que sentiu com a morte da mãe em tantas pessoas quanto possível. Na primeira fase de seu processo de "luto" público, cerca de 7 mil zulus foram massacrados. Mulheres grávidas foram mortas, seus maridos, e até mesmo o gado foi morto pelos agentes da fúria de Shaka.

A morte e a destruição haviam se tornado os únicos fenômenos que davam significado à vida de Shaka, e ele liberou seus exércitos para levar o fogo e a morte para toda parte. A violência só terminou quando Shaka foi assassinado por seus meio-irmãos Dingane e Mhlangana, em 1828. Uma vida que tinha prometido tanto terminou em desonra: esfaqueado até a morte com lanças, o antigo grande chefe foi enterrado sem cerimônia em um poço.

Na época de sua morte, Shaka governava mais de 250 mil pessoas e podia montar um exército com 50 mil soldados. Ele havia construído um grande reino a partir de quase nada, mas o preço pago pelos africanos comuns foi muito alto. Milhões haviam morrido em consequência da ambição desenfreada de Shaka.

Shaka, o brutal chefe zulu, carrega um grande escudo e uma lança, e veste uma roupa feita de grama ou penas com uma pena alta em sua cabeça, em uma ilustração do livro Travels and adventures in Eastern Africa, *de Nathaniel Isaacs [1836].*

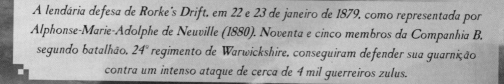

A lendária defesa de Rorke's Drift, em 22 e 23 de janeiro de 1879, como representada por Alphonse-Marie-Adolphe de Neuville (1880). Noventa e cinco membros da Companhia B, segundo batalhão, 24º regimento de Warwickshire, conseguiram defender sua guarnição contra um intenso ataque de cerca de 4 mil guerreiros zulus.

A QUEDA DO IMPÉRIO ZULU

Antes de sua morte, Shaka havia estabelecido relações amigáveis com os britânicos, mas não com os afrikaaners (bôeres), e, sob seu meio-irmão que lhe sucedeu, Dingane, ocorreram os primeiros embates armados com os colonos bôeres em Natal. Depois de uma vitória inicial, uma força zulu de vários milhares de homens sofreu uma derrota decisiva nas mãos de um contingente muito menor de bôeres na batalha do rio Blood, em dezembro de 1838, um evento que provocou uma guerra civil zulu com Mpande, outro meio-irmão de Shaka, que formou uma aliança com os bôeres e conseguiu derrubar Dingane. Nos anos que se seguiram, grande parte do Império Zulu caiu sob controle dos bôeres, mas a anexação formal britânica de Natal, em 1843, levou à devolução dessas terras aos zulus.

Daí em diante, até a segunda metade do século XIX, os britânicos não fizeram nenhum esforço organizado para confrontar os zulus. De fato, a política do governo era proteger a integridade do Império Zulu diante do expansionismo bôer. Tudo isso mudou, porém, em janeiro de 1879, quando, para acalmar os afrikaaners depois da anexação de Transvaal, dois anos antes, os britânicos instigaram a Guerra Zulu, com o objetivo de tomar a Zululândia, que era uma área madura para assentamento dos afrikaaners. Eles ordenaram que o rei zulu Cetshwayo, filho de Mpande, dispersasse seu exército em 30 dias; como ele não obedeceu, as hostilidades começaram.

Em setembro de 1879, Cetshwayo havia sido capturado e o território fora colocado sob controle britânico (embora não antes de os britânicos sofrerem uma derrota famosa na Batalha de Isandhlwana e terem ficado sob sítio em Rorke's Drift, um incidente comemorado para sempre no filme *Zulu*, de 1964). Embora os tumultos continuassem nos anos que se seguiram, a perspectiva de uma nação zulu independente havia sofrido um dano fatal. Em 1887, a Zululândia foi formalmente anexada à coroa, um movimento que assinalou a dissolução permanente do Império Zulu.

Behram foi o líder do culto Thug, na Índia, uma rede de sociedades secretas que praticavam assassinatos múltiplos em que ritual, roubo e sadismo tinham a mesma constância. Os Thugs — que deram origem à palavra thug (bandido) — continuam a ser um mistério; sem dúvida, alguns têm até questionado sua própria existência, sugerindo que podem ter sido meramente o produto de uma imaginação colonial britânica exagerada. Deixando de lado essas dúvidas, porém, os Thugs parecem ter existido por séculos, até serem extirpados pelos britânicos nos anos 1830 e 1840. Behram foi chefe, nos últimos anos da existência do culto, e pensa-se que ele e sua gangue podem ter sido responsáveis por cerca de mil assassinatos.

BEHRAM, MORTO EM 1840

> *A única coisa certa em todo o processo era que aqueles viajantes marcados para a morte pelos Thugs iriam morrer. Carregadores de tesouros e mercadores, nobres e sipais, todos sentiam a sinistra eficiência dos estranguladores, que se faziam de amigos e os atraíam a um lugar favorito, com as suspeitas acalmadas e, depois, os dominavam e matavam tão rapidamente que poucos chegavam a ter tempo de gritar...*
> MIKE DASH, THUG: THE TRUE STORY OF INDIA'S MURDEROUS CULT (2005)

Uma célula individual de Thugs consistia de 25 a 50 homens, e cada membro da gangue tinha um papel específico a desempenhar. A arma preferida do grupo era um pano cerimonial amarelo, o *rumal*, que era usado para estrangular a vítima — por isso os Thugs, às vezes, eram chamados de *phanseegurs*, ou "estranguladores". Eles geralmente atacavam viajantes — preferivelmente os ricos —, pois o desaparecimento dos que estavam em trânsito tinha menos probabilidade de ser percebido.

Depois de identificar seu alvo, os Thugs juntavam-se a suas presas na jornada com o pretexto de ajudá-las, e assim conquistavam sua confiança. Quando chegavam a um local pré-selecionado, o grupo acampava para passar a noite, e as vítimas, cansadas depois do esforço do dia, eram

Um membro do culto Thug, representado em um exemplar de 1858 de Illustrated London News. *Não se conhece nenhum retrato de Behram. Os Thugs cometiam múltiplos assassinatos em sua adoração à deusa da morte, Kali.*

levadas a sentir um falso senso de segurança, talvez sob a forma de música ou de outra distração. Subitamente, sem aviso, o assassino designado — o *bhurtote* — atacava. O *rumal* era passado sobre a cabeça da vítima e, enquanto um *shumsheera* ("segurador de mãos") impedia qualquer tentativa de luta, a vítima era estrangulada. Tudo acabava em questão de segundos. Qualquer companheiro de viagem era tratado de modo igualmente brutal.

Depois, os Thugs saqueavam as posses do morto e os corpos eram descartados, muitas vezes em túmulos não identificados que haviam sido preparados antecipadamente por outros membros da gangue. Algumas vezes, as vítimas eram cortadas: tinham os ossos quebrados e a barriga era aberta para facilitar o processo de enterro e impedir a formação de gás, o que poderia identificar o túmulo. Com a operação de limpeza terminada, o bando se desfazia, levando os despojos e deixando poucas evidências de que algo sinistro tivesse ocorrido.

A motivação para os assassinatos cometidos pelos Thugs continua desconhecida. Obviamente, a perspectiva de roubar os viajantes ricos tinha um claro incentivo financeiro. Contudo, é possível que houvesse motivos mais espirituais. Os Thugs eram devotos de Kali, a deusa hindu da morte e destruição, e a lenda diz que acreditavam que cada assassinato que cometiam atrasava em um milênio o retorno da deusa — um evento que se pensava ter consequências apocalípticas. Todo o processo envolvendo o assassinato era tratado com ritos elaborados e modos de comportamento prescritos. Havia, assim, regras claras sobre quem podia e quem não podia ser morto; por exemplo: só perto do fim da existência dos Thugs foi que as mulheres passaram a ser vistas como alvos legítimos e, mesmo então, isso não ocorreu em toda a rede. Da mesma forma, era dada importância particular à questão de quem devia ser assassinado primeiro se um grupo de vários viajantes estivesse sendo atacado. Tudo era investido de significado simbólico; este não era um banditismo impensado, nem uma chacina ao modo dos Dacoits.

Essa era a organização da qual Behram foi um *jemadar,* ou líder. Sua carreira como Thug durou cerca de quatro décadas, até que ele foi traído por um informante britânico (ou "aprovador" como eram chamados) e preso em 1837. Durante essa época, a célula que ele liderava parece ter sido incrivelmente competente. Em 1838, Behram admitiu ter "estado presente" em cerca de 931 assassinatos, embora um ano antes, logo depois de sua prisão, ele tenha afirmado: "Eu posso ter estrangulado com minhas próprias mãos cerca de 125 homens, e posso ter visto outros 150 serem estrangulados". Talvez, sabendo que estava destinado a morrer, ele tivesse começado a exagerar a extensão de seus crimes.

Behram foi enforcado pelos britânicos em 1840. O homem que havia supervisionado a morte de tantos homens e mulheres — a maioria deles com a echarpe que era a marca dos Thugs em volta do pescoço — descobriu que a forca finalmente o encontrara.

OS DACOITS

James Paton — por quem ficamos sabendo muito sobre Behram — trabalhou para o "Departamento de Thugs e Dacoits" da administração colonial da Índia britânica nos anos 1830. Os Dacoits formavam uma rede frouxa de "ladrões armados" que, como os Thugs, se especializavam em atacar viajantes no vasto e selvagem interior da Índia. Diferente dos Thugs, porém, eles nunca foram suprimidos pelos britânicos (nem pelas autoridades indianas que se seguiram).

Vários Dacoits ficaram famosos, nenhum mais do que Dau Maan Singh, um bandido responsável por cerca de 1.112 roubos e 185 assassinatos entre 1939 e 1955 na região de Madhya Pradesh, no centro-norte da Índia. Ele foi saudado por alguns como uma figura similar a Robin Hood, que atacava os ricos e partilhava sua riqueza com os pobres, embora haja poucas evidências de que ele dividisse os despojos com qualquer pessoa.

Outra Dacoit famosa foi Phoolan Devi (1963-2001), lembrada romanticamente como a "Rainha Bandida". Ela foi sequestrada por uma gangue Dacoit no fim dos anos 1970, o que a salvou de um casamento abusivo com um homem 20 anos mais velho, e mais tarde se tornou companheira do líder do grupo e membro do bando, sendo famosa por retornar com eles à sua aldeia, onde ela assassinou publicamente seu ex-marido. Depois de uma cisão interna do grupo, devido a distinções de casta, Devi foi mantida prisioneira por uma facção hostil, na aldeia de Behmai, onde membros da gangue a estupraram repetidamente antes que ela conseguisse escapar. Retomando a liderança de sua própria gangue, ela se vingou por meio do massacre de Behmai, em 1981, no qual 22 homens foram alinhados e alvejados na aldeia — um incidente que provocou um escândalo público e uma grande caçada humana. Embora Devi tenha conseguido fugir à prisão, sua saúde estava fraquejando e ela negociou sua rendição em 1983. Surpreendentemente, depois de ser liberada sob condicional em 1994, ela se tornou uma política e foi membro do Parlamento de 1996 a 1998 e de 1999 até ser assassinada, em 2001, provavelmente por vingança pelos eventos ocorridos em Behmai duas décadas antes. Imortalizada no filme *Rainha Bandida*, de 1994 — cuja exatidão ela questionou, processando os produtores —, ela continua a ser uma das mulheres mais famosas da Índia nos últimos 50 anos.

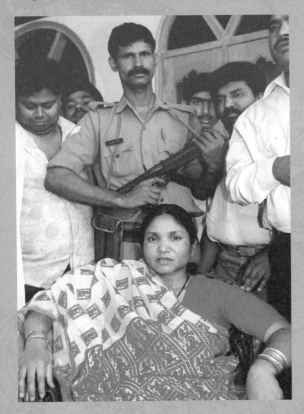

Phoolan Devi, a chamada "Rainha Bandida", apoiada por guarda-costas e partidários, durante sua campanha eleitoral de 1996 em Mirzapur, no estado de Uttar Pradesh, situado no norte da Índia. Em 2004, Sher Singh Rana, o principal réu no sensacional assassinato de Phoolan Devi, em julho de 2001, foi retirado de uma prisão de segurança máxima em Nova Delhi, aparentemente por um grupo de bandidos vestidos como policiais.

Jack, o Estripador, espreitava nas áreas mais lúgubres da Londres vitoriana, atacando os membros mais vulneráveis e excluídos da sociedade: as prostitutas. Em um surto desenfreado de desejo por sangue, ele assassinou ao menos cinco mulheres de agosto a novembro de 1888. O Estripador, também chamado de "o assassino de Whitechapel", ou "Avental de Couro", continua a ser o assassino mais famoso que nunca foi preso e o primeiro assassino em série a alcançar fama internacional. "O horror percorre a terra", diz um relato da época. "Os homens falavam disso com a respiração entrecortada, e mulheres de lábios pálidos estremeciam ao ler os horrendos detalhes."

JACK, O ESTRIPADOR

> *Mais mortes em Whitechapel, estranhas e horríveis. Os jornais fedem a sangue.*
> LORDE CRANBROOK, MINISTRO, 2 DE OUTUBRO DE 1888

Todos os assassinatos do Estripador aconteceram na área pobre de Whitechapel, leste de Londres, ou perto dela. As vítimas eram prostitutas de rua. Embora não tenham sido estupradas, em quase todos os casos a garganta foi cortada e a parte inferior do tronco mutilada de um modo que sugeria uma motivação sexual depravada para o assassinato e uma obsessão com úteros. A precisão cirúrgica com que os corpos foram manipulados fez com que a polícia pensasse que o assassino tinha, ao menos, algum conhecimento de anatomia ou de técnicas de corte em açougue.

Em 7 de agosto de 1888, Martha Tabram foi esfaqueada 39 vezes na escadaria de um bloco de apartamentos em Whitechapel e deixada com a parte inferior do corpo exposta. Há controvérsias quanto ao Estripador ser responsável, mas ele estava inquestionavelmente por trás da morte de Mary Ann Nichols, encontrada em uma travessa pavimentada em Whitechapel, em 31 de agosto, estrangulada e, depois, esfaqueada repetidamente na garganta, na barriga e nos genitais. Os detetives inspetores Frederick George Abberline, Henry Moore e Walter Andrews foram trazidos para ajudar nas investigações locais (e depois a polícia metropolitana se juntou a eles, com o detetive inspetor James McWilliam) e diversos suspeitos foram interrogados em relação aos dois assassinatos, mas as investigações não chegaram a uma conclusão. Depois, em 8 de setembro, começou a emergir um padrão, quando o corpo de Annie Chapman foi encontrado em Spitalfields com a garganta cortada e alguns dos órgãos arrancados do corpo.

O assassino claramente gostava do medo que estava criando. Em 30 de setembro, após matar a próxima vítima, Elizabeth Stride, no exterior do International Working Men's Club, em Dutfield's Yard, ele andou ousadamente para o leste, até Aldgate, provavelmente encontrando as patrulhas policiais que estavam passando a cada 15 minutos, e lá atacou Catherine Eddowes perto de um depósito. Logo depois de ser solta de uma delegacia onde fora parar por estar embriagada, ela foi encontrada de costas, com a garganta cortada, a barriga aberta e os órgãos removidos. A última vítima do Estripador foi Mary Jane Kelly, outra prostituta local, assassinada em seu quarto em Spitalfields e cortada em pedacinhos, em 9 de novembro.

Em 27 de setembro, no meio dos assassinatos, a Agência Central de Notícias recebeu uma confissão mal escrita, em tinta vermelha, assinada por "Jack, o Estripador". Embora isso possa ter sido falso, em 16 de outubro um comitê local, criado para manter vigília na área, recebeu o que parecia ser metade de um rim humano, aparentemente de uma das vítimas. Conforme as notícias de um assassino em série espreitando nas ruas surgiram na imprensa, o medo se transformou em histeria, e o chefe de polícia de Londres, sir Charles Warren, foi obrigado a renunciar.

Que era o Estripador? Especulações desenfreadas alegaram motivos políticos por parte dele. Seria ele um reformador social — talvez até Thomas Barnardo — ansioso para chamar a atenção pública para as condições esquálidas de áreas como Whitechapel? Poderia ter sido um nacionalista irlandês distorcido, talvez seu líder na Casa dos Comuns, Charles Stewart Parnell, que era conhecido por andar pelas ruas de Whitechapel e foi seguido por algum tempo pela polícia antes de ser descartado como suspeito? O escritor George Bernard Shaw parece ter dado algum crédito à ideia quando escreveu, em setembro de 1888: "(enquanto) nós, social-democratas convencionais desperdiçamos nosso tempo... algum gênio independente tomou o problema em suas mãos... simplesmente eviscerando quatro mulheres".

A sugestão mais controversa foi de que o príncipe Alberto Vítor, duque de Clarence e filho mais velho do príncipe de Gales, estava envolvido nos assassinatos, e que o governo e a família real tinham encoberto os crimes para evitar um escândalo. A ideia intrigou os teóricos da conspiração, em especial não só pelo fato de o príncipe ser conhecido por seu estilo de vida dissipado, mas porque diversas evidências sugeriam que ele estava em outro local quando vários dos assassinatos foram cometidos.

A suspeita caiu por algum tempo na grande comunidade judaica do leste de Londres, quando antigos preconceitos emergiram durante os assassinatos, com boatos de rituais religiosos de morte. O Estripador deixou algumas partes de corpos depois do assassinato duplo de 30 de setembro e escreveu a giz uma mensagem em uma escadaria afirmando que "Os Juwes são homens que não serão responsabilizados à toa". Aaron Kosminski — um judeu polonês que trabalhava como cabeleireiro em Londres antes de ser internado em um hospício em 1891 — foi, depois, considerado principal suspeito pelo chefe de polícia sir Melville Macnaghten, mas nenhuma acusação foi feita, apesar de Robert Anderson (chefe do Departamento de Investigação Criminal) e do inspetor-chefe Donald Swanson (a quem o caso foi temporariamente confiado) também considerarem Kosminski o principal suspeito. Outros, porém, afirmavam que a mensagem misteriosa na escadaria indicava uma conexão maçônica e que os Juwes representavam Jubela, Jubelo e Jubelum, mortos ritualmente, segundo a tradição maçônica, por terem assassinado o grão-mestre Hiram Abif.

Macnaghten também indicou outros três possíveis suspeitos: Montague Druitt, um advogado e professor que se interessava por cirurgia, considerado insano e depois encontrado morto; Michael Ostrog, um ladrão e vigarista russo que foi internado várias vezes em hospícios; e Francis Tumblety, um médico que fugiu do país sob a suspeita de ter assassinado Kelly. Outras sugestões incluíram Jacob Isenschmid, um açougueiro suíço insano; e Severino Klosowski, um cirurgião polonês que envenenou três esposas. Segundo a escritora de romances policiais Patricia Cornwell, porém, o candidato mais provável foi de fato um artista alemão chamado Walter Richard Sickert, cujos quadros incluíam inúmeras imagens misóginas

«Do inferno», um filme violento de 2001, dirigido por Albert e Allen Hughes, é um dos muitos retratos ficcionais da figura misteriosa do Estripador.

de ataques violentos a mulheres, embora os criminologistas tivessem anteriormente descartado Sickert como um possível suspeito.

Por que os assassinatos do Estripador pararam repentinamente? Será que ele teria sido internado em uma instituição mental e assim fora impedido de continuar sua matança? Será que ele morreu de sífilis ou até cometeu suicídio? Será que, depois de ter se manifestado de modo grotesco, ele teria se contentado em ficar novamente nas sombras? Será que ele se mudou para outro lugar quando a presença policial em Londres se tornou demasiada? Ou será que ele não parou, mas simplesmente mudou seu modus operandi, sendo culpado de não apenas cinco, mas de 11 assassinatos em Whitechapel, entre 3 de abril de 1888 e 13 de fevereiro de 1891? Ninguém pode dizer ao certo, mas a matança terminou tão abruptamente quanto começara.

O Estripador foi retratado, com base em alguns supostos avistamentos, como um homem de estatura mediana, usando um avental e carregando uma maleta preta de médico, repleta de bisturis, mas o jornal *The Star*, que relatava os fatos na época, captou muito mais intensamente o horror de seus crimes e o terror que ele provocou. "Um depravado anônimo — meio besta, meio homem — está à solta. Maldade hedionda, astúcia mortal, sede insaciável por sangue — todas essas são as marcas do homicida louco. A criatura demoníaca, espreitando sua vítima como um índio pawnee, está simplesmente bêbada com sangue e sempre quer mais."

ASSASSINOS EM SÉRIE FAMOSOS

TED BUNDY (1946-1989). Norte-americano. Confessou ter matado 30 mulheres jovens. Executado.

AMY ARCHER-GILLIGAN (1873-1928). Norte-americana. Considerada culpada do envenamento de seu marido e de cinco moradores de sua casa de repouso; pode ter matado muito mais do que se sabe. Declarada louca.

LUIS GARAVITO (nasceu em 1957). Colombiano. Confessou ter assassinado e estuprado 189 meninos. Preso.

H.H. HOLMES (1860-1896). Norte-americano. Confessou ter assassinado 27 hóspedes de seu hotel em Chicago, mas pode ter matado centenas. Executado.

BRUNO LUDKE (1908-1944). Alemão. Condenado (provavelmente por equívoco) pela morte de 51 pessoas, mas declarado insano por causa de sua deficiência mental. Morto por injeção letal.

DELFINA E MARIA DE JESUS GONZALEZ. Mexicanas. Condenadas em 1964 pelo assassinato de 80 prostitutas e 11 clientes no bordel que dirigiam.

FRED WEST (1941-1995). Britânico. Torturou, estuprou e assassinou pelo menos 12 mulheres jovens. Cometeu suicídio. Sua esposa, Rosemary (nascida em 1953), foi presa por seu envolvimento em dez dos assassinatos.

GARY LEON RIDGEWAY (nasceu em 1949). Norte-americano. Admitiu ser culpado da morte de 48 mulheres. Preso.

DR. HAROLD SHIPMAN (1946-2004). Britânico. Pensa-se que assassinou, pelo menos, 215 de seus pacientes. Cometeu suicídio.

O assassino em série Ted Bundy em um ataque de fúria em seu julgamento pelo assassinato de Kimberly Leach, dezembro de 1987.

William Walker foi o mais famoso dos saqueadores norte-americanos que, no século XIX, buscaram criar impérios particulares na América Latina. Walker, que por um curto período foi o presidente autonomeado da Nicarágua, era um aventureiro e oportunista de ambição e ganância impiedosas, que tentou estender o sistema de escravidão do extremo sul para a América Central e cujas campanhas foram responsáveis pela morte de milhares de latino-americanos.

WILLIAM WALKER
E OS FLIBUSTEIROS
1824-1860

> *...esse homem com um nome simples, o nome que hoje não significa nada, realizou aquilo em que se aventurava... ele estabeleceu um império no México e na América Central e, aliás, nos levou à guerra com toda a Europa.*
> RICHARD HARDING DAVIS, *REAL SOLDIERS OF FORTUNE* (1906)

Walker nasceu em Nashville, Tennessee, em uma família rica de ascendência escocesa. Estudou na Universidade de Nashville e também em Edimburgo, Heidelberg e Paris. Durante esse período na Europa, ele se qualificou como médico e também testemunhou as revoluções de 1848. Ao retornar aos Estados Unidos, praticou medicina na Filadélfia antes de se mudar para New Orleans, onde estudou direito e, por um breve período, foi dono e editor de um jornal.

Aventureiro e saqueador, o general William Walker construiu seu próprio império particular na Nicarágua antes de enfrentar a corte marcial e ser sentenciado à morte em 1860. Aqui, ele é representado rezando com um padre um pouco antes de sua execução. Em 1850, Walker mudou-se para a Califórnia, que era, na época, um ímã para centenas de aventureiros que, sem a aprovação do governo americano, lançaram olhares invejosos para as terras ao sul, nas quais se falava espanhol. Esses homens eram chamados de "flibusteiros", uma palavra derivada de filibustero, que, em espanhol, significa pirata ou saqueador. Walker logo se tornou o mais famoso deles. Embora tivesse pouco mais de 1,50 metro e fosse franzino, para seus admiradores ele era "o homem de olhos cinza do destino".

Walker era partidário do sistema de escravidão que sustentava a economia dos estados sulistas dos Estados Unidos, mas que sofria a oposição do norte. Como muitos outros partidários da escravidão, ele também acreditava que os Estados Unidos estavam fadados, por uma "manifestação do destino", a assumir o controle da América Central e, finalmente, da América do Sul. Esses homens acreditavam que o México não era forte o bastante para segurar as ambições das grandes potências, e que os Estados Unidos deviam se estabelecer como a força dominante na região antes que os franceses ou britânicos interviessem.

Em 15 de outubro de 1853, Walker zarpou de São Francisco com uma força de menos de 50 mercenários, com a intenção de tomar o controle dos territórios mexicanos de Sonora e da Baixa Califórnia. Aportando em La Paz, na Baixa Califórnia, ele proclamou a "República da Baixa Califórnia", criou um governo, declarou que o inglês seria o primeiro idioma e introduziu a Constituição da Louisiana, que permitia a escravidão.

O México foi rápido ao responder ao desafio de sua soberania, lançado por Walker, e enviou tropas a La Paz, obrigando Walker a mudar sua sede para Ensenada, onde ele declarou a República de Sonora. No entanto, em maio de 1854, Walker e seus homens foram obrigados a voltar para os Estados Unidos, onde ele foi julgado, mas inocentado de romper as leis de neutralidade do país.

Imperturbado, Walker arrecadou dinheiro e soldados para outra investida colonial, e em maio de 1855, apesar da oposição das autoridades federais, ele zarpou de São Francisco, com destino à Nicarágua, que se encontrava em meio a uma luta pelo poder. A facção que estava perdendo havia convidado Walker — que agora tinha uma reputação internacional de mercenário brutal — para socorrer sua causa. Ele continuou a apoiar o exército da Nicarágua e recebeu o título de generalíssimo. Recebeu ainda mais apoio financeiro dos partidários da escravidão nos Estados Unidos, deu a si mesmo um monopólio no comércio marítimo da Nicarágua e alterou as leis antiescravagistas do país que já existiam havia 30 anos.

Em 12 de julho de 1856, Walker atingiu o auge de seu poder e se tornou presidente da Nicarágua. Ele foi oficialmente reconhecido pelos Estados Unidos e até começou a recrutar soldados para novas conquistas na Guatemala, El Salvador, Honduras e Costa Rica. Porém, uma coalizão desses países montou uma campanha militar bem-sucedida contra ele — ao custo de milhares de vidas — e, em maio de 1857, Walker foi obrigado a se entregar à mercê da marinha dos Estados Unidos, que o levou para casa.

Em novembro de 1857, depois de reunir ainda uma outra força, dessa vez em Mobile, no Alabama, Walker aportou novamente na Nicarágua, mas logo foi capturado pela marinha norte-americana e repatriado novamente. Tendo escapado mais uma vez a um processo, em 1860 ele liderou seu quarto e último ataque à América Central, mas foi capturado pela Marinha Real ao chegar a Honduras. Entregue às autoridades hondurenhas, Walker foi julgado por uma corte marcial e executado em 12 de setembro de 1860, com apenas 36 anos.

O orgulho de Walker era inextinguível. Por toda a sua vida, seu ego colocou-o em situações perigosas: durante o período que passou na Califórnia, ele lutou três duelos em nome da honra e foi ferido em todos eles. Um renegado que acreditava estar destinado a conquistar e a governar um grande império, ele fracassou ao aceitar os crescentes obstáculos à sua frente. Na realidade, suas missões estavam fadadas ao fracasso, e seu orgulho ao tentar impor sua vontade à América Latina foi sua perdição.

GENERAL NORIEGA

Manuel Antonio Noriega governou o Panamá de 1983 a 1989 como um ditador militar brutal, inicialmente com o apoio dos Estados Unidos. Nas décadas de 1960 e 1970, como um importante comandante na Guarda Nacional do Panamá, ele havia liderado uma campanha cruel contra as guerrilhas que lutavam contra o governo militar do país e também era considerado responsável pelo "desaparecimento" de centenas de dissidentes políticos. Enquanto isso, seu apoio tinha sido periodicamente utilizado pela CIA.

Em 1983, Noriega tomou o poder e concedeu aos Estados Unidos direitos comerciais favoráveis no Panamá. Ele também deu ajuda às facções de direita apoiadas pelos Estados Unidos nos conflitos que ocorriam na Nicarágua e em El Salvador. Em outubro de 1984, tentou alcançar alguma legitimidade democrática, convocando eleições presidenciais. Mas, quando percebeu que a derrota era iminente, simplesmente interrompeu o processo eleitoral e continuou seu governo militar. Centenas de críticos do regime foram torturados ou "desapareceram" por ações dos "Batalhões da Dignidade", a força paramilitar pessoal de Noriega. Quando, em 1985, Hugo Spadafora, da oposição panamenha, tentou voltar do exílio na Costa Rica, ele foi capturado na fronteira, torturado e decapitado.

Enquanto isso, os Estados Unidos haviam começado a olhar desconfiados para Noriega, suspeitando que ele fosse um agente duplo e estivesse passando informações valiosas para Fidel Castro em Cuba. Os Estados Unidos também suspeitavam que Noriega estivesse ajudando o cartel de traficantes de drogas de Medelín, de Escobar; e em 1988, ele foi indiciado por tráfico de drogas. Dentro do Panamá, à medida que o movimento de oposição, chamado de Cruzada Cívica, ficava mais difícil de reprimir, a posição de Noriega se tornava cada vez mais fraca.

Em 1989, depois de Noriega ignorar os resultados de outra eleição, o presidente George Bush ordenou a invasão do Panamá. O general se refugiou na embaixada do Vaticano, mas acabou sendo obrigado a sair em 3 de janeiro de 1990, depois que as forças norte-americanas tocaram *rock* em volume alto do lado de fora do prédio, dia e noite, na tentativa de desalojá-lo. Levado para Miami, Noriega foi julgado e aprisionado por tráfico de drogas, crime organizado e lavagem de dinheiro e sentenciado a 40 anos de prisão, mais tarde reduzidos a 30. Tanto a França quanto o Panamá, onde ele havia sido condenado por homicídio *in absentia*, pediram sua extradição.

O general Manuel Noriega, líder militar panamenho, em uma conferência de países caribenhos e centro-americanos.

Francisco Solano López, ditador do Paraguai, foi um ufanista que, em nome da honra e do prestígio nacional, levou seu país à beira da destruição total nas mãos do Brasil, da Argentina e do Uruguai. Capaz de grande crueldade pessoal, López era um fanfarrão iludido, um psicopata inepto e um assassino em massa. Megalomaníaco, era obcecado com sonhos de grandeza e acreditava que se tornaria o Napoleão da América do Sul. No entanto, ele agiu de modo desastroso, com consequências fatais para si mesmo, sua família e para o país que dizia amar.

SOLANO LÓPEZ 1827-1870

> *Um monstro sem igual.*
> GEORGE THOMPSON, ENGENHEIRO
> INGLÊS NOMEADO OFICIAL
> NO EXÉRCITO DE SOLANO LÓPEZ

López foi o filho mais velho do presidente Carlos Antonio López, um tirano impiedoso que governou o Paraguai de 1844 até sua morte, em 1862. López havia sido criado para suceder ao pai e foi promovido a general-brigadeiro com apenas 18 anos. Ele se tornou um jovem cada vez mais orgulhoso e arrogante, e gostava de se fazer retratar montado a cavalo ou com uniforme militar, com uma profusão de fitas e insígnias, e com barba negra cerrada cobrindo um rosto um tanto arredondado. Desde a adolescência, era um ávido sedutor, capaz de um charme e eloquência pegajosos, mas que tendia a se impor pela força se seus avanços fossem rejeitados.

Em 1853, o jovem López viajou para a França em uma missão diplomática em nome do pai. Em Paris, embriagou-se com a pompa política, a cerimônia imperial e o exibicionismo do imperador Napoleão III. Estudou as campanhas do primeiro Napoleão e acreditava que tivesse um talento para estratégias. Enquanto ele estava em Paris, Elisa Lynch, uma bela jovem irlandesa que ele levou para o Paraguai, se tornaria sua amante pelo resto da vida.

Quando seu pai morreu, em 1862, López tomou rapidamente o poder, aprisionando os possíveis rivais e sendo devidamente eleito presidente pelo Congresso paraguaio. Em seu leito de morte, o pai supostamente alertou-o sobre os perigos da agressão estrangeira. No entanto, apesar de ter crescido tão perto do núcleo da política paraguaia, López mostrou pouca sensibilidade diante da natureza precária do equilíbrio do poder na região e resolveu ser o Napoleão III da América do Sul. De modo tolo, em 1863, apenas um ano depois do início de seu governo, ele permitiu que o Paraguai se envolvesse na guerra civil que acontecia no vizinho Uruguai, em que tanto o Brasil quanto a Argentina — as nações mais poderosas da América do Sul — tinham interesses.

Inflado com seu senso de importância pessoal, López acreditava que poderia agir como árbitro entre esses poderes em luta e, assim, se estabelecer como o senhor dominante na América do Sul. Desse modo, em novembro de 1864, declarou guerra ao Brasil e enviou suas tropas para além da fronteira. Em dezembro, ele havia tomado o estado de Mato Grosso, conhecido por suas valiosas minas de diamante; mas, em vez de consolidar sua posição, López exigiu o direito de estacionar tropas em Corrientes, uma província da Argentina que era estrategicamente importante em sua campanha contra o Brasil. Em abril de 1865, depois de a Argentina ter recusado, López lançou uma invasão desastrosa.

Em 1º de maio de 1865, Brasil, Argentina e Uruguai deixaram suas diferenças de lado e se uniram contra o Paraguai. Uma incursão tola ao Uruguai em 1865 havia levado as forças de López ao ponto de ruptura e, em maio de 1866, seu exército sofreu uma terrível derrota nas mãos dos aliados em Tuiuti. Em julho de 1867, López estava em plena retirada, e seus inimigos o perseguiam e o fizeram voltar rapidamente para o Paraguai.

Conforme a sorte do Paraguai na "Guerra da Tríplice Aliança" declinava rapidamente, López voltou sua fúria contra seus compatriotas paraguaios. Em meados de 1868, ele estava convencido de que sua própria família estava conspirando contra ele e ordenou a execução de seus irmãos e de seu cunhado, e mandou que a mãe e as irmãs fossem flageladas. Naquele que ficou conhecido como o massacre de San Fernando, López torturou e matou homens e suas famílias — muitos milhares deles —, incluindo ministros, juízes, funcionários públicos qualificados e até mesmo diplomatas estrangeiros. Todos foram executados sem julgamento, apenas pela suspeita de serem desertores ou traidores.

Essas ações eram o sinal de um homem desesperado. Conforme os inimigos se aproximavam, López foi impelido para o norte com o esfarrapado resto de seu exército, em direção à fronteira do Paraguai com o Brasil. Ali, em 1º de março de 1870, ele foi morto por soldados brasileiros enquanto tentava fugir nadando em um rio.

Karl Marx certa vez escreveu sobre Napoleão III, comparando-o a seu tio, o grande Napoleão I, que todos os episódios históricos ocorrem duas vezes: da primeira vez como história e da segunda como farsa. A vida de Francisco Solano López talvez sugira que eles podem ocorrer pela terceira vez, com farsa misturada a tragédia, em proporções iguais. Alguns paraguaios consideram López um herói nacional, preparado para lutar pela honra de seu país a qualquer custo. Esse custo, porém, incluiu a vida de aproximadamente 45% da população do Paraguai, assassinada por López ou morta nas guerras.

Solano López, o governante corrupto e megalomaníaco do Paraguai, de 1862 a 1870, representado aqui em uma gravura contemporânea de Émile Bayard.

ELISA LYNCH

Até hoje os paraguaios estão divididos em relação à figura de Elisa Lynch. Aqueles que veem o governo de Solano López como um episódio nobre na história paraguaia colocam sua amante irlandesa em um pedestal como a versão paraguaia de Evita Perón: uma visionária sedutora e regeneradora do país. Por outro lado, para os que consideram o governo de López um desastre, provocado pelo sadismo e pelo orgulho, Lynch foi uma sedutora bela, profana e sanguinária, a Jezebel latina-celta que atiçava o ego de seu amante, incentivando-o a embarcar em suas aventuras militares desastrosas que o colocaram contra sua própria família e o incentivaram a matar.

Elisa Alicia Lynch nasceu em 30 de junho de 1835, no condado de Cork, na Irlanda, filha de um médico protestante, John Lynch, e de sua esposa, Adelaide Schnock. Em 1847, a família mudou-se para Paris e, em 1850, quando tinha apenas 15 anos, Elisa casou-se com um cirurgião militar francês.

O casamento acabou em divórcio, e Elisa já estava trabalhando como cortesã quando foi apresentada a López, em 1853. Para o corpulento López, ela deve ter parecido uma beleza, com uma figura alta e voluptuosa, cabelo ruivo comprido, olhos azuis e pele de porcelana. O caso amoroso deles desenvolveu-se rapidamente e, quando chegou a hora de López voltar ao Paraguai, Lynch estava grávida. Apaixonado, López deu-lhe recursos para que o seguisse até a América do Sul. Ela deu à luz o primeiro dos cinco filhos em outubro de 1855, não muito depois de chegar a Buenos Aires.

Logo acomodada em Assunção, em um esplendor palaciano, Elisa ao mesmo tempo deliciou e horrorizou a alta sociedade paraguaia com seu charme, suas afetações parisienses e seu comportamento travesso, sem falar na importação da cozinha, da música, dos perfumes, da moda e da arte franceses. Durante a guerra, López tornou sua amante a maior proprietária de terras no Paraguai, ao lhe dar grandes trechos de terrenos, inclusive diversas fazendas lucrativas e mais de 20 casas para seu uso pessoal. Mas a sorte dela estava ligada à dele e, dias depois de ele ser morto, todas as suas terras foram confiscadas. Ela fugiu de volta para Paris, mas não inteiramente de mãos vazias, pois levou com ela milhares de libras em joias e dinheiro. Mais tarde, retornou ao Paraguai para reclamar suas terras, mas foi rapidamente deportada de volta a Paris, onde morreu em 1886.

Elisa Alicia Lynch, conhecida como "Madame Lynch", a bela e mortal amante irlandesa do ditador paraguaio Francisco Solano López, em um retrato provavelmente de 1855.

Bela, astuta e cruel, a imperatriz viúva Cixi foi a arquetípica "mulher dragão". Ela saiu das sombras para se tornar a governante efetiva da China por 47 anos, durante os quais presidiu sobre um declínio humilhante as fortunas do país. Na segunda metade do século XIX, a dinastia Qing, que havia governado a China por mais de 250 anos, lutava para lidar com os desafios trazidos pela modernização e pela pressão crescente das potências europeias. Depois de sofrer derrotas militares nas mãos de seus rivais estrangeiros e de confrontar uma crescente insatisfação interna, a última dinastia imperial chinesa finalmente caiu em 1911. Ninguém contribuiu mais para esse colapso do que a própria imperatriz viúva.

IMPERATRIZ DOWAGER CIXI

1835-1908

> *Depois que esta notícia for emitida para instruir vocês, aldeões... se houver quaisquer cristãos convertidos, vocês devem se livrar rapidamente deles. As igrejas a que eles pertencem devem ser totalmente queimadas. Todos que tentarem poupar alguém ou desobedecer às nossas ordens, ocultando cristãos convertidos, serão punidos segundo os regulamentos e morrerão queimados para impedir que atrapalhem nosso programa.*
> PÔSTER BOXER, 1900

Quando ela entrou na casa do imperador Xianfeng como sua concubina, em 1851, a futura imperatriz viúva era conhecida como "senhora Yehenara, filha de Huizheng". Ela recebeu o nome de "Yi" logo depois e, então "nobre consorte Yi", depois do nascimento de seu filho Zaichun, em 1856. Quando o imperador morreu, em 1861, Zaichun assumiu o trono e, para refletir sua nova posição como "divina mãe imperatriz viúva", Yi recebeu o título de "Cixi", que significa "maternal e auspiciosa".

Antes de sua morte, Xianfeng havia encarregado oito "ministros regentes" de governar durante a minoridade de seu filho, mas um golpe palaciano fez com que o poder passasse para a consorte do

Cixi quando jovem. Ela foi tanto imperatriz quanto imperatriz viúva e governou efetivamente a China de 1861 até morrer, em 1908. A dinastia imperial Qing desabou três anos depois.

imperador falecido, mãe imperatriz viúva Ci'an, e para a divina mãe imperatriz viúva Cixi. Auxiliadas pelo ambicioso príncipe Gong, elas desfrutariam um período de 12 anos de governo compartilhado, exercendo o poder "nos bastidores".

Zaichun, renomeado Tongzhi (que significa "governo coletivo"), teve posteriormente permissão de começar seu reinado em 1873, mas as duas matriarcas, que haviam provado o sabor do poder, não tinham a intenção de se recolher calmamente à aposentadoria. Cixi, em especial, continuou a dominar o jovem imperador, fazendo-o aceitar sua autoridade.

Depois de apenas dois anos, Tongzhi morreu, mas a subida ao trono do sobrinho de quatro anos de Cixi, o imperador Guangxu, fez com que as duas mulheres fossem renomeadas regentes. Seis anos depois, em 1881, a imperatriz Ci'an morreu subitamente, provocando boatos de que Cixi a havia envenenado. A morte de Ci'an abriu caminho para que Cixi exercesse um poder ilimitado, o que foi ainda mais reforçado em 1885, quando ela tirou o príncipe Gong dos cargos que ocupava.

Nessa época, a imperatriz viúva havia acumulado uma imensa fortuna pessoal. Em um momento de crescente crise financeira para a China, ela construiu uma série de palácios e jardins extravagantes e um túmulo luxuoso para si mesma. Enquanto isso, sufocava todos os esforços de reforma e modernização. Em 1881, proibiu os chineses de estudar no exterior por causa do possível influxo de ideias liberais. Quando foram feitas propostas para uma grande ferrovia que abriria o acesso a grande parte da China, ela vetou os planos, afirmando que seria "barulhento demais" e iria "perturbar os túmulos dos imperadores".

O jovem imperador Guangxu deveria assumir as rédeas do poder em 1887. Ela instigou diversas autoridades da corte para que lhe pedissem que prolongasse seu governo, devido à juventude do imperador. Ela concordou "relutantemente" e foi aprovada uma nova lei que lhe permitia continuar "aconselhando" o imperador indefinidamente.

Mesmo depois de ela finalmente ter entregue o poder a ele, em 1889, e ter se retirado para o enorme Palácio de Verão que havia construído para si mesma, Cixi continuou a supervisionar a corte imperial. Ela obrigou o novo imperador a se casar com sua sobrinha, Jingfen, contra a vontade dele. Quando mais tarde ele desprezou sua esposa para passar mais tempo com a consorte Zhen — chamada de "Concubina de Pérola" —, Cixi fez com que Zhen fosse açoitada.

Em meados dos anos 1890, a imperatriz viúva insistiu em desviar fundos da marinha chinesa para pagar uma extensa renovação de seu Palácio de Verão para celebrar seu sexagésimo aniversário. Quando o Japão declarou guerra contra a China, em 1894, as forças armadas chinesas foram derrotadas. Os reformadores ganharam a confiança do imperador Guangxu e, em 1898, ele lançou seus "primeiros 100 dias" de medidas.

A imperatriz viúva não se dispôs a ceder nem um centímetro. Em setembro de 1898, ela organizou um golpe militar que efetivamente retirou Guangxu do poder. Ele continuou a ser o imperador nominal até 1908, mas foi declarado "incapaz" para governar o país em um édito que ela mesma redigiu.

O maior erro de Cixi foi o apoio à Rebelião Boxer, de 1900. Seu anúncio de apoio ao movimento Boxer, que ela considerava um bastião dos valores tradicionais chineses contra as influências liberais ocidentais, fez com que as potências ocidentais marchassem sobre Pequim e invadissem a Cidade Proibida. Cixi foi obrigada a fugir, e a autoridade imperial só foi restaurada depois de o imperador assinar um tratado humilhante. Cixi morreu em novembro de 1908, deixando Puyi, de dois anos, como imperador. Derrubado pela revolução de 1911, brevemente reinstalado em 1917, transformado em um imperador fantoche de Manchukuo pelos japoneses de 1932 a 1945, ele foi o último imperador da China. Cixi havia cavado o túmulo do império chinês.

A GUERRA DOS BOXERS

A Revolta dos Boxers, iniciada em 1900, era liderada por um grupo clandestino, os Punhos Harmoniosos e Justiceiros (os Boxers), que ensinava artes marciais a seus membros e até afirmava que podia treiná-los para serem imunes às balas. A revolta começou na província de Shandong e conseguiu seguidores entre os pobres da zona rural. Ela produzia propaganda de massa acusando os missionários católicos de atos de abuso sexual e os imigrantes ocidentais de tentar sabotar a China. Ataques violentos a estrangeiros e missionários tornaram-se comuns.

Acreditando que o movimento poderia ajudá-la a se manter no poder, Cixi endossou a rebelião como uma expressão da cultura popular chinesa. Daí em diante, os tumultos antiocidentais e a destruição da propriedade estrangeira aumentaram e, no verão de 1900, um "exército" Boxer sitiou embaixadas ocidentais em Pequim. O exército imperial chinês foi cúmplice no ataque e pouco fez para auxiliar os que se defendiam. Foi preciso a chegada de tropas internacionais para acabar com o cerco (depois do qual a cidade foi saqueada) e vários meses para que a revolta fosse apaziguada.

Ironicamente, a rebelião aumentou a interferência estrangeira na China. O Protocolo Boxer, de 1901, não só obrigou o governo chinês a concordar com uma alta indenização, mas também deu aos países ocidentais importantes concessões comerciais e lhes permitiu estacionar forças permanentemente em Pequim — um outro insulto ao senso de orgulho nacional ferido que fora um dos motivos do início da rebelião abortada.

Uma ilustração no Le Petit Journal *retrata as cabeças decapitadas dos rebeldes em exibição durante a Rebelião Boxer de 1900.*

Leopoldo II, rei dos belgas, foi o colonizador hipócrita e ambicioso que desenvolveu a vasta e lucrativa colônia africana central do Congo a um terrível custo humano. Ele criou um império pessoal imenso, explorando e matando milhões de pessoas, para construir sua fortuna, transformando o coração da África no Coração das Trevas, *de Joseph Conrad.*

LEOPOLDO II — 1835-1909

> *Muitos foram baleados, alguns tiveram a orelha cortada, outros foram amarrados com cordas ao redor do pescoço e do corpo e levados para outro lugar...*
> ROGER CASEMENT, RELATANDO PARA O SECRETÁRIO DO EXTERIOR BRITÂNICO SOBRE O TRATAMENTO DOS NATIVOS NO ESTADO LIVRE DO CONGO DE LEOPOLDO.

Leopoldo sucedeu ao pai, Leopoldo I, em 1865. Ele evitou cuidadosamente envolver a Bélgica na Guerra Franco-Prussiana de 1870-1, percebendo que seu pequeno país não tinha influência na política de poder da Europa. A neutralidade europeia não se devia a uma mente elevada; ao contrário, as ambições de Leopoldo se estendiam além da Europa, e, em 1876, ele confidenciou a seu embaixador em Londres: "Não quero perder uma boa chance de conseguir para nós uma fatia desse magnífico bolo africano".

Leopoldo voltou seus olhos para os recursos naturais inexplorados da bacia do rio Congo, coberta por densa floresta tropical e com extensão oito vezes maior do que a da Bélgica. Em 1876, ele formou a Association Internationale Africaine para promover a exploração e a colonização da África e, dois anos depois, contratou o explorador britânico-americano Henry Morton Stanley para explorar a região do Congo. Comprando terras das tribos locais por uma pechincha e enganando-as para que entregassem suas terras ao controle europeu, Stanley requisitou enormes extensões do Congo para Leopoldo. Assim foi criado o "Estado Livre do Congo", para o qual Leopoldo obteve reconhecimento internacional na Conferência de Berlim de 1884-1885.

O Estado Livre do Congo só era livre no nome. Não era nem mesmo uma colônia belga, mas sim propriedade pessoal de Leopoldo, da qual ele obtinha lucros enquanto explorava os ricos recursos naturais da área, especialmente borracha e marfim. Leopoldo nunca visitou o Congo, preferindo governá-lo por meio de uma série de agentes, cujos próprios lucros eram recebidos por meio de comissões.

A ordem no Estado Livre do Congo era mantida pela Força Pública, uma força mercenária notoriamente cruel formada por 20 mil homens, comandada por europeus, mas que tinha africanos mal pagos como soldados de infantaria. A Força Pública era encarregada de coletar a "taxa da borracha", um imposto opressivo que, de fato, exigia o trabalho forçado: ao chegar às aldeias tribais, os agentes de Leopoldo capturavam as mulheres e crianças e se recusavam a soltá-las até que os homens fossem para a floresta e trouxessem a quantidade exigida de borracha que então era vendida, enchendo os cofres de Leopoldo.

A fim de impedir que gastassem munição na caça a animais selvagens, a Força Pública tinha de justificar cada bala atirada, trazendo-a de volta na mão direita de sua vítima. As mãos de milhares de congoleses inocentes foram cortadas por mercenários, quer estivessem mortos ou vivos. As aldeias eram queimadas, os habitantes eram torturados e alguns relatos sugerem até mesmo que os membros da Força Pública se envolvessem em canibalismo. A sede de Leon Rom, o soldado belga bárbaro encarregado da Força Pública, era cercada por centenas de cabeças decepadas.

Essas atrocidades provocaram a morte de cerca de 10 milhões de pessoas, metade da população do Congo, nas mãos da Força Pública ou por fome e privações. Enquanto isso, Leopoldo se apresentava ao resto da Europa como um humanitário, determinado a libertar a área do flagelo do tráfico de escravos árabe e a disseminar a "civilização" europeia. Mas os missionários cristãos que penetravam no coração do Congo contavam uma história muito diferente, e relatos dos horrendos abusos começaram a chegar à Europa.

Na primeira década do século XX houve diversas rebeliões tribais. Elas foram brutalmente suprimidas, mas serviram para provocar mais investigações a respeito das condições no Estado Livre do Congo. Em 1900, Edmund Dene Morel, um comerciante inglês, começou uma campanha contra as horríveis condições no território e, em 1903, o Ministério de Relações Exteriores Britânico deu ao diplomata Roger Casement a tarefa de ir até o Congo para descobrir o que acontecia. O detalhado relatório de testemunha ocular de Casement fez muito para fomentar a revolta internacional, e escritores como Arthur Conan Doyle, Joseph Conrad e Mark Twain uniram-se à campanha. Em 1908, o Parlamento belga finalmente votou para anexar o Congo, retirando-o da propriedade de seu próprio rei, e acabando com o controle que ele tinha sobre a região.

Foi somente em 1960 que o Congo conseguiu sua plena independência, mas o legado brutal de Leopoldo II ainda continua a assombrar o país, que sofreu com anos de guerra civil na qual milhões de pessoas foram mortas. Leopoldo morreu em 17 de dezembro de 1909, uma figura odiada e vergonhosa, que justificou seu comportamento no Congo até o fim de sua vida. Mark Twain escreveu que o rei idoso era um "bode velho ganancioso, cobiçoso, avarento, cínico e sedento de sangue", enquanto para Arthur Conan Doyle o estupro do Congo foi simplesmente "o maior crime na história".

Leopoldo II, rei dos belgas, em uma foto tirada em 1905.

CORAÇÃO DAS TREVAS

Leopoldo II declarou que seu objetivo ao colonizar as selvas da África era "abrir para a civilização a única parte de nosso globo onde ela ainda não penetrou, trespassar a escuridão que paira sobre povos inteiros". A estarrecedora hipocrisia da afirmação de Leopoldo foi impiedosamente dissecada no romance de Joseph Conrad, publicado em 1899, *Coração das Trevas*, que expôs o mal que estava então sendo perpetrado no Congo em nome da civilização.

Conrad (1857-1924) recebeu o nome de Jozef Teodor Konrad Korzeniowski, em sua Polônia natal, e viveu nesse país até os 16 anos. Ele é amplamente considerado um dos melhores romancistas de fala inglesa e um mestre da prosa, uma realização extraordinária considerando-se que ele só aprendeu a falar inglês fluentemente aos 20 anos, quando trabalhava como marinheiro em navios britânicos. Embora o Congo não seja citado nominalmente, *Coração das Trevas* baseia-se em suas experiências em um barco a vapor no rio Congo na década de 1890. Grande parte da narrativa é contada por meio de Marlow, um capitão de barco a vapor, mas o personagem central do livro é Kurtz, um louco e corrupto comerciante de marfim, possivelmente baseado em Leon Rom, o líder da Força Pública no Congo. Kurtz, que havia tomado parte em atrocidades inomináveis e se estabelecido como líder de tribos locais, personifica os paradoxos da experiência colonial. Ele foi intelectual, poeta e proponente entusiasmado da "civilização colonial", mas se transformara em um caçador selvagem de cabeças, que havia escrito "Exterminem todos os brutos". Em seu leito de morte, depois de sucumbir à febre, seu rosto exibe uma "expressão de orgulho sombrio, de poder cruel, de terror covarde" quando ele grita "O horror! O horror!", um fatídico veredicto sobre o legado do colonialismo.

Os melhores dentre os inúmeros trabalhos de Conrad são *Lorde Jim* (1900), *Nostromo* (1904), *O agente secreto* (1907) e *Sob os olhos do Ocidente* (1911). Muitos foram transformados em filmes, inclusive *O agente secreto* por duas vezes (*Sabotagem*, de Alfred Hitchcock, em 1936, e o epônimo filme de 1996, com Bob Hoskins, Patricia Arquette e Gerard Depardieu); e *O duelo* (1908), em *Os duelistas* (1977) de Ridley Scott. *Coração das Trevas* foi a inspiração para o filme clássico de Francis Ford Coppola, *Apocalypse Now* (1979), passado no contexto da Guerra do Vietnã, com Marlon Brando no papel do norte-americano coronel Kurtz.

Uma visão do rio Congo, cenário do romance Coração das Trevas, *de Joseph Conrad.*

Jacob H. Smith, o general norte-americano conhecido como "Hell Roaring Jake", ou "Howling Jake", tornou-se famoso por suas atrocidades contra civis na Guerra de Independência das Filipinas (1899-1902). Comparáveis a escândalos posteriores como o Massacre de My Lai, no Vietnã (1968), e os assassinatos de Haditha, no Iraque (2005), as ações de Smith nas Filipinas mancharam indelevelmente a reputação dos militares dos Estados Unidos.

JACOB H. SMITH E A
Guerra de Independência das Filipinas
1840-1918

> *Quanto mais matarem e queimarem, mais isso vai me agradar.*
> **General Jacob Smith, 1901**

Não se sabe muito sobre o início da vida de Smith, mas ele começou a ficar conhecido durante a Guerra Civil norte-americana, lutando pela União, e era considerado um dos oficiais mais bem-sucedidos dentre os que tinham a tarefa de recrutar negros para os exércitos da União. Posteriormente, foi indiciado por usar o dinheiro reservado para novos recrutas para custear um trabalho pessoal paralelo de especulação com uísque, ouro e diamantes e, em consequência, foi removido de sua posição como juiz militar.

Nas décadas que se seguiram, houve várias ocasiões em que o temperamento volátil de Smith colocou-o em dificuldades, muitas vezes com homens de patente superior. Certa vez, em meados da década de 1870, ele teve problemas por ter insultado um coronel e, em 1885, depois de um incidente em um bar no Texas, enfrentou a corte marcial por "conduta imprópria a um oficial e a um cavalheiro". Smith também foi envolvido em vários casos em tribunais civis, a maioria por não ter pago dívidas de jogo.

No fim do século XIX, tudo sugeria que Smith seria lembrado apenas como um inútil e dissoluto. No entanto, seu destino seria transformado pelo início da guerra entre Espanha e Estados Unidos em 1898, que terminou com a transferência de diversas colônias espanholas para os Estados Unidos. Uma dessas colônias, as Filipinas, não estava disposta a trocar o governo espanhol pelo norte-americano, e — tendo anteriormente travado uma luta bem-sucedida contra seus senhores espanhóis — os filipinos lutaram por sua independência, iniciando uma guerra de três anos em junho de 1899. Jacob H. Smith, então coronel, estava entre os soldados norte-americanos enviados para as Filipinas.

Diante do poder de fogo e do treinamento superiores dos soldados norte-americanos, os filipinos optaram por travar uma guerra de guerrilha. Em um incidente famoso na ilha de Samar, em 1901, 40 soldados norte-americanos foram mortos em um único ataque, no que ficou conhecido como o "Massacre de Balangiga". O episódio provocou protestos nos Estados Unidos, e o presidente Theodore Roosevelt ordenou que o governador militar das Filipinas, o major general Adna Chaffee, controlasse novamente as ilhas.

Um cartum publicado na imprensa em 5 de maio de 1902, mostrando a ordem do general Jacob (Howling Jake) Smith para "matar um a cada dez", em um dos episódios mais tristemente famosos da Guerra da Independência Filipina. A legenda inferior diz: "Criminosos porque nasceram dez anos antes de tomarmos as Filipinas".

Em resposta, Chaffee promoveu Smith ao posto de general-brigadeiro e o colocou no comando da "Campanha de Samar". Smith esboçou sua estratégia para um de seus subordinados, o major Littleton Waller. "Não quero prisioneiros", declarou ele. "Quero que vocês matem e queimem; quanto mais matarem e queimarem, mais isso vai me agradar. O interior de Samar deve ser transformado em uma região selvagem e queixosa." Waller recebeu ordens de garantir que todas as pessoas capazes de pegar em armas contra os Estados Unidos, isto é, qualquer um acima de dez anos, fossem executadas. Os assassinatos em represália que se seguiram roubaram cerca de duas a 3 mil vidas. Em uma tentativa de romper a resistência filipina, Smith também executou uma política de arrasar as terras e interditou o suprimento de alimentos para Samar.

De modo incrível, Smith não via nada de errado no que havia feito; pelo contrário, ele realmente se vangloriou de seus esforços para os jornalistas, afirmando que tais medidas eram apropriadas quando se lutava contra "selvagens". No entanto, as revelações do que ocorrera em Samar provocaram escândalo quando se tornaram públicas, e Smith mais uma vez enfrentou uma corte marcial por "conduta para prejudicar a boa ordem e a disciplina militar". Em maio de 1902, ele foi considerado culpado, repreendido e obrigado a se demitir.

Smith — agora conhecido como "o Monstro" — morreu em 1918. Um ano antes, depois de os Estados Unidos entrarem na 1ª Guerra Mundial, ele havia se oferecido como voluntário para servir nas trincheiras. Entretanto, não havia caminho de volta para Smith. Não só ele já era velho demais, mas, mais significativo, sua conduta enquanto usara um uniforme norte-americano havia provocado um grande constrangimento ao governo. De fato, as atrocidades que seus soldados cometeram em Samar continuam a lançar uma sombra sobre as relações entre os Estados Unidos e as Filipinas até hoje.

A INVENÇÃO DO CAMPO DE CONCENTRAÇÃO

Durante a Guerra de Independência das Filipinas (1899-1902), os Estados Unidos construíram um campo de concentração na ilha de Marinduque. No entanto, os campos de concentração foram inventados pelos britânicos, especificamente por lorde Kitchener, que criou o primeiro durante a 2ª Guerra dos Bôeres (1899-1902). O conflito havia evoluído em uma revolta que colocou "comandos" bôeres contra soldados regulares britânicos. Kitchener reagiu com uma ordem de que todos os bôeres não combatentes deveriam ficar "concentrados" em acampamentos criados especialmente em parte para garantir a segurança deles, enquanto ele iniciava a aplicação de uma política de "terra arrasada" no Transvaal e na Colônia do Cabo, mas também para negar às guerrilhas bôeres a "água" em que "nadavam". Embora Kitchener fosse um general bastante duro, ele não era um monstro. Porém, os campos de concentração foram administrados com incompetência: 28 mil bôeres reclusos morreram em epidemias, o que provocou escândalo, investigações e a interrupção de uma política ruim.

Na Alemanha nazista e na União Soviética sob o comando de Stalin, os campos foram peças centrais das políticas estatais de genocídio e terror. Estima-se que 15 mil campos de trabalho e de extermínio tenham sido criados nos países ocupados pelos nazistas, dentre eles Bergen-Belsen (70 mil mortes estimadas), Buchenwald (56 mil), Dachau (31.591), Flossenburg (30 mil), Neuengamme (55 mil), Ravensbruck (90 mil) e Sachsenhausen (100 mil) na Alemanha; Auschwitz-Birkenau (2,5 milhões), Belzec (600 mil), Chelmno (320 mil), Gross-Rosen (40 mil) Majdanek (360 mil), Plaszow (9 mil) Sobibor (250 mil), Stutthof (65 mil) e Treblinka (870 mil) na Polônia; Mauthausen-Gusen (95 mil) na Áustria; Sajmiste (100 mil) na Sérvia; Salaspils (101 mil) na Letônia; Theresien-stadt (Terezin) (35 mil) na Tchecoslováquia; e Maly Trostenets (65 mil) em Belarus.

Na União Soviética, Stalin criou milhares de *gulagui* — campos de trabalho "corretivo" — em pelo menos 476 complexos separados, que incluíam Kolyma, Norilsk e Vorkuta, todos localizados ao norte do Círculo Polar Ártico. Em um momento, entre 1929 e 1953, os *gulagui* continham uma estimativa de 7 milhões de prisioneiros, dos quais cerca de 700 mil morriam a cada ano. Dezoito milhões de pessoas passaram por eles durante o governo de Stalin. Os *gulagui* foram oficialmente abolidos em 1960.

Mais recentemente, campos como locais de aprisionamento, tortura e assassinato reapareceram na Europa com a brutal "limpeza étnica" dos conflitos dos Bálcãs na década de 1990. Os 677 campos na Bósnia, que abrigavam principalmente muçulmanos bósnios e croatas bósnios, incluíam Omarska (7 mil prisioneiros; 5 mil mortos), Keraterm (3 mil; 300), Trnopolje (6 mil; número desconhecido), Heliodrom (6 mil; número desconhecido) e Manjaca (3.737; número desconhecido).

Famílias bôeres em um campo de concentração britânico durante a 2ª Guerra dos Bôeres (1899-1902), em uma imagem de Le Petit Journal, *20 de janeiro de 1901. Cerca de 28 mil internos bôeres morreram em campos como esse, os primeiros a serem criados para confinamento e controle de civis em época de guerra.*

Lothar von Trotha emitiu uma das primeiras ordens para genocídio historicamente documentadas. Sob seu comando, aproximadamente 90% da tribo herero do Sudoeste Africano Alemão (atual Namíbia) foi exterminada em um ato deliberado de aniquilação que inspiraria outros racistas genocidas por todo o restante do século XX.

LOTHAR VON TROTHA
1848-1920

> *Eu apago tribos rebeldes com rios de sangue e rios de dinheiro. Só depois dessa limpeza é que algo novo pode surgir.*
> LOTHAR VON TROTHA

Quando chegou à África, em 1894, Adrian Dietrich Lothar von Trotha era um veterano das guerras Austro-Prussiana e Franco-Prussiana. Seu primeiro posto na África foi como comandante das forças coloniais na África Oriental Alemã (hoje Tanzânia, Ruanda e Burundi), e enquanto esteve lá ele granjeou uma reputação de alguém que não aceitava nenhuma oposição dos nativos. Seguiu-se um breve período na China, no qual ele teve um papel importante, ajudando a sufocar a Rebelião Boxer antiocidental.

Em maio de 1904, Von Trotha foi nomeado comandante em chefe no Sudoeste Africano Alemão, que estava então tomada por uma grande rebelião, liderada pela tribo herero. Ele chegou à colônia à frente de 10 mil homens pesadamente armados, determinado a resolver o "problema herero". Primeiramente, ordenou que suas forças fizessem uma ampla varredura, levando os hereros a um único local. Seus homens, então, rodearam os hereros por três lados. O local fora bem escolhido, pois a única saída era para o deserto do Kalahari.

Na Batalha de Waterberg, em agosto de 1904, Von Trotha atacou, com cerca de 2 mil homens, os hereros cercados, que somavam por volta de 50 mil pessoas, das quais aproximadamente 6 mil eram guerreiros. Embora os hereros estivessem em vantagem numérica de três para um, eles simplesmente não podiam competir com os fuzis, as metralhadoras e a artilharia modernos das forças alemãs. Derrotados, os sobreviventes optaram por fugir para o árido Kalahari, como Von Trotha esperava que fizessem. Com a armadilha montada, ele ordenou, então, a seus homens que envenenassem todas as fontes de água que encontrassem. Ao mesmo tempo, eram construídas cercas ao longo do limite do deserto, com postos de guarda intermitentes para capturar qualquer pessoa que tentasse escapar à região selvagem e estéril; aqueles que tentaram foram baleados na hora.

Para que ninguém tivesse dúvida alguma quanto ao que ele havia planejado, Von Trotha emitiu sua famosa "Ordem de Extermínio":

Todos os hereros devem deixar estas terras. Se eles se recusarem, então eu os obrigarei a fazê-lo. Qualquer herero encontrado dentro das fronteiras alemãs, com ou sem armas, com ou sem gado, será alvejado... Não serão feitos prisioneiros. Esta é minha decisão para o povo herero.

Em uma leve atenuação dessa ordem draconiana, nem todos os hereros foram baleados na hora. Alguns foram enviados a campos de trabalho ou transformados em escravos. No entanto, o efeito foi praticamente o mesmo, pois milhares de hereros morreram de excesso de trabalho, doença ou fome. Muitas das mulheres foram vítimas de abuso sexual. Na época em que Von Trotha concluiu sua ação, mal restavam 15 mil sobreviventes de uma população inicial de mais de 80 mil hereros.

Diversos hereros foram sujeitos de um experimento médico realizado por um cientista genético, Eugene Fischer. O trabalho de Fischer, que indicava a suposta inferioridade dos africanos, mais tarde estimulou as ideias de um certo Adolf Hitler, que leu o livro de Fischer enquanto estava preso, em 1923, e se declarou impressionado.

Em abril de 1905, Von Trotha enfrentou outra revolta, dessa vez do povo nama. Novamente, ele recorreu aos métodos que haviam se mostrado tão devastadores contra os hereros. Foi emitido um decreto público, cujos termos são uma leitura assustadora:

> Os namas que optarem por não se render e forem vistos na área alemã serão baleados, até que todos sejam exterminados. Aqueles que, no início da rebelião, cometeram assassinato contra brancos ou ordenaram que brancos fossem mortos serão, segundo a lei, privados de sua vida. Quanto aos poucos não derrotados, terão o mesmo destino dos hereros que, em sua cegueira, também acreditaram que poderiam ser bem-sucedidos na guerra contra o poderoso imperador alemão e o grande povo alemão. Eu lhes pergunto: Onde estão os hereros hoje?

No massacre que se seguiu a esse édito, cerca de 10 mil namas pereceram e outros 9 mil foram internados em campos de concentração.

Na Alemanha, as atividades de Von Trotha provocaram um rompante de condenação pública quando se tornaram conhecidas no fim de 1905. Para acalmar a inquietação, o kaiser chamou Von Trotha de volta à Europa, mas ele não foi punido por suas ações e permaneceu no alto escalão militar alemão. Serviu ainda por toda a 1ª Guerra Mundial e morreu de causas naturais, em 1920.

Sob o comando de Von Trotha, as tribos Herero e Nama do sudoeste da África foram apagadas e esquecidas. Desse modo, ele estabeleceu o padrão que culminou no genocídio em escala inimaginável do Holocausto. Ciente disso, em agosto de 2004, o governo alemão reconheceu oficialmente as atividades de Von Trotha, aceitou a "responsabilidade histórica e moral" por elas e pediu desculpas ao povo da Namíbia.

Lothar von Trotha, comandante em chefe da força expedicionária alemã no sudoeste da África, fotografado em 1906. Von Trotha foi responsável pelo quase extermínio do povo Herero da Namíbia.

POVOS DESAPARECIDOS

A conquista e a colonização no decorrer dos séculos, desde a aniquilação dos amalequitas na era bíblica (1 Crônicas 4:42-43), roubaram a identidade de muitas culturas, levaram algumas à quase extinção e destruíram completamente outras.

Não se sabe por que algumas culturas antigas — como os hititas, filisteus, troianos e minoicos — desapareceram da história. Do mesmo modo, a poderosa civilização maia da América Central morreu misteriosamente durante o século X, embora os sobreviventes posteriormente tenham criado cidades-estado até serem esmagados pelos colonizadores espanhóis. O idioma maia, porém, existe até hoje e é falado pelos descendentes na região. A chegada dos conquistadores, associada a doenças do Velho Mundo, como varíola, sarampo e febre tifoide, devastou outros povos indígenas nas Américas Central e do Sul. Entre 1520 e 1580, os poderosos impérios asteca e inca foram arrasados, e os poucos sobreviventes foram assimilados na nova população. No Brasil, a população indígena, depois da colonização, caiu de 3 milhões para cerca de 300 mil, o que sugere que, no total, 95% dos nativos sul-americanos morreram.

Os índios norte-americanos também sofreram. Os aruaques desapareceram em meados do século XVII, e os mohawks e os iroqueses foram devastados pela varíola. Nos séculos que se seguiram, esse foi também o destino dos índios das planícies e da costa oeste. A remoção forçada para reservas — como a de 17 mil cheroquis em 1830, na chamada "Trilha das Lágrimas" — associada com massacres totais como os dos sioux em Wounded Knee, em 1890, foi um novo golpe à cultura dos nativos norte-americanos. Atualmente, ainda sobrevivem nativos norte-americanos das tribos Navajo, Cheroqui, Choctaw, Sioux, Chippewa, Apache, Lumbee, Blackfoot, Iroquesa e Pueblo, mas quase 90% deles têm sangue misto.

Na Austrália, havia cerca de 600 povos aborígenes quando os europeus chegaram, mas os massacres e as doenças reduziram a população em cerca de 90% entre 1788 e 1900. Na Nova Zelândia, a história poderia ter sido igual. O número dos maorís caiu pela metade entre 1840 e 1900, mas a população se recuperou. Tanto na Nova Zelândia quanto na Austrália, os povos indígenas estão cada vez mais reafirmando sua cultura e seus direitos.

Prisioneiros hereros em correntes depois da revolta de 1904-1905. Os hereros foram vítimas da "divisão da África" quando vários poderes europeus competiram para saquear as riquezas do continente africano.

Racional e de maneiras suaves, Hawley Harvey Crippen — o médico da morte original — entrou para a história como o primeiro criminoso a ser preso com o uso do novo telégrafo sem fio. Em um crime medonho que chocou a Grã-Bretanha eduardiana, ele envenenou a esposa, cortou-a em pedaços, ferveu seus órgãos, jogou a cabeça dela em um canal e enterrou o tronco embaixo do assoalho da casa em que habitavam.

DR. CRIPPEN 1862-1910

> *...que eles realmente, em 39 Hilldrop Crescent, deliberada e criminosamente, de modo premeditado, mataram e assassinaram Cora Crippen, também conhecida como Belle Elmore.*
> DO MANDADO EMITIDO PARA A PRISÃO DO DR. CRIPPEN E DE SUA AMANTE, EM 1910

Hawley Harvey Crippen nasceu em 1862 em Coldwater, Michigan (EUA). Depois de se formar médico e estudar homeopatia, ele se mudou para Nova York, deixando seu filho pequeno, Otto, sob os cuidados de seus pais, após a morte de sua primeira esposa, por volta de 1890. Seis meses mais tarde, ele conheceu Cora Turner (cujo nome artístico era Belle Elmore), uma aspirante a atriz de 19 anos. Barulhenta e confiante, com cabelos negros encaracolados, quadris generosos e uma figura voluptuosa, ela não poderia ser mais diferente do franzino dr. Crippen, de fala mansa.

Cora esperava que o casamento lhe trouxesse segurança financeira para prosseguir com a carreira artística, mas dificuldades econômicas obrigaram Crippen a trabalhar em uma empresa de venda de remédios homeopáticos pelo correio e, em 1897, ele se mudou para Londres para abrir um novo escritório para a empresa. No início, Cora continuou nos Estados Unidos, teve diversos casos em sequência e, quando finalmente se juntou a Crippen, em 1900, não perdeu tempo em mergulhar no turbilhão social do cenário teatral londrino. O casal mudou de casa algumas vezes, e enquanto eles moravam em 39 Hilldrop Crescent, em Camden Town, Cora teve um caso com um estudante que era seu inquilino.

Em 1901, Ethel Le Neve, uma tranquila secretária de 18 anos, foi trabalhar no escritório de Crippen, e os dois iniciaram uma relação amorosa, até então não consumada. O casamento dos Crippens estava se desintegrando rapidamente, e perto do fim de 1909, Crippen revolveu se livrar da esposa, dizendo deliberadamente a um colega que se preocupava com a saúde

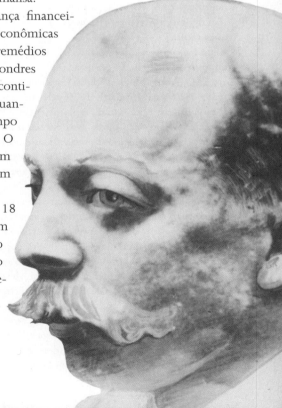

O assassino eduardiano dr. Harvey Crippen, em uma foto não datada e pesadamente retocada.

dela. Em 17 de janeiro de 1910, ele comprou cinco grãos de bromidrato de hioscina — uma substância usada como sedativo — em uma farmácia da rua Oxford. Cora Crippen foi vista viva pela última vez em 31 de janeiro de 1910. Embora amigos e vizinhos suspeitassem de seu desaparecimento, o dr. Crippen tranquilizou-os dizendo que ela havia voltado aos Estados Unidos para resolver problemas de família e, posteriormente, disse que ela havia morrido de pneumonia. Algumas semanas depois, Ethel estava morando com ele na mesma casa.

Em 30 de junho de 1910, a Scotland Yard foi informada sobre o desaparecimento de Cora, e Crippen foi interrogado pela polícia. Ele mentiu de novo, dizendo friamente ao inspetor Walter Drew que a esposa o deixara e que ele ficara envergonhado demais para contar isso aos vizinhos. Alguns dias depois de ter sido interrogado, ele e Ethel fugiram para a Antuérpia, onde embarcaram no SS Montrose, um cruzeiro transatlântico com destino a Montreal.

Em 14 de julho, logo depois da fuga do casal, foi feita uma nova busca em 39 Hilldrop Crescent, na qual os restos de um tronco feminino foram achados no depósito de carvão. O corpo, que era de Cora Crippen, havia sido mutilado de modo a caber no pequeno espaço. Crippen tinha removido a coluna vertebral e a caixa torácica e as queimara na caldeira da cozinha, fervera os órgãos dela em ácido e cortara

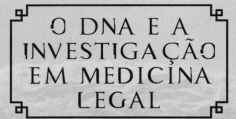

O DNA E A INVESTIGAÇÃO EM MEDICINA LEGAL

As evidências de DNA não constituem o único desenvolvimento que transformou as investigações em medicina legal. Durante a maior parte do século, as impressões digitais foram o recurso mais importante.

A pesquisa inicial a respeito de impressões digitais foi realizada em 1823 pelo fisiologista tcheco Jan Evangelista Purkyne (1899-1902); na década de 1870 pelo médico britânico Henry Faulds; e na década seguinte, pelo antropólogo britânico *sir* Francis Galton, que, em seu influente livro *Fingerprints*, estabeleceu a probabilidade extremamente ínfima de que duas impressões digitais fossem iguais. Os primeiros arquivos de impressões digitais foram compilados em 1892 pelo policial argentino Juan Vucetich, que também foi o primeiro a identificar um criminoso por meio delas: Francisca Rojas, que deixou uma impressão de sangue no batente de uma porta após assassinar seus dois filhos. Cinco anos mais tarde, o primeiro departamento de impressões digitais do mundo foi criado em Calcutá por dois especialistas indianos que desenvolviam o sistema Henry de classificação de digitais (assim chamado por causa de seu supervisor, Edward Henry, o chefe de polícia bengalês), um método que ainda é usado hoje. Em julho de 1901, um departamento de impressões digitais foi criado na Nova Scotland Yard, em Londres, e o uso das digitais se expandiu para os Estados Unidos no ano seguinte.

Nos últimos anos, surgiu o perfil de DNA (que às vezes é chamado de impressões digitais genéticas), usado pela primeira vez em um caso de homicídio para condenar Colin Pitchfork em 1987 pelos chamados assassinatos Enderby. O DNA é um ácido nucleico que contém código genético e é encontrado em todos os organismos vivos. Em 1985, o cientista britânico *sir* Alec Jeffreys descobriu que cada ser humano, exceto gêmeos idênticos, tem um padrão único de DNA, que pode ser "lido" a partir das seções de DNA não codificado. Em uma cena de crime, o DNA pode ser extraído de traço de sangue, sêmen, pele, saliva ou cabelo e comparado com amostras extraídas dos suspeitos. Menos preciso, embora muito usado para identificar restos mortais, é o uso do DNA mitocondrial, que, embora não seja único aos indivíduos, pode ajudar a reforçar outras evidências (inclusive evidências circunstanciais).

Os perfis de DNA permitiram a reabertura e a solução de muitos casos anos depois de os crimes serem perpetrados. O primeiro norte-americano condenado graças às evidências de DNA foi Tommie Lee Andrews, sentenciado em 1987 a 22 anos de prisão pelo estupro de uma mulher na Flórida. Em 1999, depois da comparação de DNA mitocondrial, Hadden Clark foi acusado do homicídio e da canibalização, em 1986, de Michelle Dorr, cujos restos esqueléticos haviam sido descobertos recena cabeça, que havia jogado em um canal próximo. Imediatamente foi emitido um mandado de prisão.

Enquanto isso, a bordo do Montrose, Crippen viajava sob o nome de Robinson, e Ethel se disfarçara como um rapaz, supostamente filho de Crippen. No entanto, o capitão do navio, Harry Kendall, havia sido alertado da caçada aos dois fugitivos e, desconfiado do disfarce de Ethel, enviou uma mensagem para a Inglaterra, por meio do novo telégrafo sem fio, dizendo que os suspeitos estavam a bordo. O inspetor Drew rapidamente embarcou no SS Laurentic, um navio muito mais rápido que ultrapassou o Montrose e chegou um dia antes a Montreal. Quando o Montrose ancorou, Drew subiu ao navio, prendeu Crippen e Ethel e, depois, levou-os de volta a Londres.

No julgamento, Crippen protestou inocência, e querendo proteger Ethel, recusou-se a permitir que ela depusesse como testemunha de defesa. A promotoria argumentou que ele havia tentado envenenar Cora e, quando isso falhou, atirou na cabeça dela. Crippen foi considerado culpado de homicídio e enforcado em 23 de novembro. Sua amante foi considerada inocente de ser uma cúmplice após o fato. Em outubro de 2007, o cientista forense David Foran lançou dúvidas quanto ao veredicto, afirmando que as evidências de DNA mitocondrial demonstravam que as partes do corpo encontradas na casa de Crippen não pertenciam a Cora Crippen, causando uma reviravolta nessa história horrenda.

temente. Anthony Balaam, conhecido como o Estrangulador de Trenton, foi condenado em 2000 por estupro seguido de morte depois que seu DNA correspondeu ao do sêmen retirado de duas de suas vítimas. Em 2004, as evidências de DNA foram usadas contra Derrick Todd Lee, o famoso assassino em série de Baton Rouge. Também na Grã-Bretanha, o perfil de DNA ajudou a resolver muitos crimes, inclusive o de Ian Simms, condenado em 1989 pelo homicídio de Helen McCourt, apesar de o corpo dela nunca ter sido encontrado. Testes nacionais em prisioneiros com transtornos mentais em 2003 levaram à solução de 64 casos antigos, dentre eles um homicídio de 1997 em Londres e um estupro de 1994 em South Yorkshire. Em 2006, as evidências de DNA ajudaram a condenar Steve Wright pelo assassinato de cinco prostitutas em Ipswich.

Apesar da natureza aparentemente inquestionável das evidências de DNA, o longo e controverso julgamento do ator e ex-astro de futebol americano O. J. Simpson (1994) terminou com a absolvição dele.

O perfil genético também pode provar a inocência. Em 1993, Kirk Bloodsworth tornou-se o primeiro norte-americano a ser libertado do corredor da morte depois que exames de DNA o inocentaram do assassinato de Dawn Hamilton, de nove anos, cometido em 1984 (as evidências de DNA, mais tarde, ajudaram a identificar o verdadeiro assassino, Kimberly Ruffner). Em dezembro de 2000, Frank Lee Smith também foi inocentado de homicídio depois de 14 anos no corredor da morte,

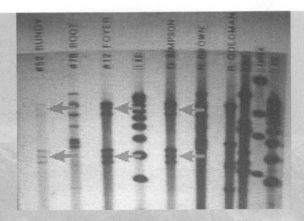

A cadeia de DNA usada como evidência no julgamento de O. J. Simpson por homicídio em 1994, em Los Angeles, que segundo o bioquímico Robin Cotton ligou Simpson aos assassinatos de sua ex-esposa e de Ronald Goldman. As marcas pretas refletem os padrões de faixas do material genético de Simpson; as apontadas pelas setas demonstram que o sangue retirado de O. J. Simpson combina com as amostras coletadas na cena do crime e na sala da residência de Simpson.

enquanto em 2003 evidências de DNA revelaram que dois homicídios pelos quais David Allen Jones havia sido condenado tinham sido, na verdade, cometidos pelo assassino em série de Los Angeles, Chester Turner.

Lênin foi um político marxista talentoso, cruel e fanático, mas também pragmático. Ele criou o experimento soviético sangrento que se baseou, desde o início, no assassinato aleatório e na repressão dura e que levou ao assassinato de muitos milhões de pessoas inocentes. Por muito tempo, Lênin foi reverenciado na propaganda comunista e em círculos liberais ocidentais inocentes como o pai decente e gentil dos povos soviéticos. Mas agora sabemos que ele apreciava o uso do terror e o derramamento de sangue e que era tão descontroladamente brutal quanto inteligente e culto. No entanto, ele foi um dos titãs políticos do século XX, e sem sua vontade pessoal não teria havido a Revolução Bolchevique, em 1917.

VLADIMIR LÊNIN 1870-1924

> *Um dentre dez dos culpados de parasitismo será morto de imediato... Temos de estimular a energia do terror... atirar e deportar... lançar terror em massa e impiedoso contra os kulaks, sacerdotes e guardas brancos.*
> Lênin em 1918

Inexpressivo em pessoa, mas de personalidade excepcional, Vladimir Ilych Ulyanov, conhecido como Lênin, era baixo e robusto, prematuramente calvo, com uma testa saliente, olhos penetrantes e puxados. Era um homem cordial, tinha um riso contagioso, mas sua vida era governada por sua dedicação fanática à revolução marxista, à qual ele devotou sua inteligência, seu pragmatismo impiedoso e sua vontade política agressiva.

Lênin foi criado em uma família amorosa e descendia da nobreza por parte de pai e de mãe. Seu pai era inspetor de escolas em Simbirsk, enquanto sua mãe era filha de um médico rico e proprietário de terras; sua ascendência mais distante incluía judeus, suecos e tártaros calmucos (de quem ele herdou os olhos puxados). Lênin tinha a confiança dominadora de um nobre e, quando jovem, ele chegou até processar camponeses por prejudicarem suas propriedades. Isso ajuda a explicar o desprezo de Lênin pela velha Rússia: "idiotas russos" era seu modo favorito de praguejar. Quando era criticado por seu nascimento nobre, ele respondia: "Qual é o problema comigo? Sou o rebento da baixa nobreza... Ainda não esqueci os aspectos agradáveis da vida em nossas terras... Então, podem me matar! Não mereço ser um revolucionário?". Ele certamente nunca se envergonhou de viver da renda de suas propriedades.

O idílio rústico na propriedade da família terminou em 1887, quando seu irmão mais velho, Alexander, foi executado por conspirar contra o czar. Isso mudou tudo. Lênin formou-se advogado na Universidade de Kazan, onde leu Chernychevsky e Nechaev, absorvendo a disciplina dos terroristas revolucionários russos ainda antes de ligar-se a Marx e se tornar ativo no Partido Socialista Russo de Trabalhadores. Depois de ser preso e passar pelo exílio na Sibéria, Lênin mudou-se para a Europa ocidental, vivendo em diversas épocas em Londres, Cracóvia e Zurique. Em 1902, escreveu *What is to be done?*, que definiu uma nova vanguarda de revolucionários profissionais e cruéis e levou ao rompimento do partido na chamada facção majoritária — os bolcheviques comandados por Lênin — e a minoria menchevique mais moderada.

"Lixo", "desgraçados", "sujos", "prostitutas", "russos tolos", "cretinos" e "solteironas bobas" eram só alguns dos insultos que Lênin empilhava sobre seus inimigos. Tinha enorme desprezo por seus próprios simpatizantes liberais, a quem chamava de "idiotas úteis", e zombava de seus próprios camaradas mais gentis, chamando-os de "bebedores de chá". Divertindo-se com a luta, ele existia em um frenesi obsessivo de vibração política, impelido por uma intensa fúria e pela compulsão de dominar os aliados e esmagar a oposição.

Lênin se importava pouco com as artes ou com o romance pessoal: sua esposa, Nadya Krupskaya, durona e de olhos arregalados, era mais gerente e secretária do que amante, mas ele se envolveu em um caso apaixonado com a bela, rica e liberada Inessa Armand. Uma vez no poder, Lênin permitiu-se pequenos casos com suas secretárias — pelo menos segundo Stalin, que afirmou que Krupskaya reclamou delas ao *politburo*. Entretanto, a política era tudo para Lênin.

Durante a revolução de 1905, Lênin voltou à Rússia; mas a revolta bolchevique em Moscou foi suprimida pelo czar Nicolau II e Lênin teve de fugir para o exílio de novo. Precisando desesperadamente de dinheiro e sempre envolvido em lutas ideológicas de facções que cindiam o partido ainda mais, Lênin usou roubos a bancos e violência para custear seu pequeno grupo. Durante essas escapadas, Stalin chamou a atenção de Lênin e ele repetidamente o promoveu, mesmo quando outros camaradas o alertaram das tendências violentas de Stalin: "É exatamente desse tipo de pessoa que eu preciso!", ele respondeu. Em 1914, os bolcheviques haviam sido quase esmagados pela polícia secreta czarista e a maioria estava no exílio ou na prisão; até 1917, Lênin — que passara a guerra na Cracóvia e, depois, na Suíça — perguntava-se se a revolução aconteceria durante a sua vida. No entanto, em fevereiro de 1917, revoltas espontâneas derrubaram o czar. Lênin apressou-se a voltar a Petrogrado (São Petersburgo), reanimou os bolcheviques com um radicalismo enérgico, e por vontade própria, criou um programa que prometia paz e pão, e assim popularizou seu partido. Apesar da intensa oposição de seus próprios camaradas, Lênin — apoiado por dois radicais talentosos, Trotsky e Stalin — obrigou os bolcheviques a desferir o golpe de outubro que tomou o poder na Rússia e mudou a história.

Desde o momento em que Lênin tomou o poder como primeiro-ministro — ou presidente do Conselho dos Comissários do Povo —, a nova República Soviética foi ameaçada de todos os lados pela guerra civil e por intervenção estrangeira. Lênin proclamou a paz com a Alemanha em Brest-Litovsk e introduziu a nova política econômica para incentivar algum livre empreendimento não marxista, mas buscou a vitória na Guerra Civil Russa com o Comunismo de Guerra, a repressão brutal e o terror deliberado. "Uma revolução sem pelotões de fuzilamento não tem significado", disse ele. Em 1918, fundou a Cheka, a polícia secreta soviética, e incentivou a brutalidade impiedosa. De 280 mil a 300 mil pessoas foram assassinadas sob suas ordens;

*Vladimir Ilyich Lênin faz um discurso de celebração como chefe do primeiro governo soviético na **Praça Vermelha** no primeiro aniversário da **Revolução Russa** de 1917.*

isso só veio à luz quando os arquivos foram abertos, em 1991. "Nós temos... de acabar com toda resistência com tal brutalidade que não seja esquecida por várias décadas", escreveu ele.

Depois de o próprio Lênin ter sido baleado e quase morrer em uma tentativa de assassinato em agosto de 1918, o "Terror Vermelho" foi intensificado. Seus protegidos mais enérgicos e talentosos, Stalin e Trotsky, também eram os mais brutais. Quando o campesinato se opôs a suas políticas e milhões pereceram devido à fome, Lênin disse: "Deixem que os camponeses morram de fome". Em 1920, a Revolução Soviética estava segura, mas Lênin se encontrava exausto e, realmente, nunca se recuperou dos ferimentos à bala recebidos em 1918. Em 1922, promoveu Stalin a secretário-geral do partido, mas, quando Stalin insultou outros camaradas e, depois, a própria esposa de Lênin, este tentou retirá-lo do cargo. Era tarde demais. Lênin estava abatido depois de uma série de derrames, mas conseguiu registrar um testamento em que atacava todos os possíveis sucessores, incluindo Trotsky e principalmente Stalin, que disse ser "rude demais" para um cargo elevado. Mas sua saúde piorou ainda mais e ele morreu em 1924. Foi embalsamado, exibido em um mausoléu na Praça Vermelha e adorado como um santo marxista.

Na União Soviética, o leninismo e o stalinismo eram a mesma coisa: um credo totalitarista utópico, baseado na repressão, no derramamento de sangue e na destruição da liberdade pessoal. Graças a Lênin, essa ideologia tirou a vida de mais de 100 milhões de pessoas inocentes no século XX.

A campanha de Lênin contra os Kulaks

Em 1918, Lênin iniciou o "Terror Vermelho" contra todos os considerados inimigos do povo, como os *kulaks* (camponeses ricos). A ordem a seguir, emitida em 1918, é típica:

> Camaradas! A insurreição de cinco distritos *kulaks* deve ser suprimida sem compaixão.
> Os interesses de toda a revolução assim o exigem porque a última batalha decisiva com os *kulaks* está agora sendo travada em toda parte.
> Devemos dar um exemplo.
> 1. Enforquem (e assegurem-se de que o enforcamento ocorra em plena vista das pessoas) não menos que 100 *kulaks* conhecidos, homens ricos, sugadores de sangue.
> 2. Publiquem o nome deles.
> 3. Confisquem todos os grãos deles.
> 4. Designem reféns segundo o telegrama de ontem.
>
> Façam isso de tal modo que, por centenas de quilômetros, as pessoas vejam, tremam, saibam, gritem: estão estrangulando e vão estrangular os *kulaks* sugadores de sangue.
> Enviem por telégrafo notícias do recebimento e implementação das ordens.
> Seu amigo, Lênin.
>
> P.S.: Encontrem algumas pessoas verdadeiramente duras.

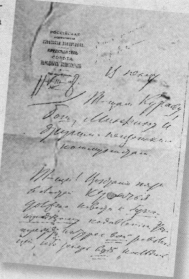

A famosa "ordem de estrangulamento" de 11 de agosto de 1918, na qual ele ordenou a execução de 100 kulaks.

Apelidado El Centauro del Norte, Pancho Villa adquiriu uma reputação quase romântica como herói folclórico mexicano que mascara seu verdadeiro legado. A inteligência, o carisma e a efetividade militar de Villa transformaram-no em um importante ator na política revolucionária de sua época, mas sua violência, ambição e brutalidade a sangue-frio marcaram-no como o arquétipo do caudilho sul-americano.

PANCHO VILLA ───────────── 1878-1923

> *É melhor morrer de pé do que viver de joelhos!*
> EMILIANO ZAPATA

Nascido como Doroteo Arango, em algum lugar perto de San Juan del Rio, Durango, em 1878, Pancho Villa era filho de camponeses. Depois de trabalhar como lavrador no fim de sua infância, ele se mudou para a cidade de Chihuahua, aos 16 anos, esperando fazer fortuna. Mas, quando um proprietário de terras de sua aldeia atacou sexualmente sua irmã, ele voltou imediatamente para casa e matou o criminoso a sangue-frio. Com esse ato, seu destino foi uma vida de banditismo e fugiu para as montanhas de Sierra Madre. Nos 17 anos seguintes, ele aterrorizou aqueles que viviam nas montanhas ou passavam por lá, e roubo de gado, roubo de bancos e assassinato tornaram-se suas especialidades.

Na época, o México era governado pelo ditador corrupto Porfírio Díaz. Boa parte da terra do país era brutalmente explorada pelos ricos proprietários de grandes extensões (*haciendas*), deixando à maioria da população o trabalho sob a repressão política e a pobreza extrema. Em 1910, Díaz candidatou-se à "reeleição" como presidente. A oposição a seu governo, porém, havia se unido ao redor de Francisco Madero, o "apóstolo da democracia", apoiado por voluntários chamados de antirreeleicionistas. Quando Díaz inevitavelmente afirmou que havia sido vitorioso, Madero proclamou seu "Plano de San Luis Potosí", declarando que a eleição fora fraudulenta e convocou uma revolta armada. Havia começado a Revolução Mexicana. Villa aliou-se à revolução, capturando as cidades de Chihuahua e Ciudad Juárez para os que apoiavam Madero. Embora ele dissesse ter tido um

Considerado por alguns uma versão moderna e brutal de Robin Hood, Pancho Villa passou a maior parte de sua vida como um renegado violento e um marginal, com um prêmio de 100 mil pesos por sua cabeça.

"despertar" político, é difícil dizer se ele acreditava na causa ou simplesmente percebeu para que lado o vento soprava, mas a revolução mostrou ser um ponto de transformação em sua vida.

Em 1911, Díaz havia sido varrido do poder e obrigado a se exilar. A esperança do estabelecimento da democracia genuína no México, porém, morreu quando, em 1913, o presidente Madero foi assassinado por homens leais ao antigo regime e Victoriano Huerta, chefe das forças armadas mexicanas, tomou o poder em um golpe sangrento. Antigos aliados na causa de Madero, Huerta e Villa eram então inimigos amargos, e Huerta até havia conspirado para que Villa fosse condenado à morte por roubo e insubordinação. Apenas a intervenção pessoal de Madero havia impedido que a sentença fosse executada.

Não foi surpresa que Villa se comprometesse a apoiar as forças de Venustiano Carranza — líder da oposição a Huerta — e conseguisse uma sequência de vitórias militares, derrotando as forças de Huerta em Ciudad Juárez, Tierra Blanca, Chihuahua, Ojinaga, Torreón, Saltillo e Zacatecas. Essas vitórias foram importantes para provocar a queda de Huerta em julho de 1914, e transformaram Villa em um herói da revolução. Porém, elas tiveram um custo. Em Zacatecas, por exemplo, cerca de 7 mil pessoas foram mortas e 5 mil ficaram feridas, muitas delas civis. Surgiram preocupações de que Villa gostasse demais da tarefa de matar e relutasse em aceitar qualquer autoridade que não a sua própria.

Em 1915, Villa — anteriormente o queridinho da revolução — havia se transformado em um renegado errático. Ele declarou revolta aberta contra Carranza e se alinhou ainda mais intimamente com a facção extremista da revolução ao redor de Emiliano Zapata, uma importante figura na luta contra o presidente Díaz. Entretanto, Villa encontrou sua contraparte militar no general-chefe de Carranza, Alvaro Obregon. Ele foi derrotado em duas batalhas em Celaya, em 1915, e as técnicas e armas de guerra mais modernas de Obregon mostraram-se decisivas.

Villa se retirou para Chihuahua e lá instituiu um reino de medo, impondo suas próprias leis e recrutando novos membros (mesmo os relutantes) para suas brigadas de bandidos. Diante de problemas econômicos crescentes, ele requisitou brutalmente fundos do povo da região que já lhe fora leal — um ato que só serviu para empobrecê-los ainda mais. Até emitiu sua própria moeda, e quem se recusasse a aceitá-la era baleado por "trair a revolução".

Cercado por forças do governo e cada vez mais irritado com o que via como interferência norte-americana (o presidente Woodrow Wilson havia optado por apoiar o governo de Carranza como o mais provável de estabelecer um governo estável no México), Villa voltou suas atenções para os Estados Unidos. Em um ataque em janeiro de 1916 a um trem da Mexico North Western Railway, perto de Santa Isabel, Chihuahua, 18 norte-americanos foram mortos. Um ataque do outro lado da fronteira, em Columbus, Novo México, seguiu-se em março, matando dez soldados e oito civis.

Em resposta, o presidente Wilson enviou cerca de 6 mil soldados ao México, comandados pelo general John "Black Jack" Pershing, mas essa "expedição punitiva" para encontrar Pancho Villa não teve êxito. Villa continuou a ser um fugitivo até 1920, quando finalmente negociou um "acordo de paz" com o sucessor de Carranza, o presidente Adolfo de la Huerta. Durante os três anos seguintes, ele viveu em semiaposentadoria em suas propriedades em Chihuahua, antes de ser assassinado, em 1923.

Atualmente, muitos mexicanos se lembram de Villa com orgulho pela participação que ele teve na revolução e por ter enfrentado o poderio norte-americano. No entanto, isso é ignorar a realidade de que Villa era um guerreiro homicida para quem a revolução foi um pretexto conveniente para justificar seus crimes. Na hora da morte, supostamente Villa disse: "Não deixe acabar assim. Diga a eles que eu disse algo".

ZAPATA

A vida de Pancho Villa foi entremeada com a de um outro revolucionário mexicano famoso: Emiliano Zapata. Como Villa, Zapata granjeou a reputação de ser um populista que estava pronto para usar a força a fim de alcançar seus objetivos e, também como Villa, ele ficou do lado de Madero na luta para derrubar o ditador Porfírio Díaz.

Quando o regime de Madero mostrou ser conservador demais para Zapata, ele se recusou a dissolver o grupo de guerrilheiros que havia reunido para vencer Díaz. Em vez disso, em 1911, proclamou o "Plano de Ayala" e prometeu levar a revolução adiante. O plano exigia uma reforma agrária radical no México para melhorar a sorte dos camponeses comuns. Zapata queria dividir as propriedades e devolver a terra às comunidades indígenas pobres do México. O *ethos* de seu programa estava resumido em seu *slogan* "Terra e Liberdade!", que passou a definir Zapata e seus partidários.

Depois de Madero ser deposto pelo general Huerta, Zapata tomou parte na luta contra

Pancho Villa com o colega revolucionário Emiliano Zapata; Villa está sentado no trono presidencial no Palácio Nacional.

a nova ditadura. Quando Huerta foi deposto, sendo substituído pelo constitucionalista Carranza, a história se repetiu. Zapata novamente se encontrou na oposição ao governo e mais uma vez decidiu que a revolução agrária que desejava só poderia ser conseguida por meio da luta armada. Terras foram queimadas e adversários foram assassinados pelos violentos "zapatistas", que agora se chamavam de "Exército de Libertação do Sul".

Em resposta, Carranza ofereceu uma bela recompensa pela cabeça do revolucionário e, depois da derrota de Pancho Villa, Zapata ficou cada vez mais isolado. Ele foi assassinado em abril de 1919 e continua a ser uma figura ainda mais icônica do que Villa em círculos revolucionários de todo o mundo, especialmente no México. Nos anos 1990, quando indígenas mexicanos da província de Chiapas protestaram de modo violento contra suas condições de vida, foi o nome de Zapata que usaram — com os novos "zapatistas" reafirmando o legado ideológico de Emiliano e seus seguidores.

Stalin foi o ditador soviético que derrotou a Alemanha de Hitler na 2ª Guerra Mundial, expandiu o império russo até sua maior extensão, industrializou a URSS e a transformou em uma superpotência nuclear. Durante um reinado de terror que durou 30 anos, esse monstruoso assassino em massa foi responsável pela aniquilação de mais de 25 milhões de seus próprios cidadãos inocentes e confinou 18 milhões de pessoas em campos de trabalho escravo.

JOSEF STALIN — 1878-1953

> *Ele buscou atingir não as ideias de seu oponente, mas seu crânio.*
> LEON TROTSKY, 1936

Josef Djugashvili nasceu em Gori, uma pequena cidade na Geórgia, no Cáucaso, filho de um sapateiro alcoólatra chamado Beso, e de Keke, sua esposa inteligente e dominadora. Pobre, inseguro de sua paternidade verdadeira, com um rosto marcado pela varíola, pés palmados e um braço mais curto, o jovem Soso (como era chamado) tornou-se um garoto muito inteligente, supersensível e emocionalmente atrofiado, que tinha ao mesmo tempo um complexo de inferioridade e uma arrogância presunçosa. Sua mãe conseguiu colocá-lo em um seminário em Tiflis, onde ele estudou para o sacerdócio, aprendeu russo, aprofundou-se nos clássicos e publicou poesia romântica. Entretanto, depois de sua conversão ao marxismo, ele se tornou um revolucionário fanático e impiedoso e se uniu aos bolcheviques de Lênin. Era um conspirador nato, que dominava seus camaradas, sabotava e traía os rivais, assassinava os suspeitos de serem espiões da polícia e sempre era favorável aos atos extremos. Ele foi preso várias vezes, mas escapou todas elas, voltando do exílio na Sibéria para a revolução de 1905. Transformou-se no principal financiador dos bolcheviques por meio de roubos a bancos e de extorsões.

Suas fugas violentas haviam chamado a atenção de Lênin, e Stalin foi eleito para o comitê central do partido. Ele foi preso pela última vez em 1912 e exilado no Círculo Polar Ártico, onde passou a maior parte da 1ª Guerra Mundial. Quando o czar foi derrubado inesperadamente, em março de 1917, Stalin voltou a Petrogrado, onde mais tarde Lênin se juntaria a ele. Depois de tomar o poder na Revolução de Outubro, Lênin reconheceu que o brilhante e vistoso Leon Trotsky e o lento e brutal Stalin eram seus dois seguidores mais competentes e os promoveu a seu comitê executivo, o *politburo*. Com a irrupção da Guerra Civil, Lênin manteve o poder pelo terror, utilizando Stalin como um brutal solucionador de problemas. No entanto, Stalin mostrou-se inexpressivo como líder militar em comparação com Trotsky, a quem Stalin constantemente tentava sabotar.

Em 1922, Lênin queria equilibrar o prestígio de Trotsky e promoveu Stalin ao posto de secretário-geral do partido. Não demorou muito, porém, para que Lênin ficasse indignado com a arrogância de seu protegido e tentasse removê-lo, mas era tarde demais. Depois de Lênin sofrer um derrame fatal, em 1924, Stalin aliou-se com Lev Kamenev e Grigory Zinoviev contra Trotsky, que foi derrotado em 1925, enviado para o exílio em 1929 e assassinado por um dos assassinos de Stalin em 1940. Depois do exílio de Trotsky, Stalin pendeu para a direita, aliando-se a Nikolai Bukharin para derrotar Kamenev e Zinoviev.

Em 1929, Stalin foi saudado como sucessor de Lênin e, desde então, tornou-se objeto de um culto desenfreado à personalidade. Livrando-se de Bukharin, Stalin embarcou em um impulso brutal para industrializar a atrasada URSS e coletivizar o campesinato. Quando os camponeses resistiram, Stalin declarou uma quase guerra contra os camponeses mais ricos, chamados de kulaks, baleando muitos, exilando outros e continuando a vender grãos no exterior mesmo quando 10 milhões de pessoas eram mortas ou morriam de uma fome que ele mesmo havia criado. Esse foi um dos maiores crimes de Stalin.

Em 1934, apesar de um triunfante congresso do partido, houve um complô para substituir Stalin por seu jovem seguidor, Sergei Kirov, que depois foi assassinado em Leningrado. Stalin pode ou não ter ordenado o assassinato, mas certamente o usou para lançar o Grande Terror, retomar o controle e esmagar qualquer oposição. Com a ajuda da polícia secreta NKVD, Stalin submeteu aqueles que considerava como seus principais inimigos políticos a uma série de julgamentos espetaculares, extraindo confissões falsas sob tortura. Zinoviev, Kamenev e Bukharin foram considerados "culpados" de crimes inventados e executados, e o mesmo aconteceu com dois líderes sucessivos da NKVD, Yagoda e Yezhov. Mas os julgamentos públicos foram só a ponta do *iceberg*: em 1937-1938, Stalin deu ordens secretas para prender e executar milhares de "inimigos do povo" por cidade e cotas regionais. O *politburo* e o comitê central foram expurgados; 40 mil oficiais do exército foram executados, entre eles três dos cinco marechais. Nem mesmo os amigos mais próximos de Stalin estavam a salvo: ele assinou listas de morte com 40 mil nomes. A sociedade soviética estava aterrorizada e envenenada. Nesses anos, cerca de 1 milhão de pessoas foram mortas, enquanto muitos outros milhões foram presas, torturadas e exiladas para os campos de trabalho na Sibéria, onde muitas morreram.

Em 1939, diante de uma Alemanha nazista em ascensão e desconfiando das democracias ocidentais, Stalin deixou de lado seu antifascismo e assinou um pacto de não agressão com Hitler. A Polônia foi dividida entre a Alemanha e a URSS, e 28 mil oficiais poloneses foram mortos na floresta Katyn por ordem de Stalin. Ele também tomou e aterrorizou os estados bálticos e declarou uma guerra desastrosa contra a Finlândia.

Stalin ignorou os avisos constantes de que Hitler estava planejando atacar a URSS. A invasão ocorreu em junho de 1941, e dias depois os exércitos soviéticos estavam em retirada. A interferência inepta de Stalin nas questões militares levou a perdas colossais — cerca de 6 milhões de soldados — no primeiro ano de guerra. Mas, no fim de 1942, ele finalmente aprendeu a ouvir conselhos, e seus generais conseguiram uma vitória decisiva sobre os alemães em Estalingrado. Esse foi o ponto de virada na guerra, e, quando Berlim caiu diante do Exército Vermelho, em maio de 1945, os soviéticos controlavam todo o leste da Europa e manteriam um controle férreo sobre essa região pelos 45 anos seguintes. Stalin era indiferente ao custo da vitória: cerca de 27 milhões de cidadãos soviéticos — tanto soldados quanto civis — morreram durante a guerra, em cujo decorrer Stalin havia ordenado a deportação de povos inteiros para a Sibéria, incluindo 1 milhão de chechenos, metade dos quais morreu nesse processo.

Os últimos anos de Stalin foram vividos em um isolamento glorioso e paranoide. Logo depois do fim da guerra, ele reiniciou seu reino de terror. Em

Stalin como árbitro mundial e conquistador de Berlim na Conferência de Potsdam, julho-agosto de 1945.

1949, dois dos herdeiros escolhidos por ele foram mortos no caso Leningrado com muitos outros. Em 1952, aparentemente convencido de que todos os judeus na URSS eram aliados dos Estados Unidos, ele planejou executar seus veteranos camaradas, implicando-os em um "complô dos médicos", que alegava que os médicos judeus estavam conspirando para assassinar a antiga liderança soviética.

Stalin morreu depois de um derrame, em março de 1953.

Mestre da repressão brutal, da conspiração sutil e da manipulação política, esse filho de sapateiro tornou-se tanto o supremo pontífice do marxismo internacional quanto o czar russo mais bem-sucedido na história. Stalin e os bolcheviques, com seus inimigos Hitler e os nazistas, trouxeram mais miséria e tragédia a mais pessoas do que qualquer outro homem na história.

De pequena estatura, com feições inescrutáveis, olhos cor de mel que ficavam amarelos em um ataque de raiva, Stalin era talentoso, mas infeliz, paranoide ao ponto da insanidade, totalmente cínico e brutal, e um marxista fanático. Um marido e pai terrível, que envenenou todas as relações amorosas em sua vida, ele acreditava que a vida humana era sempre descartável e que a aniquilação física era uma ferramenta essencial da política. Supostamente ele disse, com seu humor negro característico: "Uma morte é uma tragédia; 1 milhão de mortes é uma estatística". Stalin não tinha ilusões sobre sua brutalidade: "A vantagem do modelo soviético", disse ele, "é que ele resolve os problemas rapidamente — derramando sangue".

Stalin foi um dos monstros mais impiedosos da história, mas mesmo assim ele continua sendo um herói na opinião de muitos: um livro prefaciado pelo próprio presidente Vladimir Putin, em 2008, saudava-o como "o líder russo mais bem-sucedido do século XX".

BANDIDO E LIBERTINO

Depois da derrota na revolução de 1905, Stalin criou seu próprio grupo de gângsteres e assassinos que matavam agentes policiais e arrecadavam dinheiro para Lênin em uma série de assaltos sangrentos e ousados a bancos, extorsões para proteção, roubos a trens e sequestros piratas no mar Negro e no Cáspio. A carreira de Stalin como bandido culminou no assalto ao banco Tíflis, em junho de 1907, no qual seus gângsteres mataram 50 pessoas e fugiram com 300 mil rublos. Stalin, então, transferiu seu bando para Baku, uma região rica em petróleo, sempre em fuga, sempre espalhando violência e medo.

Nessa época, Stalin era casado com Kato Svanidze, com quem teve um filho, Yakov, mas Kato morreu em 1907. Desdenhando uma existência acomodada, ele teve casos com muitas mulheres, ficou noivo de várias delas, foi pai de filhos ilegítimos e os abandonou sem pena. Casou-se novamente em 1918, mas não tornou sua nova esposa, Nadya Alliluyeva, mais feliz do que suas outras mulheres. Ela cometeu suicídio em 1932, deixando dois filhos legítimos de Stalin: Vasiliy e Svetlana.

Stalin, aos 20 anos, quando levava a vida de um bandido marxista, revolucionário e conquistador em série.

Mehmed Talat Pasha foi um dos "Jovens Turcos", os reformadores nacionalistas que tomaram o poder no Império Otomano em 1908, mas como um dos "Três Paxás" que dominaram o governo turco ele foi o principal arquiteto dos massacres armênios perpetrados entre 1915 e 1916, que custaram a vida de mais de 1 milhão de pessoas.

TALAT PAXÁ
E OS MASSACRES ARMÊNIOS   1881-1922

> *O que mais você quer? A questão está resolvida. Não existem mais armênios.*
> TALAT PAXÁ RESPONDENDO A PERGUNTAS SOBRE OS ARMÊNIOS FEITAS PELO EMBAIXADOR ALEMÃO, EM 1918

Talat era um funcionário público dos correios até ser demitido por pertencer aos Jovens Turcos (oficialmente, Comitê de União e Progresso – CUP). Depois da revolução dos Jovens Turcos, em 1908, e da restauração do Parlamento, Talat foi eleito deputado por Edime e, posteriormente, tornou-se ministro do Interior. Após o assassinato do primeiro-ministro Mahmud Sevket Pasha, em julho de 1913, Talat, trabalhando junto com Enver Paxá e Djemal Paxá, passou a ser um dos "Três Paxás", a junta que dominou o governo otomano até o fim da 1ª Guerra Mundial, levando o país a uma guerra desastrosa. Como ministro do Interior, Talat organizou a deportação e o assassinato do povo armênio.

No início do século XIX, os armênios, predominantemente cristãos, ainda eram chamados de Millet-i Sadika — a "comunidade leal". Entretanto, a expansão russa no Cáucaso ajudou a estimular o nacionalismo armênio. O Império Otomano continha muito menos cristãos depois do Congresso de Berlim de 1878, expondo os armênios ao ressentimento muçulmano como marginais e traidores; os turcos comuns invejavam a riqueza mercantil armênia. Muitos turcos consideraram a ascensão do nacionalismo armênio como uma ameaça à própria existência do estado otomano.

Já nos últimos anos do século XIX, o sultão Abdul Hamid II e outros haviam permitido uma série de *pogroms* contra os armênios: possivelmente centenas de milhares morreram entre 1895 e 1896, e o massacre de Adana, em 1909, custou cerca de 30 mil vidas.

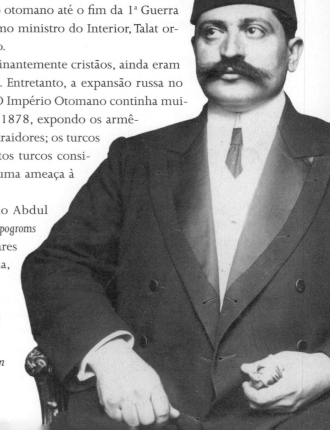

Mehmed Talat Paxá, o político turco responsável pelos assassinatos de armênios, fotografado por volta de 1915. Paxá foi assassinado em 1921 por um estudante armênio que queria vingar o massacre.

Depois de o Império Otomano entrar na 1ª Guerra Mundial, em 1914, ao lado dos Poderes Centrais, ele tentou retomar os territórios perdidos para a Rússia durante a Guerra Turco-Russa de 1877-1878. A tentativa foi um fracasso total. Contudo, a Rússia armou os insurgentes armênios. Quando as forças russo-armênias tomaram Van, em meados de maio de 1915, criando um miniestado armênio, os Três Paxás imediatamente responsabilizaram os armênios "desleais". Talat preparou a vingança do estado.

Em 24 de abril de 1915, as forças de segurança prenderam mais de 250 intelectuais e líderes da comunidade armênia em Istambul, deportaram-nos para o leste e depois os assassinaram. O terreno havia sido preparado, porém, desde o início do ano, com o desarmamento dos armênios que serviam nas forças armadas otomanas. Depois das primeiras deportações, em abril, o programa logo foi estendido a toda a comunidade armênia. Homens, mulheres e crianças foram enviados em marchas forçadas — sem comida ou água — para as províncias da Síria e da Mesopotâmia. Em 27 de maio, os Três Paxás aprovaram a Lei de Deportação, confirmada por um ato do Parlamento. A Organização Especial, uma força de segurança paramilitar, foi criada supostamente sob ordens de Enver Paxá e de Talat para realizar deportações e massacres.

Durante as deportações, os homens eram rotineiramente separados do resto da população e executados. As mulheres e crianças eram obrigadas a continuar marchando e submetidas a espancamentos e massacres intermitentes. Quem sobrevivia à jornada era levado para campos de concentração. As condições eram terríveis. Muitos prisioneiros eram torturados, submetidos a horrendos experimentos médicos ou assassinados. Muitos outros morriam de fome e sede. Alguns dos piores excessos nos campos foram registrados pelo embaixador norte-americano Henry Morgenthau, que relatou como os guardas "aplicavam ferros em brasa ao peito dele [um armênio], rasgavam sua carne com tenazes em brasa, e depois derramavam manteiga derretida nos ferimentos. Em alguns casos, os carcereiros pregavam as mãos e os pés a pedaços de madeira, evidentemente imitando a crucificação, e depois, enquanto a vítima se contorcia em agonia, gritavam: 'Agora deixe que seu Cristo venha ajudá-lo!'".

Talat Paxá supostamente disse a um funcionário na embaixada alemã, em 1915, que o governo otomano estava "aproveitando a guerra a fim de liquidar completamente seus inimigos internos, os nativos cristãos... sem ser perturbados pela intervenção estrangeira". Entre 1 milhão e 1,5 de armênios, de um total de pouco menos de 2,5 milhões, pereceram nesse período, independentemente de ter sido um genocídio oficial ou uma série de massacres desordenados.

Talat, então, concentrou mais sua atenção na posição militar que estava se deteriorando e, em 1917, foi nomeado grão-vizir da Sublime Porta (isto é, o primeiro-ministro otomano). No entanto, ele não conseguiu conter a maré de derrotas militares e, em outubro de 1918, demitiu-se e fugiu da Turquia a bordo de um submarino alemão. Em 1919, os primeiros julgamentos mundiais de crimes de guerra foram realizados sob auspícios dos aliados. A liderança CUP foi considerada culpada, e Talat, como o cérebro por trás dos massacres, foi condenado à morte. Os turcos pediram sua extradição ao governo alemão, mas, antes que isso acontecesse, Talat foi assassinado em Berlim, em março de 1921. Seu assassino foi um sobrevivente dos massacres que havia visto suas irmãs serem estupradas e mortas por tropas turcas.

A perseguição dos armênios que Talat iniciou foi a inspiração utilizada por outros no decorrer do século XX. Assim, ao contemplar seu massacre dos judeus, Hitler comentou: "Quem, afinal de contas, hoje fala da aniquilação dos armênios?". Até hoje, a menção aos massacres armênios na Turquia é considerada um crime de "insulto à nacionalidade turca" e pode ser punida com prisão.

GENOCÍDIO

O século XX viu o surgimento de dois termos assustadores: genocídio e democídio. O primeiro, uma combinação do grego *genos* (raça) e do latim *caedere* (matar), foi cunhado pelo advogado norte-americano Raphael Lemkin, em 1944, quando escrevia sobre o Holocausto. Definido como uma tentativa de destruir, no todo ou em parte, qualquer grupo nacional, étnico, racial ou religioso, ele foi posteriormente formalizado como crime pelas Nações Unidas, em 1948. O termo mais amplo, democídio, foi inventado em 1992 pelo professor norte-americano R. J. Rummel para se referir a assassinato de povos ou indivíduos, genocídio ou não, sancionado pelo governo.

Além do Holocausto, o século XX testemunhou outros democídios bem documentados, que incluem o massacre dos armênios em 1915; a fome forçada por Stalin em 1932-1933 na Ucrânia, Casaquistão e sul da Rússia; o "Estupro de Nanquim" pelos japoneses (1937); os campos da morte de Pol Pot no Cambodja; a "limpeza étnica" na Bósnia durante o conflito de 1992-1995 nos Bálcãs; e o massacre de 300 mil pessoas pelo governo do Sudão em Darfur desde 2003. Muitas vezes esquecido, mas igualmente horrendo, foi o assassinato em massa que ocorreu em Ruanda em 1994, quando mais de 800 mil tutsis foram exterminados.

Os tutsis, embora representassem apenas 10% da população de Ruanda, haviam anteriormente subjugado a maioria hutu, mas a independência da Bélgica, em 1962, fez com que os hutus ganhassem poder e os tutsis fugissem em massa. No entanto, eles voltaram em 1990 com um exército rebelde — a Frente Patriótica Ruandesa —, obrigando o presidente hutu Juvenal Habyarimana a concordar com o poder compartilhado, mas o cessar-fogo foi frágil e os extremistas hutus do Movimento Republicano Nacional pela Democracia e Desenvolvimento e da Coalizão pela Defesa da República já estavam fazendo listas de morte.

Uma força de paz das Nações Unidas foi enviada para a área após o assassinato do presidente hutu do vizinho Burundi, em 1993. Seu sucessor, Cyprien Ntaryamira, posteriormente se juntou a Habyarimana nas negociações com os líderes tutsis, mas a carnificina começou quando ambos foram mortos em 6 de abril, quando o avião em que voltavam das negociações foi abatido. A força das Nações Unidas, com apenas 2,5 mil soldados, pouco podia fazer para impedir as milícias assassinas *Interahamwe* e *Impuzamugambim*, e todos, exceto 200 homens, foram evacuados depois do assassinato de dez soldados belgas. Os tutsis tiveram menos sorte e cerca de 10 mil eram mortos a cada dia, baleados ou espancados até a morte com bastões ou esfaqueados. Os massacres, incentivados pela mídia e pela propaganda estatal, aconteciam até em igrejas e hospitais, e 1,2 mil pessoas foram assassinadas ao se abrigarem em uma igreja em Musha. Por fim, o Conselho de Segurança da ONU — que evitou cuidadosamente o termo genocídio para se desviar de uma intervenção — concordou em enviar uma força de 5 mil homens, embora já fosse tarde demais para evitar a matança. Coube à Frente Patriótica Ruandesa finalmente parar o genocídio em julho. Mais de 10% da população havia sido morta.

Um tutsi, sobrevivente do genocídio em Ruanda, na cama, no hospital Gahini. As milícias hutus que buscavam livrar Ruanda dos tutsis assassinaram brutalmente 800 mil pessoas, entre início de abril e meados de julho de 1994.

Benito Mussolini, o ditador da Itália de 1922 a 1943, foi o pai do fascismo, um autocrata dominador cuja política totalitarista abriu o caminho para o nazismo. Suprimindo brutalmente qualquer forma de oposição, era também um colonialista avarento com ilusões imperiais romanas, e foi diretamente responsável pela morte de mais de 30 mil etíopes em sua famosa campanha abissínia, além de cúmplice, por sua aliança com Hitler, nas atrocidades da Alemanha nazista.

BENITO MUSSOLINI 1883-1945

> *...a concepção fascista de estado é abrangente; fora dele não podem existir valores humanos nem espirituais, muito menos haver valor.*
> MUSSOLINI, A DOUTRINA DO FASCISMO, 1932

Benito Amilcare Andrea Mussolini nasceu em 29 de julho de 1883, em Predappio, no centro-norte da Itália. Seu pai era um ferreiro e sua mãe professora, uma profissão que ele seguiu, mas logo abandonou. Depois de um ano tentando encontrar emprego na Suíça, sem sucesso, em 1902 — período em que foi preso por vagabundagem — ele foi expulso e enviado de volta à Itália para prestar serviço militar.

Aos 20 anos, seguindo os passos do pai, Mussolini era um socialista comprometido e editou um jornal chamado *La Lotta di Classe* (A luta de classes) antes de se tornar secretário do Partido Socialista local em Forli, em 1910, para o qual editou o jornal *Avanti!* (Avante!). Também escreveu um romance chamado *A amante do cardeal*, mas não teve sucesso. Cada vez mais conhecido das autoridades por incitar a desordem, foi preso em 1911 por produzir propaganda pacifista depois de a Itália ter declarado guerra à Turquia. Previsivelmente, ele a princípio se opôs à entrada da Itália na 1ª Guerra Mundial, mas — talvez acreditando que um grande conflito precipitaria a derrubada do capitalismo — mudou de ideia, uma decisão que fez com que fosse expulso do Partido Socialista. Rapidamente, ele foi atraído pelo militarismo, fundando um novo jornal, *Il Popolo d'Italia*, e também se uniu ao grupo pró-guerra Fasci d'Azione Rivoluzionaria, embora seu serviço militar tenha sido interrompido em 1917, depois de ferimentos causados por uma explosão de granada em um treinamento.

Mussolini era então um antissocialista ferrenho, convencido de que apenas um governo autoritário poderia superar os problemas econômicos e sociais endêmicos na Itália do pós-guerra, enquanto violentas gangues de rua (entre elas seus próprios *fascisti*) lutavam pela supremacia. Para descrever sua política decisiva e impulsionada por sua personalidade, ele cunhou o termo "fascismo" a partir da palavra italiana *fascio*, que significa união, e da latina *fasces*, o símbolo romano antigo de um feixe de varas preso ao redor de um eixo, denotando força por meio da unidade. Em março de 1919, o primeiro movimento fascista na Europa cristalizou-se sob sua liderança para formar o Fasci di Combattimento. Os camisas negras que o apoiavam, em marcante contraste com os governos liberais agitados do período, tiveram êxito em acabar com greves industriais e dispersaram os socialistas das ruas. Embora Mussolini fosse derrotado nas eleições de 1919, ele foi eleito para o Parlamento em 1921 com outros 34 fascistas, formando o Partido Nacional Fascista mais tarde nesse ano. Em outubro de 1922, depois de as hostilidades entre os grupos de esquerda e de direita terem chegado perto da anarquia, Mussolini — com milhares de seus Camisas Negras — realizou a chamada "Marcha sobre Roma" (na verdade, ele foi de trem), e se apresentou como o único homem que poderia restaurar a ordem. Desesperado, o rei Vítor Emanuel III fatidicamente pediu-lhe que formasse um governo.

O novo regime foi construído sobre o medo. Em 10 de junho de 1924, Giacomo Matteotti, um importante deputado do Partido Socialista, foi raptado e assassinado por partidários de Mussolini depois de criticar as eleições daquele ano em que os fascistas tiveram 64% dos votos. Em 1926, Mussolini (que chamava a si mesmo Il Duce — o líder — e inicialmente tinha o apoio dos liberais) havia desmontado a democracia parlamentar e imprimido sua autoridade pessoal a todos os aspectos do governo, introduzindo a censura estrita e uma máquina de propaganda bem azeitada, na qual os editores de jornais eram pessoalmente escolhidos. Dois anos depois, quando colocou o Poder Executivo nas mãos do Grande Conselho Fascista, o país havia efetivamente se transformado em um estado policial de um só partido.

Em 1935, buscando realizar seus sonhos de domínio do Mediterrâneo e um império no norte da África, Mussolini ordenou a invasão da Etiópia. O uso do gás mostarda, seguido dois anos depois pela supressão brutal de uma rebelião contra o governo italiano, levou a Liga das Nações a impor sanções à Itália. Cada vez mais isolado, ele deixou a Liga e se aliou com Hitler em 1937 — o mesmo ano em que deu asilo e apoio ao brutal fascista croata Ante Pavelic — imitando o Führer ao aprovar diversas leis antissemitas. Logo ficou claro, porém, que Mussolini era o parceiro menos importante na relação, e que Hitler não o consultava praticamente em nenhuma decisão militar.

Depois que Hitler invadiu a Tchecoslováquia, em março de 1939, acabando com as esperanças de paz alimentadas pelo Acordo de Munique do ano anterior, Mussolini ordenou a invasão da vizinha Albânia, e seus exércitos acabaram com o pequeno exército albanês do rei Zog. Em maio, Hitler e Mussolini declararam um Pacto de Aço, prometendo apoio mútuo em caso de guerra — um ato que provocou arrepios de medo em toda a Europa.

A Itália não entrou na 2ª Guerra Mundial até a queda da França, em junho de 1940, quando parecia que a Alemanha estava a caminho de uma vitória rápida, mas a guerra italiana — que começou com um ataque mal planejado à Grécia, em outubro, e prosseguiu com ações humilhantes no norte da África — foi um desastre completo. Com toda a pompa militarista de seu regime, o exército de Mussolini estava desastrosamente despreparado para uma guerra nessa escala, com luta ao mesmo tempo nos Bálcãs e na África. Depois da chegada anglo-americana às praias da Sicília, em junho de 1943, os seguidos fascistas de Mussolini abandonaram-no e o prenderam, apenas para que comandos alemães o resgatassem da prisão e o colocassem à frente de um protetorado fantoche no norte da Itália. Em 25 de abril de 1945, com a aproximação dos aliados, Mussolini — disfarçado como um soldado alemão — foi capturado por *partisans* italianos na aldeia de Dongo, perto do lago de Como. Ele foi executado no dia seguinte, junto com sua amante. Os corpos foram levados para Milão e pendurados de cabeça para baixo em ganchos de açougue na Piazza Loreto.

Benito Mussolini, com o peito nu, fala na plataforma de uma debulhadora na cidade recém-construída de Aprília, nos Pântanos Pontinos, 1938.

A CAMPANHA ABISSÍNIA

Em outubro de 1935, Mussolini invadiu a Abissínia (atual Etiópia), usando aviões e armas químicas (gás mostarda) em uma campanha bárbara que durou sete meses e envolveu o assassinato sistemático dos prisioneiros capturados, ou em enforcamentos públicos ou jogados de aviões em voo. A campanha resultou na anexação da Etiópia à África Leste Italiana com a Eritreia e a Somalilândia.

Mussolini sonhava com um império, mas a campanha também tinha o objetivo de vingar a humilhação da Itália em março de 1896, quando a Etiópia tinha derrotado um exército italiano em Adowa. A invasão de 1935 — para a qual os italianos usaram uma disputa de fronteiras como um pretexto ilusório — colocou tanques, artilharia e aviação italiana contra o exército mal equipado e destreinado do imperador Haile Selassie.

Fazendo progresso constante na direção da capital etíope, os italianos saquearam o Obelisco de Axum, um monumento antigo, e bombardearam a cidade de Harar, terminando por tomar a capital, Addis Abeba, em 5 de maio de 1936, obrigando Haile Selassie a fugir do país. O marechal Badoglio, o comandante vitorioso de Mussolini, foi absurdamente nomeado duque de Addis Abeba. Ao longo do caminho, em uma violação flagrante do Protocolo de Genebra, de 1925, eles deixaram cair entre 300 e 500 toneladas de gás mostarda, atingindo até mesmo as ambulâncias da Cruz Vermelha.

Enquanto isso, na segurança de Roma, Mussolini ordenou que "todos os prisioneiros rebeldes devem ser mortos", instruindo seus soldados a "aplicar sistematicamente uma política de terror, exterminação dos rebeldes e da população cúmplice". Em fevereiro de 1936, depois do fracasso de uma tentativa de assassinato do governador colonial, os soldados italianos agiram com violência por três dias.

Os militares italianos haviam alertado Mussolini de que um desafio à influência britânica e francesa na África e no Oriente Médio poderia provocar a Grã-Bretanha a declarar uma guerra que "nos reduziria ao nível dos Bálcãs", mas a Grã-Bretanha — sob Neville Chamberlain — e a França estavam seguindo uma política de conciliação nesse período, e Mussolini calculou corretamente que eles não agiriam de modo decisivo, o que incentivou Hitler. No entanto, o império etíope da Itália teve vida curta e o país foi libertado pela Grã-Bretanha em 1941. Haile Selassie reinou até 1974, e foi Badoglio quem substituiu Mussolini em 1943 e firmou a paz com os Aliados.

Etíopes, na província Tigray capturada pelos italianos, saúdam ao modo italiano uma grande imagem do "Grande Pai Branco".

O general Hideki Tojo, apelidado de "Navalha", foi o primeiro-ministro do Japão durante grande parte da 2ª Guerra Mundial, o arquiteto de suas agressões imperiais e a força por trás da estarrecedora política de engrandecimento e brutalidade que custou a vida de milhões de pessoas e destruiu seu próprio país. Tojo era filho de um general e iniciou a carreira militar ainda muito jovem, servindo como oficial de infantaria, adido militar e instrutor de treinamento militar. Em 1933, ele era major-general. Antes disso, Tojo havia se tornado membro de um grupo militarista de extrema direita que defendia um ultranacionalismo fanático. Entretanto, durante uma tentativa de golpe pelos ultranacionalistas, em 26 de fevereiro de 1936, Tojo permaneceu leal ao imperador Hirohito e auxiliou na supressão dos golpistas.

HIDEKI TOJO 1884-1948

> *A Guerra do Pacífico foi justificada e honrosa.*
> HIDEKI TOJO, DEPOIS DA TENTATIVA DE SUICÍDIO FRACASSADA EM SETEMBRO DE 1945

A lealdade de Tojo foi recompensada em 1937, quando foi nomeado chefe de estado-maior do exército Kwantung, na Manchúria. Nessa posição, ele teve um papel importante na deflagração da 2ª Guerra Sino-Japonesa, um conflito de oito anos que deixou milhões de mortos, pois os militares japoneses ignoraram tanto a decência humana quanto as leis de guerra em busca da conquista imperial na China. Os não combatentes — homens, mulheres e crianças — foram deliberadamente visados, resultando em atrocidades como as do chamado "Estupro de Nanquim", no qual, entre dezembro de 1937 e março de 1938, as tropas japonesas massacraram entre 250 mil e 350 mil civis chineses.

Conforme a guerra na China progredia, o exército japonês apertava seu controle sobre o governo civil, e Tojo ficou mais profundamente imerso na política. Em maio de 1938, ele foi indicado vice-ministro da Guerra no governo do príncipe Fumimaro Konoe. Nesse papel, foi um dos partidários mais ativos de um pacto com a Alemanha nazista e a Itália fascista e também era favorável a um ataque preventivo contra a União Soviética.

O general e primeiro-ministro Hideki Tojo, retratado aqui com o uniforme militar de gala, em 1942, foi um dos principais arquitetos da agressão japonesa durante a 2ª Guerra Mundial.

Em julho de 1940, Tojo tornou-se ministro da Guerra e alavancou a entrada formal do Japão na aliança do Eixo com a Alemanha e a Itália. Em julho de 1941, Tojo havia convencido o governo francês em Vichy a endossar a ocupação japonesa de várias bases cruciais na Indochina, um movimento que abriu caminho para sanções norte-americanas contra o Japão e aumentou as tensões entre os dois países. Quando Fumimaro Konoe foi finalmente pressionado a se aposentar, em outubro de 1941, Tojo, enquanto mantinha a pasta de ministro da Guerra, ofereceu-se para substituí-lo como primeiro-ministro. Ele imediatamente declarou seu compromisso com a criação de uma "Nova Ordem na Ásia". A princípio, apoiou os esforços de seus diplomatas para conseguir isso por meio de um acordo com os Estados Unidos. Entretanto, quando ficou claro que não seria possível um acordo com os Estados Unidos nos termos desejados, ele autorizou o ataque à base naval norte-americana em Pearl Harbor, em 7 de dezembro de 1941, o que deflagrou a guerra no Pacífico.

O vitorioso Japão conquistou Singapura, Malásia, grande parte de China, Filipinas, Indonésia e uma vasta extensão do Pacífico, dirigindo-se para a Índia através de Burma, mas a marinha norte-americana destruiu a frota japonesa na Batalha de Midway, em junho de 1942, e daí em diante retomou gradativamente o Pacífico sob o comando do general MacArthur. Tojo assumiu poderes quase ditatoriais, mas demitiu-se depois de os norte-americanos capturarem as Ilhas Marianas, em julho de 1944.

Tojo é responsável pela conduta de guerra dos japoneses, que foi quase tão bárbara quanto a dos nazistas na Europa. A pesquisa recente mostrou que o imperador Hirohito não foi o peão dos militaristas, mas que os apoiou e os dirigiu entusiasmadamente. Hirohito deve dividir parte da responsabilidade atribuída a Tojo pelos crimes de guerra do Japão. Durante o massacre de Sook Ching, em fevereiro-março de 1942, por exemplo, cerca de 50 mil pessoas de etnia chinesa foram sistematicamente executadas pelas forças japonesas em Singapura. Ao mesmo tempo, os japoneses embarcaram na política dos "Três Tudos" na China, pela qual os soldados japoneses tinham ordens de "Matar todos, queimar tudo e saquear tudo" a fim de pacificar o país, resultando na morte de 2,7 milhões de civis. Mesmo depois de Tojo ter se afastado, as regras bárbaras que ele havia ajudado a criar, em que a vida humana era considerada sem valor, permaneceram, resultando em atrocidades como o massacre de Manila, em fevereiro de 1945, no qual 100 mil civis filipinos foram assassinados.

Além da matança, os japoneses conduziram horrendos experimentos médicos em prisioneiros capturados e populações submetidas. Armas biológicas e químicas foram testadas em vítimas escolhidas; outros foram operados sem anestesia ou expostos aos elementos para ver como seus corpos reagiriam. As convenções internacionais sobre tratamento de prisioneiros de guerra foram desconsideradas, e os prisioneiros foram forçados a trabalhar em condições estarrecedoras, privados de alimentos e remédios, e torturados sem restrições.

O Japão resistiu à derrota com brutalidade e determinação suicida. Quando as forças norte-americanas se aproximavam do Japão e as tropas soviéticas atacavam a Manchúria japonesa, bombas nucleares norte-americanas foram lançadas sobre Hiroshima e Nagasaki, provocando a rendição.

Até hoje, o caráter e a escala do que ocorreu sob a autoridade de Hideki Tojo continuam difíceis de compreender. Na esteira da rendição incondicional do Japão, em agosto de 1945, Tojo tentou cometer suicídio. No entanto, em abril de 1946, ele foi julgado por crimes de guerra, sendo considerado culpado e enforcado em 23 de dezembro de 1948.

A MARCHA DA MORTE EM BATAAN

Depois de uma luta de três meses pela Península de Bataan, nas Filipinas, cerca de 75 mil soldados aliados (que incluíam 64 mil norte-americanos e 11 mil filipinos) renderam-se formalmente às forças japonesas em 9 de abril de 1942. Após a rendição, eles foram obrigados a marchar até um campo de prisioneiros a 100 quilômetros de distância. Muitos foram executados durante a jornada; parar sem permissão era considerado um sinal de insubordinação e a punição era imediata. Muitos mais morreram devido às condições que tinham de suportar. Este é o depoimento de um prisioneiro de guerra, Lester Tenney, que esteve na "Marcha da Morte" e sobreviveu para contar a história:

"Os soldados japoneses chegaram à nossa área às 6 horas de 10 de abril de 1942 e, depois de poucos minutos de gritos e buscas por cigarros, eles nos reuniram e nos obrigaram a caminhar para a estrada principal em Bataan, e só levamos conosco os itens que tínhamos no corpo naquele momento. Muitos não tinham cantil nem algo com que cobrir a cabeça. Assim, marchamos durante os primeiros quatro dias sem comida nem água... Andávamos do nascer ao pôr do sol. Não parávamos para almoçar nem jantar e dormimos em um grande depósito que poderia facilmente conter 500 homens, mas estava lotado com 1,2 mil que tinham pouquíssimo espaço para se deitar. Se fosse preciso fazer necessidades fisiológicas, tínhamos de fazê-las no chão em que dormíamos. (...) Vi com meus próprios olhos um prisioneiro ser morto com um golpe de baioneta nas costas porque parou em um poço artesiano que jorrava para beber um pouco de água. Morto por beber água. Havia os poços de caribu que ladeavam todas as estradas nas Filipinas e onde os animais ficavam nos dias quentes. A água nesses poços era suja e continha, entre outras coisas, fezes de animais. Mas, quando você está sedento e sem água por dias a fio, o desejo por água supera seu senso de certo e errado e você sai da linha dos que caminham e empurra a espuma que cobre a água para conseguir tomar um gole dessa água. O resultado era a disenteria, e a morte vinha logo a seguir". Depois da guerra, o comandante japonês encarregado da marcha, o tenente-general Masaharu Homma, foi executado por crimes de guerra.

A tensão transparece no rosto dos prisioneiros de guerra norte-americanos Samuel Stenzler, Frank Spear e James McDonald Gallagher, em Bataan, abril de 1942.

Em 1920, o barão Roman Ungern von Sternberg, um comandante militar russo, místico, sádico e obcecado por Gêngis Khan, budismo e antissemitismo, conquistou a Mongólia com um exército desconjuntado de russos e uma cavalaria mongol. O reinado louco desse coronel Kurtz mongol-báltico psicótico — o "Barão Sanguinário" — é uma das histórias mais grotescas da era moderna e personifica a tragédia assassina da Guerra Civil Russa na qual pereceram milhões de pessoas.

BARÃO UNGERN VON STERNBERG E A GUERRA CIVIL RUSSA 1886-1921

> *Até mesmo a morte é melhor que o barão.*
> REFUGIADO DO GOVERNO DE UNGERN NA MONGÓLIA

Nascido na cidade austríaca de Graz, Ungern era um nobre báltico de ascendência alemã, criado em Tallinn, capital da Estônia, então parte do império russo. Ele entrou para o exército russo, servindo na desastrosa Guerra Russo-Japonesa, e foi rebaixado por brutalidade. As ligações aristocráticas salvaram-no várias vezes. O serviço militar no Extremo Oriente despertou seu fascínio pelo budismo, embora de um modo muito diferente do jeito pacífico dos artistas de cinema atuais; ele já estava ligado ao antissemitismo que iria atrair o então Dalai Lama para as teorias raciais nazistas.

Durante a 1ª Guerra Mundial, Ungern foi promovido a general de cavalaria e, quando os bolcheviques tomaram o poder, juntou-se aos russos brancos no Extremo Oriente e lutou sob o comando de outro psicopata fascinante, o cossaco *ataman* (chefe) Semenov, com o apoio do Japão. Ele recebeu o comando de uma divisão da cavalaria asiática na autodeclarada "República Mongol-Buriata". Embora decididamente antibolcheviques, os dois homens tinham um relacionamento tenso com os outros exércitos brancos que se opunham aos vermelhos, desafiando a autoridade do almirante Kolchak, Governante Supremo dos Brancos, e agiam de modo independente.

Ungern governava uma cidade pequena, Dauria, onde presidia uma equipe infernal de torturadores sedentos de sangue, que matavam todos os bolcheviques e judeus. Voltando-se contra Semenov, ele criou um exército privado de buriatas, tártaros, cossacos e oficiais czaristas que se pareciam com uma multidão medieval. Ungern personifica a trágica brutalidade da Guerra Civil Russa (1918-1921), na qual os comissários comunistas, comandantes militares brancos selvagens, generais, anarquistas, nacionalistas, cossacos e antissemitas encarniçados conseguiram matar (por massacre ou fome) de 10 milhões a 20 milhões de pessoas.

Ungern era obcecado por seu papel na história: restaurar a monarquia na Rússia sob o irmão de Nicolau II, o grão-duque Miguel (que na verdade já fora morto pelos bolcheviques) e restaurar a glória de Gêngis Khan e o governo do deus-rei vivo, o pervertido Bogd Khan, na Mongólia. Em uma campanha selvagem e inepta, Ungern conseguiu expulsar as tropas chinesas, tomar a capital mongol, Urga (atualmente Ulan Bator), e restaurar o rei Bogd Khan, nomeando-se ditador (com a ajuda de soldados tibetanos emprestados pelo Dalai Lama).

Seu reinado foi um festival surrealista de tirania, tortura e assassinato. As infelizes vítimas — comunistas, judeus ou apenas ricos — sofriam espancamentos frenéticos ("Você sabia que os homens ainda podem andar quando a carne e o osso estão separados?"), eram decapitados, queimados vivos, desmembrados e eviscerados, sofriam exposição ao gelo sem roupa ou eram despedaçados por animais selvagens. Alguns eram amarrados e arrastados por carros em movimento, caçados nas ruas por cossacos, forçados a subir em árvores despidos até caírem e ser baleados, ou amarrados entre galhos inclinados que, ao serem soltos, arrebentavam seu corpo.

Ungern fazia tempo havia aderido a um misticismo quase religioso que, para muitos — com a revolução e a Guerra Civil — assumiu um tom mundano, prevendo o apocalipse, o colapso da sociedade e a criação de uma "nova ordem mundial". Ungern passou a se considerar a reencarnação de Gengis Khan. Ele odiava os judeus, a quem matava sempre que possível, afirmando que "os judeus não são protegidos por nenhuma lei... nem homens, nem mulheres, nem sua semente deve continuar a existir". Ele não poupava nem mesmo mulheres e crianças.

Em junho de 1921, os exércitos de Ungern foram derrotados pelos bolcheviques. Ele mesmo ficou gravemente ferido e, enquanto tentava fugir, seus soldados se amotinaram e tentaram matá-lo. Não conseguiram isso, mas em agosto eles o entregaram aos bolcheviques. O "Barão Sanguinário" foi levado de volta à Rússia em uma jaula, exibido ao público na cidade de Novosibirsk e executado pelo pelotão de fuzilamento em 15 de setembro de 1921.

O sádico e louco comandante militar antibolchevique Roman Ungern von Sternberg.

Adolf Hitler é a encarnação do monstro histórico, a personificação do mal e o organizador dos maiores crimes de assassinato em massa já cometidos, responsável por uma guerra mundial na qual morreram mais de 70 milhões de pessoas, inclusive 6 milhões no Holocausto. Nenhum outro nome mereceu tanta desonra nem exemplificou as profundezas em que a humanidade pode afundar. Em meio aos horrores da história, os crimes do Führer nazista continuam a ocupar um lugar único.

ADOLF HITLER 1889-1945

> *Se algum dia a nação alemã não for mais suficientemente forte nem estiver suficientemente pronta para se sacrificar e arriscar seu sangue por sua existência, então que ela pereça e seja aniquilada por algum outro poder mais forte.*
> ADOLF HITLER, 27 DE NOVEMBRO DE 1941

Nascido em Braunau am Inn na Áustria, Hitler deixou a escola aos 16 anos, sem nenhuma qualificação. Ele ficou decepcionado quando sua inscrição para estudar arte em Viena foi rejeitada por duas vezes. Lutou para sobreviver em Viena com a força de sua pintura, embebendo nacionalismo e antissemitismo.

Em 1913, Hitler mudou-se para Munique; e em agosto de 1914, entrou para o exército alemão, lutando depois na Frente Ocidental e chegou ao posto de cabo. Quando, em novembro de 1918, o governo alemão concordou com um armistício, Hitler — e muitos outros nacionalistas alemães — achou que o exército alemão, que não fora derrotado, havia sido "esfaqueado nas costas". Ele ficou horrorizado com o Tratado de Versalhes, sob o qual a Alemanha perdeu muito território e a maior parte de suas forças armadas.

Depois da guerra, Hitler entrou para o Partido dos Trabalhadores Alemães (DAP), impressionado com sua mistura de nacionalismo, antissemitismo e antibolchevismo. Não demorou para que conseguisse uma reputação como orador que levantava multidões e, em 1921, ele se tornou líder do Partido dos Trabalhadores Alemães Nacional Socialista (NSDAP) — o Partido Nazista, evoluindo para um culto de adoração ao poder, limpeza violenta e assassinato injustificado, superioridade racial, eugenia e liderança brutal. Ele criou uma ala paramilitar, a SA (Sturmabteilung, ou "Divisão Tempestade"), chefiada por Ernst Rohm.

Inspirado pelo exemplo de Mussolini na Itália, Hitler resolveu tomar o poder e, em novembro de 1923, em Munique, lançou uma tentativa de golpe contra a democrática República de Weimar. Isso fracassou e ele foi preso e condenado a cinco anos de prisão, mas ficou detido apenas alguns meses, período em que escreveu *Mein kampf* (Minha luta), que destilava antissemitismo, anticomunismo e nacionalismo militante. Ele também mudou de tática, decidindo buscar o poder por meio do voto e depois substituir a democracia por um estado autocrático.

A oportunidade de Hitler chegou com o início da Grande Depressão. Nas eleições seguintes, conforme a economia se deteriorava, o Partido Nazista aumentou seus votos, tornando-se o maior partido no Reichstag (o Parlamento alemão) em julho de 1932, uma posição confirmada pelas eleições em novembro. Em 30 de janeiro de 1933, Hitler foi empossado como chanceler.

Depois de fechar o Parlamento, em fevereiro de 1933, Hitler suspendeu as liberdades civis e aprovou a Lei de Concessão de Plenos Poderes, que lhe permitiu governar como ditador. A oposição foi

Adolf Hitler foi chanceler da Alemanha de 1933 a 1945. Seu programa de rearmamento ofensivo e suas políticas territoriais agressivas levaram a um conflito mundial em uma escala sem precedentes.

esmagada. Hitler até voltou a repressão para seus partidários: a "Noite das Facas Longas", em junho de 1934, viu o assassinato de Rohm e a liderança da SA pela SS (Schutzstaffel ou "Esquadrão de Proteção"). Dois meses depois, apoiado por seguidores como Hermann Goering e Joseph Goebbels, Hitler alcançou o poder civil e militar absoluto ao se tornar Führer ("líder") e chefe de estado.

Os nazistas iniciaram uma recuperação econômica, reduzindo o desemprego e introduzindo novos e ambiciosos esquemas, como a construção de uma nova rede de *autobhan* (rodovias). Muitos dos antigos opositores de Hitler estavam preparados para lhe dar o benefício da dúvida. No entanto, o "milagre" econômico foi conseguido por meio de um grande impulso de rearmamento, violando o Tratado de Versalhes — a primeira fase da determinação mais ampla de Hitler para lançar uma guerra racial e europeia deliberadamente bárbara.

Em março de 1936, Hitler reocupou a zona desmilitarizada na Renânia. Ele observou atentamente a resposta da comunidade internacional: nenhuma. Isso o incentivou. Em março de 1938, anexou a Áustria; em setembro, tomou a área dos Sudetos, um grupo de fala alemã na Tchecoslováquia; e, em março de 1939, ocupou o restante da Tchecoslováquia. Em cada um desses casos, Hitler enfrentou pouca resistência dos outros poderes europeus. Ele havia conseguido seu primeiro objetivo: Versalhes tinha sido reduzido a nada mais do que um "pedaço de papel".

Hitler assinou o pacto Molotov-Ribbentrop com o ditador soviético Josef Stalin, dividindo o Leste Europeu entre esses dois tiranos brutais. Em setembro de 1939, Hitler conquistou a Polônia, um movimento que provocou declarações de guerra da Inglaterra e da França. Entretanto, na primavera de 1940, os exércitos alemães voltaram-se para o oeste, conquistando a Noruega, a Dinamarca, os Países Baixos e a França em uma campanha rápida. Em 1941, a Iugoslávia e a Grécia foram conquistadas e só a Inglaterra continuou sem ser derrotada. Hitler agora dominava seu império continental bárbaro e parecia invencível.

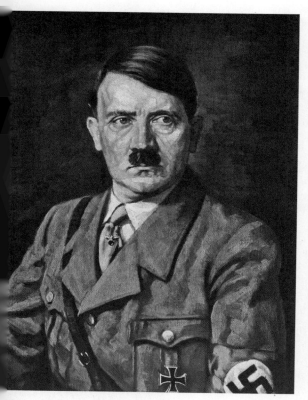

Adolf Hitler usando o uniforme do partido com a suástica na braçadeira. Este retrato oficial data de 1933, quando o Partido Nacional Socialista tomou o poder na Alemanha.

Em junho de 1941, Hitler lançou um ataque surpresa à Rússia stalinista, na Operação Barbarossa, o maior e o mais brutal conflito na história humana, no qual morreram 26 milhões de soviéticos. Ele se movimentou para o leste para comandar sua maior conquista a partir da sede militar no leste da Polônia (a "Toca do Lobo"). As forças alemãs conseguiram uma série de vitórias surpreendentes no início da Operação Barbarossa, quase tomaram Moscou, a capital soviética, e fizeram cerca de 6 milhões de prisioneiros.

Enquanto isso, outro projeto, ainda mais horrendo, estava ganhando força na Europa ocupada pelos nazistas. *Mein kampf* expressara as sombrias intenções de Hitler em relação aos judeus; e as Leis de Nuremberg, de 1935-1936, que privaram os judeus de seus direitos civis na Alemanha, haviam indicado que o pior estava por vir. Com as nuvens de guerra mais carregadas no fim da década, houve sinais mais agourentos: a *Kristallnacht* (a "Noite dos Cristais"), em novembro de 1938, havia desencadeado uma onda de ataques a lares e propriedades de judeus em toda a Alemanha.

Hitler inicialmente contentou-se em escravizar os eslavos e deixá-los passar fome, e em expulsar os judeus do território alemão, prendendo-os em guetos e em campos de concentração na Polônia ocupada. Depois, ele ordenou uma política de extermínio usando *Einsatzgruppen* ("forças-tarefas") para balear 1 milhão de judeus. Barbarossa foi o gatilho e o pretexto para a "Solução final da questão judaica". Sob as ordens de Hitler ao SS *Reichsführer* Heinrich Himmler, os judeus foram enviados a campos de extermínio para serem mortos em câmaras de gás em uma escala industrial. O Holocausto, como passou a ser chamado, custou a vida de 6 milhões de judeus, bem como a de muitas outras minorias odiadas pelos nazistas, inclusive ciganos, eslavos e homossexuais. Esse continua a ser um crime de magnitude sem paralelo.

No entanto, os soviéticos derrotaram os alemães em Estalingrado em 1942-1943. Depois de sua vitória em Kursk, no verão de 1943, os soviéticos, lenta mas inexoravelmente, destruíram o império de Hitler, avançando até chegar a Berlim. Em junho de 1944, os Aliados invadiram o norte da França nos desembarques do Dia D e começaram a lutar e abrir caminho para se encontrar com os soviéticos na Alemanha. Mesmo assim, Hitler, ainda mais iludido e brutal, recusou-se a aceitar a realidade e exigiu que seus soldados lutassem até o último homem. Enquanto a Alemanha era lentamente esmagada entre o Exército Vermelho, a leste, e os ingleses e norte-americanos, a oeste, ele fugiu para o *Führerbunker* em Berlim, onde, em 30 de abril, cometeu suicídio depois de ser responsável por 70 milhões de mortos.

OS ÚLTIMOS DIAS DE HITLER

Hitler fugiu para o *Führerbunker* em Berlim em 16 de janeiro de 1945 com sua equipe de apoio e, mais tarde, Eva Braun e a família Goebbels. Em 16 de abril, o Exército Vermelho iniciou a Batalha de Berlim, atacando em um movimento de pinça que rapidamente derrotou a cidade.

Hitler passou esse tempo ordenando que exércitos não existentes iniciassem ofensivas não existentes, denunciando seus possíveis sucessores, Goering e Himmler, como traidores, e tomando chá com suas devotadas secretárias. Por toda parte na fortaleza, seus guardas SS e as mulheres da equipe faziam orgias e se embebedavam. Em 28 de abril, sabendo da tentativa de Himmler de negociar a paz, Hitler em um acesso de fúria mandou matar o oficial da SS Hermann Fegelein (cunhado de Eva Braun e "rapaz de ouro" de Himmler) no jardim da chancelaria.

Em 29 de abril, Hitler casou-se com Eva Braun em uma cerimônia civil no *Führerbunker*. No dia seguinte, Braun e Hitler engoliram cápsulas de cianureto — anteriormente testadas no cachorro dele, Blondi — e Hitler atirou em sua têmpora direita. Existiam boatos de que ele havia fugido para a América do Sul, mas os relatos de testemunhas dizendo que seu corpo tinha sido queimado foram confirmados quando oficiais do SMERSH (a unidade de contrainteligência do Exército Vermelho) descobriram restos mortais próximos à fortaleza e os registros dentários confirmaram que eram de Eva Braun e de Hitler. Seu esqueleto foi enterrado sob a base aérea soviética Magdeburg, na Alemanha Oriental, e depois desenterrado e incinerado em 1970, sob ordens do chefe da KGB, Yuri Andropov. Em 2000, parte do crânio de Hitler foi colocada em exibição no Serviço de Arquivos Federais de Moscou.

O fascista croata Ante Pavelic foi o "Açougueiro dos Bálcãs" — de fato sua matança foi tão bárbara, que até os genocidas nazistas a consideravam excessiva. Durante a 2ª Guerra Mundial, Pavelic, um admirador de Adolf Hitler, criou um estado independente da Croácia e expurgou o país de todos os não croatas em um genocídio febril contra os judeus locais e sérvios ortodoxos — uma orgia de assassinatos que matou 700 mil pessoas.

ANTE PAVELIC 1889-1959

> *Com a ajuda de Deus e de nossos grandes amigos... surge [aqui] o livre e independente estado da Croácia, no qual camponeses croatas, toda terra e toda autoridade estarão em suas mãos, no qual a lei e a justiça vão reinar, e no qual serão erradicadas todas as ervas daninhas que foram plantadas pelas mãos estrangeiras de nossos inimigos.*
> DISCURSO DE PAVELIC NO RÁDIO PARA A CROÁCIA, 5 DE ABRIL DE 1941

Pavelic nasceu em 1889, na aldeia de Bradina, na Bósnia, que era na época parte do Império Austro-Húngaro. Seus pais eram da cidade croata de Lika e, desde tenra idade, ele havia demonstrado forte interesse nos contos folclóricos e nas histórias nacionais croatas. Enquanto estudava na universidade em Zagreb, a capital croata, Pavelic começou a se dedicar à causa do nacionalismo croata e logo se tornou um fanático de destaque. Em 1912, foi preso após a tentativa de assassinato do vice-rei austro-húngaro da Croácia-Eslovênia.

O Reino dos Sérvios, Croatas e Eslovenos (depois conhecido como Iugoslávia) foi formado depois da 1ª Guerra Mundial, na esteira do colapso do Império Austro-Húngaro. Pavelic opôs-se ao governo centralizador do novo estado e continuou a campanha pela independência croata. Em 1927, foi eleito para o Parlamento federal em Belgrado como um representante da facção nacionalista croata de linha-dura.

Em janeiro de 1929, o rei Alexandre da Iugoslávia anunciou a criação de uma "Ditadura Real". Pavelic respondeu criando o Movimento de Libertação Croata Ustase. Com base em Zagreb, esse grupo visava a "libertar" a Croácia da "ocupação estrangeira" e estabelecer um "estado livre e independente em todo o seu território nacional e histórico". O Ustase foi imediatamente proscrito, e Pavelic fugiu para Viena, sendo condenado à morte in *absentia* por ter defendido publicamente a derrubada do estado. Expulso posteriormente pelo governo austríaco, encontrou refúgio na Itália de Mussolini, onde criou campos de treinamento Ustase. O Ustase lançou uma campanha terrorista contra o regime iugoslavo e, em 1934, Pavelic foi implicado no assassinato do rei Alexandre. Temeroso das consequências desse ato de terrorismo internacional, Mussolini decidiu suprimir a Ustase e o próprio Pavelic foi preso até 1936. Por algum tempo, Pavelic manteve-se discreto, mas a deflagração da 2ª Guerra Mundial mudou suas perspectivas.

Em 6 de abril de 1941, a Alemanha invadiu a Iugoslávia. Quatro dias depois, o "Estado Independente da Croácia" foi declarado por um partidário de Pavelic em Zagreb. Pavelic foi erigido ao cargo de *Poglavnik* ("líder") e ele e seus amigos ustases exilados seguiram de volta para sua terra natal, enviados por Mussolini, que havia chegado a um acordo com eles de que a Itália iria anexar uma parte da costa da Dalmácia, uma região da Croácia, assim que eles chegassem ao poder.

O novo governo formado por Pavelic seguia deliberadamente o modelo da ditadura nazista da Alemanha. A pena de morte foi rapidamente instituída para uma ampla gama de crimes contra "a honra e os interesses da nação croata", e foram aprovadas leis para preservar "o sangue e a honra arianos", proibindo o casamento entre croatas e judeus. Seguiram-se outras leis antissemitas.

Em uma reunião em Berghof, na Alemanha, Hitler disse a Pavelic que poderiam ser necessários 50 anos de trabalho para obter um estado croata homogêneo. Pavelic dedicou-se com afinco a essa tarefa, e sérvios, judeus e ciganos foram presos e enviados a campos de extermínio. Em 1945, mais de 80% da população judia na Bósnia e na Croácia (perfazendo um pouco menos de 40 mil pessoas) havia sido assassinada, além de cerca de 29 mil ciganos e meio milhão de sérvios, dos quais outros 300 mil foram deportados para a Sérvia em condições tão atrozes, que até mesmo os soldados SS alemães reclamaram das condições dos refugiados que chegavam e da conduta desordenada da matança. Aqueles que permaneceram foram forçados a escolher entre a morte e a conversão ao catolicismo (quase todos os sérvios eram ortodoxos). Em uma ocasião, em 1941, centenas de sérvios receberam ordem para irem a uma igreja na aldeia de Glina para se converterem, mas, assim que entraram, as portas do prédio foram trancadas e a igreja foi incendiada. Ninguém sobreviveu.

O caráter predatório da Ustase alimentou a Resistência Iugoslava, que era dominada pelos partidários comunistas de Josip Broz Tito. A retirada do apoio militar alemão precipitou o colapso do regime da Ustase e, em maio de 1945, Pavelic e milhares de seus partidários fugiram. Cerca de 80 mil membros do Ustase foram assassinados pelos comunistas vingativos, e talvez outros 30 mil civis croatas também tenham sido mortos na carnificina. A vingança sangrenta continuou nos primeiros anos da nova República Socialista Federativa da Iugoslávia, criada por Tito.

O próprio Pavelic conseguiu fugir, primeiro para a Áustria, e depois para a Itália, onde alguns sugeriram que os poderes de ocupação Aliados sabiam de sua presença, mas não conseguiram prendê-lo. Em 1948, ele foi para a Argentina, onde atuou como conselheiro do presidente Juan Domingo Perón. Em 1957, foi alvo de uma tentativa de assassinato por agentes iugoslavos que o deixaram muito ferido e, posteriormente, fugiu para a Espanha de Franco, onde morreu em 1959.

Os efeitos secundários de Ante Pavelic e de seu regime de guerra têm se manifestado desde então. Quando os Bálcãs explodiram em um novo conflito nos anos 1990, a sombra da Ustase continuava a pairar sobre a região, enquanto fanáticos nacionalistas, tanto croatas quanto sérvios, reviveram as políticas assassinas de Pavelic sob a aparência de "limpeza étnica".

O líder fascista croata Ante Pavelic, fotografado em 1941 com o ministro alemão de Relações Exteriores, Joachim von Ribbentrop (à direita).

QUISLINGS

Ante Pavelic, da Croácia, foi nada mais que um dos monstruosos colaboradores não alemães que ajudaram Hitler em seu alucinado assassinato racial em massa em toda a Europa ocupada pelos nazistas. Alguns deles — os chamados "Quislings" — foram colocados no poder pelo próprio Hitler, em especial Vidkun Quisling (1887-1945; executado), um simpatizante nazista norueguês nomeado presidente da Noruega em 1942, cujo nome subsequentemente se tornou sinônimo de colaboração; Jozef Tiso (1887-1947; executado), um sacerdote que, como primeiro-ministro da República da Eslováquia, depois da anexação da região dos Sudetos, deportou milhares de judeus para os campos de extermínio; e Anton Mussert (1894-1946; executado), líder socialista holandês que foi declarado "Führer do povo holandês" em 1942.

Alguns que já estavam no poder aliaram-se a Hitler, dentre eles seu principal aliado, Benito Mussolini; marechal Petain (1856-1951; morreu na prisão), o primeiro-ministro francês que entregou grande parte da França aos nazistas; Pierre Laval (1883-1945; executado), ex-primeiro-ministro francês que se tornou líder do governo de Vichy e ajudou os alemães a se estabelecerem; o marechal Ion Antonescu (1882-1946; executado), o dirigente romeno veementemente antissemita e antirrusso, que obrigou o rei Carol II a renunciar, apoiado pelos alemães na Frente Oriental, e supervisionou o assassinato de 380 mil judeus e 10 mil ciganos; Bóris III, czar da Bulgária (1894-1943; possivelmente envenenado), que concordou em deportar 13 mil judeus dos territórios recentemente reanexados, embora protegesse os que estavam na Bulgária; o almirante Miklos Horthy (1868-1957), regente da Hungria, que colaborou com os nazistas por medo do comunismo, mas acabou rompendo com Hitler; e os generais Georgios Tsolakoglou (1886-1948), Konstantínos Logothetópulos (1878-1961) e Ioannis Rallis (1878-1946), fantoches nazistas na Grécia. Outros colaboradores pró-nazistas foram Staf de Clercq (1884-1942) e Hendrik Elias (1902-73), da Liga Nacional Flamenca, que cooperaram na deportação de judeus; Frits Clausen (1893-1947), líder do Partido Nazista Dinamarquês; e Leon Degrelle (1906-1994), chefe do Movimento Rexista na Bélgica; general Andrey Vlasov (1900-1946; executado), que em 1944 criou o antissoviético Exército de Libertação Russo; e Bronislav Kaminski (1899-1944), comandante da Brigada Kaminski (do Exército de Libertação Nacional Russo), que, com Konstantin Voskoboinik e Yuri Frolov, seguindo ordens nazistas, supervisionou o massacre de 10 mil cidadãos durante a Revolta de Varsóvia, em 1944. Kaminski foi baleado pelos próprios SS por depravação até mesmo fora dos padrões de Hitler. Dentre os Quislings, além de Pavelic, o romeno Antonescu, que ordenou os massacres desenfreados dos judeus de Odessa e da Romênia, foi o aliado mais sanguinário de Hitler. Ele disse: "Os judeus são Satã".

Vidkun Quisling (à esquerda) com o líder da SS, Heinrich Himmler, em uma visita a Berlim. A palavra "Quisling" passou a significar "um traidor que auxilia o inimigo".

O general Francisco Franco, o generalíssimo da Espanha de 1939 a 1975, é de certo modo um tirano esquecido, cujos atos foram obscurecidos pelos de Adolf Hitler e Josef Stalin, embora ele tenha sido verdadeiramente um dos monstros da história. Nos anos 1930, esse comandante militar fascista tomou o poder com brutalidade e terror em uma guerra civil selvagem, auxiliado por seu aliado Hitler, e continuou a aterrorizar a população civil da Espanha por 25 anos. Enquanto a democracia florescia no resto da Europa Ocidental depois da 2ª Guerra Mundial, sua brutal ditadura militar continuou a esmagar a oposição e a matar e torturar seus supostos inimigos.

FRANCISCO FRANCO 1892-1975

> *Sou responsável apenas perante Deus e a história.*
> GENERAL FRANCO

Franco nasceu no noroeste da Espanha em 1892, na cidade naval de Ferrol. Sua mãe era uma católica devota e conservadora da classe média alta; seu pai era um homem difícil e excêntrico, que esperava que seu filho entrasse para a marinha, como ele. Devido a cortes na marinha, porém, com apenas 14 anos, Franco entrou para o exército. Acirradamente profissional, ele logo granjeou uma reputação como soldado corajoso e motivado, tornando-se capitão em 1916 e o mais jovem general da Espanha em 1926, aos 34 anos.

Embora basicamente leal à monarquia, Franco não se envolveu abertamente em política até 1931, quando o rei espanhol abdicou deixando o governo nas mãos de republicanos esquerdistas. Quando os conservadores subiram ao poder, dois anos depois, eles identificaram Franco

General Francisco Franco, ditador fascista da Espanha de 1939 a 1975. Ele é retratado aqui em 1º de outubro de 1936, deixando a sede das forças armadas espanholas depois de ser proclamado chefe de estado e "generalíssimo" das forças armadas. O comandante nacionalista general Emilio Mola, que cunhou o termo "quinta-coluna", pode ser visto no fundo.

como um poderoso aliado em potencial e o promoveram a major-general, instruindo-o a suprimir uma revolta de mineiros de Astúrias em outubro de 1934. A vitória das eleições pela Frente Popular, de esquerda, em 1936, fez com que Franco fosse efetivamente rebaixado e enviado às Ilhas Canárias, mas meses depois o bloco nacionalista espanhol de direita convocou o exército para que se juntasse a uma rebelião contra o governo, que não havia conseguido estabilizar o país. Começava aí a Guerra Civil Espanhola.

Em uma transmissão radiofônica das Ilhas Canárias, em julho de 1936, Franco declarou que iria se unir aos rebeldes naquele momento e, depois de resultados dúbios para as forças nacionalistas em Marrocos e em Madri, ele foi declarado generalíssimo, efetivamente o líder da causa nacionalista durante os três anos de guerra que se seguiram.

A campanha de Franco durante a guerra foi famosa por sua brutalidade indiscriminada diante da população civil, ajudada em algumas ocasiões pelos governos fascistas italiano e alemão. Franco organizou um Terror Branco no qual foram mortas 200 mil pessoas. A mais famosa das atrocidades foi o bombardeio ao mercado da cidade basca de Guernica, em 1937, realizado pela Legião do Condor alemã. Embora não fosse um alvo militar e não tivesse defesas aéreas, a Luftwaffe bombardeou a cidade o dia todo e investiu sobre as estradas que dela partiam para dizimar os civis que fugiam enquanto a cidade era transformada em uma bola de fogo. Estima-se que 1.654 pessoas tenham sido massacradas.

A vitória, quando finalmente foi conseguida, não era o bastante para Franco. Em 1939, ele declarou: "A guerra terminou, mas o inimigo não está morto". O general havia feito listas de "vermelhos" durante o conflito: supostos comunistas que deviam ser presos. Então, no controle do estado, ele decidiu capturar e liquidar seus inimigos. Centenas de milhares de republicanos fugiram do país enquanto, de 1939 a 1943, entre 100 mil e 200 mil não combatentes ou soldados que haviam se rendido foram sumária e sistematicamente executados.

A repressão caracterizou todos os aspectos do regime de Franco. Ele restabeleceu nominalmente a monarquia, sem indicar um rei, mas reteve todos os poderes executivos em suas próprias mãos. A democracia foi abandonada, a crítica era considerada traição, a prisão e o abuso dos adversários eram comuns, o Parlamento se transformou num mero fantoche do Executivo, os partidos políticos rivais e as greves foram proibidos, a Igreja Católica recebeu poder sobre a política social e a educação, a mídia foi amordaçada, o talento criativo foi estrangulado pela censura estrita e qualquer discordância era brutalmente suprimida por sua polícia secreta, que praticou a ampla tortura e o assassinato até a morte de Franco, em 1975. Sem levar em conta as críticas internacionais, Franco insistiu em assinar pessoalmente todos os mandados de morte até sua morte, enquanto sua família se casava na aristocracia e amealhava uma riqueza colossal.

Uma marca verdadeira do regime foi a vergonhosa decisão de Franco de dar asilo a Ante Pavelic, o ditador fascista da Croácia durante a 2ª Guerra Mundial, um homem considerado responsável por mais de 600 mil mortes. Nessa época, Franco também retribuiu o apoio de Hitler e Mussolini durante a Guerra Civil, enviando tropas — embora em número limitado — para auxiliar os nazistas na luta contra os soviéticos. No entanto, ele sobreviveu ao resistir ao pedido de Hitler para que entrasse na guerra, e depois ao se posicionar como anticomunista após 1945.

O fantasma de Franco ainda não foi completamente exorcizado da política espanhola, pois em 2004 uma comissão foi criada para indenizar suas vítimas e supervisionar a exumação em massa dos corpos sepultados. Seus crimes podem empalidecer quando comparados aos de ditadores como Hitler, Mussolini e Stalin, mas poucos realizaram a liquidação de seu próprio povo com uma determinação tão desapiedada quanto esse autocrata maligno.

OS TERRORES BRANCO E VERMELHO DA ESPANHA

Quando o generalíssimo Francisco Franco assinava suas listas de morte, ele colocava um E diante dos que deviam ser executados, um C diante dos que deviam ser poupados e, o mais macabro e revelador de todos, "GARROTE Y PRENSA" (garrote com a presença da imprensa) ao lado dos nomes de algumas pessoas famosas. Nada resume tão bem a corrupção miserável dos vencedores da Guerra Civil Espanhola. Franco parecia-se com o general espanhol do século XIX que respondeu aos que lhe perguntaram, em seu leito de morte, se ele perdoara seus inimigos: "Não tenho nenhum; mandei matar todos".

Para uma geração de intelectuais de esquerda, a luta da Espanha Republicana para se defender dos nacionalistas de Franco representava a luta entre o progresso socialista e a reação fascista. Intelectuais idealistas como George Orwell, Ernest Hemingway e o romancista francês André Malraux acorreram à Espanha para lutar pela causa republicana. No total, cerca de 32 mil voluntários estrangeiros da Europa e dos Estados Unidos lutaram na campanha, enquanto a Alemanha nazista e a Itália fascista enviavam dinheiro e tropas para o exército de Franco, e jogavam bombas sobre as populações civis das áreas dominadas pelos republicanos.

Para apoiar a República, a URSS de Stalin enviou 331 veículos de combate e 600 aviões, além de um grande número de pilotos, em troca das reservas de ouro espanholas. O Terror Vermelho na Espanha, segundo uma pesquisa histórica recente, foi responsável pela morte de cerca de 40 mil a 100 mil pessoas. Os números exatos não são conhecidos.

Durante o verão sangrento de 1936, 8 mil suspeitos de nacionalismo foram massacrados em Madri e outros 8 mil na Catalunha, ambas áreas controladas pelos republicanos. Fazendeiros ricos, industriais e os que estavam associados à Igreja Católica recebiam um tratamento especialmente cruel nas mãos das diversas facções republicanas. Aproximadamente 7 mil clérigos, incluindo cerca de 300 freiras, foram mortos, embora fossem não combatentes.

Alguns republicanos defendiam esses massacres com o argumento de que o outro lado era pior. Outros tentaram afastar-se. Comentando as atrocidades cometidas por seu próprio lado, a intelectual anarquista Federica Montseny observou "um desejo por sangue inconcebível em homens honestos" antes da guerra.

Uma das ironias da história é que, enquanto o terror stalinista dentro dos republicanos ficou famoso como o Terror Vermelho, que assassinou supostos direitistas, Franco e os nacionalistas mataram muitos, muitos mais: aproximadamente 200 mil foram mortos por Franco em seu Terror Branco durante a guerra, enquanto outros 500 mil permaneceram em suas câmaras de tortura e campos depois dela. Franco realmente cumpriu a promessa de seu partidário, o general Queipo: "Para cada pessoa que matarem, mataremos dez".

Uma execução durante a Guerra Civil Espanhola. Os dois lados tratavam prisioneiros e civis com brutalidade.

O presidente Mao, revolucionário, poeta e comandante de guerrilha, foi o ditador comunista da China cuja brutalidade, egoísmo, radicalismo utópico, total desprezo pela vida e pelo sofrimento humanos e esquemas grandiosos e insanos levaram à morte de 70 milhões de seus próprios cidadãos. Manipulador nato e brutalmente ávido por poder, esse monstro não se importava de atormentar e assassinar seus próprios camaradas, de executar milhões de pessoas, de permitir que outros milhões morressem de fome e até mesmo de se arriscar a uma guerra nuclear, a fim de promover sua visão marxista-stalinista-maoísta de uma superpotência chinesa sob seu próprio culto semidivino de personalidade.

MAO TSÉ-TUNG — 1893-1976

> *Eu olho para Mao e vejo Stalin: uma cópia perfeita.*
> NIKITA KHRUSHCHOV

Mao nasceu na aldeia de Shaoshan, na província de Hunan, em 26 de dezembro de 1893. Obrigado a trabalhar na fazenda da família na adolescência, ele se rebelou contra o pai — um bem-sucedido vendedor de grãos — e saiu de casa para buscar uma educação na capital da província, Changsa, onde participou da revolta contra a dinastia Manchu, em 1911. Flertou com diversas carreiras, mas nunca se comprometeu com nada, até se juntar ao recentemente formado Partido Comunista Chinês, em 1921. Em 1920, ele se casou com Yang Kaihui, com quem teve dois filhos (casando-se depois com He Zizhen, em 1928, e com a conhecida atriz Lan Ping — nome real Jiang Qing —, em 1939). Aos 24 anos, ele registrou sua filosofia amoral: "Pessoas como eu só têm obrigações para consigo mesmas...". Ele adorava o "poder como um furacão surgindo de uma garganta profunda, como um maníaco sexual descontrolado... Adoramos tempos de guerra... Adoramos navegar no mar das revoltas... O país deve ser destruído e, então, reformado... Pessoas como eu anseiam por sua destruição". Em 1923, os comunistas fizeram uma aliança com o Kuomintang (Partido Nacionalista). Enviado de volta a Hunan para promover o Kuomintang, ele continuou a fomentar a atividade revolucionária, prevendo que os camponeses chineses iriam se "levantar como um tornado ou tempestade — uma força tão extraordinariamente rápida e violenta que nenhum poder, por grande que seja, conseguirá suprimir".

Em 1926, o líder do Kuomintang, Chiang Kai-shek — o homem forte, militar desdentado cujo regime cruel, corrupto e totalmente inepto, apoiado por gângsteres, tornaria possível que Mao e os comunistas triunfassem e conquistassem a China —, ordenou a chamada Expedição do Norte para consolidar o poder fragmentado do governo. Em abril de 1927, depois de derrotar mais de 30 comandantes militares, ele massacrou os comunistas em Xangai, sendo nomeado generalíssimo no ano seguinte, com toda a China sob seu controle. Enquanto isso, Mao havia se retirado para uma base nas montanhas Jinggang, de onde, emergindo como um líder vermelho, embarcou em uma luta de guerrilha. "O poder político cresce no cano de um revólver", disse ele.

Em 1931, Mao tornou-se presidente da República Soviética Chinesa em Jiangxi. Disposto a matar, extorquir e envenenar seus rivais — matando 700 mil em uma campanha de terror de 1931 a 1935 —, ele exibiu os mesmos dons políticos de Stalin: desejo de poder, crueldade, vício por agitação e uma incrível capacidade de manipulação. Também como Stalin, destruiu as esposas e amantes, ignorou os filhos e envenenou todos cuja vida tocou: muitos enlouqueceram.

Em 1933, após várias derrotas, Chiang lançou uma nova guerra de provocação, ocasionando uma virada dramática que levou os comunistas a deixar Mao de lado e, seguindo o conselho do agente soviético Otto Braun, lançar um contra-ataque desastroso, que resultou numa retirada em ampla escala em 1936, no que ficou conhecido como a Longa Marcha. No fim da década de 1930, usando escritores ocidentais crédulos como Edgar Snow e Han Suyin, Mao havia criado seu mito como um líder camponês, poeta e mestre de guerrilha, com a Marcha retratada como uma jornada épica na qual ele havia salvo heroicamente o Exército Vermelho do ataque nacionalista. Na verdade, muito foi inventado para ocultar a inépcia militar e seu desperdício deliberado de exércitos para desacreditar os rivais comunistas.

Em 1937, o Japão iniciou uma invasão em grande escala da China. Chiang foi forçado por Zhang Xueliang, o "Jovem Marechal" que raptou o generalíssimo, a unir forças com Mao. Secretamente, Mao se empenhava em sabotar o esforço de guerra de Chiang, até cooperando brevemente com a inteligência japonesa. Em 1943, ele tinha alcançado a supremacia no Partido Comunista, envenenando e expurgando rivais e críticos com uma eficiência brutal. Continuou a buscar o apoio soviético para os comunistas, cujo futuro foi garantido quando Stalin ajudou a derrotar o Japão em 1945.

A cleptocracia militarmente incompetente de Chiang, pesadamente apoiada pelos Estados Unidos, foi derrubada quando Mao, com enorme apoio soviético e seguindo os conselhos de Stalin, gradualmente expulsou o Kuomintang do continente. Em 1949, Mao declarou a República Popular da China, embarcando em um reino imperial de caprichos voluntariosos, radicalismo ideológico, egoísmo messiânico, incompetência em grande escala e assassinatos em massa: "Temos de matar. Dizemos que é bom matar", ordenou esse "homem sem limites". Três milhões de pessoas foram assassinadas nesse ano.

Em 1951 e 1952, Mao submeteu a China a suas campanhas "Três-Anti" e "Cinco-Anti" para eliminar a burguesia. Os espiões estavam infiltrados por toda parte, informando sobre supostos transgressores, que recebiam pesadas multas, eram enviados a campos de trabalho ou executados. Mao governava como um Imperador Vermelho, paranoide em relação à sua segurança, sempre em movimento, manipulando astutamente seus colaboradores e sacrificando impiedosamente antigos camaradas para manter o poder a todo custo. Ele declarava constantemente: "É tolerante demais, não mata o bastante". Enquanto vivia como um imperador, com 50 propriedades particulares e e usava bailarinas militares como "concubinas imperiais", impulsionou a China para que se tornasse uma superpotência, mobilizando tropas chinesas contra os norte-americanos na Guerra da Coreia como um modo de persuadir Stalin a lhe fornecer tecnologia militar, especialmente a nuclear. Ele disse que não importava "se metade dos chineses tivesse que morrer em um holocausto nuclear".

Mao continuou a travar uma guerra contra seu povo por toda a década de 1950. A Campanha Antidireitista de 1958-1959 — na qual mais de 500 mil pessoas foram consideradas "direitistas" — fez com que centenas de milhares fossem condenados a anos de trabalhos

Retrato do líder comunista chinês Mao Tsé-tung (1967). Arquiteto da Revolução Cultural e do Grande Salto para a Frente. Mao é responsável pela morte de 70 milhões de seus próprios cidadãos.

A REVOLUÇÃO CULTURAL

A Revolução Cultural proletária, agora em andamento, é uma revolução grandiosa que toca a alma das pessoas... Nosso objetivo é lutar contra as pessoas em posições de autoridade que estejam tomando o caminho capitalista e esmagá-las, criticar e repudiar as "autoridades" acadêmicas burguesas e reacionárias, e a ideologia da burguesia, e todas as outras classes exploradoras, e transformar a educação, a literatura, a arte e todas as outras partes da superestrutura que não correspondam à base econômica socialista, de modo a facilitar a consolidação e o desenvolvimento do sistema socialista. Decisão do Comitê Central do Partido Comunista Chinês, em 8 de agosto de 1966, que deu início à Revolução Cultural. Foi uma resolução que provocou milhões de mortes.

Um Guarda Vermelho ergue o livro com os pensamentos de Mao nesta capa de uma edição do Pequeno Livro Vermelho.

forçados ou executados. O Grande Salto para a Frente de 1958-1962, um impulso imenso para aumentar a produção de aço, incentivou aldeões a criar pequenas fundições inúteis e se associou a um movimento para coletivizar o campesinato chinês em comunas rurais. Imitando Stalin com sua fome de 1932-1933, Mao vendeu alimentos para comprar armas mesmo que a China passasse fome na "maior escassez de alimentos na história". Trinta e oito milhões de pessoas morreram. Quando o ministro da Defesa, marechal Peng Dehuai, criticou suas políticas, Mao demitiu-o, mas o sucessor nomeado, o presidente Liu Shaoqi, conseguiu arrancar algum poder das mãos de Mao em 1962.

Denunciando Liu, que foi destruído e morreu na pobreza, Mao vingou-se assumindo o controle do exército e do estado por meio do sucessor escolhido, o talentoso e neurótico marechal Lin Biao, e o flexível líder fantoche, o primeiro-ministro Zhou Enlai. Ele criou outro Terror, a Revolução Cultural, na qual afirmou seu domínio total da China, atacando o partido e o estado, ordenando que gangues de estudantes, policiais secretos e bandidos humilhassem, assassinassem e destruíssem vidas e cultura. Três milhões foram mortos entre 1966 e 1976; outros milhões foram deportados ou torturados.

O idoso Mao desentendeu-se com Lin Biao, criador do *Pequeno Livro Vermelho*, que morreu em um acidente de avião em 1971. Isso deixou Mao nas mãos de sua esposa, cruel e grotesca, Jiang Qing, e dos radicais maoístas conhecidos como o "Bando dos Quatro".

Tendo rompido com Moscou, Mao tentou um último golpe: a visita do presidente norte-americano Richard Nixon à China em 1972. Doente, Mao restaurou e depois demitiu novamente o formidável pragmatista Deng Xiaoping. Mao morreu em 1976, e Deng surgiu como o líder supremo e arquiteto da China atual, que libertou a economia, mas não o povo da China, e aplicou o poder comunista no massacre da Praça da Paz Celestial. Os comunistas de Mao ainda governam a China.

Yezhov foi o agente secreto soviético nanico que organizou e coordenou o *Grande Terror* de *Stalin*, durante o qual 1 milhão de vítimas inocentes foram baleadas e outros milhões foram exiladas em campos de concentração. O frenesi de prisões, torturas e assassinatos sob o controle de Yezhov — às vezes meticuloso, às vezes bêbado — foi tamanho que essa caça às bruxas assassinas ficou conhecida como "moedor de carne".

NIKOLAI YEZHOV 1895-1940

> *Se, durante essa operação, outras mil pessoas forem baleadas, esse não será um grande problema.*
> NIKOLAI YEZHOV, 1937

Nascido em uma pequena cidade da Lituânia, filho de um administrador florestal (que também tinha um bordel) e de uma empregada, Yezhov só estudou alguns anos antes de começar a trabalhar em uma fábrica. Ele entrou para o Exército Vermelho depois da Revolução e foi militar durante a Guerra Civil. Ele era um administrador do partido e especialista em recursos humanos, astuto, capaz, diplomático e ambicioso. No início da década de 1930, Yezhov era íntimo de Stalin, encarregado de todas as indicações de pessoal do partido e um secretário do comitê central. Um colega observou: "Não conheço um trabalhador mais ideal. Depois de receber uma tarefa, ele a cumpre. Mas não sabe quando parar". Isso agradava a Stalin, que o chamava de "minha amora silvestre" — um jogo de palavras com *yezhevika*.

Em 1934, o assassinato do colaborador mais próximo de Stalin, Sergei Kirov, permitiu que ele iniciasse o Grande Terror contra os "inimigos do povo", reais e imaginários. Em 1935, Stalin deu a Yezhov a responsabilidade especial de supervisionar a NKVD, a polícia secreta. O chefe da NKVD, Genrikh Yagoda, caíra em desgraça; Yezhov queria destruí-lo e tomar seu lugar. Mas a primeira tarefa de Yezhov foi assumir o caso contra os ex-aliados de Stalin: Zinoviev e Kamenev. Yezhov supervisionou os interrogatórios, ameaçando matar as famílias deles, aumentando o aquecimento nas celas durante o verão, mas também prometendo poupar a vida deles se confessassem os crimes absurdos no primeiro julgamento público. Eles finalmente concordaram. O espetáculo do julgamento, realizado em 1936, foi um sucesso, mas, apesar das promessas de Yezhov, Zinoviev e Kamenev foram baleados em sua presença. Yagoda ordenou que as balas fossem extraídas dos cérebros para que pudesse guardá-las em sua mesa; mais tarde, Yezhov encontrou-as e guardou-as em sua própria gaveta. Em setembro de 1936, Stalin demitiu Yagoda e promoveu Yezhov a comissário de assuntos internos do povo (NKVD).

Enquanto Yezhov supervisionava a disseminação do Terror, prendendo círculos cada vez mais amplos de suspeitos para serem torturados a fim de confessarem crimes imaginários, a imprensa soviética alimentava na população um frenesi de caça às bruxas contra espiões trotskistas e terroristas. Yezhov afirmou que Yagoda

Nikolai Ivanovich Yezhov foi nomeado líder da NKVD por Stalin em 1936 e desencadeou uma repressão desenfreada na União Soviética stalinista.

havia tentado matá-lo com *spray* de cianureto em suas cortinas. Então, ele prendeu a maioria dos oficiais de Yagoda e os executou. Depois, encarcerou o próprio Yagoda. "É melhor que dez inocentes sofram do que um espião escape", afirmou Yezhov. "Quando se corta madeira, voam lascas!"

Sob ordens de Stalin, em maio de 1937, Yezhov prendeu o marechal Mikhail Tukhachevsky, o oficial mais talentoso do Exército Vermelho, além de muitos outros generais importantes. A ideia era quebrar o poder independente do exército, mas os generais tiveram que confessar seus "crimes" para convencer os outros líderes soviéticos de que eram culpados de crimes contra o estado. Yezhov supervisionou pessoalmente a tortura selvagem: quando a confissão de Tukhachevsky foi encontrada nos arquivos, nos anos 1990, ela estava coberta com respingos marrons que, como se descobriu, eram o borrifo de sangue de um corpo humano em movimento. Todos os generais foram executados na presença de Yezhov. Stalin, que nunca estivera nas sessões de tortura nem nas execuções, perguntou sobre o comportamento deles no momento final. No total, foram executados cerca de 40 mil oficiais.

Yeshov então expandiu o Terror de um modo bizarro, claramente sob ordens de Stalin, iniciando assassinatos aleatórios por números, dando a cada cidade e região uma cota de duas categorias: a categoria um incluía os que seriam executados e a categoria dois, os que seriam exilados. Essas cotas aumentavam constantemente, até que aproximadamente 1 milhão foram executados e muitos outros milhões foram deportados para os infernais campos de trabalhos forçados na Sibéria. As esposas das vítimas mais importantes também eram presas e executadas. As crianças de um a três anos eram confinadas em orfanatos, mas as maiores podiam ser executadas. "Espanquem, destruam sem triar", ordenou Yezhov, acrescentando: "É melhor pecar pelo excesso do que pela falta".

Em 1938, a União Soviética estava em um turbilhão de medo e assassinatos, supervisionados por Yezhov. Stalin mantinha-se nos bastidores, mas Yezhov estava em toda parte, saudado como o herói-vingador de uma sociedade em que os inimigos eram onipresentes. Ele era quase tão poderoso quanto Stalin, adorado em poemas e canções, e cidades eram nomeadas em sua honra. Yezhov criou câmaras especiais de execução na famosa prisão Lubyanka, em Moscou, e em outros locais: as câmaras tinham um piso de concreto inclinado, como o de abatedouros, paredes de madeira para absorver balas e mangueiras para drenar o sangue.

Nessa época, Yezhov estava entrando em colapso e perdendo o controle. Ele percorria o país constantemente, prendendo e matando; trabalhava à noite, torturando suspeitos e bebendo muito, e se tornou cada vez mais paranoide, temendo que a qualquer momento Stalin se voltasse contra ele. Muitos de seus amigos íntimos, ex-namoradas e seu padrinho foram executados. O estresse o dominava: quando bebia ele se vangloriava de governar o país e de que poderia prender Stalin. No terceiro julgamento público, de Bukharin e Yagoda, em Moscou, até mesmo Stalin ficou alarmado com a natureza descontrolada do terror que desencadeara. Yezhov já havia cumprido sua tarefa, e agora, era necessário ter um bode expiatório. Stalin ficou sabendo dos excessos, das bebedeiras, da depravação, promiscuidade bissexual e vanglória de Yezhov. Ele ordenou que Yezhov matasse seus principais assistentes, inclusive seu vice, que foi obrigado a cheirar clorofórmio no próprio escritório de Yezhov, e depois recebeu uma injeção de veneno. Ao perceber a desaprovação de Stalin, Yezhov começou a matar todos que poderiam incriminá-lo. Cerca de mil pessoas foram mortas em cinco dias, sem a permissão de Stalin.

No outono de 1938, Stalin promoveu outro protegido, Lavrenti Beria, para que se tornasse o vice de Yezhov. Em outubro, o *politburo* denunciou a administração da NKVD. Em novembro, Yezhov apareceu pela última vez para a parada anual no mausoléu de Lênin. Ele foi afastado da NKVD em 23 de novembro, embora continuasse a ser oficialmente o comissário para transporte de água. Mas raramente aparecia para trabalhar e se perdia em uma série de orgias de bebida e sexo homossexual, esperando pela batida na porta. Quando isso aconteceu e o julgamento e a sentença de morte inevitáveis sobrevieram, Yezhov desabou. A caminho da câmara de execução que ele mesmo havia projetado, chorou, teve soluços e caiu ao chão, tendo de ser arrastado para a morte.

Yezhov foi o típico burocrata soviético com pouca educação formal e diligentemente ambicioso, mas, ao se ver com um poder quase absoluto sobre a vida e a morte, transmitido pelo próprio Stalin, ele se deleitou com a caça, os detalhes da administração pessoal dos assassinatos e da carnificina e passou noites torturando pessoalmente suas vítimas. O "Anão Sanguinário" de Stalin tornou-se o segundo homem mais poderoso na União Soviética, mas o estresse praticamente o enlouqueceu e ele terminou como uma vítima de seu próprio "moedor de carne". Monstro degenerado, burocrata subordinado, administrador esperto, torturador sádico, mas também um homem que se acovardou, Yezhov foi o pioneiro de um novo tipo de massacre totalitário em massa de meados do século XX. Em seu julgamento, ele anunciou: "Digam a Stalin que vou morrer com o nome dele em meus lábios".

A VIDA E OS AMORES DO "ANÃO SANGUINÁRIO" DE STALIN

"Posso ser de pequena estatura", disse Yezhov certa vez, "mas minhas mãos são fortes — são as mãos de Stalin!" Yezhov era tão baixo — tinha apenas 1,51 metro — que, quando jovem, foi rejeitado pelo exército czarista. Era também instável, doentio, sexualmente confuso, frágil e franzino, mas ao mesmo tempo jovial, beberrão e dono de um senso de humor infantil (inclusive um gosto por competições de arrotos). Com seu rosto simpático, olhos azuis e cabelos negros e fartos, e seu gosto pela dança, canto e por tocar violão, ele era uma figura popular, principalmente com as mulheres, embora, o que era incomum na liderança soviética, ele fosse promiscuamente bissexual.

Sua primeira esposa foi uma companheira de partido chamada Antonina, de quem ele se divorciou para se casar com uma judia glamourosa e promíscua chamada Yevgenia, que mantinha um salão para escritores e artistas de cinema. Na época da queda de Yezhov, seu sucessor, Beria, começou a investigar as grotescas aventuras sexuais de Yevgenia. Yezhov tentou se divorciar dela na época, provavelmente para salvá-la e salvar também a filha adotiva de ambos, Natasha, mas possivelmente para se salvar também. Todos os amantes dela, inclusive o brilhante escritor Isaac Babel, foram presos e executados. Yevgenia cometeu suicídio.

Vyacheslav Molotov (à esquerda), Sergo Ordzhonikidze (segundo à esquerda), Nikolai Yezhov (segundo à direita) e Anastas Mikoyan (à direita) eram os auxiliares mais assassinos de Stalin, juntamente com Georgi Malenkov, Lazar Kaganovich, Andrei Zhdanov, Klim Voroshilov e Nikita Khrushchov.

Khorloogin Choibalsan foi o Stalin dos mongóis que governou brutalmente a República Popular da Mongólia como um estado fantoche da União Soviética. Ele administrou a chacina de milhares de pessoas de seu próprio povo, suprimiu uma cultura antiga, executou seus rivais, expulsou sacerdotes budistas e se promoveu, em um grotesco culto de personalidade.

MARECHAL CHOIBALSAN 1895-1952

> *Eles morrem um depois do outro. Shcherbakov, Zhdanov, Dimitrov, Choibalsan... eles morrem tão rápido!*
> STALIN LAMENTA MORTE DE SEU ALIADO MONGOL, 1952

Choibalsan considerava-se um comunista, mas também sonhava em unir as tribos mongóis sob um governo. Como Stalin e muitos outros importantes bolcheviques russos, ele estudou para o sacerdócio — budista, no caso de Choibalsan —, até que, quando jovem, aderiu ao marxismo e abraçou o ateísmo radical. Fez contato com os revolucionários bolcheviques durante uma viagem à Sibéria e fundou sua própria organização revolucionária ao estilo soviético na Mongólia em 1919. Em 1921, foi um dos membros fundadores do Partido Revolucionário Popular Mongol.

A partir de março de 1921, a Mongólia fora controlada brevemente pelo barão Ungern von Sternberg, um comandante militar russo branco. No entanto, alguns meses depois, os exércitos de Damdin Sükhbaatar, auxiliados pelos soviéticos, haviam derrotado as forças de Ungern e a República Popular da Mongólia foi criada. Choibalsan — já comissário do Exército Vermelho Mongol — foi indicado vice-ministro da Guerra. Durante os anos 1920, ele se distinguiu com seu comportamento zelosamente pró-soviético e liderou expurgos violentos dos revolucionários moderados que haviam lutado pela libertação da Mongólia.

Homem pequeno e feroz, com a cabeça raspada e postura militar, Choibalsan chamou a atenção de Stalin, que reconheceu em seu aliado mongol um fanático cruel e confiável, com poucas restrições em tirar a vida humana para impor o marxismo-leninismo mesmo na rústica cultura budista da Mongólia. Em meados da década de 1930, Stalin ficou frustrado com o líder dos comunistas mongóis, Peljidiyn Genden, especialmente depois de Genden encontrá-lo, em 1935, e resistir ao "imperialismo vermelho" de expurgos dos lamas (sacerdotes) e da aristocracia juntamente com a coletivização soviética. Em 1936, Stalin planejou a queda de Genden e garantiu que Choibalsan o substituísse. Genden foi preso e executado em Moscou como espião japonês.

Elevando-se ao posto de marechal, Choibalsan daí em diante dominou a Mongólia como presidente do conselho de comissários do povo, promovendo-se como um gênio perfeito em um culto baseado no de Stalin. Cidades receberam seu nome, e ele até renomeou uma montanha em sua honra.

Choibalsan manteve um intenso relacionamento de trabalho com Stalin, cujas táticas e políticas ele imitava. Sua prioridade era eliminar os possíveis rivais e críticos do interior do partido, e assim, no fim dos anos 1930, ele organizou uma série de expurgos brutais dos que designava como "inimigos do povo", como intelectuais e proprietários de terras, muitos dos quais acusou de espionar para o Japão. Acima de tudo, foram os monges budistas os que mais sofreram em suas mãos, apesar de seu treinamento inicial como monge. Todas as práticas religiosas foram suprimidas e cerca de 700 templos foram destruídos. Mais de 35 mil pessoas foram executadas, talvez até 100 mil, das quais 18 mil eram monges. Milhares de pessoas foram presas e internadas em campos.

Nos anos 1940, Stalin permitiu que Choibalsan sonhasse em unir o povo mongol sob seu governo. Assim, Choibalsan incentivou as tensões étnicas no leste de Xinjiang, uma área da Mongólia Interior sob controle chinês. Embora os soviéticos ajudassem com uma breve invasão da Mongólia Interior, Stalin queria evitar um conflito com a China e, posteriormente, assinou um acordo de paz, obrigando Choibalsan a desistir de suas ambições.

Quando Choibalsan ficou doente, foi a Moscou para se tratar com médicos russos na clínica especial do Kremlin, mas eles não puderam ajudá-lo. Ele morreu em 26 de janeiro de 1952. A morte do marechal foi uma de uma série entre stalinistas importantes na clínica do Kremlin, mortes que Stalin explorou, afirmando que os médicos, em sua maioria judeus, estavam tentando assassinar a liderança soviética no chamado "Complô dos Médicos". Ele planejava usar isso como uma desculpa para liquidar seus prováveis sucessores entre seus camaradas, mas morreu antes de poder realizar todo o expurgo.

Choibalsan foi embalsamado e exibido em um mausoléu em Ulan Bator, e posteriormente seu corpo foi cremado depois de o mausoléu ser demolido, em 2005, para abrir espaço a um memorial a Gengis Khan. Desde o estabelecimento da democracia, em 1990, emergiram alguns dos segredos terríveis do regime assassino de Choibalsan, inclusive túmulos em massa repletos de corpos de sacerdotes com buracos de bala no crânio. Sem dúvida, mais atrocidades serão reveladas. Embora Choibalsan tenha modernizado a Mongólia e melhorado significativamente sua infraestrutura, ele fez isso a um custo terrível para seu país. Ele é colocado como um dos monstros esquecidos do stalinismo que quase conseguiu destruir sua antiga cultura.

Khorloogin Choibalsan foi o líder fantoche soviético da Mongólia desde 1936 até sua morte, em 1952.

A JUNTA BIRMANESA

A Birmânia (atual Myanmar) tem sido governada por uma junta militar desde que um golpe em 1962, liderado por NeWin, estabeleceu um estado de partido único, dissolveu o Parlamento, extinguiu direitos civis, prendeu adversários, nacionalizou negócios e tentou marginalizar as minorias étnicas. Esmagando brutalmente os protestos, tumultos e, em 1976, uma tentativa de golpe, NeWin entregou a presidência em 1981 a SanYu, mas permaneceu firmemente no controle como presidente do Partido do Programa Socialista de Burma, escolhendo oficiais do exército e ministros.

Obcecado com numerologia, NeWin bizarramente reformulou a moeda em 1987, tornando-a divisível por seu número da sorte — 9 — e destruindo as economias de milhões de pessoas. A crescente agitação provocou sua demissão como presidente do partido em julho de 1988. No mesmo ano, a Revolta 8888, um enorme protesto pró-democracia, foi esmagada em um golpe que levou ao controle uma junta de 21 militares — o Conselho de Estado para Restauração da Lei e da Ordem (SLORC), liderado pelo general Saw Maung. Aproximadamente 10 mil manifestantes, na maioria estudantes e monges budistas, foram mortos, provocando escândalo em um país em que os monges são reverenciados como líderes espirituais. O SLORC, posteriormente, instigou um programa duplo de desflorestamento — para acomodar a produção de ópio em massa — e de genocídio sistemático contra grupos como os karen, karenni, shan, kachins (jingpo) mons, rohingyas, wa e chin (zomis). Estupro, tortura, realocação forçada, trabalho escravo e assassinato levaram mais de 650 mil pessoas — inclusive 250 mil karen — a ser deslocadas apenas na Birmânia oriental, e cerca de 2 milhões fugiram para a Tailândia. Eleições multipartidárias foram permitidas em 1990, e contestadas pela ativista Aung San Suu Kyi, mas a derrota humilhante fez com que o resultado fosse ignorado. No ano seguinte, Suu Kyi (posteriormente agraciada com o Prêmio Nobel da Paz) foi colocada em prisão domiciliar — duas vezes cancelada temporariamente, mas reimposta depois — por "colocar o estado em perigo". Lutadora incansável e corajosa pela democracia, ela ainda se encontra presa. Em 1992, Than Shwe substituiu Saw Maung como presidente do SLORC (renomeado depois como Conselho Estatal de Paz e Desenvolvimento) e comandante-chefe das Tatmadaw (forças armadas).

Em 2002, depois de uma suposta tentativa de golpe de seu genro e de três netos, NeWin morreu em desgraça e teve apenas um breve obituário na imprensa que não mencionava seu governo. Em 2003, o novo primeiro-ministro Khin Nyunt revelou um "mapa para a democracia", mas foi substituído no ano seguinte por Soe Win, da linha-dura. Dois anos depois, cerca de 100 mil manifestantes, liderados por monges budistas, fizeram demonstrações em Rangoon contra os grandes aumentos no preço do combustível. Cerca de 3 mil pessoas foram presas e pelo menos 13 monges foram mortos. No mesmo ano (2005), começaram as obras de uma luxuosa nova capital — Naypyidaw ("Morada dos Reis") —, 480 quilômetros ao norte de Rangoon, e incluindo uma casa-fortaleza para o general Than Shwe, que continua a governar o país. A cidade foi batizada oficialmente em 27 de março de 2006, no Dia das Forças Armadas, comemorado anualmente.

Uma prova clara da paranoia, intransigência e desprezo do regime pela vida humana ocorreu em maio de 2008, depois que o ciclone Nargis atingiu o país, matando 100 mil pessoas, arrasando a infraestrutura da Birmânia e deixando milhares de pessoas sem teto. Durante semanas, a junta recusou-se a permitir que suprimentos ou trabalhadores de ajuda internacional entrassem no país, aumentando incrivelmente o sofrimento e a penúria de seu povo. Finalmente, o governo cedeu à pressão internacional, mas continuou a atrapalhar uma resposta efetiva à crise.

Um manifestante pró-democracia levanta um cartaz (no qual se lê: "Não queremos a junta do mal") durante uma demonstração diante da embaixada da Birmânia em Kuala Lumpur, Malásia, em 2007.

Cleptomaníaco, sonhador e louco comprovado, o dr. Marcel Petiot — apelidado de "dr. Satã" — era também um fraudador frio e calculista, culpado de ao menos 60 assassinatos e possivelmente muitos mais. Durante a 2ª Guerra Mundial, estabeleceu-se como organizador de uma rota de fuga da Paris ocupada pelos nazistas e oferecia seus serviços a todos que queriam fugir. Mas esse era um engodo hediondo: Petiot simplesmente roubava suas vítimas e depois as matava.

DR. MARCEL PETIOT 1897-1946

> *Não sou um homem religioso e minha consciência está limpa.*
> Marcel Petiot, no dia de sua execução

Nascido em Auxerre, Marcel criou uma reputação de solitário instável desde muito cedo: ele tinha convulsões, andava durante o sono e molhava a cama com frequência. Sua mãe morreu quando ele tinha 15 anos, mas na época ele já estava em uma espiral descendente e havia sido expulso de várias escolas devido a seu comportamento estranho. Quando Petiot roubou uma caixa postal aos 17 anos, uma avaliação psiquiátrica considerou-o um "jovem anormal".

Em 1916, Petiot foi convocado para o exército e, depois de ser atingido por bombas de gás e ferido, passou por nova avaliação psiquiátrica. Em 1918, sofreu um colapso nervoso e atirou no próprio pé. No entanto, depois da guerra, apesar de dúvidas explícitas quanto à sua saúde mental, ele tomou parte em um esquema educacional para ex-soldados, estudou medicina e se formou em 1921. Seu primeiro consultório ficava em Villeneuve-sur-Yonne, não muito distante de sua cidade natal de Auxerre.

Apesar de sinais ocasionais de insanidade, Petiot parece ter atingido um certo grau de popularidade e se tornou prefeito de Villeneuve-sur-Yonne em 1926, depois

O dr. Marcel Petiot no julgamento, em 1946, quando foi condenado em 27 acusações de assassinato.

de uma campanha controversa. No mesmo ano, porém, embora nunca tivesse sido julgado, ele foi ligado ao assassinato de uma mulher cujos boatos diziam ser sua amante. Era um sinal das coisas que estavam por vir. Em 1927, ele se casou com Georgette Lablais, filha de um rico proprietário de terras, que lhe deu um filho; mas, três anos depois, foi investigado em relação ao assassinato de outra mulher, também supostamente sua amante. Mais uma vez, a polícia não agiu, apesar do fato de a única testemunha ter morrido na presença de Petiot. Ele também escapou à prisão apesar de diversas acusações de suborno e fraude e de outros encontros com as autoridades.

Finalmente, Petiot foi obrigado a renunciar ao cargo de prefeito em 1931, e em 1933 mudou-se com a família para Paris, onde montou um consultório de sucesso. No entanto, por baixo desse exterior respeitável, ele também vendia morfina e heroína a prostitutas e traficantes de drogas. Em 1934, uma paciente morreu de overdose de morfina, e em 1936 sua esposa internou-o em uma instituição mental por um ano, depois de ele ser condenado por roubo em lojas e por atacar um policial. Após a queda da França diante dos nazistas, em 1940, Petiot começou a se passar por agente da Resistência Francesa, prometendo um caminho seguro para sair do país a todos que quisessem fugir da ocupação, inclusive agentes genuínos da Resistência e judeus que temiam ser deportados para o Leste. Pedindo 25 mil francos por fugitivo, ele atraía suas vítimas a uma elegante casa de três andares na Rue Le Sueur que ele havia comprado especialmente para o esquema. Lá, administrava uma injeção letal, dizendo às vítimas que as estava vacinando contra doenças endêmicas em seu suposto destino, a América do Sul. Ele se livrava dos corpos dissolvendo-os em um poço de cal viva ou desmembrando-os e jogando os pedaços no Sena. Em uma virada macabra, no auge da operação, em 1943, Petiot foi preso e interrogado pela Gestapo, que suspeitava que ele estivesse ajudando famílias judias a fugirem de suas garras.

Com tantos corpos dos quais tinha que se livrar, Petiot ficou impaciente, e em março de 1944 cometeu o erro de tentar queimá-los na fornalha da casa da Rue Le Sueur. O fedor resultante foi tão intenso, que a polícia e os bombeiros de Paris chegaram à propriedade e descobriram a carnificina. Petiot foi preso, mas depois de afirmar que era um lutador da Resistência e que os corpos eram de nazistas ou colaboradores, foi solto e fugiu. Aparentemente ele acreditava em sua própria história de resistência heroica. A arrogância provocou sua captura quando respondeu ao jornal francês *Resistance*, que o havia denunciado como simpatizante nazista: a polícia rastreou-o por meio da carta.

Quando as autoridades francesas desfizeram a elaborada fantasia de Petiot, elas o acusaram do assassinato de 27 pessoas entre 1941 e 1944. No julgamento, ele admitiu apenas 19 dos 27 assassinatos, mas afirmou ter matado mais de 60 pessoas, todas em nome da resistência patriótica. Na verdade, o número real pode ter sido ainda mais alto, pois mais de 80 corpos parcialmente dissecados foram retirados do Sena entre 1941 e 1943.

Guilhotinado em 26 de maio de 1946, Petiot — frio, sorridente e sem arrependimentos até o último momento — era claramente um homem que sofria de uma grave doença mental. No entanto, sua campanha de chacina foi calculista e cruel, envolvendo planejamento racional e lhe dando uma fonte constante de lucros. Qualquer que fosse seu estado mental, ele foi um predador consciente das pessoas mais vulneráveis que pudesse encontrar, enquanto se colocava em um pedestal como herói nacional.

PERFIL PSICOLÓGICO DE ASSASSINOS EM SÉRIE

O termo "assassino em série" foi usado pela primeira vez em meados dos anos 1970 pelo agente do FBI Robert Ressler, que também ajudou a criar a ciência da definição do perfil psicológico depois dos horrendos crimes de Ted Bundy e de David Berkowitz nos Estados Unidos. Bundy confessou o estupro e o assassinato de pelo menos 30 mulheres entre 1974 e 1978, embora alguns considerem que o número de suas vítimas — que eram espancadas e estranguladas — é muito mais alto. Berkowitz — que fantasiava a respeito de um culto satânico bizarro — confessou ter matado seis pessoas e ferido outras sete em Nova York em 1976 e 1977.

Alguns atribuem o desenvolvimento do perfil psicológico ao psicanalista nova-iorquino dr. Walter C. Langer, que em 1943 recebeu a tarefa de "fazer o perfil" de Adolf Hitler. O primeiro exemplo registrado em um contexto criminal ocorreu em 1956, quando a polícia pediu ao dr. James Brussel (apelidado de "Sherlock Holmes de sofá") que traçasse o perfil do chamado "Bombardeador Louco". Na década de 1960, o perfil que ele fez do famoso Estrangulador de Boston colocou na prisão Albert DeSalvo.

Esse trabalho levou à fundação da Unidade de Ciência Comportamental do FBI em 1972. Dois de seus pioneiros, Howard Teten e Patrick Mullany, identificaram e empregaram características comportamentais para resolver crimes violentos. Eles foram seguidos, dentre outras pessoas, pelo agente do FBI — e depois, escritor de horror — John Edward Douglas, que, em 1988, publicou *Sexual Homicide: Patterns and Motives*, seguido em 1992 — em colaboração com Robert Ressler e Ann e Allen Burgess — pelo *Crime Classification Manual*. Na Grã-Bretanha, a polícia convocou o psicólogo dr. David Canter para auxiliar no caso do "Estuprador da Ferrovia", e seu trabalho levou à prisão e condenação de John Duffy e David Mulcahy, em 1988. Em 1994, Canter criou o Centro de Psicologia Investigativa na Universidade de Liverpool. Mais publicações importantes recentes incluem *Serial Murderers and Their Victims* (1991), de Eric Hickey; e *My Life among the Serial Killers: Inside the Minds of the World's Most Notorious Murderers* (2004), de Helen Morrison.

As características dos assassinos em série são controversas, mas muitos listam as seguintes: abuso quando criança, agressão incomum na infância (atear incêndios, crueldade com animais ou outras crianças), personalidade e emoções atrofiadas, mentiras compulsivas e fluentes, inteligência acima da média e uma completa falta de consciência. Em geral, eles são disfuncionais social e/ou sexualmente, atacando estranhos, no mais das vezes mulheres e crianças. Quando iniciam seu ataque de matança, o padrão do assassinato se intensifica e, em geral, seguem uma patologia fetichista particular, quer na escolha das vítimas, colocação dos corpos ou método de assassinato. A maioria dos assassinos em série é manipuladora e considera o estupro e o assassinato a derradeira expressão de controle.

Alguns dos mais famosos assassinos em série na Grã-Bretanha foram John George "Banho de Ácido" Haigh, John Christie, Beverley Allitt (o Anjo da Morte), Ian Brady e Myra Hindley (Os Assassinos do Pântano), Donald Neilson (a Pantera Negra), Harold Shipman, John Straffen, Dennis Nilsen, Peter Sutcliffe (o Estripador de Yorkshire), Fred e Rosemary West e, mais recentemente, Steve Wright (o Estrangulador de Suffolk), enquanto os Estados Unidos tiveram, entre muitos outros, Henry Lee Lucas, John Wayne Gacy, William Bonin (o Assassino da Rodovia), Randy Kraft (o Estrangulador do Sul da Califórnia), Charles Manson, Eddie Gein e Michael Lee Lockhart. O mais prolífico assassino de todos, com uma estimativa de mais de 300 vítimas, pode muito bem ser o colombiano Luis Alfredo Garavito Cubillos, apelidado com propriedade de "a Besta".

Albert DeSalvo, que confessou ter estrangulado 13 mulheres na área de Boston, é preso pela polícia momentos depois de ser capturado após fugir de um hospital para doentes mentais em 1967.

Al "Scarface" Capone foi a personificação dos gângsteres assassinos da Máfia norte-americana que faziam contrabando impunemente durante a época da Lei Seca. Ironicamente, apesar de seu profundo envolvimento no crime organizado e em assassinatos, a única acusação pela qual ele foi condenado foi evasão fiscal.

AL CAPONE 1899-1947

> *Você vai muito mais longe com uma palavra gentil e uma arma do que poderia ir apenas com uma palavra gentil.*
> AL CAPONE

Nascido no Brooklyn, Nova York, Alphonse "Al" Capone foi filho de Gabriele Capone, um barbeiro italiano que havia chegado aos Estados Unidos com sua esposa, Teresina, em 1894. Al embarcou na carreira do crime organizado quando deixou a escola, aos 14 anos, e caiu sob a influência de um chefe de gângsteres, Johnny "o Raposa" Torrio. Dali, passou para a "Five Points Gang", em Manhattan. Foi durante esse período que ele foi cortado no rosto depois de uma briga de bar que o deixou com a cicatriz que o tornou conhecido mais tarde. Também foi suspeito de envolvimento em dois assassinatos, embora as testemunhas se recusassem a depor e nada tenha sido provado.

Torrio, o mentor de Capone, havia deixado Nova York por Chicago em 1909, para operar uma rede de bordéis. Dez anos depois, ele chamou seu protegido, e provavelmente Capone foi o responsável pelo assassinato, em 1920, do chefe de Torrio, "Big Jim" Colosimo, com quem Torrio havia se desentendido. Torrio, posteriormente, tornou-se o rei indisputado do crime na Cidade dos Ventos.

O início da Lei Seca, em 1920, deu aos gângsteres norte-americanos uma mina de ouro de oportunidades. O comércio de álcool contrabandeado passou a ser um grande negócio, estabelecimentos ilegais "onde as bebidas engarrafadas estavam prontamente disponíveis" tornaram-se a imagem que definiu a era. Mas, por trás da alegria relaxada desses locais de venda de bebidas e do *glamour* dos gângsteres havia violência, sadismo injustificado e brutalidade psicopata.

Em 1923, um prefeito reformista, William E. Dever, foi eleito em Chicago com uma plataforma em que prometia exterminar os gângsteres. Em resultado, Torrio e Capone optaram por mudar grande parte de seus negócios para a cidade-satélite de Cícero. No ano seguinte, com eleições da Câmara Municipal agendadas para Cícero, Capone estava determinado a garantir que seus candidatos vencessem por qualquer meio. Na violência resultante, seu irmão Frank foi morto e uma autoridade eleitoral foi assassinada em meio a uma onda de sequestros, roubo de urnas e intimidação geral. Quando tudo terminou, Capone havia vencido em Cícero em uma das eleições mais desonestas jamais vistas.

Semanas depois, aparentemente acreditando estar protegido, Capone matou um pequeno gângster chamado Joe Howard que havia insultado um amigo seu em um bar. O crime transformou Capone em um alvo para William McSwiggin — o "promotor dos enforcamentos" — e, embora não tenha conseguido provar nenhuma acusação contra ele, McSwiggin conseguiu colocar o gângster firmemente sob os olhos do público, pondo Capone no caminho de se tornar o "inimigo público número um" do país.

Em 1925, Torrio aposentou-se depois de uma tentativa contra sua vida, perpetrada por um rival, a Gangue da Zona Norte, chefiada por Dean O'Banion, George "Bugs" Moran e Earl "Hymie" Weiss. Capone então assumiu o lugar de Torrio como a principal figura no submundo de Chicago. Daí em diante, ele desenvolveu uma imagem pública, ostensivamente frequentando eventos esportivos, como jogos de beisebol e até mesmo a ópera, apresentando-se como um empresário honesto e bem-sucedido, com um talento para se comunicar com as pessoas comuns. Na verdade, todos sabiam qual era a verdadeira fonte da riqueza de Capone.

Extorsões em troca de proteção, jogo ilegal, bebidas ilegais e prostituição — onde houvesse dinheiro fácil, Capone estava envolvido. Seu olho para lucros era combinado com uma atitude impiedosa ao lidar com os possíveis rivais — e a maior ameaça à sua hegemonia, na opinião de Capone, era a Gangue da Zona Norte, os criminosos que haviam atacado Johnny Torrio anteriormente.

O resultado foi o Massacre do Dia de São Valentim, em 1929. Disfarçando seus homens como policiais, Capone enviou-os ao depósito de Moran, na 2122 North Clark Street, onde eles alinharam sete dos membros da Gangue da Zona Norte contra uma parede e os metralharam a sangue-frio. Várias das vítimas também foram baleadas no rosto. Moran, o líder da gangue, fugiu, mas com seus principais auxiliares mortos, sua operação entrou em declínio. Capone tornou-se o líder indisputado de Chicago.

Mas o escândalo dos assassinatos gerou pressão para mais ação por parte das autoridades contra Capone. Foi isso que levou o FBI a lançar seu plano engenhoso para processá-lo por evasão fiscal. Sabendo que provavelmente ele nunca seria indiciado por nenhuma de suas atividades mais violentas (tanto por causa da distância que ele se mantinha de ações específicas e por causa do medo de represálias que impedia que as testemunhas depusessem),

O famoso gângster e contrabandista Al Capone, fumando desafiadoramente um charuto no trem que o levava para a penitenciária federal em Atlanta, onde, em 1932, começou a cumprir a pena de 11 anos por evasão fiscal.

o governo federal indicou um agente do Tesouro, Eliot Ness, e uma equipe de agentes cuidadosamente escolhidos — os "Intocáveis" — para investigar Capone.

A estratégia foi um sucesso incrível. Em junho de 1931, Capone foi formalmente acusado de evasão fiscal, e em outubro foi considerado culpado e sentenciado a 11 anos na prisão. A princípio, ele foi mandado para a penitenciária de Atlanta, e em 1934 foi transferido para as instalações de segurança máxima de Alcatraz. Em 1939, Capone foi libertado sem cumprir toda a pena devido a problemas de saúde. Mas ele nunca mais conseguiu retomar o controle sobre seu império do crime. Uma sombra de si mesmo, Capone retirou-se para a obscuridade e morreu de sífilis em 1947, totalmente esquecido.

A MÁFIA NOS ESTADOS UNIDOS

O submundo de Nova York no início do século XX, dominado pelas gangues judias e irlandesas, mudou com a chegada dos membros da Máfia siciliana Joe "o Chefe" Masseria e Salvatore Maranzano. Eles enfureceram jovens gângsteres como "Lucky" Luciano, que colaborava com os gângsteres judeus "Bugsy" Siegel e Meyer Lansky.

Em 1929, tendo sido recrutado por Masseria depois de operar um negócio clandestino de bebidas com Vito Genovese e Frank Costello, Luciano foi deixado à própria sorte durante a Guerra de Castellammarese entre Masseria e Maranzano. Ele se vingou em 1931, ordenando o assassinato de ambos, assumindo seus impérios e organizando as Cinco Famílias de Nova York — os Bonanno, os Colombo, os Gambino, os Lucchese e os Genovese — em um Sindicato Nacional do Crime, que incluía os Brooklyn Boys (chamados de Murder Inc.) — bandidos contratados por Albert "Mad Hatter" Anastasia que realizavam assassinatos nos territórios das gangues — e Comissão, um "tribunal" que resolvia as disputas.

O reinado de Luciano — apoiado por Lansky, o banqueiro da Máfia, e por Benjamin Siegel, com olhos azuis e aparência de galã de cinema, cuja violência psicopata lhe valeu o apelido de "Bugsy" — foi breve, pois ele foi condenado e aprisionado em 1936 e em seguida deportado para a Itália.

Em 1946, Siegel fundou sua própria cidade, Las Vegas, persuadindo os chefes da Máfia a investirem no Flamingo Hotel, mas os custos fizeram com que o hotel fosse fechado. A Máfia retaliou, e Siegel foi baleado em sua casa, em Beverly Hills, em junho de 1947, mas a própria cidade de Bugsy floresceu. Lansky assumiu o Flamingo Hotel e passou a dominar o jogo em Las Vegas e em Havana, Cuba; seu império internacional inspirou a série de filmes *O Poderoso Chefão*. Em 1970, ameaçado com a acusação de evasão fiscal, ele fugiu para Israel, escapando à condenação depois de ser obrigado a retornar.

As décadas de 1950 e 1960 foram a "era de ouro" para a Máfia norte-americana e para uma nova geração de mafiosos, entre eles Mickey Cohen, Salvatore Giancana e as famílias Boiardo e DeCavalcante que inspiraram a família Soprano na série de TV de David Chase. Giancana também foi muito importante na eleição de J.F. Kennedy para presidente em 1960, por meio de seu controle sobre alas cruciais de Chicago e sobre os votos dos sindicatos, e até compartilhava uma amante com ele, Judith Campbell Exner, que foi apresentada a ambos por Frank Sinatra. Entretanto, o Racketeer Influenced and Corrupt Organizations Act – RICO (Lei das organizações corruptas e sob influência de contraventores), de 1970 — que levou, em 1992, à condenação do último chefão da Máfia, John Gotti, chefe de Gambino, graças ao depoimento de seu matador, o subchefe Sammy "o Touro" Gravano —, diminuiu o poder da Máfia.

O sangrento dia seguinte ao Massacre do Dia de São Valentim, 14 de fevereiro de 1929, em que sete membros da Gangue da Zona Norte, de "Bugs" Moran, foram baleados pelos homens de Al Capone, em Chicago, Illinois.

Beria foi um sinistro policial secreto soviético, um estuprador psicopata e um sádico entusiasta que ordenou a morte de inúmeras pessoas e sentia um prazer pessoal na tortura de suas vítimas. Personificação da monstruosidade criminosa do estado soviético, era um manipulador cínico e ríspido, um assassino vingativo, um cortesão hábil e um bandido pervertido. Ainda assim, era também um administrador muito inteligente, incrivelmente competente e infatigável, com a visão de rejeitar o marxismo e propor o tipo de programa liberal que Mikhail Gorbachev levou ao amadurecimento anos depois.

LAVRENTI BERIA 1899-1953

Dê-me uma noite com ele e eu o farei confessar que é o rei da Inglaterra.
LAVRENTI BERIA

Beria nasceu em 1899, na Geórgia, filho de uma mãe muito religiosa, mas com paternidade incerta; provavelmente era o filho ilegítimo de um nobre abecaze. Em Baku, durante a Guerra Civil Russa, trabalhou como agente duplo, servindo tanto ao regime antibolchevique quanto aos bolcheviques. Depois de Baku ser retomada pelos bolcheviques, ele provou ser um político astuto, e em 1921 entrou para a nova polícia secreta, a Cheka, subindo rapidamente na hierarquia até se tornar o chefe do departamento georgiano. Beria conheceu Stalin, outro georgiano, em 1926, e sempre se comportou em relação a ele não como um camarada bolchevique (como era então o costume), mas como um senhor feudal medieval em relação a seu rei. Stalin decidiu usá-lo contra os antigos georgianos que governavam o Cáucaso, promovendo-o, sob protestos, a primeiro-secretário da Geórgia, e depois, de todo o Cáucaso. Quando Stalin convocou seus companheiros para fazer jardinagem com ele, Beria usou um machado e disse a Stalin que o usaria para exterminar todas as ervas daninhas que recebesse a ordem de extrair. Beria entendia a vaidade de Stalin e escreveu um livro sobre a história dos comunistas no Cáucaso em que exagerou a importância de Stalin antes da revolução.

O aliado local de Stalin no Cáucaso era o chefe abecaze Nestor Lakoba, que havia ajudado a promover Beria. Depois, no entanto, Lakoba e Beria se desentenderam, e em 1936 Stalin permitiu que Beria destruísse seu velho amigo, o que foi feito envenenando Lakoba depois de uma noite na ópera em Tíflis. Então, no que viria a se tornar um padrão típico, Beria resolveu destruir toda a família de Lakoba, matando os irmãos, os filhos

Um retrato formal de Lavrenti Beria, o sinistro e sádico chefe da política secreta de Stalin.

pequenos e os amigos dele. Quando o Grande Terror realmente começou, Beria matou e torturou por todo o Cáucaso, assassinando muitas vítimas além do que o exigido por sua cota.

No fim de 1938, Stalin levou Beria para Moscou e o promoveu a "auxiliar de Yezhov", o chefe da NKVD, a polícia secreta. Beria tinha relações amigáveis com Yezhov, mas agora seu papel era destruí-lo. Em 25 de novembro, assumiu a chefia da NKVD no lugar de Yezhov e começou a pôr ordem no caos desenfreado da máquina de matar de Yezhov. O Terror estava oficialmente terminado, mas nunca acabou, simplesmente se tornou secreto enquanto Beria continuava a expurgar mais líderes e generais soviéticos. Ele gostava de torturá-los pessoalmente e espancou tão brutalmente uma vítima, que arrancou um de seus olhos. Stalin e Beria sentiam prazer em criar modos imaginativos e extravagantes de destruir seus inimigos. Quando Beria descobriu que a esposa de Lakoba temia serpentes, acima de tudo, ele a enlouqueceu colocando serpentes em sua cela. Ele sequestrava e assassinava as esposas de seus camaradas e matou outros em falsos acidentes automobilísticos.

Depois de Stalin assinar o Pacto de Não Agressão com Hitler em 1939, permitindo que ele anexasse o leste da Polônia, os Estados Bálticos e a Moldávia, Beria supervisionou o assassinato brutal e a deportação de centenas de milhares de pessoas inocentes, suspeitas de tendências antissoviéticas. Em 1940, Beria comandou a execução de 28 mil oficiais poloneses na Floresta Katyn, sob ordens de Stalin. Depois de Hitler invadir a União Soviética, em 1941, Beria tornou-se ainda mais poderoso. Promovido a comissário-geral de segurança e nomeado marechal da União Soviética, ele foi um dos principais administradores do novo comitê estatal de defesa por meio do qual Stalin comandava a guerra. Coordenando o vasto sistema de campos Gulag e também boa parte da produção industrial do país, Beria continuou a chefiar a polícia secreta e a aterrorizar os generais em nome de Stalin. Em 1941, Beria propôs a deportação dos alemães do Volga, e depois, em 1944, a deportação dos chechenos, carachais, calmucos, e tártaros da Crimeia. Centenas de milhares foram assassinados ou morreram no caminho. Em 1945, Beria acompanhou Stalin a Ialta, onde o presidente Roosevelt, vendo-o em um jantar, perguntou quem era. "Esse é Beria", respondeu Stalin, "o meu Himmler."

Durante a Conferência de Potsdam, o presidente Truman informou Stalin sobre as novas armas nucleares dos Estados Unidos. Este imediatamente colocou Beria à frente de mais de 400 mil trabalhadores, inclusive muitos cientistas brilhantes, com a tarefa de desenvolver uma bomba atômica soviética. Em 1946, Beria tornou-se um membro integrante do *politburo*. Entretanto, Stalin estava começando a não confiar nele, sentindo seu cinismo sobre o próprio marxismo e percebendo que ele cada vez gostava menos de seu mestre. Stalin demitiu-o do Ministério de Assuntos Internos em 1946, expurgou seus protegidos e promoveu Abakumov, outro assassino cruel, ao cargo de ministro da Segurança Estatal, que agia independentemente de Beria. No entanto, Beria ainda exercia influência considerável. Em 1949, para alegria de Stalin, Beria anunciou a bomba atômica soviética. No mesmo ano, Beria conseguiu colocar Stalin contra dois de seus sucessores preferidos e ambos foram mortos no Caso Leningrado.

No início da década de 1950, Stalin estava em declínio, desatento, cada vez mais paranoide e ainda mais perigoso. Nessa época, ele detestava Beria, os "olhos de serpente", que, por sua vez, odiava Stalin e seu sistema, embora ele mesmo fosse um de seus monstros. Quando Stalin morreu, em março de 1953, Beria emergiu do leito de morte como o homem forte do novo regime. Embora seu título fosse de vice-primeiro-ministro, ele dominava o primeiro-ministro nomeado, o fraco Malenkov, e se encarregou do Ministério de Assuntos Internos. Desdenhava o desajeitado e áspero mas astuto Khrushchov, a quem subestimou de modo fatal. Livre do odiado Stalin, Beria propôs com excesso de confiança a libertação de milhões de prisioneiros, a liberalização da economia e o afrouxamento da hegemonia soviética sobre o

MONSTROS

Leste Europeu e as repúblicas étnicas. Entretanto, ao mesmo tempo, ele ainda estava prendendo seus inimigos pessoais e intimidando os rivais. Ninguém confiava nele e todos o temiam. Três meses após a morte de Stalin, Khrushchov coordenou um golpe com o apoio do marechal Zhukov e dos militares soviéticos. Beria foi preso e confinado secretamente a uma fortaleza militar. Lá, ele implorou pela vida, escrevendo cartas patéticas a seus ex-camaradas, mas tudo foi inútil: quando foi julgado, foi condenado à morte. No dia em que deveria morrer, ele chorou e desabou até que seu executor, um general soviético, enfiou uma toalha na sua boca e atirou em sua testa.

Baixo, atarracado, calvo e cada vez mais gordo, Beria tinha um rosto redondo com lábios grandes e carnudos, pele acinzentada e olhos cinzentos e descoloridos por trás do brilho de um pincenê. Ao mesmo tempo, era enérgico, inteligente, rápido, curioso e um ávido leitor de história. "Ele era imensamente inteligente, com uma energia desumana", disse Molotov, o vice de Stalin. "Podia trabalhar uma semana, dormindo apenas uma noite." Segundo um de seus partidários, "Beria não se importaria de matar seu melhor amigo". Vários de seus colegas disseram que, se tivesse nascido nos Estados Unidos, ele teria sido presidente da General Motors. No entanto, com seu amor por intrigas, veneno, tortura e assassinato, ele também teria subido na corte dos Bórgia.

A BESTA DO SEXO

Nina, a esposa de Beria, era bonita e elegante, e seu filho, Sergo, era o seu orgulho. Ele amava a família, mas passava quase todo o tempo no escritório, dia e noite, e o resto de sua energia era dedicado a um vício priápico ao sexo. Sempre teve amantes — a última era uma beldade de 14 anos — e também era um estuprador. As histórias de sua depravação, contadas por seus inimigos depois de sua queda, eram verdadeiras. Ele enviava seus guarda-costas com a missão de raptar e lhe entregar jovens que havia visto pela janela de sua limusine, convidava-as a jantar, propunha um brinde a Stalin e colocava pílulas para dormir no vinho delas. Então, ele as estuprava. Depois disso, seu motorista levava-as para casa e lhes dava um buquê de flores. Mesmo durante a 2ª Guerra Mundial, quando ele estava praticamente governando o país, e depois, encarregado do projeto nuclear, Beria ainda encontrava tempo para essas escapadas esquálidas e pegou doenças venéreas várias vezes.

Lavrenti Beria, o comissário do interior soviético, com Svetlana, filha de Josef Stalin.

Heinrich Himmler foi o principal organizador do maior crime na história humana: o assassinato em escala industrial de 6 milhões de judeus por pelotões de execução, câmaras de gás e crematórios. Sob o comando de seu mestre, Adolf Hitler, Himmler foi o segundo homem mais poderoso no Terceiro Reich, exercendo muito poder como o Reichsführer-SS, chefe de polícia e ministro do Interior, e organizando não só o Holocausto mas também o massacre de ciganos e homossexuais e a escravidão brutal de eslavos e de outros Untermenschen – que eram considerados sub-humanos.

HEINRICH HIMMLER 1900-1945

> *Eu também quero mencionar um assunto muito difícil diante de vocês aqui e falar de modo totalmente aberto. Ele deve ser discutido entre nós, mas mesmo assim nunca falaremos sobre isso em público. Estou falando sobre a evacuação judia: o extermínio do povo judeu.*
> Heinrich Himmler, 4 de outubro de 1943

Heinrich nasceu em Munique, filho de Gebhard Himmler, um respeitável diretor de escola e tutor da realeza de Wittelsbach, e de sua esposa, Anna Maria. Franzino e preferindo jogar xadrez e colecionar selos a praticar esportes, era a antítese do ideal ariano. Acabou se casando com a divorciada Margarete Siegroth, que conheceu por acaso em um *lobby* de hotel. O casal teve uma filha, Gudrun.

Himmler encontrou os futuros nazistas no grupo paramilitar de direita Freikorps depois da 1ª Guerra Mundial. Apoiou Hitler desde o início e se filiou ao Partido Nazista em 1925. Sua lealdade inabalável, associada à sua capacidade administrativa e sua completa crueldade, levou à sua indicação, em 1928, como *Reichsführer-SS*, chefe da *Schutzstaffel* (SS). Depois de Hitler tornar-se primeiro-ministro da Alemanha, em 1933, Himmler criou o serviço de inteligência não uniformizado, o SD (*Sicherheitsdienst*), e, no ano seguinte, organizou a Noite das Facas Longas, na qual foram mortos Ernst Rohm e a liderança da SA – *Sturmabteiling* (tropas de assalto). Em 1936, ele controlava a polícia política à paisana, a temida Gestapo, e toda a polícia uniformizada.

No início da guerra, em 1939, Himmler havia sido nomeado comissário para a Consolidação da Raça Alemã, encarregado de eliminar as pessoas "inferiores" do Reich. Ele dedicou-se a expandir seus campos de concentração para deter os oponentes e as raças inferiores, como eslavos e judeus. Em setembro, Reinhard Heydrich — seu protegido talentoso, chefe da SD e da Gestapo — ordenou a saída forçada dos judeus de todo o Reich para guetos na Polônia, onde milhares foram executados ou morreram de fome e doença.

Heinrich Himmler como líder da SS em 1933. Como o segundo homem mais poderoso na Alemanha por grande parte da guerra, Himmler supervisionou toda a polícia e as forças de segurança e organizou o assassinato de 6 milhões de judeus.

Em maio do ano seguinte, depois de novas deportações em massa de judeus e ciganos, Himmler levou a Hitler seus planos de livrar a Europa de todos os judeus por meio de "evacuação forçada para o leste" — o eufemismo que usavam para o extermínio físico —, a "solução final para o problema judeu". Hitler aprovou. Em junho de 1941, depois da invasão da União Soviética, Himmler — com a incumbência de executar "tarefas especiais" — enviou esquadrões da morte especiais, seus SS Einsatzgruppen, que assassinaram 1 milhão de judeus, ciganos e comunistas. O próprio Himmler assistia pessoalmente às execuções e quando, em agosto de 1941, salpicos de massa cerebral de uma das vítimas sujaram seu uniforme da SS, ele ordenou que os campos de concentração fossem equipados com câmaras de gás, que eram um modo mais eficiente de matar e mais humano para o executor.

Em janeiro do ano seguinte, Heydrich — que foi assassinado no mesmo ano por agentes da resistência da Tchecoslováquia — explicitou para os oficiais nazistas na Conferência de Wannsee os planos para deportar todos os judeus europeus para novas e modernas fábricas de morte: os campos de extermínio, principalmente no leste. Numerosos campos — entre eles Bergen-Belsen, Auschwitz-Birkenau, Belzec e Treblinka — foram construídos apressadamente. Bergen-Belsen teve mais de 60 mil judeus, dos quais mais de 35 mil morreram de fome, excesso de trabalho, doença e experimentos médicos. Dachau, construído em março de 1933 para abrigar prisioneiros políticos, funcionou como campo de trabalho e centro de horríveis experimentos médicos, onde aqueles que estavam doentes demais para trabalhar eram sumariamente executados ou enviados para Hartheim, um centro de extermínio localizado nas proximidades. Enquanto isso, 3 milhões de prisioneiros de guerra russos morriam de fome sob ordens deliberadas de Hitler e Himmler.

O mais famoso dos campos de extermínio foi Auschwitz-Birkenau, criado por Himmler em maio de 1940. Equipado, em 1942, com sete câmaras de gás, estima-se que nelas mais de 2,5 milhões de pessoas tenham sido assassinadas, dos quais cerca de 2 milhões eram judeus, poloneses, ciganos e prisioneiros de guerra soviéticos. Apenas cerca de 200 mil pessoas sobreviveram; as demais foram cremadas ou sepultadas em covas coletivas.

Em junho de 1942, Himmler ordenou a deportação de 100 mil judeus da França e aprovou planos para transportar 30 milhões de eslavos do Leste Europeu para a Sibéria. No mês seguinte, ordenou a "limpeza total" dos judeus do Governo Geral Polonês: 6 mil eram transportados por dia somente de Varsóvia para os campos de extermínio.

Em 1943, Himmler foi nomeado ministro do Interior. No ano seguinte, Hitler dissolveu o serviço de inteligência militar (o Abwehr) e transformou o SD da Alemanha nazista, comandado por Himmler, no único serviço de inteligência. Em 1944, conforme os Aliados avançavam do oeste, Himmler fracassou completamente como comandante militar do Grupo de Exércitos Vistula.

Reconhecendo que a derrota era inevitável, Himmler tentou desesperadamente destruir as evidências dos campos de extermínio e tentou firmar a paz com a Grã-Bretanha e os Estados Unidos. Hitler ordenou que ele fosse preso. Himmler fugiu disfarçado, mas foi preso em Bremen e em seguida engoliu uma cápsula de cianureto.

Ex-fazendeiro de galinhas, sem queixo, usando óculos e sofrendo de distúrbios nervosos, ele constituiu uma segunda família com sua amante, uma ex-secretária a quem chamava de "Coelhinha". O sótão da casa deles continha móveis e livros feitos com os ossos e a pele de suas vítimas judias. Ele foi um administrador meticuloso que organizou o extermínio sistemático de 6 milhões de judeus (dois terços da população judia da Europa), 3 milhões de russos, 3 milhões de poloneses não judeus, 750 mil eslavos, 500 mil ciganos, 100 mil doentes mentais, 100 mil maçons, 15 mil homossexuais e 5 mil testemunhas de Jeová, assassinatos cometidos numa escala nunca antes imaginada.

A Conferência de Wannsee

Em 20 de janeiro de 1942, o vice de Himmler, Reinhard Heydrich, convocou uma reunião dos 15 principais burocratas nazistas, muitos deles advogados e oito com grau de doutor, em uma grande casa de um subúrbio rico de Berlim, perto de um belo lago chamado Wannsee.
Mais de 1 milhão de judeus já haviam sido mortos pela unidade móvel *Einsatzgruppen*, mas o trabalho era considerado lento demais e desmoralizante. O objetivo de Wannsee era transmitir diretrizes do *Führer* em relação à "Solução Final" da Questão Judia e criar uma estrutura administrativa e legal para o assassinato em massa. "A Europa deveria ser vasculhada de leste a oeste em busca de judeus", e os presentes à conferência estavam encarregados da captura, transporte e extermínio industrial do total estimado de 11 milhões de judeus europeus.
"Uma outra solução possível para o problema substituiu a emigração, isto é, a evacuação dos judeus para o leste", disse Heydrich. As anotações, a cargo de Adolf Eichmann, evitaram cuidadosamente a referência direta ao extermínio, mas "evacuação" era o eufemismo aceito para a chacina, como Heydrich deixou claro:
Sob a orientação correta, no curso da "Solução Final", os judeus devem ser alocados para trabalho adequado no Leste. Os judeus capazes, separados segundo o sexo, serão levados em grandes colunas de trabalho para essas áreas a fim de trabalharem nas estradas e, durante essa ação, sem dúvida um grande número deles será eliminado por causas naturais. Os possíveis sobreviventes — que, sem dúvida, serão os mais resistentes — terão de ser tratados de acordo, porque esse é o produto da seleção natural, e seriam, caso libertados, a semente de uma nova retomada judia.
A construção dos campos de extermínio de Belzec, Treblinka e Auschwitz foi terminada no mesmo ano. Nenhum dos presentes discordou e, de modo perturbador, poucos dos participantes foram punidos adequadamente. Seus destinos respectivos foram:

- Heydrich: assassinado mais tarde, no mesmo ano, em Praga
- Roland Freisler: morto em um ataque aéreo em Berlim, fevereiro de 1945
- Rudolf Lange: morto em ação, fevereiro de 1945
- Alfred Meyer: cometeu suicídio, abril de 1945
- Heinrich Muller: desapareceu em Berlim, 1945
- Martin Luther: morreu em Berlim, maio de 1945
- Karl Eberhard Schongarth: executado por crimes de guerra (assassinato de prisioneiros de guerra britânicos), maio de 1946
- Friedrich Wilhelm Kritzinger: culpado por crimes de guerra, morreu em 1947
- Josef Buhler: executado por crimes de guerra, 1948
- Erich Neumann: preso por um breve tempo, morreu em 1948
- Wilhelm Stuckart: libertado por falta de provas em 1949; morreu em um acidente automobilístico, 1953
- Adolf Eichmann: enforcado em Israel, 1962
- Georg Leibbrandt: libertado em 1950; morreu em junho de 1982
- Otto Hofmann: indultado em 1954; morreu em dezembro de 1982
- Gerhard Klopfer: libertado por falta de provas; trabalhou como consultor tributário; morreu em janeiro de 1987

Trabalhadores escravos meio mortos de fome, deitados em beliches de madeira, entre eles o futuro cronista do Holocausto, Elie Wiesel (cama do centro, sétimo a partir da esquerda), olham surpresos enquanto seus libertadores, soldados norte-americanos da 80ª Divisão do Exército, entram em seus alojamentos no campo de concentração de Buchenwald, 16 de abril de 1945.

Rudolf Hoess era um homem de maneiras suaves que raramente perdia a calma. Ele também era frio, calculista e desapiedado. Como comandante do campo de extermínio de Auschwitz, foi provavelmente o maior assassino em massa da história, coordenando e mantendo orgulhosamente um registro da matança de aproximadamente 3 milhões de pessoas, em sua grande maioria judeus europeus. Depois de passar o dia supervisionando a carnificina de milhares, ele voltava para casa, onde era calorosamente acolhido por sua família, beijava a esposa e colocava os quatro filhos na cama, enquanto a fumaça dos corpos queimados de suas vítimas subia no ar, visível de sua janela.

RUDOLF HOESS E AUSCHWITZ

1900-1947

> *Demorava de três a 15 minutos para matar as pessoas na câmara da morte, dependendo das condições climáticas. Sabíamos que as pessoas estavam mortas porque os gritos paravam.*
> CONFISSÃO ASSINADA POR RUDOLF HOESS PARA O TRIBUNAL DE CRIMES DE GUERRA DE NUREMBERG

Nascido em uma família católica romana estrita em Baden-Baden, Hoess era uma criança solitária com poucos amigos. Durante a 1ª Guerra Mundial, com apenas 14 anos, ele entrou para o exército alemão. Quando completou 17 anos, havia se tornado o mais jovem oficial não comissionado e chegou a receber a Cruz de Ferro de primeira e segunda classes. Em 1922, depois de ouvir Adolf Hitler falar em Munique, deixou a Igreja Católica e se juntou aos nazistas. Foi sentenciado a dez anos de prisão após o assassinato de um professor comunista em 1924, mas acabou sendo solto em 1928. Hoess entrou para a SS em 1933, e um ano mais tarde foi indicado para trabalhar no campo de concentração da SS em Dachau. Em 1938, ele foi promovido a ajudante no campo de Sachsenhausen e, em 1940, nomeado comandante de Auschwitz, na Polônia ocupada pelos nazistas, cargo que exerceu até novembro de 1943.

Entrada do campo de concentração de Auschwitz, perto da cidade de Oswiecim, no sul da Polônia, encimada com o slogan "Arbeit macht frei" (o trabalho irá libertá-lo).

Em 1941, Heinrich Himmler informou Hoess a respeito dos planos de Hitler para uma "Solução Final" para a questão judia, que, como foi deixado muito claro, significava o extermínio completo dos 11 milhões de judeus que se estimavam viver na Europa. Falando com um comandante de campo em Treblinka, Hoess soube como 80 mil judeus, principalmente do gueto de Varsóvia, haviam sido liquidados no decorrer de seis meses por meio de envenenamento por monóxido de carbono. Entretanto, Hoess acreditava que o extermínio em massa precisava de métodos mais eficientes e, assim, ao construir a unidade de extermínio em Auschwitz, ele usou Zyklon B, uma forma cristalizada de cianureto. A substância caía do teto de câmaras trancadas onde as vítimas supunham ter sido levadas para tomar um banho de chuveiro.

Hoess explicou depois como havia testado o Zyklon B em prisioneiros nas celas, por meio da liberação de gás para máscaras de gás colocadas nas vítimas. Ele ficou impressionado com a rapidez da morte, e em setembro de 1941 ordenou um experimento em grande escala, matando 850 prisioneiros de uma só vez. Em meados de 1942, os assassinatos em massa de judeus aconteciam todos os dias. Com números tão elevados, o gás demorava mais para fazer efeito, e algumas vítimas ficavam agonizando por até 15 minutos. Hoess e seus homens da SS sabiam que todos estavam mortos quando os gritos cessavam. Nesse ponto, os guardas entravam na câmara, retiravam os anéis de ouro e arrancavam os dentes de ouro dos cadáveres, antes de estes serem jogados em valas ou colocados em amplas grades e queimados.

OS JULGAMENTOS DE NUREMBERG

Finda a 2ª Guerra Mundial, as grandes potências aliadas — Estados Unidos, URSS e Grã-Bretanha — criaram um tribunal para julgar os nazistas que haviam sido acusados de crimes de guerra. As 24 pessoas mais importantes foram julgadas primeiro, entre 14 de novembro de 1945 e 1º de outubro de 1946. Os julgamentos de pessoas menos importantes, como médicos e juízes que haviam participado do regime nazista, aconteceram a seguir. Eles foram realizados no Palácio da Justiça em Nuremberg, uma cidade escolhida por sua importância simbólica, pois foi ali que os nazistas haviam feito alguns de seus comícios mais famosos antes da guerra. Os réus sentavam-se diante de um painel de juízes escolhidos dentre os três principais países aliados.

Algumas das figuras mais famosas julgadas foram Hermann Goering, *Reichsmarschall* e vice de Hitler por um longo tempo, e seu provável sucessor; Martin Bormann (secretário do Partido Nazista e braço direito de Hitler; ele foi julgado *in absentia*); Hans Frank (principal jurista do Reich e governador-geral da Polônia ocupada); Wilhelm Frick (ministro do Interior na época da aprovação das leis de raça de Nuremberg); Rudolf Hoess (vice de Hitler que havia tentado obter um acordo de paz secreto com a Grã-Bretanha em 1941); Ernst Kaltenbrunner (o membro sobrevivente de maior patente na liderança da SS); Wilhelm Keitel (chefe do alto-comando das forças armadas); Joachim von Ribbentrop (ministro das Relações Exteriores); Alfred Rosenberg (teórico racial nazista); Fritz Sauckel (chefe do trabalho escravo); Arthur Seyss-Inquart (ex-primeiro-ministro austríaco e comissário para a Holanda ocupada); e Julius Streicher (editor antissemita). O depoimento dos participantes foi chocante para o mundo exterior e deixou claro para todos a extensão da carnificina e a brutalidade do regime nazista. Julius Streicher não se arrependeu até o fim de suas opiniões distorcidas, afirmando em 16 de dezembro de 1945 que "Os judeus estão cometendo um erro se quiserem me transformar em um mártir; vocês verão. Eu não criei o problema; ele já existe há milhares de anos". Hermann Goering afirmou que "Os quatro conspiradores verdadeiros não estão aqui: o Führer, Himmler, Bormann e Goebbels".

Ao fim do julgamento, 12 sentenças de morte foram lidas para os juízes e dez delas foram executadas em 16 de

MONSTROS

Guiando seu camarada Adolf Eichmann em uma visita oficial ao local de 8 mil hectares, Hoess vangloriou-se por ter capacidade para matar 10 mil pessoas com gás em um só dia. Segundo sua própria estimativa, em seu depoimento assinado ao Tribunal de Crimes de Guerra de Nuremberg, 2,5 milhões de judeus foram mortos por gás ou cremados em Auschwitz — juntamente com cerca de 200 mil prisioneiros de guerra russos —, enquanto outro meio milhão de internos morreu de fome e de doenças. Entre 70% e 80% de todas as pessoas que entraram no campo morreram. No verão de 1944, embora não fosse mais o comandante, Hoess retornou a Auschwitz para supervisionar o assassinato de mais de 400 mil judeus húngaros. De fato, os métodos de Hoess agradaram tanto à hierarquia nazista, que ele foi nomeado inspetor-chefe de todos os campos de concentração e de extermínio.

Quando os soldados soviéticos se aproximavam de Auschwitz, Hoess fugiu, disfarçando-se como "Franz Land", e passou a viver oculto. Entretanto, sua esposa, Hedwig, foi descoberta pelos britânicos que a interrogaram por seis dias, o que levou à prisão dele. Depois de ceder provas para os Julgamentos de Nuremberg, Hoess foi entregue às autoridades polonesas. Julgado e sentenciado à morte, foi enforcado em 16 de abril de 1947 em uma forca especialmente construída para ele, ao lado do antigo crematório em Auschwitz.

outubro de 1946 por enforcamento (acreditava-se que Bormann estava escondido, e Goering cometeu suicídio na véspera de sua execução). Os que receberam penas de detenção foram enviados à prisão Spandau, em Berlim. No entanto, a maioria dos monstruosos criminosos que perpetraram o Holocausto escapou impune.

Nazistas importantes no julgamento em Nuremberg. Fila da frente, a partir da esquerda: Hermann Goering (cometeu suicídio), Rudolf Hoess (preso), Joachim von Ribbentrop (enforcado), Wilhelm Keitel (enforcado). Fila de trás, a partir da esquerda: Karl Doenitz (preso), Erich Raeder (preso), Baldur von Schirach (preso), Fritz Sauckel (enforcado), Alfred Jodl (enforcado).

Ambicioso, manipulador e inexpressivo, Adolf Eichmann, o "especialista em questões judias" de Hitler no Escritório Central de Segurança do Reich, era o burocrata nazista da morte que cometeu assassinato em massa ao organizar e planejar o registro, o transporte e a cremação de 6 milhões de judeus.

ADOLF EICHMANN — 1906-1962

> *Se for necessário, irei para o túmulo com um sorriso, pois o fato de ter 5 milhões de judeus em minha consciência me dá um sentimento de grande satisfação.*
> ADOLF EICHMANN

Eichmann nasceu em uma família de classe média na cidade industrial de Solingen, na Vestfália, e era o mais velho de cinco filhos. A família mudou-se para Linz, na Áustria, onde Eichmann, embora tivesse olhos azuis e fosse frio como aço, era chamado de "cigano" ou "judeu" por seus colegas de escola devido à sua pele morena.

Fracassado na escola, Eichmann foi trabalhar como vendedor de porta em porta. Em 1932, numa reunião do partido nazista em uma cervejaria em Linz, ele foi abordado por um jovem advogado conhecido de seu pai, chamado Ernst Kaltenbrunner, que, mais tarde, seria chefe na Gestapo e seu superior no Escritório Central de Segurança do Reich. Eichmann nunca foi um ideólogo, mas gostava de seguir ordens, e assim, quando Kaltenbrunner o instruiu para que entrasse no partido, ele obedeceu prontamente.

Depois de Hitler subir ao poder na Alemanha, Eichmann mudou-se para a Baviera, onde entrou para o serviço de inteligência da SS. Nessa função, passou a manter registros detalhados dos possíveis "inimigos do Reich", concentrando-se primeiro nos maçons antes de passar para o departamento judaico. Começou a ler muito sobre o assunto, aprendeu um pouco de hebraico e fez uma viagem de pesquisa à Palestina no verão de 1937.

Em março de 1938, Eichmann foi enviado de volta à Áustria, então sob controle alemão, para ajudar a coordenar a emigração forçada judia. Mudando-se para uma casa que havia sido confiscada à família Rothschild e fazendo amplo uso de sua adega, ele se apresentava como alguém educado e razoável, disposto a fazer concessões aos líderes judeus. Essas concessões incluíam o confisco de suas propriedades em troca de um salvo-conduto. Suas estatísticas de emigração logo ultrapassaram as de seus colegas na Alemanha.

Incentivado por seu mentor Reinhard Heydrich, Eichmann logo se tornou conhecido como o principal especialista nazista em emigração judia. Com o início da 2ª Guerra Mundial, ele foi transferido para Berlim, e em outubro de 1940 coordenou a primeira deportação em massa de judeus do território alemão.

Durante os dois primeiros anos de guerra, Eichmann concentrou-se em deportar os judeus para os guetos na Polônia. No fim do verão de 1941, Heydrich informou-o do desejo do Führer por uma "Solução Final" para a questão judia. Eichmann testemunhou alguns dos fuzilamentos em massa na Polônia, que marcaram o início do Holocausto, e visitou Auschwitz em diversas ocasiões, discutindo modos mais eficientes de execução e defendendo o uso de gás venenoso. Em janeiro de 1942, foi o responsável pelas minutas na Conferência de Wannsee, na qual foram esboçados os planos para a "Solução Final".

Eichmann tinha controle pessoal de seu próprio campo de concentração em Theresienstadt (Terezin), na Polônia, que ele abriu para os inspetores da Cruz Vermelha Internacional, apresentando-o como uma prisão-modelo. Na verdade, Theresienstadt era apenas um posto de parada a caminho das câmaras de gás de Auschwitz. Em 20 de julho de 1942, organizando as deportações da França ocupada, Eichmann deu ordens de que nem as crianças deveriam ser poupadas. Ele visitou Auschwitz novamente no verão, onde a visão da cremação de cadáveres em massa deixou-o enjoado, mas não tocou sua consciência.

Quando o exército alemão chegou à Hungria, na primavera de 1944, Eichmann mudou sua operação para Budapeste, onde se dedicou a atrair os 400 mil judeus do país, fazendo circular cartas forjadas e cartões-postais na comunidade judaica, falando das condições justas nos "campos de trabalho" judeus da Polônia e incentivando os judeus a irem voluntariamente para lá. Mesmo que a guerra estivesse claramente perdida, o diabólico plano nazista para destruir os judeus tinha que continuar. Quando os aliados bombardearam as linhas de trem de Budapeste, Eichmann enviou 40 mil judeus húngaros em uma "marcha da morte" para a Áustria a fim de impedir que fossem libertados pelos Aliados.

Tentando fugir da Áustria no fim da guerra, Eichmann foi abordado por uma patrulha norte-americana que, porém, não o identificou. Com documentos falsos, ele permaneceu na Alemanha por cinco anos, e em julho de 1950 fugiu para a Argentina. No entanto, havia pessoas determinadas a levar à Justiça os perpetradores do Holocausto, e em 1960 Eichmann foi finalmente encontrado pelo serviço de inteligência israelense, o Mossad. Ele foi raptado por uma equipe de agentes e levado para Jerusalém para enfrentar a Justiça em um tribunal israelense.

Nesse julgamento, Eichmann afirmou que teria matado seu próprio pai se recebesse ordens para fazê-lo. Para Hannah Arendt, ele personificava a "banalidade do mal". Com uma obediência cega a alguns dos piores homens da história, ele foi, na verdade, um entusiasmado e monstruoso assassino em massa: foi verdadeiramente o demônio dos detalhes. Condenado à morte, acabou enforcado em 1º de junho de 1962.

Adolf Eichmann, SS-Obersturmbannführer, e, a partir de 1939, líder da unidade judia do Escritório Central da Segurança do Reich, responsável por organizar o transporte dos judeus para os campos de concentração. Eichmann é visto aqui durante seu julgamento em Jerusalém (1961).

REINHARD HEYDRICH

Alto, magro, atlético, loiro e de olhos azuis, embora com amplos quadris femininos, Heydrich foi um nazista, fanático e assassino, um mestre de espionagem e o principal organizador do secreto e colossal massacre dos judeus da Europa. Ele se especializou em intrigas clandestinas, operando um bordel para espionar clientes famosos e usando prisioneiros de campos de concentração, assassinados com injeções, para criar o pretexto para que Hitler invadisse a Polônia. Heydrich nasceu em 1904. Era filho de músicos na cidade de Halle, perto de Leipzig. Seu pai foi cantor de ópera wagneriano e sua mãe, que era extremamente rígida e espancava regularmente o filho, uma pianista talentosa. Como seu protegido Adolf Eichmann, o jovem Heydrich nunca foi popular entre seus colegas, que o apelidaram de "Moisés" devido aos boatos de que ele tinha ascendência judia. Profundamente sensível a esses boatos, na adolescência Heydrich tornou-se fanaticamente obcecado pela suposta superioridade inerente do povo alemão. Em 1931, aos 27 anos, entrou para a SS e impressionou Heinrich Himmler durante sua entrevista. Em 1933, foi promovido a general-brigadeiro e recebeu a responsabilidade de criar a SD, o serviço de segurança da SS, onde identificou os talentos administrativos de Adolf Eichmann.

Em 1939, Heydrich se tornou encarregado do Escritório Principal de Segurança do Reich, e depois da invasão da Polônia formou cinco SS *Einsatzgruppen* (forças-tarefa) para exterminar inimigos políticos, dissidentes, aristocratas e judeus no território ocupado. Com a invasão da União Soviética em 1941, foram enviados outros *Einsatzgruppen* para o leste, que fuzilaram cerca de 1,3 milhão de pessoas até o fim da guerra. Em janeiro de 1942, Heydrich convocou a Conferência de Wannsee, em Berlim, para organizar a "Solução Final" na qual 6 milhões de judeus foram mortos em uma escala industrial.

Em setembro de 1941, Heydrich foi nomeado *Reichsprotektor* da Boêmia e da Morávia (anteriormente partes da Tchecoslováquia), onde instituiu medidas repressivas e passou a ser conhecido como *Der Henker* ("o Enforcador"). Em 27 de maio de 1942, enquanto viajava sem escolta em um Mercedes verde conversível, foi emboscado por dois lutadores da resistência tcheca treinados pelos britânicos e morreu devido aos ferimentos. Em represália, os nazistas apagaram toda a aldeia tcheca de Lidice. Heydrich, juntamente com seu sucessor Ernst Kaltenbrunner, está entre os mais grotescos monstros da história humana.

Reinhard Heydrich, chefe do Escritório Principal de Segurança do Reich e Reichsprotektor da Boêmia e da Morávia.

O dr. Hastings Banda foi o pai da independência do Malawi, um astuto manipulador político e um adversário popular do colonialismo que criou um estado de partido único, um culto ufanista sobre sua própria pessoa e um terror selvagem e repressivo para manter sua ditadura.

DR. HASTINGS BANDA c. 1906-1997

> *Estou ocupado demais para morrer.*
> Hastings Banca, que supostamente tinha mais de 100 anos quando morreu

Embora seu nascimento oficial tenha sido definido em 14 de maio de 1906, acredita-se que Hastings Banda nasceu em algum momento do fim do século XIX. Filho de um camponês, ele foi batizado na Igreja da Escócia e frequentou uma escola missionária local, onde demonstrou ser um estudante talentoso. Depois de passar vários anos trabalhando como mineiro, mudou-se para os Estados Unidos, em 1925, para estudar; e em 1937 graduou-se médico pela Universidade do Tennessee. Em 1941, obteve qualificações médicas adicionais na Universidade de Edimburgo e mudou-se para o norte da Inglaterra e depois para Londres, onde trabalhou como médico de 1945 a 1953, especializando-se em doenças sexualmente transmissíveis de soldados e marinheiros.

Em 1949, apesar de morar em Londres, Banda voltou cada vez mais sua atenção para a situação de seu país natal, especialmente depois que os colonizadores tentaram ampliar sua influência ao unificar sua Niassalândia natal com a Rodésia, em 1953. Nesse ano, ele voltou para a África e trabalhou como médico na Costa do Ouro (atual Gana), tornando-se cada vez mais conhecido entre os nacionalistas negros na Niassalândia. Em 1958, finalmente retornou para casa com a intenção de se tornar presidente do Congresso Africano da Niassalândia, percorrendo o país e liderando a oposição à federação da Niassalândia com a Rodésia.

Em 1959 foi declarado um estado de emergência na Niassalândia, e soldados da Rodésia foram levados para lá para restaurar a ordem. Banda foi preso em março de 1959. Entretanto, depois de ser solto, em abril de 1960, os britânicos convidaram-no para ir a Londres, onde ele aceitou os pedidos de mudanças constitucionais, e em 1961, junto com seus aliados, conseguiu uma expressiva vitória eleitoral. Banda tornou-se ministro de Recursos Naturais e do governo local, e em 1963, primeiro-ministro, uma posição que manteve quando a Niassalândia finalmente conseguiu sua independência, com o nome de Malawi, em 6 de julho de 1964. No início, Banda foi universalmente aclamado como um herói da independência, mas logo muitos de seus antigos aliados começaram a criticar seu modo autocrático de agir. Em agosto de 1964, apenas um mês depois da independência, ele demitiu quatro de seus ministros após descobrir que eles estavam tentando frear seu poder sob a nova Constituição. Temendo pela vida, eles fugiram do país. Em 1966, Banda conseguiu alterar a Constituição para aumentar seus próprios poderes e se declarou presidente da nova República do Malawi. Cinco anos mais tarde, ele apertou seu laço ainda mais, tornando-se presidente vitalício e adotando o nome de "Grande Leão".

O regime de Banda era austero e autoritário, e ele tentava impor seu controle pessoal a todos os departamentos importantes do governo. A discordância era proibida, e os críticos do governo eram presos ou executados — muitos foram comidos por crocodilos. Sob a Constituição de 1971, o único partido legalmente permitido era o Partido do Congresso do Malawi (MCP), de Banda, e todo cidadão adulto devia ser

O dr. Banda nas celebrações de seu nascimento em 14 de maio de 1992. Banda, um herói da independência, veio a ser um símbolo de ditadura brutal e de autocracia excêntrica.

membro do partido e carregar seu cartão de identificação o tempo todo. Todos os prédios e empresas públicos tinham a ordem de exibir uma foto do presidente que devia estar mais alta do que tudo o mais na parede. A televisão foi proibida, e todos os outros veículos de mídia, inclusive cinema e rádio, foram severamente censurados e pesadamente entremeados com a imagem ou a voz do presidente, enquanto a correspondência era aberta e os telefones eram grampeados. O estudo da história do país antes do fim dos anos 1960 era desestimulado, livros foram queimados e diversas tribos foram proibidas de falar seu próprio idioma.

Mesmo no que dizia respeito aos detalhes, Banda era um disciplinador obsessivo. Embora ele se apresentasse como um partidário dos direitos das mulheres, tanto as mulheres de Malawi quanto as estrangeiras estavam estritamente proibidas de mostrar as coxas ou de vestir *shorts* ou *jeans*. Os homens tinham ordens de estar barbeados e manter os cabelos curtos, e havia diretrizes específicas que proibiam a entrada de *hippies* no país.

As políticas de Banda eram amplamente pró-ocidentais e, muitas vezes, impopulares. Ele buscou relações amigáveis com a África do Sul, que praticava o *apartheid*, a fim de melhorar o comércio e a infraestrutura do país, e teve algum sucesso inicial. No entanto, a retirada da ajuda ocidental, em 1993, sabotou essa estratégia, e nesse ano ele foi obrigado a legalizar os partidos políticos rivais, a fim de conter a maré de discordância. Em 1994, nas primeiras eleições verdadeiras em 30 anos, Banda foi derrotado pelo líder da oposição, Bakili Muluzi.

Em janeiro de 1996, Banda foi inocentado, juntamente com seu antigo auxiliar John Tembo, de acusações relativas ao assassinato de quatro adversários políticos em 1983, embora poucos discordassem do fato de que sua ditadura se baseara na supressão de adversários políticos, na qual a ameaça de violência estava, no mínimo, sempre abaixo da superfície. Ele morreu em novembro de 1997, em um hospital na África do Sul, e talvez tivesse mesmo mais de 100 anos.

O exterior polido e cavalheiresco de Banda e suas "maneiras suaves" de médico disfarçavam um homem ambicioso e implacável.

MÉDICOS: DITADORES E TERRORISTAS

Um fenômeno estranho da tirania do século XX foi a ascensão política de médicos que se formaram e até praticaram a medicina, após fazerem o Juramento de Hipócrates, de salvar vidas e curar doenças, mas que se tornaram ditadores brutais ou terroristas assassinos. O dr. Hastings Banda, do Malawi; e o dr. François Duvalier, do Haiti, foram os ditadores médicos por excelência. Como outros jovens ambiciosos em países do Terceiro Mundo, eles foram treinados como médicos como um modo de obter uma educação, mas Duvalier foi ainda mais longe, empregando a imagem da incisão cirúrgica e da salvação pela morte para promover sua ascensão ao poder: "A doença de uma nação exige um médico", disse ele. "Um médico precisa, às vezes, tirar uma vida para salvá-la."

William Walker, comandante norte-americano e ditador da Nicarágua, foi o primeiro dos ditadores médicos. Walker formou-se médico, atendeu por algum tempo e foi o responsável por muitos assassinatos. Félix Houphouët-Boigny, nascido na família real da Costa do Marfim, praticou medicina por 15 anos antes de se tornar seu primeiro presidente, governando de modo autocrático e autocomplacente por 33 anos, entre 1960 e 1993. Conhecido como o "Grande Velho da África", ele foi o modelo do ditador médico. O dr. Radovan Karadzic, presidente da República Sérvia da Bósnia e braço direito do presidente Milosevic, estudou medicina e trabalhou como psiquiatra, chegando até a trabalhar com o time de futebol da Sérvia. Acusado pelo assassinato de 7,5 mil homens e meninos muçulmanos em Srebrenica, em 1995, e pelo bombardeio de Sarajevo, foi finalmente capturado em Belgrado em julho de 2008. O dr. Che Guevara, o lendário revolucionário, foi outro médico (formado pela Universidade de Buenos Aires) que abraçou a política repressiva: nos primeiros anos da Revolução Cubana, foi um participante entusiasmado e pessoal na execução dos inimigos de classe. Bashar al-Assad, o ditador sírio, supostamente responsável por atrocidades e assassinatos no Líbano, é um oftalmologista que estudou em Londres e em Damasco antes de suceder ao pai, em 2000.

Os médicos têm sido ainda mais numerosos no terrorismo. O dr. Ayman al-Zawahiri, cirurgião egípcio, é um importante líder da Al-Qaeda e foi a mente por trás do assassinato de 3 mil inocentes nos atentados de 11 de setembro de 2001 nos Estados Unidos. O dr. George Habash, médico palestino, foi o líder da facção terrorista brutal, a PFLP, durante a década de 1970. O dr. Abdel al-Rantissi, cofundador do Hamas, a organização terrorista palestina, formou-se pediatra em Alexandria, mas se dedica a organizar bombardeios suicidas, matando muitos civis israelenses inocentes: "Mataremos os judeus em qualquer lugar", disse ele.

Um pôster nas ruas de Havana retratando o revolucionário e médico argentino Che Guevara, baseado na foto icônica de Alberto Kordas, de 1960, intitulada Guerrillero Heroico.

François Duvalier, o presidente do Haiti por 14 anos, foi um autocrata corrupto e brutal que dominou uma nação orgulhosa, mas instável — a primeira República negra livre —, por meio de seus esquadrões da morte paramilitares macabros: os Tonton Macoutes. Com seus violentos assistentes, ele saqueou o país e aterrorizou os adversários do regime. Depois de se tornar conhecido como médico com um apelo genuinamente popular, Duvalier recorreu à corrupção, à cleptocracia e a um misticismo vodu no qual se via como uma figura semidivina, metade Cristo, metade herói vodu, o Baron Samedi.

FRANÇOIS "PAPA DOC" DUVALIER
1907-1971

> *Eu sou a bandeira haitiana. Quem for meu inimigo é inimigo de minha terra natal.*
> François "Papa Doc" Duvalier

François Duvalier nasceu em 14 de abril de 1907 em Port-au-Prince, capital do Haiti. Sua mãe, que era mentalmente instável, trabalhava em uma padaria, e seu pai era professor, jornalista e juiz de paz. O casal deu a seu filho o apelido de "Papa Doc" depois de ele se formar em medicina na Universidade do Haiti, em 1934. Em 1939, como um jovem profissional de sucesso, ele se casou com Simone Ovide Faine, enfermeira, com quem teve quatro filhos: três meninas e um menino, Jean-Claude, nascido em 1951, que viria a suceder ao pai em 1971. Duvalier passou um ano na Universidade de Michigan, e com auxílio norte-americano recebeu reconhecimento nacional por seu trabalho em saúde pública contra doenças tropicais como bouba e malária, que causavam muitas mortes no Haiti.

Em 1938, Duvalier formou "Le Groupe des Griots", um grupo de intelectuais negros influenciados pelo etnólogo e estudioso de vodu Lorimer Denis, que tinha o objetivo de despertar o nacionalismo negro e o misticismo vodu no Haiti. Em 1946, após a 2ª Guerra Mundial, ele se uniu ao governo do presidente Dumarsais Estime, tornando-se diretor-geral do serviço de saúde pública do Haiti, e depois, em 1948, ministro de Saúde Pública. Em 1950, porém, o governo foi derrubado por um golpe militar liderado por Paul Magloire, que identificava Duvalier como um dos principais oponentes do novo regime, obrigando-o a se esconder a partir de 1954.

No entanto, o Haiti era sabidamente instável, e Duvalier reapareceu em dezembro de 1956, depois de Magloire ser obrigado a renunciar. Nos nove meses seguintes, o país passou por seis governos, mas Duvalier e seus seguidores participaram de todos eles. Por fim, em setembro de 1957, ele foi eleito presidente por direito próprio, com uma plataforma populista, prometendo terminar o controle da elite mulata — os que tinham origem mista latino-americana e europeia — e afirmando ser um sacerdote vodu.

Apesar do fato de os generais terem ajudado a impulsionar sua eleição, Duvalier não confiava no exército, e com a ajuda de seu principal auxiliar, Clement Barbot, ele diminuiu o tamanho do exército e criou os Tonton Macoutes, ou Voluntários para a Segurança Nacional, como um contrapeso. Os Voluntários, logo chamados de "bicho-papão", eram uma milícia assassina, leais ao presidente, e totalizavam entre 9 mil e 15 mil. Sem um salário oficial, recebiam licença do governo para se sustentarem por meio de extorsão e crime organizado. Em troca, raptavam, intimidavam e assassinavam os adversários do regime, totalizando 30 mil vítimas durante o governo de Duvalier. Vestiam-se com roupas quase militares, usavam óculos escuros e imitavam os demônios da tradição vodu, preferindo usar facões de mato e facas em vez de armas de fogo para atacar suas vítimas, que deixavam amarradas como um aviso para os outros. Nenhum rival era tolerado no regime de Duvalier, como descobriu à própria custa Barbot, o assistente do presidente, depois de ter assumido temporariamente o controle do governo quando o presidente sofreu um infarto, em maio de 1959. Quando Duvalier se recuperou, foi prontamente aprisionado e morto em 1963, após conspirar contra seu antigo amigo ao ser libertado. Outros, considerados ameaça, foram enviados ao Fort Dimanche, onde eram torturados até a morte.

Depois de lutar contra uma tentativa de invasão de haitianos exilados, auxiliados por guerrilheiros cubanos, em agosto de 1959, Duvalier logo retomou o controle. Em 1961, uma eleição manipulada fez com que o mandato do presidente fosse estendido por unanimidade até 1967, e como resultado o Haiti ficou cada vez mais isolado, enquanto aliados em potencial, como os Estados Unidos, que o haviam apoiado contra a tentativa de invasão de 1959, começaram a se afastar do regime. Esse isolamento, porém, deu a Duvalier mais espaço para marcar o regime com o culto à sua personalidade, manipulando as tradições vodus da ilha e se apresentando como a personificação da nação. Ele impôs sua imagem à população rural, imitando Baron Samedi, uma sinistra figura espiritual no vodu que está associada com a morte e é retratada com cartola e *smoking*, com óculos escuros e rosto de caveira. Enquanto isso, apesar de ter sido excomungado pelo Vaticano em 1964, por intimidar o clero, ele se associou intimamente à figura de Cristo; uma famosa imagem de propaganda retratava Jesus com a mão sobre o ombro de Duvalier, declarando "Eu o escolhi".

Em 1964, Duvalier passou a ser o presidente vitalício num regime quase monárquico, aprovando uma emenda à Constituição para garantir que seu filho, Jean-Claude, se tornasse presidente depois de sua morte. "Baby Doc" Duvalier assumiu o país em 1971, com apenas 19 anos, e suas exibições ostensivas de riqueza provocaram a ira da nação empobrecida, que permanecia praticamente analfabeta enquanto a elite corrupta extraía os bens remanescentes do país. "Baby Doc" governou até 1986, quando foi derrubado pelos militares.

Líder da primeira República negra do mundo e governante do Haiti pelo período mais longo, Duvalier trouxe miséria e agitação a seu povo. Seu regime de assassinato, ambição e superstição — resumido no "bicho-papão" — trouxe terror e derramamento de sangue a um país confiante. Apesar de sua mensagem populista, ele se preocupava apenas com os próprios objetivos, desviando milhões de dólares e deixando o país sem recursos.

François Duvalier, o ditador corrupto e obcecado por vodu que governou o Haiti por 14 anos, fotografado aqui em 1969.

VODU

O termo vodu, que deriva da palavra *vodun*, cujo significado é "espírito", é uma antiga prática religiosa que se originou no oeste da África, talvez há cerca de 10 mil anos. Ele ainda é praticado por mais de 30 milhões de pessoas em todo o mundo, apesar de certa vez ter sido reprimido e denunciado como magia negra pelos colonizadores cristãos.

O Haiti é considerado o lar do vodu, e lá ele é uma religião oficialmente permitida pela Constituição do país. Foi importado para o Haiti com milhares de escravos que foram raptados no oeste da África e forçados a trabalhar na colônia francesa. Em agosto de 1791, uma cerimônia vodu envolvendo o sacrifício de um porco preto foi uma das fagulhas para a Revolução Haitiana, que provocou a criação de uma República haitiana independente em 1804.

O vodu é famoso por suas cerimônias religiosas extravagantes que envolvem canto, dança e sacrifício animal, coordenadas por um sacerdote ou sacerdotisa, muitas vezes chamados de "Papa" ou "Mama". Na cultura do vodu, tudo no universo está interconectado e nada — humano, animal ou objeto — é uma entidade independente. Os praticantes do vodu adoram uma divindade suprema, chamada de *Bon Dieu* ("Bom Deus"), mas também existem centenas de espíritos menos importantes e anjos, que estão organizados em famílias e influenciam todos os aspectos da vida — da saúde até a riqueza, o amor e a felicidade — chamados

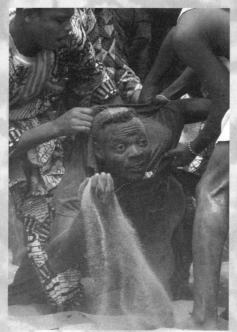

Possuído pela magia vodu, um dançarino entra em transe em Ouidah, República de Benin.

coletivamente de Loa. Baron Samedi, que Papa Doc imitava, era um dos mais famosos desses espíritos. Associado com sexo e ressurreição, dizia-se que ele ficava nas encruzilhadas do mundo espiritual, observando a passagem das almas dos mortos.

Uma característica das cerimônias do vudu é a "possessão", na qual uma pessoa é propositadamente habitada por espíritos de quem o sacerdote ou sacerdotisa extrai informações relativas a outros espíritos ou a eventos futuros. De modo singular, a religião afirma que os seres humanos não são os únicos a terem alma; todos os fenômenos naturais têm significância sagrada.

Apesar das percepções negativas incentivadas pelos críticos do vodu, nem o medo dos zumbis nem o uso de sinistras bonecas — modelos das almas dos outros, a quem podem ser feitos danos ao enfiar alfinetes e lançar feitiços — são aspectos importantes da corrente principal do vodu. Muitas vezes, confundem-se erroneamente o vodu haitiano com o da Louisiana, também chamado de vutu de New Orleans, uma forma distorcida da tradição que surgiu entre a população afro-americana de fala francesa e creole na Louisiana. Aqui, coloca-se muita ênfase em amuletos e em lendas folclóricas, como o *gris-gris*, um amuleto (normalmente uma pequena bolsa de tecido que contém poções de ervas, cabelo e outros pertences pessoais) que protege o portador do mal ou traz sorte.

Enver Hoxha era intelectualmente sofisticado, bonito e charmoso, mas também um tirano stalinista paranoide, rigidamente dogmático e assassino da Albânia que, em um governo de 40 anos, isolou e empobreceu seu país, atormentou e assassinou seu povo e operou o aparelho de governo com violência sinistra e, algumas vezes, tragicômica, matando muitos de seus próprios camaradas em acidentes falsos, suicídios e execuções. Ao morrer, ele havia transformado seu país em um estado falido à beira do colapso.

ENVER HOXHA 1908-1985

> *Stalin não foi, de modo algum, como os inimigos do comunismo o acusaram e acusam ainda. Pelo contrário, ele era justo e um homem de princípios... Nós, comunistas albaneses, aplicamos com êxito os ensinamentos de Stalin... Sua experiência rica e muito valiosa tem nos guiado em nosso caminho e em nossa atividade.*
> ENVER HOXHA, *Memórias*

Hoxha era filho de um rico comerciante de roupas, e durante as décadas de 1920 e 1930, ele passou vários períodos no exterior, estudando e trabalhando na França (assistiu a palestras de filosofia na Sorbonne) e na Bélgica, antes de voltar para ensinar francês em uma escola na cidade de Korce. Quando a Itália fascista invadiu a Albânia, em 1939, Hoxha recusou-se a entrar para o recém-criado Partido Fascista Albanês e foi demitido. Um ano depois, ele abriu uma tabacaria onde, em 1940, ajudou a fundar o Partido Comunista Albanês, que começou uma campanha de oposição contra a ocupação italiana, recebendo auxílio dos *partisans* de Tito, da vizinha Iugoslávia. Depois da libertação, em 1944, Enver Hoxha tornou-se primeiro-ministro e ministro das Relações Exteriores, mas na verdade governava como primeiro-secretário do Partido Trabalhista Albanês. Hoxha era um stalinista leal e devotado, que expurgava de modo selvagem os inimigos pessoais e de classe. Stalin e Hoxha se encontravam frequentemente e desfrutavam longas discussões sobre história e linguística, mais tarde recontadas nas surpreendentemente fascinantes memórias de Hoxha. Em 1949, depois de o marechal Tito romper com a União Soviética, Hoxha cortou relações com a Iugoslávia, mesmo que a Albânia devesse muito a seu vizinho muito maior. Ele também executou seu ministro de Defesa, Koci Xoce, por titoísmo. Com medo que seu povo fosse "contaminado" pela exposição ao "desvio" titoísta, Hoxha ordenou a construção de postos de guarda ao longo de toda a extensão da fronteira do país, que se tornou uma das fronteiras mais intensamente monitoradas do mundo. Depois, ele ordenou a construção

Enver Hoxha foi ditador da Albânia de 1944 até sua morte, em 1985, transformando o pequeno estado dos Bálcãs em um brutal posto avançado da tirania stalinista. Ele é retratado aqui nos V Jogos Nacionais da Albânia, em 1985.

de 750 mil casamatas de concreto individuais e de 700 mil abrigos de metralhadora para defender o país contra invasores, uma decisão absurda e bizarra que ainda desfigura o litoral albanês.

Por trás da cortina dos Bálcãs, Hoxha embarcou em um exercício de engenharia social ao estilo stalinista. Buscou a criação de uma classe trabalhadora urbana digna do nome (até então, a Albânia havia sido uma sociedade camponesa baseada em clãs) e a socialização da vida nacional. Seguiu-se a industrialização forçada, enquanto a agricultura era reorganizada conforme o modelo das fazendas coletivas soviéticas. Ao mesmo tempo, toda a Albânia teve acesso à eletricidade pela primeira vez, a expectativa de vida aumentou e as taxas de analfabetismo despencaram. No entanto, o custo humano dessa revolução social foi enorme.

A polícia secreta de Hoxha, a Sigurimi, era brutal e onipresente: centenas de milhares de pessoas foram torturadas e mortas. O primeiro-ministro de Hoxha, Mehmet Shehu, falou abertamente sobre seus métodos em um congresso do partido: "Quem discordar de nossa liderança em algum aspecto receberá uma cusparada no rosto, um soco no queixo e, se necessário, uma bala na cabeça". Do total de 3 milhões de albaneses, 1 milhão foram, em algum momento, detidos ou presos em seu terror perpétuo.

Hoxha também acrescentou seus toques individuais e quixotescos. A propriedade privada de carros foi proibida, e o mesmo aconteceu com o uso de barba, que era considerado um retrocesso rural. A xenofobia foi incentivada enquanto os comunistas albaneses fundiam sua adesão às restrições do marxismo-leninismo com uma glorificação de diversos mitos nacionais. O foco central dessa propaganda era o homem anunciado como o maior albanês de todos os tempos: o próprio Hoxha. No entanto, Hoxha tomou o cuidado de partilhar o culto à sua personalidade com o culto à de Stalin, que continuou sendo objeto de reverência obrigatória na Albânia nas quatro décadas seguintes.

Depois do rompimento sino-soviético de 1960, Hoxha aliou-se com Pequim contra a União Soviética de Khrushchov, que acreditava estar abandonando o verdadeiro caminho para o socialismo esboçado pelo camarada Stalin. Esse realinhamento provocou um rápido declínio no padrão de vida albanês, pois o país havia sido muito dependente dos grãos soviéticos e tinha a URSS como seu principal mercado de exportação. Para sufocar qualquer possível divergência, Hoxha decidiu imitar seus novos amigos chineses e lançou uma "Revolução Cultural" albanesa. A partir de 1967, a Albânia foi oficialmente declarada um estado "ateu"; todas as mesquitas e igrejas foram fechadas e os sacerdotes presos. Todas as propriedades privadas foram confiscadas pelo estado, e o número de prisões aumentou exponencialmente.

Depois de uma breve e muito restrita liberalização cultural, durante o início da década de 1970, uma nova onda de repressão e de purificação ideológica ocorreu em 1973. Em 1978, dois anos após a morte de Mao e a ascensão do mais moderado Deng Xiaoping, Hoxha rompeu com a China, deixando seu país ainda mais isolado.

Hoxha sobreviveu a inúmeras tentativas para depô-lo — de grupos leais ao exilado rei Zog, do governo britânico e de Khrushchov. A percepção dessas ameaças alimentou sua paranoia, que já era considerável, e se manifestou em uma série de expurgos internos. Os que se encontravam no ápice do sistema estavam sob a maior ameaça: os membros do politburo e do comitê central eram regularmente presos e executados por supostas atividades de traição, e os sete sucessivos ministros do interior, responsáveis por executar os expurgos, foram todos expurgados. Em 1981, o mais digno de confiança dos assistentes de Hoxha, Mehmet Shehu, que era primeiro-ministro desde 1954, discordou de seu plano para a sucessão e de seu isolacionismo. Oficialmente, após sofrer um colapso nervoso, Shehu "cometeu suicídio", depois de ser acusado de envolvimento com "criminosos de guerra", a CIA e a KGB, o que também era ilegal. Diversos relatos afirmaram que o idoso Hoxha tinha assassinado Shehu pessoalmente ou, o que é mais provável, havia ordenado sua morte.

Hoxha morreu no governo em 1985. Embalsamado e exibido em um mausoléu, foi depois enterrado em um túmulo mais humilde.

OS "PEQUENOS STALINS" DO LESTE EUROPEU

Os governantes vermelhos da Europa foram tiranos assassinos por direito próprio. Líder da República Democrática Alemã (RDA) de 1950 a 1971, Walter Ulbricht (1893-1973) supervisionou a construção, em 1961, do Muro de Berlim, com o apoio de seu sucessor, Erich Honecker (1912-1994). A polícia secreta, Stasi, era notoriamente brutal e muitas vezes absurda em sua vigilância meticulosa.

A Polônia tornou-se uma República soviética modelo sob Boleslaw Bierut (1892-1956), presidente de 1947 até morrer misteriosamente em Moscou. Os adversários de seu regime eram sistematicamente executados depois de julgamentos secretos.

A Hungria suportou a repressão sob o governo de Matyas Rakosi (1892-1971), apelidado de "Assassino Calvo" por seus expurgos brutais. Indicado líder em 1947, ele governou até 1956, quando os soviéticos reprimiram a Revolução Húngara, e foi sucedido por Janos Kadar, que governou de 1956 a 1988.

Gheorghe Gheorghiu-Dej (1901-1965) liderou o cruel regime stalinista romeno de 1948 com Ana Pauker (1893-1960) até a prisão dela, em 1952, e depois governou sozinho como ditador até sua morte.

A partir de 1946, Georgi Dimitrov (1882-1949) foi o primeiro-ministro da Bulgária, mas ele morreu em Moscou em meio a boatos de que fora envenenado. Seu sucessor linha-dura, Vulko Chervenkov (1900-1980), implementou expurgos até ser deposto em 1954 e substituído por Todor Zhivkov (1911-1998), que ordenou o assassinato de dissidentes como Georgi Markov em Londres.

Na Tchecoslováquia, após o golpe de estado de 1948, Klement Gottwald (1896-1953) instituiu um terror stalinista, mas morreu cinco dias depois de assistir ao funeral de Stalin. Seus sucessores foram os stalinistas Antonin Novotny e — depois de os soviéticos reprimirem a Primavera de Praga em 1968 — Gustav Husak, que governou de 1969 a 1987.

A democracia agora reina na Europa. Todos os tiranos se foram, exceto um: Alexander Lukashenko, o despótico presidente de Belarus desde 1994, que governa brutalmente com sua polícia secreta KGB e com um estarrecedor registro de desrespeito aos direitos humanos até hoje.

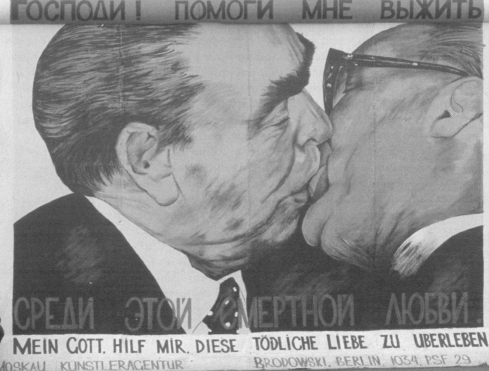

Um mural em Berlim Oriental retratando o líder da RDA, Erich Honecker, e o líder soviético, Leonid Brezhnev. O grafite diz: "Deus me ajude a sobreviver a este amor mortífero".

Mengele foi o médico alemão nazista da SS, conhecido como o "anjo da morte", que coordenou um laboratório ao estilo de Frankenstein no campo de extermínio de Auschwitz, realizando horrendos experimentos racistas. Em uma traição doentia do Juramento de Hipócrates — no qual curar e salvar vidas é a essência da profissão médica — ele foi diretamente responsável pela morte de milhares de crianças inocentes e inúmeros adultos, em especial gêmeos. Escapando à Justiça até sua morte, em 1979, Mengele personificou a aterrorizante fusão entre o barbarismo tribal e uma modernidade científica distorcida que caracterizou os piores excessos do nazismo.

DR. JOSEF MENGELE 1911-1979

> *Éramos pessoas que receberam uma sentença de morte, embora ela não tenha sido executada de imediato. Em vez de nos matarem ali e então, eles nos transformaram em cobaias, fazendo conosco o que é feito atualmente nos laboratórios com gatos ou ratos.*
> MENASHE LORINCZI, GÊMEO DE AUSCHWITZ

Mais velho de três filhos, Mengele nasceu em 16 de março de 1911, na aldeia de Gunzburg, na Bavária, e teve pais de classe média, Karl e Walburga, ambos católicos devotos. Ele cresceu na atmosfera de humilhação e traição que infectou a Alemanha depois da 1ª Guerra Mundial, na qual a derrota era atribuída a uma "facada nas costas" em que a comunidade judia alemã supostamente teve um papel importante. Em 1931, como muitos outros jovens desiludidos, Mengele entrou para uma organização fascista paramilitar, os Stahlhelm ("Capacetes de Aço"), mas ele era mais do que um simples bandido e formou-se em medicina pela Universidade de Munique, em 1935.

Como um jovem talentoso e bem-educado, com fortes credenciais fascistas — ele serviu brevemente como um camisa-marrom no Sturmabteilung (SA) em 1934, antes de renunciar devido a um problema renal —, Mengele estava bem colocado para uma promoção sob o regime nazista depois da indicação de Hitler como primeiro-ministro da Alemanha em 30 de janeiro de 1933. Em 1937, ele passou a ser pesquisador no novo Instituto para a Hereditariedade, Biologia e Pureza Racial do Terceiro Reich, em Frankfurt, trabalhando com o professor Otmar Freiherr von Verschuer, um partidário do regime nazista e, em 1938, tornou-se camisa-negra, um membro da elite da Schutzstaffel (SS). No ano seguinte, casou-se com Irene Schoenbein, com quem teve um filho, Rolf, em 1944.

Durante os primeiros três anos de guerra, Mengele serviu como oficial médico nas Waffen SS, primeiro na França e depois na União Soviética, onde se distinguiu, ganhando a Cruz de Ferro de Primeira Classe em janeiro de 1942, após ser ferido ao tirar dois soldados de um veículo blindado em chamas sob fogo inimigo. Declarado incapaz para o combate, foi transferido no fim do ano para o Escritório de Raça e Recolocação, em Berlim, e promovido a *Hauptsturmführer* (capitão).

Enquanto isso, a hierarquia nazista havia concluído secretamente os planos para a "Solução Final": o extermínio dos que eram considerados racialmente inferiores à raça ariana, como judeus, ciganos, eslavos, e aqueles mental e fisicamente deficientes. Em maio de 1943, Mengele foi nomeado por Heinrich Himmler — o arquiteto da "Solução Final" — oficial médico em Birkenau, um novo anexo ao campo de extermínio de Auschwitz, no sul da Polônia.

Bem-vestido, bonito e sorridente, Mengele tinha papel tão importante na decisão do destino dos prisioneiros, que foi apelidado de "Anjo da Morte". Inspecionando-os friamente quando desciam dos caminhões, ele fazia um sinal de "esquerda" ou "direita" com um aceno casual do chicote de montaria seguro em sua mão enluvada. Esquerda — reservada para os que tinham boa saúde, entre 18 e 35 — significava sobrevivência, apesar do trabalho escravo. Direita — para onde iam os velhos, doentes e fracos, além dos bebês e de suas mães (que, como Mengele observou friamente, "não trabalharão bem se souberem que seus filhos estão mortos") — significava a câmara de gás para a qual 400 mil pessoas foram enviadas durante o tempo que ele passou em Auschwitz. Ocasionalmente, a máscara de urbanidade de Mengele escorregava, e num ataque de fúria ele espancava até a morte o prisioneiro mais próximo, atirando na cabeça dele ou ordenando que fosse lançado, vivo ou morto, em um poço de gasolina em chamas. Quando uma mãe resistiu a uma tentativa de separá-la de sua filha de 13 anos, ele sacou a arma e atirou nas duas, antes de mandar todos os que estavam no mesmo caminhão para a câmara de gás.

Alguns poucos escolhidos — anões, os que tinham anormalidades genéticas e, acima de tudo, os gêmeos (que se tornaram conhecidos como "as crianças de Mengele") — eram levados para o Bloco 10, o "Zoo", onde Mengele realizava suas fantasias científicas mais doentias e, muitas vezes, um gêmeo tinha de segurar seu irmão enquanto ele conduzia uma ampla gama de experimentos horrendos, que incluíam exames de sangue e transfusões, radiografias, castração e dissecação. Outros recebiam injeções de tinta nos olhos, muitas vezes causando cegueira, ou transferência de órgãos, em geral sem anestesia. Em uma ocasião, ele injetou clorofórmio no coração de 14 gêmeos ciganos, dissecando meticulosamente cada um deles depois. Quando os gêmeos morriam, Mengele mantinha algumas partes do corpo na parede de seu consultório como um troféu.

Auschwitz foi libertado pelos soldados soviéticos em janeiro de 1945, mas Mengele já tinha fugido do avanço soviético antes de as tropas chegarem. Ele foi por um breve período para o campo de concentração Gross-Rosen, na Silésia, e depois fugiu novamente, mas foi capturado pelos soldados aliados em Munique. No entanto, passando-se por outro médico, cujos documentos havia roubado, foi libertado em agosto, e depois disso, quando os julgamentos de Nuremberg começaram, em novembro, ele se escondeu, trabalhando nos quatro anos seguintes como um cavalariço na Baváría. Ainda livre, fugiu em 1949 em um transatlântico italiano para Buenos Aires, Argentina, possivelmente com a ajuda da rede ODESSA. Mengele foi rastreado pelas autoridades da Alemanha Ocidental em 1959, mas escapou aos procedimentos de extradição ao se mudar para o Paraguai e depois para o Brasil, assumindo a identidade de Wolfgang Gerhard, um companheiro nazista. Embora o Mossad, o serviço de inteligência israelense, tenha chegado perto de seu paradeiro, ele nunca foi levado à Justiça, e acabou morrendo em 1979, depois de sofrer um AVC enquanto nadava perto de São Paulo, no Brasil.

Mengele foi julgado in absentia em Jerusalém em 1985, mas isso pouco serviu de consolo aos sobreviventes de seus horrendos crimes, realizados indignamente em nome da ciência. No contexto dos muitos horrores do Holocausto, Mengele se destaca como uma das figuras mais horripilantes.

O dr. Josef Mengele (no centro) fotografado em 1944 com o comandante de Auschwitz, Richard Baer (à esquerda) e o ex-comandante Rudolf Hoess.

ODESSA

ODESSA — sigla que significa Organização dos Ehemaligen SS-Angehorigen (ex-membros da SS) — é o nome algumas vezes dado a uma rede clandestina criada no fim da 2ª Guerra Mundial e que oferecia proteção e ajuda a nazistas importantes e a outros fascistas europeus que tentavam evitar a prisão e o julgamento por parte dos Aliados vitoriosos. Sua existência foi sugerida pela primeira vez pelo caçador de nazistas, Simon Wiesenthal, e foi assunto de um *best-seller* escrito por Frederick Forsyth. Discute-se até que ponto ODESSA era uma organização estruturada; é mais provável que ela envolvesse diversos grupos que trabalhavam independentemente depois da guerra para transportar nazistas de alta patente para fora do território ocupado pelos Aliados e levá-los para países sul-americanos simpáticos, em especial o Paraguai e a Argentina.

Otto Skorzeny (1908-1978) foi uma figura central na criação dessas redes; ele era um nazista austríaco que serviu nas Waffen-SS durante a guerra. Escolhido por Hitler para liderar o ataque de comandos na Itália que libertou Benito Mussolini do cativeiro, em julho de 1943, mais para o fim da guerra, ele começou a criar "caminhos de rato" (rotas de fuga) para ajudar os nazistas a fugirem. Para custear sua operação, usou o tesouro que os nazistas ricos e os industriais alemães haviam lhe pedido que escondesse, grande parte oculta nas montanhas da Baviera. Em maio de 1945, entregou-se para os Aliados, mas seu julgamento por crimes de guerra desabou e ele fugiu em 1947, continuando com o trabalho da ODESSA a partir do santuário seguro da Espanha franquista.

Outra importante rota de fuga foi criada pelo bispo Alois Hudal, um simpatizante nazista responsável pelo cuidado pastoral dos alemães na Itália, inclusive muitos deles em campos de prisioneiros de guerra. Usando esses contatos, Hudal criou uma rota de fuga para a América do Sul passando pela Itália e, posteriormente, ajudando Franz Stangl (o oficial comandante do campo de extermínio em Treblinka) e até mesmo Adolf Eichmann (o arquiteto do Holocausto) a escaparem. Uma rede de frades franciscanos croatas, liderada pelo frei Krunoslav Draganovic, operava um projeto similar.

O que é muito surpreendente em relação a essa operação é a cumplicidade declarada dos líderes nacionais. O presidente Juan Domingo Perón denunciou os julgamentos de Nuremberg e acolheu os criminosos de guerra nazistas na Argentina, oferecendo-lhes passaporte e cidadania. Algumas estimativas sugerem que até 10 mil nazistas suspeitos e outros fascistas e criminosos de guerra escaparam por essas rotas de fuga. Em julho de 1979, homens afirmando representar a ODESSA explodiram uma bomba na França, em uma tentativa de assassinar os caçadores de nazistas Serge e Beate Klarsfeld.

O passaporte da Cruz Vermelha usado por Adolf Eichmann em 1950, quando ele fugiu para à Argentina com o pseudônimo de "Ricardo Klement".

Brutal, assassino, repressivo e iludido por sua própria propaganda, Kim Il-Sung foi o "Grande Líder" autoproclamado e ditador da Coreia do Norte por um longo período. Ele levou seu país por um caminho para a guerra, isolamento internacional e colapso econômico e, durante seu meio século no poder, a Coreia do Norte tornou-se, possivelmente, o regime mais totalitário e surrealista do mundo. De fato, muito depois de sua morte, ele continua a ser "o presidente" desse país insano, bizarro e infernal.

KIM IL-SUNG 1912-1994

> *Os povos oprimidos só podem se libertar pela luta. Essa é uma verdade simples e clara confirmada pela história.*
> — Kim Il-sung

Kim Il-Sung nasceu como Kim Sung Ju e foi o mais velho dos três filhos de um pai cristão. O Japão invadiu a Coreia em 1910, e Kim cresceu sob o governo japonês até que, nos anos 1920, a família se mudou para a Manchúria, no nordeste da China, onde ele aprendeu chinês e se interessou pelo comunismo. Depois que os japoneses invadiram primeiro a Manchúria e, então, o resto da China, Kim juntou-se ao movimento de resistência antijaponês. Durante a 2ª Guerra Mundial, ele fugiu para a União Soviética, onde recebeu mais treinamento militar e doutrinação política.

Depois da derrota do Japão, em 1945, a Coreia foi dividida em duas zonas de ocupação, com os soviéticos no norte e os norte-americanos no sul. Em 1946, os soviéticos estabeleceram um estado-satélite comunista no norte, com Kim como líder. Enquanto o sul do país tinha eleições livres, Kim imediatamente começou a impor um sistema stalinista repressivo e totalitário; isso incluiu a criação de uma polícia secreta onipotente, campos de concentração, redistribuição de propriedade, supressão da religião e assassinato dos "inimigos de classe".

Em junho de 1950, apesar dos alertas de Stalin que lhe pedia para ter paciência, Kim ordenou que suas tropas invadissem a Coreia do Sul a fim de reunir o país, deflagrando a Guerra da Coreia. A Coreia do Norte recebeu apoio logístico, financeiro e militar da China e da União Soviética, enquanto o Sul

Kim Il-Sung, o fundador da República Democrática Popular da Coreia, governou seu feudo stalinista isolado e empobrecido de 1949 até sua morte, em 1994. Ele é visto aqui em uma foto de propaganda oficial.

recebia apoio das Nações Unidas, que enviou uma força internacional, composta principalmente de tropas norte-americanas. Apesar do sucesso inicial, os soldados da Coreia do Norte logo foram rechaçados. Kim só foi salvo por uma grande intervenção chinesa. Depois de três anos, o conflito, que custou entre 2 milhões e 3 milhões de vidas, terminou em um impasse.

Em casa, Kim aumentou o seu controle, proibindo a influência estrangeira e acabando com os inimigos internos. Uma tentativa de golpe por 11 membros do partido, em 1953 — a primeira de várias —, terminou em um julgamento espetacular stalinista dos participantes, que foram executados rapidamente. Seguiu-se um expurgo do partido, e dezenas de milhares de coreanos foram enviados para os campos de trabalho — que ainda existem na Coreia do Norte.

Kim promoveu um culto onipresente da personalidade, centrado ao redor do "Juche" (ou "Kim Il-Sungismo"), uma filosofia política que se baseia em suas próprias supostas características divinas. De acordo com a mídia estatal, Kim foi o perfeito "Líder Eterno", ou "Líder Supremo". Em 1980, anunciou sua intenção de criar uma dinastia de ditadores ao nomear seu filho, Kim Jong Il, como seu sucessor.

Enquanto isso, com os gastos militares correspondendo a quase um quarto do orçamento do país, a pobreza passou a prevalecer. Nos anos 1990, a escassez de alimentos produziu uma fome na qual podem

DITADORES HEREDITÁRIOS

Um dos desenvolvimentos mais surpreendentes e irônicos dos tempos atuais tem sido o reaparecimento de autocracias hereditárias em repúblicas autodeclaradas socialistas que, nominalmente, desprezam o poder herdado, mas de fato criaram monarquias modernas. Em 1980, Kim Il-Sung decretou que seu filho, decadente e cruel, Kim Jong Il, era "o grande sucessor para a causa revolucionária". Kim Jong Il subiu ao trono dos Kim em 1994 e pagou para ver o blefe ocidental ao transformar o país em uma potência nuclear enquanto seu povo morria de fome.

Outro ditador hereditário é Ilhan Aliyev, presidente do Azerbaijão, que, em 2003, sucedeu a seu pai, Gaidar Aliyev, ex-membro do *politburo* soviético e ditador do Azerbaijão desde 1993.

A Síria é nominalmente uma República, governada pelo partido secular socialista Baath. Seu presidente, de 1971 a 2000, foi Hafez al-Assad, um ditador astuto e implacável, chamado de a "Esfinge de Damasco", mas, depois de sua morte, foi sucedido por seu filho Bashar al-Assad, que foi rapidamente promovido dentro do Partido Baath após a morte de seu irmão mais velho e herdeiro escolhido por seu pai, Basil.

Em 2001, aos 29 anos, Joseph Kabila, presidente da República Democrática do Congo, subiu ao poder apenas dez dias depois do assassinato de seu pai, Laurent-Desire Kabila. Eleito presidente em 2006, desde então vem reprimindo a oposição.

No Togo, Faure Essozimna Gnassingbe reina como presidente. Em 2005, ele sucedeu a seu pai, Gnassingbe Eyadema, que havia governado como ditador de 1967 até morrer.

Em Cuba, Fidel Castro tomou o poder em 1959, com o irmão, Raul, como ministro da Defesa. Levou o mundo à beira da aniquilação nuclear na Crise dos Mísseis Cubanos de 1962 e, ao se aposentar, em 2008, por problemas de saúde, foi o ditador que mais tempo ficou no poder no mundo: ele foi sucedido como presidente pelo irmão, Raul.

Esses não são os primeiros ditadores hereditários. Em 1972, Chiang Kai-shek, o corrupto e inepto generalíssimo da China (1926-1949), que ao perder seu país para os comunistas fugiu para Taiwan, onde se tornou ditador, foi sucedido como primeiro-ministro por seu filho Chiang Ching-kuo, que, posteriormente, se torter morrido cerca de 2 milhões de pessoas. O país manteve seu isolamento total. A Coreia passou a ser vista como um estado nocivo e patrocinador do terrorismo, em especial contra seu vizinho do sul: a Coreia do Norte foi responsável pelo assassinato, em 1983, de 17 oficiais sul-coreanos que haviam estado em uma visita oficial a Burma e pela derrubada, em 1987, de um jato comercial sul-coreano, resultando na morte de 115 pessoas. A Coreia do Norte continuou a desenvolver seu próprio arsenal nuclear.

Depois de sobreviver a outra tentativa de golpe em 1992, Kim Il-Sung finalmente morreu, em 8 de julho de 1994, oficialmente devido a um infarto. Seu filho e sucessor, Kim Jong Il, o autonomeado "Líder Querido", deu continuidade às políticas megalomaníacas de seu pai e também há rumores de que ele tenha desviado grandes somas de dinheiro do país para uso próprio em contas bancárias suíças. Embalsamado e adorado até hoje, Kim foi um ditador homicida responsável pela morte de milhões e pelo empobrecimento da Coreia do Norte.

nou presidente em 1978, governando até sua morte, em 1988. No Haiti, François "Papa Doc" Duvalier foi sucedido por seu filho, Jean Claude "Baby Doc" Duvalier, quando este tinha 19 anos, em 1971. No século XIX, pai e filho López governaram dinasticamente o Paraguai. Na Nicarágua, Anastasio Somoza governou como ditador de 1936 até ser assassinado, em 1956, quando foi sucedido por seus dois filhos, Luis Somoza e Anastasio Somoza Debayle, que reinaram até que este foi derrubado pelos sandinistas em 1979.
Na Líbia e no Egito atuais, o coronel Gadaffi, o ditador extravagante e radical que governa desde 1969; e o presidente Mubarak, que governa desde 1981, estão ambos preparando seus filhos para a sucessão. No entanto, é difícil que os filhos igualem os pais e poucos desses homens fortes conseguiram fundar dinastias duradouras. Na Inglaterra, o governo do lorde protetor Oliver Cromwell terminou em 1658, com a sucessão de seu filho desafortunado, Richard Cromwell, apelidado de "Dick, aquele que cai", porque logo foi derrubado; o rei Carlos II foi restaurado ao trono em 1660.

Kim Jong Il, filho mais velho de Kim Il-Sung. Ele sucedeu ao pai como líder da Coreia do Norte depois da morte deste em 1994.

Alfredo Stroessner, que usava o cognome "O Excelentíssimo", governou o Paraguai por 35 anos cruéis, marcados por assassinatos, torturas e estabilidade de terror. Ele continua a ser o protótipo do general brutal e ambicioso sul-americano.

ALFREDO STROESSNER 1912-2006

> *Insisto que, no Paraguai, havia ordem; o Judiciário tinha o poder da independência completa; a Justiça era plenamente exercida.*
> ALFREDO STROESSNER

Filho de imigrante alemão e de paraguaia rica, Stroessner nasceu em Encarnación, Paraguai. Em 1932, depois de frequentar o colégio militar em Assunção, ele entrou para o exército e se distinguiu na Guerra do Chaco, de 1932 a 1935, contra a Bolívia. Embora fosse casado e tivesse três filhos, Stroessner, com seu bigode meticulosamente aparado e aparência confiante em uniforme, tinha diversas amantes, e dizem que teve até 15 filhos ilegítimos.

Stroessner, o comandante, distinguiu-se na Guerra Civil Paraguaia de 1947, na qual se aliou a Federico Chavez. Em 1951, Chavez, então presidente, indicou Stroessner como comandante-chefe das forças armadas. Mas em maio de 1954, enquanto o Paraguai lutava com uma crise econômica, Stroessner derrubou Chavez em um golpe de estado. A fim de legitimar sua permanência como presidente, ele convocou uma eleição em que era o único candidato autorizado. Sua imagem logo cobriu o Paraguai e ele até deu seu nome a uma cidade, Puerto Presidente Stroessner.

No decorrer de toda a sua permanência como presidente, Stroessner manteve uma postura defensiva, argumentando que o país estava sempre em "estado de sítio" e que era preciso estar constantemente vigilante contra os inimigos imaginários. Por sua postura anticomunista, ele recebera auxílio dos Estados Unidos nos primeiros anos de seu regime, e teve algum sucesso em estabilizar a economia. No entanto, a fim de assegurar seu regime, gastou boa parte do orçamento nacional para "manter a ordem". Embora ele fizesse gestos destinados a agradar às classes trabalhadoras rural e urbana, na verdade, seu regime voltava-se para os interesses das empresas e dos grandes latifundiários. A corrupção imperava, os membros de seu Partido Colorado recebiam tratamento privilegiado nos negócios e nos serviços de saúde, e o país se tornou um santuário para contrabandistas, traficantes de armas e barões de droga.

O regime de Stroessner era completamente ditatorial, exceto no nome. O Parlamento do Paraguai continuou a se reunir, mas era dominado pelos que o apoiavam. Em 1967, e novamente em 1977, ele fez com que a Constituição do país fosse modificada especialmente para que pudesse continuar como presidente por mais tempo e foi "eleito" oito vezes. A cada cinco anos, Stroessner convocava eleições, mas a votação era distorcida por fraudes e pela constante intimidação de qualquer oponente em potencial.

Nas décadas de 1960 e 1970, conforme aumentava a pressão dos Estados Unidos para que Stroessner fizesse algumas reformas democráticas, ele permitiu que surgisse uma aparência de oposição. Esse foi meramente um gesto simbólico, no entanto, e os críticos do regime viviam com medo constante da polícia secreta de Stroessner, que havia sido treinada por torturadores nazistas da SS que se ocultavam no país.

No decorrer do governo de Stroessner, centenas de milhares de paraguaios foram aprisionados por crimes políticos (em uma prisão chamada "La Tecnica") e milhares desapareceram. Stroessner até ordenou a prisão de senadores eleitos, um dos quais sobreviveu para contar como agulhas foram enfiadas embaixo de suas unhas. Mais detalhes foram revelados depois de Stroessner deixar o poder: ex-dissidentes descreveram como foram espancados e torturados com choque elétrico e como seus gritos eram gravados e tocados ao telefone para sua família, ou como suas roupas ensanguentadas eram enviadas para sua casa. Algumas vezes, a família de um dissidente assassinado tinha que pagar para receber o corpo. Segundo alguns relatos, algumas vezes Stroessner supervisionava pessoalmente o interrogatório e a tortura de seus oponentes. Em 1987, sua polícia dissolveu com gás uma reunião das Mulheres pela Democracia.

Stroessner também se envolveu em opressão além das fronteiras do Paraguai. Ele participou da Operação Condor, um complô clandestino, que era apoiado pela CIA e envolvia diversos outros governantes sul-americanos, com o objetivo de assassinar ativistas de esquerda no continente. Enquanto isso, Stroessner transformou o Paraguai em um paraíso para ditadores depostos, como Anastasio Somoza Debayle, da Nicarágua, e muitos criminosos de guerra nazistas, dos quais o mais famoso foi Josef Mengele.

Em 1988, Stroessner foi eleito para o oitavo mandato sucessivo como presidente, mas foi obrigado a deixar o poder no ano seguinte, em um golpe sangrento comandado por seu ex-ajudante e aliado, o general Andrés Rodríguez. Stroessner, temendo um processo, exilou-se no Brasil. Durante muitos anos, o Paraguai exigiu sua extradição, sem sucesso, com base em acusações relativas à Operação Condor e a outros crimes cometidos durante seu regime. Ele morreu aos 93 anos, em um hospital de Brasília, sem conseguir se recuperar de uma cirurgia de hérnia.

Stroessner vangloriava-se de ter levado estabilidade e riqueza a um país que sofrera pela falta de ambas. Na realidade, a riqueza foi partilhada por alguns poucos comparsas, e todas as críticas ao regime resultavam em tortura e morte. O verdadeiro custo da "estabilidade" que Stroessner levou ao Paraguai foi revelado pela descoberta de muitos documentos e gravações em fita — agora chamados de os "arquivos do terror" — que detalham a tortura sistemática cometida por sua polícia secreta.

O ditador paraguaio, o ditador general Alfredo Stroessner, visto durante uma recepção de gala em Assunção.

TRUJILLO, O BODE

Rafael Trujillo (1891-1961) governou a República Dominicana por 31 anos com uma brutalidade selvagem e um extravagante culto à personalidade, personificando o homem forte militar e assassino (*caudillo*) e o grupo militar (*junta*) que dominaram a política da América do Sul até a recente ascensão da democracia em países como o Chile, Argentina e Brasil. Trujillo subiu ao comando do exército dominicano, derrubou o presidente e manteve-se no poder de 1930 a 1938 e, novamente, de 1942 a 1952, quando entregou a Presidência a seu irmão Hector. Como comandante supremo do exército, "o Chefe" (também conhecido como "o Bode") governou em uma tirania absoluta, apoiado por uma polícia secreta selvagem, o SIM (Serviço de Inteligência Militar). Ele se cobria de medalhas (daí seu apelido, "Tampinha de Garrafa"), mudou o nome da capital para Cidade de Trujillo e o da montanha mais alta para monte Trujillo, matou e torturou milhares de adversários e roubou milhões de dólares. Em 1937, ordenou que seus soldados matassem todos os "haitianos" de pele escura — 20 mil pessoas foram massacradas com facões no que ficou conhecido como "o corte", ou o "Massacre de Salsinha" (os que não conseguiam pronunciar *perejil*, a palavra espanhola para salsinha, foram mortos).

Embora admirasse Hitler, Trujillo permaneceu neutro na 2ª Guerra Mundial e aceitou refugiados judeus, porém continuou a matar seus inimigos, dando a si mesmo os títulos de "Grande Benemérito da Nação" e "Pai do Novo Domínio". Na década de 1950, os dominicanos — e os Estados Unidos — cansaram-se de seus excessos. Após ser descoberto um complô contra ele, Trujillo torturou e assassinou as irmãs Mirabal que estavam envolvidas; o destino delas — dramatizado no filme *No tempo das borboletas* (2001) — horrorizou a todos. Conspiradores apoiados pela CIA finalmente assassinaram Trujillo em seu carro, em 1961, uma história recontada pelo escritor peruano Mario Vargas Llosa em seu livro *A festa do Bode* (2000). Mas o filho do ditador, o *playboy* Ramfis Trujillo, tomou o poder e torturou até a morte os suspeitos de conspiração antes que seus tios, Hector e Jose Trujillo, retornassem para controlar a situação. Por fim, os Estados Unidos terminaram com o governo monstruoso da dinastia Trujillo, cujos membros fugiram para o exterior em novembro de 1961.

Rafael Leônidas Trujillo y Molina foi o ditador da República Dominicana de 1930 a 1961. Seu gosto por uniformes vistosos e medalhas deu-lhe o apelido de "Tampinha de Garrafa".

Quase todos os líderes do Partido Comunista que governaram os países do Leste Europeu em nome de seus mestres soviéticos nas décadas depois da 2ª Guerra Mundial eram fantoches dóceis. Nicolae Ceausescu, da Romênia, era diferente. Ele não só rompeu com a URSS, mas promoveu seu próprio culto de personalidade como o autodeclarado "Gênio dos Cárpatos" e desviou os recursos de seu país, que sofria com a pobreza, para criar amplos monumentos à sua própria glória, enquanto usava sua polícia secreta Securitate para assassinar seus inimigos. Ele e sua esposa, Elena, governavam como um casal grotesco. Quando o bloco comunista oriental desabou, em 1989-1990, eles foram os únicos dois líderes a serem executados.

NICOLAE CEAUSESCU 1918-1989
E ELENA CEAUSESCU 1916-1989

> *"Ele sempre afirmou agir e falar em nome do povo, ser um amado filho do povo, mas ele só tiranizou o povo o tempo todo."*
> PROMOTOR DA ABERTURA DO JULGAMENTO DE NICOLAE E ELENA CEAUSESCU, DEZEMBRO DE 1989

Nascido em uma família camponesa, Ceausescu entrou para o inexperiente movimento comunista romeno no início da década de 1930. Na época, a Romênia era uma monarquia conservadora e era ilegal ser comunista. Em 1936, Ceausescu foi preso por dois anos, e em 1940 viu-se internado em um campo de concentração. Lá ele conheceu Gheorghe Gheorghiu-Dej, o líder do Partido Comunista Romeno, e fugiu com ele em 1944. No mesmo ano, um governo antifascista de "liberação" de base ampla — que incluía Dej — chegou ao poder com apoio soviético. Em 1947, Ceausescu se casou com Elena, a filha de um lavrador.

Em 1947, os comunistas expulsaram seus aliados anteriores no governo, e em 1952, Dej tornou-se o ditador de fato da Romênia. Com a ascensão de seu mentor, Ceausescu conseguiu garantir sua própria posição e, quando Dej morreu, em 1965, Ceausescu tornou-se líder do partido e chefe de estado. Muitos romenos esperavam que seu novo líder iniciaria um período de maior liberalização e reformas. Em agosto de 1968 essas expectativas se intensificaram depois de Ceausescu denunciar a invasão soviética da Tchecoslováquia, e seu modo desafiador tornou-o uma figura genuinamente popular na Romênia e granjeou aplausos no Ocidente. No entanto, ele foi rápido em garantir aos soviéticos que seu país permaneceria um membro leal do Bloco Oriental.

O otimismo inicial começou a se dissipar conforme Ceausescu começou a fantasiar sobre transformar a Romênia em uma potência industrial mundial; assim, a perspectiva de liberalização desapareceu. Em vez disso, Ceausescu tornou-se obcecado por fortalecer seu monopólio de poder e, com essa finalidade, introduziu um processo de rotação ocupacional constante pelo qual os funcionários de todos os níveis recebiam ordens de mudar de cargo regularmente, com a intenção de que ninguém pudesse ser capaz de construir uma base de poder para desafiá-lo. O fato de que o sistema também levava a um caos administrativo não parece ter incomodado Ceausescu, que, em março de 1974, assumiu a capacidade de governar apenas por decretos. Sua esposa, Elena, tornou-se cada vez mais poderosa como vice-primeira-ministra, membro do *politburo* e autodeclarada "Mãe da Nação"; os Ceausescu governavam como um casal abominável, e abundavam as histórias da ambição, crueldade e vaidade de Elena.

O papel da polícia secreta, a famosa Securitate, ou Departamento de Segurança de Estado, também foi expandido. Em 1989, ela tinha cerca de 24 mil membros. Foi inculcado, em toda a sociedade, um clima de medo em que todos eram incentivados a espionar todos os demais; não agir assim resultava em confinamento em uma prisão ou num campo de trabalho. Ao mesmo tempo, Ceausescu ficou inebriado com a ideia de que a Romênia precisava construir uma imagem como uma utopia socialista moderna, culminando na década de 1980 com a construção do gigantesco palácio no centro de Bucareste. Essa monstruosidade arquitetônica foi erguida sobre o que era, de fato, trabalho escravo, e exigiu que 40 mil pessoas fossem expulsas de seus lares a fim de abrir espaço para ela.

Ceausescu estava determinado a combinar os valores do socialismo com um nacionalismo romeno cada vez mais estridente. Isso resultou em uma série cada vez mais bizarra de campanhas com o objetivo de fortalecer a grandeza nacional da Romênia. Em março de 1984, por exemplo, preocupado com a baixa taxa de natalidade do país, Ceausescu decretou que as mulheres em idade fértil eram obrigadas a fazer exames ginecológicos sob o olho vigilante da Securitate, e se não estivessem grávidas teriam de se justificar.

Na década de 1980, o país enfrentou uma crise crescente de endividamento, e Ceausescu resolveu pagar os credores da Romênia no fim da década. Para conseguir isso, ordenou a exportação em massa dos produtos agrícolas e da produção industrial do país. A consequência foi uma queda no padrão de vida e a morte de milhares de pessoas em razão da desnutrição e da falta de atendimento médico moderno. Ceausescu respondeu introduzindo medidas de austeridade como o "Programa de Alimentação Racional", que estabelecia limites de consumo *per capita*. O sofrido povo da Romênia finalmente foi liberado da tirania quando as revoluções populares de 1989 derrubaram os regimes totalitaristas da Europa Oriental. A queda do "Gênio dos Cárpatos" mostrou-se sangrenta: depois de um julgamento sumário, no dia de Natal de 1989, ele e sua esposa, Elena, foram executados por um pelotão de fuzilamento, enquanto ele cantava a "Internacional" e ela gritava "Seus filhos da puta!"

O ditador comunista romeno Nicolae Ceausescu e sua esposa, Elena, em 1989.

Os Macbeth

Os Ceausescu foram, como o casal Milosevic da Sérvia, uma versão moderna da famosa parceria de assassinato e ambição criada por Shakespeare, os Macbeth, o exemplo por excelência do casal cruel. Seu desejo sangrento por poder levou-os a assassinato e traição que retornaram para assombrá-los e acabaram por derrubá-los. Cada um se mostrou tão depravado e culpado quanto o outro, a manipuladora *lady* Macbeth inicialmente é a mais cruel, incitando seu hesitante marido a matar o adormecido Duncan ("Ponha sua coragem no limite e não falharemos"), enquanto depois ele se mostra igualmente calculista e ordena secretamente o assassinato de Banquo ("Preserva sua ignorância, meu amor querido, e fique inocente até o momento de aplaudir o ato").

Shakespeare tinha sido companheiro de bebidas de alguns dos envolvidos na "Conspiração da Pólvora" e escreveu *Macbeth* — a respeito do horrendo crime de assassinato de um rei — como um modo de se distanciar deles. Seus personagens eram vagamente baseados em Macbeth, o rei da Escócia (1040-1057) — que subiu ao trono depois de matar o ineficiente rei Duncan em batalha em 1040 —, e em sua esposa, a rainha Gruoch. No entanto, em vez de ser um assassino premeditado, Macbeth era respeitado por sua liderança sábia e, embora o filho de Duncan, Malcolm, o tenha derrotado na Batalha de Dunsinane Hill (1054), ele manteve a coroa por mais três anos, até ser morto por Malcolm na Batalha de Lumphanan.

Os Ceausescu — um casal tão inseparável como os Macbeth — têm mais em comum com os personagens fictícios do que com os históricos: Nicolae, com sua sede obsessiva por poder e negação da realidade, e sua esposa, Elena, com sua influência maligna nos bastidores. Vivendo em luxo enquanto os pobres morriam de fome, ela era detestada pelo povo, mas, ao contrário de *lady* Macbeth — que finalmente morre consumida pela culpa —, ela parecia incapaz de sentir remorso. Em comparação com esses dois, os Macbeth de Shakespeare parecem quase bondosos.

Thomas Hampson como Macbeth e Violeta Urmana como lady Macbeth em uma produção da ópera de Verdi realizada em 2006.

Francisco Macías Nguema, que oficialmente chamava a si mesmo de "O Milagre Único", foi o primeiro presidente da Guiné Equatorial, situada no oeste da África. Ele era corrupto, demente, homicida e colecionava crânios. Sob seu governo, o país desceu até a barbárie, culminando com o massacre de seu próprio povo. Em um continente que tem sofrido governos por uma legião de loucos sedentos de sangue, Macías Nguema destaca-se como o pior deles.

FRANCISCO MACÍAS NGUEMA 1924-1979

> *"O Dachau de fundo de quintal da África."*
> ROBERT AF KLINTEBERG, SOBRE O ESTADO DA GUINÉ EQUATORIAL SOB O GOVERNO DE NGUEMA

Nos primeiros 44 anos de Macías Nguema, a Guiné Equatorial foi uma colônia espanhola. Nguema fracassou três vezes seguidas nos exames de admissão ao funcionalismo público e só passou na quarta vez porque os critérios foram abaixados propositadamente pelos espanhóis. Daí por diante, ele ocupou posições cada vez mais influentes, até tomar posse de uma poltrona na Assembleia Nacional.

Em 1968, a Espanha deu independência ao país e, nas eleições presidenciais posteriores, Nguema destacou-se com uma plataforma populista de tendências esquerdistas. Ele venceu. A princípio, parecia promover uma sociedade livre e liberal, mas o período de lua-de-mel durou apenas 145 dias. Nguema desenvolveu um ódio intenso aos espanhóis (talvez como reação à dependência anterior) e, também, aos estrangeiros em geral. Os residentes espanhóis tornaram-se o alvo do terror sancionado pelo estado e, em março de 1969, mais de 7 mil deles haviam abandonado o país, dentre estes muitos trabalhadores qualificados. Como resultado, a economia sofreu uma queda.

Inicialmente, alguns membros do governo, como o ministro do Exterior, Ndongo Miyone, tentaram controlar os excessos. Mas eles pagaram um alto preço por fazer isso. No caso de Miyone, ele foi convocado ao palácio presidencial de Nguema e espancado, depois foi levado para a prisão e assassinado. Um tratamento similar foi dado aos outros que ousaram se opor a Nguema: dez dos 12 ministros que formaram o primeiro governo pós-independência foram mortos. Para o lugar deles, Nguema nomeou parentes ou membros de seu clã, os Esangui. Desse modo, um sobrinho foi nomeado comandante da Guarda Nacional, enquanto outro era simultaneamente ministro das Finanças, ministro do Comércio, ministro da Informação e ministro da Segurança. Os temidos serviços de segurança foram preenchidos completamente com seus homens e ele lhes ordenou que espancassem suas vítimas até a morte em um estádio, enquanto uma banda tocava *Those Were the days, my friend*.

Conforme Nguema aumentava seu controle sobre o poder (ele se tornou presidente vitalício em 1972), o massacre tornou-se ainda mais caprichoso e, em duas ocasiões, ele assassinou todos os ex-namorados de suas amantes. Além disso, dois terços dos membros da Assembleia Nacional e todos os funcionários públicos em posições de comando foram presos e executados. Os mais afortunados fugiram para o exílio. Em 1976, 114 funcionários públicos em cargos de chefia — todos indicados por Nguema para substituir aqueles que ele havia assassinado anteriormente — fizeram-lhe um pedido para que acabasse com a perseguição. Cada um deles foi posteriormente preso, torturado e assassinado.

No mesmo ano, o banco central da Guiné Equatorial foi fechado e seu diretor foi executado enquanto toda a atividade econômica significativa, exceto as voltadas para o benefício de Nguema, foram paralisadas. A partir daí, toda moeda estrangeira que entrasse no país era entregue diretamente ao presidente e acumulada. Quando Nguema precisava de fundos, suas forças supervisionavam o sequestro e o pedido de resgate de estrangeiros residentes. Em sua determinação de controlar todos os aspectos da vida, Nguema ordenou que todas as bibliotecas e todas as formas de mídia fossem fechadas. Em 1974, o sistema de educação do país já havia sido efetivamente destruído depois da expulsão da missão católica. No fim de 1974 e início de 1975, todos os encontros religiosos, funerais e sermões foram proibidos; as igrejas foram fechadas e o uso de nomes cristãos foi proibido. A única forma de adoração permitida era a do próprio Nguema, e as pessoas tinham de reconhecer: "Não existe outro Deus senão Macías" e "Deus criou a Guiné Equatorial graças ao Papa Macía".

Com o tempo, ficou claro que Nguema era clinicamente insano, falando consigo mesmo e alternando entre mania e depressão. Drogado com estimulantes, ordenou a construção de um amplo e novo palácio presidencial em Bata, mas depois decidiu retirar-se para sua cidade natal, na região de Mongomo. Lá, manteve todo o tesouro nacional em sacos, ao longo de uma extensão de crânios humanos, alimentando boatos aterrorizantes sobre seus supostos poderes mágicos.

Nguema finalmente caiu em agosto de 1979, em um golpe militar liderado por seu sobrinho, Teodoro Obiang Nguema Mbasogo, que continua a governar até agora, embora não antes de incendiar grande parte da riqueza do país. O ex-presidente tentou fugir, mas foi preso em uma gaiola suspensa em um cinema, onde foi julgado por 80 mil assassinatos e em seguida condenado à morte. O novo regime contratou mercenários marroquinos para realizar a execução, pois o medo dos poderes mágicos dele impedia que os soldados locais o fizessem.

Durante seu governo de uma década de terror, Nguema deixou a Guiné Equatorial de joelhos. De uma população de mais de 300 mil habitantes, cerca de 100 mil haviam sido mortos e 125 mil fugiram para o exílio, enquanto Nguema transformava o país no inferno na terra. Depois de quase 30 anos, a tirania de seu sobrinho continua a ser uma das mais corruptas e repressivas da África. A tortura é endêmica, e a rádio local o saúda como um "deus" enquanto ele prepara o filho para suceder-lhe.

Francisco Macías Nguema, o brutal governante da Guiné Equatorial, que destruiu a economia de seu país e expulsou ou matou dois terços da população do país nos anos 1960 e 1970.

OS CÃES DE GUERRA

Dizem que a realidade, muitas vezes, é mais estranha do que a ficção. O livro de suspense clássico de Frederick Forsyth, *Os cães de guerra*, de 1974, conta a história do covarde empreendedor de mineração britânico, *sir* James Manson, e de seus esforços para derrubar o governo de "Zangaro", um país africano fictício onde foram encontrados depósitos de platina. Manson emprega um bando de mercenários durões para auxiliá-lo no empreendimento, e o presidente Kimba, alinhado com os soviéticos, acaba sendo deposto e executado pelo anti-herói do livro, "Cat" Shannon.

Desde que Forsyth publicou o livro, no início dos anos 1970, têm havido algumas especulações de que ele próprio estivesse envolvido no planejamento de um golpe para derrubar Nguema da Guiné Equatorial, embora nada nunca tenha sido provado. Ainda mais estranho, o cenário que ele esboçou encontrou ecos em um suposto complô contra o mesmo país em 2004, quando 60 supostos mercenários foram presos no aeroporto Harare e o Boeing 727 em que estavam — prestes a ser carregado com armas e equipamentos militares no valor de 100 mil libras — foi retido pelas forças de segurança. Depois, os homens foram acusados de planejar a derrubada do temido ditador da Guiné Equatorial, Teodoro Nguema.

O líder deles, Simon Mann, um ex-oficial britânico do SAS (Serviço Aéreo Especial) que havia ajudado a fundar a empresa militar privada Sandline International, foi considerado culpado de tentar comprar armas para o suposto golpe e condenado a sete anos de prisão. Outro envolvido no complô foi *sir* Mark Thatcher, filho da ex-primeira-ministra britânica, que foi acusado, em 2004, de "patrocinar e dar apoio logístico a [uma] tentativa de golpe na Guiné Equatorial. Depois de algum tempo em prisão domiciliar, ele firmou um acordo com a promotoria, e em 2005 foi considerado culpado de ter comprado um avião "sem fazer investigações adequadas a respeito de como ele seria usado" e livrou-se com uma sentença de quatro anos, que foi suspensa, e uma multa vultosa. Em 2007, porém, Mann foi extraditado para a Guiné Equatorial, onde foi condenado a mais de 34 anos na prisão.

Ex-aluno do Eton College e ex-oficial do exército britânico, Simon Mann é preso em Harare, no Zimbábue, em 7 de março de 2004.

Pol Pot, o líder comunista do Khmer Vermelho que criou o inferno democida conhecido como Kampuchea Democrático, só governou o Camboja por quatro anos, mas nesse curto período assassinou milhões de pessoas inocentes — metade da população —, empobreceu o país, matou todos os intelectuais e até mesmo quem usava óculos, e tentou recomeçar o tempo em um diabólico Ano Zero.

POL POT ───────────────── 1925-1998

> *"Pol Pot não acredita em Deus, mas acha que o céu, o destino, quer que ele guie o Camboja do modo que achar melhor para o Camboja... Pol Pot é louco... como Hitler."*
> Príncipe Norodom Sihanouk,
> Ex-Governante do Camboja

Nascido como Saloth Sar, Pol Pot (um nome revolucionário que ele adotou em 1963) era filho de um fazendeiro rico. Sua família pertencia à corte da família real cambojana e, em 1931, como um dentre seis filhos, ele foi para a capital, Phnom Penh, para morar com seu irmão, um oficial no palácio real, e foi educado em escolas católicas e francesas. Em 1949, foi para Paris com uma bolsa para estudar eletrônica e se envolveu com o Partido Comunista Francês e com outros estudantes cambojanos de esquerda. Pol Pot nunca teve inclinação para os estudos, e teve que voltar para casa depois de ser reprovado nos exames.

Depois de um período como professor, em 1963 Pol Pot passou a devotar toda a sua energia a atividades revolucionárias. No mesmo ano, foi indicado chefe do Partido dos Trabalhadores de Kampuchea — efetivamente o Partido Comunista Cambojano, também chamado de Khmer Vermelho, que se opunha intensamente ao governo em vigor do príncipe Norodom Sihanouk. O príncipe — e depois rei — havia liderado o país com autocomplacência irresponsável desde a independência da França, em 1953. Pol Pot estabeleceu vínculos com o Vietnã do Norte e com a China, que visitou em 1966. Ele ficou impressionado com a Revolução Cultural do presidente Mao. De fato, Mao seria seu principal modelo e herói. No ano seguinte, ele passou algum tempo com uma tribo das montanhas no nordeste do Camboja e ficou impressionado com a simplicidade da vida camponesa, não corrompida pela cidade.

O líder do Khmer Vermelho, Pol Pot, governou o Camboja por apenas quatro anos, de 1975 a 1979, mas nesse tempo matou metade da população de seu país. Retratado aqui em uma conferência de imprensa em 1979, um pouco depois de ser deposto por uma invasão apoiada pelo Vietnã, Pol Pot vangloriou-se para os jornalistas japoneses de que os soldados vietnamitas não haviam conseguido acabar com a guerrilha do Khmer Vermelho.

Em 1968, o Khmer Vermelho lançou uma insurreição, tomando a região montanhosa na fronteira com o Vietnã. Os Estados Unidos, envolvidos na Guerra do Vietnã e temendo que os soldados norte-vietnamitas estivessem usando o Camboja como um porto seguro, iniciaram uma campanha de bombardeios que radicalizou o Camboja a favor de Pol Pot. Em 1970, o príncipe Sihanouk foi derrubado em um golpe de direita pelo ex-ministro da Defesa Lon Nol. O sombrio exército de guerrilheiros do Khmer Vermelho, que se vestiam de preto, logo controlou o interior do país.

Em 17 de abril de 1975, a capital finalmente caiu diante do Khmer Vermelho. Pol Pot — governando com um pequeno grupo de camaradas, como Ieng Sary e Khieu Samphan, sob a cobertura anônima de "A Organização" — declarou que 1975 era o "Ano Zero" e começou a expurgar o Camboja de todas as influências não comunistas. Todos os estrangeiros foram expulsos, os jornais passaram a ser ilegais e muitas pessoas com um leve indício de associação com o antigo regime — entre elas todos os líderes religiosos, quer fossem budistas, cristãos ou muçulmanos — foram executadas. Houve até mesmo relatos de pessoas que foram mortas porque usavam óculos, o que era considerado como um sinal de serem "intelectuais burgueses".

Pol Pot — agora chamado de "Irmão Número Um" — então embarcou em uma tentativa insana e malfadada de transformar o Camboja em uma utopia agrária. As cidades foram evacuadas e seus habitantes se viram forçados a viver em comunas agrícolas no interior do país. Em condições terríveis, com escassez de alimentos e trabalho duro e incapacitante, essas comunas logo ficaram conhecidas como os "Campos da

OS CAMPOS DA MORTE

Sob o domínio do Khmer Vermelho, as áreas urbanas do Camboja foram esvaziadas de seus habitantes. A capital, Phnom Penh, que já fora uma cidade vibrante com 2 milhões de habitantes, tornou-se uma cidade-fantasma. Seguindo a frase do presidente Mao de que o campesinato era o verdadeiro proletariado, Pol Pot acreditava que a cidade era uma entidade corruptora, um porto para a burguesia, os capitalistas e as influências estrangeiras. Os moradores da cidade foram obrigados a marchar sob a mira de armas para o campo como parte dos planos do novo regime para abolir pagamentos em dinheiro e transformar o Camboja em uma sociedade comunista autossuficiente, onde todos trabalhassem o solo. O regime fez uma distinção entre os que tinham "plenos direitos" (os que originalmente viviam da terra) e os "depositados" retirados da cidade, muitos dos quais foram massacrados de imediato. Esses depositados — capitalistas, intelectuais e pessoas que tinham contato regular com o mundo exterior —, que não podiam ser "reeducados" para seguir a revolução, foram torturados e mortos em diversos campos de concentração, como o campo prisão S-21 (também chamado de "Montanha da Estricnina"), ou levados diretamente para os "Campos da Morte", onde suas rações eram tão pequenas que eles

Morte", onde vários milhões de cambojanos inocentes foram executados. Apesar de um enorme fracasso na colheita de 1977 e do aumento da fome, o regime rejeitou arrogantemente a oferta de ajuda externa.

O país estava repleto de espiões e informantes, e até mesmo as crianças eram incentivadas a denunciar seus pais. Pol Pot passou a realizar expurgos dentro do próprio Khmer Vermelho, que levaram à execução de mais de 200 mil membros. Os inimigos externos, porém, mostraram-se mais difíceis de suprimir. Apenas com a China mantendo o apoio ao regime, o Camboja envolveu-se em um conflito com o Vietnã, cujas forças invadiram e capturaram Phnom Penh em 7 de janeiro de 1979, obrigando Pol Pot e o Khmer Vermelho a fugir para as regiões ocidentais e atravessar a fronteira para a Tailândia. O novo regime, controlado pelos vietnamitas, julgou Pol Pot por genocídio *in absentia* e o condenou à morte. Resoluto, Pol Pot dirigiu uma guerra agressiva de guerrilhas contra o novo regime e manteve um controle férreo sobre o Khmer Vermelho. Em 1997, ordenou a execução de seu colega Song Sen e de sua família, devido a suspeitas de ele ter colaborado com forças cambojanas. Logo depois, ele foi preso por outro antigo membro do Khmer Vermelho e condenado à prisão perpétua. Pol Pot morreu em abril de 1998, de insuficiência cardíaca.

Em seus planos assassinos e quase psicóticos por uma utopia comunista, Pol Pot, o "Irmão Número Um", ultrapassou qualquer coisa que tenha surgido da imaginação de George Orwell. Durante um governo de pouco menos de quatro anos, ele supervisionou a morte de 2 milhões a 5 milhões de homens, mulheres e crianças — mais de um terço de toda a população do Camboja.

---

não podiam sobreviver. Milhares foram obrigados a cavar seu próprio túmulo antes que os soldados do Khmer Vermelho espancassem seus corpos frágeis até a morte com barras de ferro, machados e martelos. Os soldados haviam sido instruídos a não desperdiçar balas.

Os que eram poupados da execução imediata tornaram-se trabalhadores escravos no programa de coletivização agrária. Centenas de milhares de civis — muitas vezes separados de suas famílias — trabalharam até a morte ou morreram de fome por causa da falta de ração. Muitos mais foram executados nos campos pelas desobediências mais ínfimas, como ter relações sexuais, reclamar das condições, roubar comida ou manter crenças religiosas.

Alguns dos "Campos da Morte" que contêm túmulos em massa agora foram preservados como uma evidência do genocídio perpetrado por Pol Pot e seus seguidores. O mais famoso deles é Choeung Ek, onde 8.895 vítimas foram descobertas depois da queda do regime.

Prateleiras de crânios e ossos humanos dos cambojanos massacrados, um horrendo lembrete das atrocidades perpetradas por Pol Pot.

Analfabeto, prolixo e robusto, tão aterrorizante quanto ridículo, o marechal de campo Idi Amin Dada foi um valentão engraçado e assassino em massa sádico que recebeu o apelido de o "Açougueiro de Uganda". O autonomeado "Último Rei da Escócia" empobreceu Uganda, que já fora a Joia da África, um louco canibal e megalomaníaco que matou tantos de seus compatriotas, que os crocodilos do Lago Vitória não davam conta de consumir os corpos.

IDI AMIN 1925-2003

> *Hitler e todo o povo alemão sabiam que os israelitas não são um povo que trabalha no interesse do povo do mundo e foi por isso que eles queimaram os israelitas vivos com gás.*
> IDI AMIN EM TELEGRAMA A KURT WALDHEIM, SECRETÁRIO-GERAL DA ONU, 1972

Quando criança, Amin foi abandonado pelo pai e recebeu pouca instrução formal. Em 1946, ele se alistou no batalhão King's African Rifles e passou a se distinguir por sua perícia e suas capacidades esportivas, sendo nove vezes campeão de boxe peso-pesado de Uganda. Na década de 1950, ele participou na supressão do levante Mau-Mau antibritânico no Quênia, servindo com distinção, mas atraindo suspeitas pelo uso de brutalidade excessiva. Mesmo assim, foi promovido a subtenente, e em 1961 tornou-se o segundo nativo de Uganda a ser promovido a oficial.

Depois de Uganda conquistar a independência da Grã-Bretanha, em 1962, Amin surgiu como um oficial militar de alta patente sob o primeiro-ministro Milton Obote, tornando-se vice-comandante do exército em 1962. Esse foi um período de crescimento econômico e uma era em que a nova constituição federal equilibrou o desejo de autonomia regional com os impulsos centralizadores do governo nacional. No entanto, tudo isso foi destruído por Obote, que, em 1966, prendeu vários ministros do governo e suspendeu o Parlamento e a constituição. Em seu lugar, Obote instalou-se como presidente executivo com vastos poderes; Amin foi nomeado comandante-geral do exército e teve um papel importante na supressão da oposição ao golpe de Obote, que resultou em centenas de mortes.

Em janeiro de 1971, quando o presidente estava fora do país, Amin tomou o poder, incentivado pela Grã-Bretanha. Inicialmente, ele foi bem recebido por muitos que estavam cada vez mais insatisfeitos com a crescente tirania de Obote. Esses partidários foram ainda mais incentivados pelos primeiros atos de reconciliação de Amin: prisioneiros políticos foram soltos, as leis de emergência foram relaxadas e a polícia secreta foi dissolvida. Amin também prometeu eleições livres. O massacre, porém,

Idi Amin, retratado na Conferência de Cúpula da Organização da Unidade Africana (OAU) em Addis Abeba. Presidente de Uganda entre 1971 e 1979, pensa-se que ele torturou e assassinou cerca de 300 mil pessoas.

logo começou. Uma invasão fracassada dos que apoiavam Obote, realizada a partir da Tanzânia em 1972, levou Amin a criar os "Esquadrões Especiais" para caçar os supostos adversários. Ele deu origem a uma polícia secreta onipotente, a Unidade de Segurança Pública, dominada por núbios muçulmanos e homens de tribos do sul do Sudão que gostavam de cometer assassinatos. À medida que, gradativamente, eram mortos cada vez mais ministros, advogados e pessoas importantes, ele criou outro corpo de assassinato especial chamado Unidade de Pesquisa de Estado, comandado pelo major Farouk Minaura, um núbio sádico. Seguiram-se massacres que tinham como alvos, a princípio, a tribo langi, de Obote, e o clã vizinho, Acholi. Entretanto, qualquer pessoa suspeita de dissidência era considerada um alvo legítimo. As vítimas de Amin incluíram o juiz Benedicto Kiwanuka, o ex-presidente do banco central de Uganda, Joseph Mubiru, o arcebispo anglicano Janani Luwum e dois de seus próprios ministros. Começaram a surgir boatos de que Amin praticava rituais de sangue sobre o corpo de suas vítimas, e até se envolvia em canibalismo. Muitos dos corpos, jogados no Nilo ou nas ruas ou encapuzados e presos a árvores, eram cortados e faltavam órgãos, tendo sido claramente vítimas de ritos tribais. Muitas vezes, Amin pediu para ser deixado sozinho com os corpos nos necrotérios, que ele visitava com frequência, e era claro que ele mexia nos cadáveres. "Já comi carne humana", vangloriou-se ele, "ela é mais salgada do que a carne de leopardo." O terror se estendeu à sua esposa: a bela Kay morreu durante um aborto, mas Amin ordenou que seu corpo fosse desmembrado e, depois, recosturado. Mulheres menos importantes, se suspeitas de serem desleais, eram simplesmente assassinadas.

Cada vez mais, Amin governava por caprichos autocráticos. Além disso, quantias grandes eram desviadas para garantir o apoio dos militares ugandenses. Quando o dinheiro acabava, Amin simplesmente ordenava ao banco central que imprimisse mais. A inflação decolou, a vida econômica entrou em uma espiral descendente e os bens de consumo começaram a ficar escassos.

Com sua popularidade despencando, Amin procurou um bode expiatório e encontrou um na rica comunidade asiática de Uganda que controlava grande parte do comércio e da indústria do país. Em agosto de 1972, ordenou que os asiáticos com nacionalidade britânica deixassem o país dentro de três meses. Conforme 50 mil fugiam, inclusive grande parte da mão de obra qualificada do país, a economia ia entrando em colapso.

Enquanto o país sofria com suas depredações, Amin começou a perder o contato com a realidade, possivelmente sofrendo de insanidade devido à sífilis terciária. Passou a se agraciar com várias medalhas, inclusive a Cruz Vitória, e com títulos como "Senhor de Todas as Bestas da Terra e dos Peixes do Mar e Conquistador do Império Britânico na África em Geral e Uganda em Particular". Também insistia em ser carregado em uma liteira de madeira, com britânicos (organizados pelo major Bob Astles, seu principal auxiliar britânico) como carregadores. Igualmente estranha era a correspondência bizarra que ele mantinha com outros líderes mundiais. Desse modo, ofereceu a Ted Heath, o ex primeiro-ministro britânico e regente amador, um emprego como maestro de banda depois de sua derrota nas eleições de 1974; em outra ocasião, aconselhou a primeira-ministra israelense Golda Meir a "vestir-se às pressas" e fugir para os Estados Unidos. Mais sinistros foram seu elogio para os terroristas palestinos que cometeram o massacre de atletas israelenses na Olimpíadas de Munique, em 1972, e sua admiração pelo tratamento que Hitler dispensou aos judeus.

Em 1979, com a economia e a sociedade de Uganda em colapso, e Amin se afundando em impopularidade, ele procurou desviar a atenção ao invadir a Tanzânia. Essa foi uma decisão fatídica. Em resposta, a Tanzânia preparou uma contrainvasão. O exército de Amin fraquejou e ele fugiu, acabando por se instalar na Arábia Saudita. Viveu no exílio até finalmente morrer, de modo pacífico, em sua cama, em 2003.

Idi Amin praticamente destruiu Uganda, assassinando 300 mil pessoas; muitas mais foram obrigadas a se refugiar no exterior. Mesmo quando ele foi retirado do poder, a agonia dos ugandenses não acabou. Obote voltou ao poder em eleições manipuladas, em 1980, e mergulhou o país na guerra civil; quando ele foi derrubado, em 1985, várias centenas de milhares de ugandenses haviam morrido. Esse foi o legado de Amin.

A OPERAÇÃO ENTEBBE

Em junho de 1976, Idi Amin convidou um avião da Air France sequestrado por terroristas palestinos e alemães a aterrissar no aeroporto de Entebbe, em Uganda. Ao desembarcarem, os sequestradores libertaram todos os passageiros não judeus e conduziram os demais ao terminal do aeroporto, exigindo a soltura de cerca de 40 palestinos aprisionados em Israel e de outros 13 no Quênia, na França, na Suíça e na Alemanha Ocidental. O capitão Michel Bacos — seguido pelo resto da tripulação — recusou-se a sair sem os passageiros que permaneceram. Uma freira francesa se ofereceu para tomar o lugar de um dos reféns, mas foi forçada a sair por soldados ugandenses.

Os sequestradores disseram que se suas exigências não fossem atendidas até 1 de julho, começariam a executar os 83 reféns judeus e outros 20 detidos. Na noite de 3 de julho, depois de uma prorrogação do prazo, o primeiro-ministro israelense, Yitzhak Rabin (assassinado mais tarde por buscar a paz com os palestinos), enviou uma unidade de comando que efetuou um ataque impressionante. Foi uma completa surpresa: ninguém poderia esperar que Israel, tão distante, cruzasse metade da África para resgatar os seus. Apesar da resistência ugandense, a "Operação Relâmpago" resgatou quase todos os passageiros. Três reféns foram mortos, assim como um soldado israelense, Yonatan Netanyahu — o irmão mais velho do futuro primeiro-ministro israelense Benjamin Netanyahu —, em cuja memória a operação foi retrospectivamente chamada de "Operação Yonatan". Todos os sete terroristas e 45 soldados ugandenses foram mortos. O ataque durou apenas 30 minutos. A operação foi uma façanha extraordinária que simbolizou o poder e a ousadia militares de Israel.

Uma das reféns, Dora Bloch, de 75 anos, que havia sido internada em Kampala antes do ataque israelense, não foi resgatada. Ela foi posteriormente arrancada da cama por ordem de Idi Amin e assassinada por dois oficiais do exército ugandense.

Um refém ferido é removido de maca por soldados israelenses, em julho de 1976. Dos 103 reféns, na maioria judeus, detidos por terroristas palestinos e alemães em Entebbe, os israelenses deixaram de resgatar apenas três, pegos no fogo cruzado enquanto tropas israelenses invadiram o prédio do aeroporto.

Joseph-Desire Mobutu, o ditador do Zaire por mais de três décadas, preferia ser conhecido como Mobutu Sese Seko Kuku Ngbendu Wa Za Banga — "o guerreiro que não conhece derrota por causa de sua resistência e vontade inflexível e que é todo-poderoso, deixando em fogo seu rastro enquanto passa de conquista a conquista". Sua presidência se tornou uma cleptocracia assassina e inepta, um epítome da corrupção no coração das trevas que foi a governança da África.

MOBUTU SESE SEKO 1930-1997

Mobutu Sese Seko, o extraordinariamente corrupto presidente do Zaire de 1965 a 1997, fotografado em 1988.

> *Se você roubar, não roube muito por vez. Você pode ser preso... Roube com esperteza, pouco a pouco.*
> MOBUTU SESE SEKO ACONSELHA MEMBROS DE SEU PARTIDO SOBRE COMO SER CORRUPTO

O pai de Mobutu morreu quando este tinha apenas oito anos. Mobutu foi educado em escolas missionárias, e em 1949 ingressou no exército do que então era o Congo Belga. Em 1958, ele aderiu ao Movimento Nacional de Patrice Lumumba e, depois que o país se tornou independente, em 1960, Lumumba tornou-se primeiro-ministro e Joseph Kasa-Vubu presidente. Mobutu foi nomeado chefe do estado-maior do exército.

Era um tempo de profunda incerteza. As tropas congolesas haviam se amotinado contra seus oficiais belgas, havia ataques a estrangeiros, e a província de Katanga, rica em minerais, havia se separado. Em resposta, Lumumba apelou às Nações Unidas, e uma força de paz foi enviada à região. Depois de outra revolta — desta vez na província diamantífera de Kasai —, Lumumba buscou o apoio da União Soviética, com cuja ajuda militar retomou a província. Sob pressão de governos ocidentais, o presidente Kasa-Vubu ordenou a demissão do primeiro-ministro, mas Lumumba recusou-se a deixar o cargo. Cada um deles convocou Mobutu a prender o outro. Crucialmente, os norte-americanos — que estavam preocupados com as conexões soviéticas de Lumumba — se alinharam com o presidente, como o fez Mobutu. Em janeiro de 1961, por instigação de Mobutu e com incentivo da CIA, Patrice Lumumba foi preso e executado por forças de Katanga.

O país permaneceu profundamente dividido. Katanga e Kasai permaneceram fora de alcance do controle central, e houve também um governo paralelo (criado por partidários de Lumumba) em Stanleyville. A revolta de Katanga finalmente terminou em 1963, mas um ano depois a antiga base de poder de Lumumba no leste do Congo se rebelou. Foi nesse contexto que, em 1965, Mobutu, apoiado pela CIA, tomou o poder.

Mobutu restabeleceu a autoridade central em todo o país. O investimento estrangeiro foi incentivado, a economia se estabilizou, a produção cresceu e tiveram início trabalhos em vários grandes projetos de construção. Mobutu continuou a receber o patrocínio dos EUA, pois os norte-americanos o consideravam um baluarte pró-ocidental na África. No fim da década de 1960, o futuro do Congo parecia brilhante.

No entanto, desdobramentos mais preocupantes estavam a caminho. Ao reafirmar o poder sobre todo o país, Mobutu havia ampliado tremendamente o aparato repressivo do estado. Todos os partidos políticos, exceto o seu próprio — o Mouvement Populaire de la Revolution (MPR) — foram banidos. Um culto de personalidade centrado em Mobutu começou a emergir e, para legitimar sua posição, ele deu início a uma campanha de "africanização", que em 1971 viu o nome do país mudar para Zaire, enquanto a capital, Leopoldville, recebeu o nome de Kinshasa. Quanto a ele, adotou seu próprio longo título novo.

Ao mesmo tempo, Mobutu começou a saquear a riqueza de seu país. Em 1973, desapropriou cerca de 2 mil empresas e propriedades pertencentes a estrangeiros, as quais manteve para si ou distribuiu entre parentes e associados. Fundos foram canalizados ao exterior e uma série de propriedades de luxo surgiu em todo o Zaire e em vários locais atraentes na Europa. Sempre que houvesse onde fazer dinheiro, Mobutu garantia uma fatia dos lucros para si. Agindo assim, ele se tornou um dos homens mais ricos do mundo, com uma fortuna estimada em 5 bilhões de dólares na década de 1980. Enquanto isso, a economia do Zaire ruía à medida que os preços de mercadorias caíam, os investidores estrangeiros se afastavam e os projetos grandiosos na década de 1960 se revelavam extravagâncias onerosas. A corrupção era endêmica e disseminada por toda parte: em 1977, o próprio Mobutu admitiu que "Tudo está à venda; qualquer coisa pode ser comprada em nosso país". A infraestrutura do estado entrou em completo colapso e a inflação e o desemprego dispararam. Havia fome, a doença se propagava e toda a oposição era brutalmente reprimida ou simplesmente comprada.

No mundo pós-Guerra Fria, o Ocidente já não precisava do regime não democrático de Mobutu como bastião contra o comunismo. Respondendo a críticas internacionais, em 1990 Mobutu declarou estar preparado para encerrar o domínio de seu partido, o MPR. No entanto, o tirano enfraquecido adiou as eleições presidenciais planejadas e, como resultado, o país rumou para a guerra civil. Por fim, a queda de Mobutu foi precipitada por eventos externos. Depois do genocídio de Ruanda, em 1994, Mobutu concedeu refúgio no leste do Zaire a milhares dos responsáveis, de onde estes puderam montar novos ataques contra Ruanda. Em resposta, o governo de Ruanda deu apoio às forças congolesas de oposição a Mobutu, lideradas por Laurent Kabila. Em 1997, enquanto o exército de Kabila avançava pelo leste para Kinshasa, Mobutu fugiu para o exílio.

Não muito depois da partida forçada, Mobutu morreu no Marrocos. Enquanto isso, o Zaire literalmente deixou de existir, sendo rebatizado como República Democrática do Congo. Kabila tornou-se o novo presidente, mas revelou-se, por sua vez, pouco mais que um tirano insignificante e, em 1998, o Congo mergulhou novamente em uma guerra civil, dessa vez envolvendo os exércitos dos países vizinhos, que desejavam uma porção da riqueza mineral do país. Nos quatro anos que precederam o acordo de paz assinado em 2002, cerca de 3 milhões de pessoas morreram nos combates, e as províncias estão ainda sendo saqueadas e aterrorizadas por milícias violentas. Agora governado pelo filho de Kabila, o Congo continua a ser uma tragédia colossal de assassinato, guerra, estupro e fome, em uma terra saqueada até a extinção por Mobutu.

CLEPTOCRACIAS

Em 2004, a Transparência Internacional listou os dez piores governantes cleptocráticos dos últimos tempos. Mobutu ficou em terceiro lugar, seguido por Sani Abacha (Nigéria, 1993-1998; roubo de 2 a 5 bilhões de dólares), Slobodan Milosevic (Sérvia/Iugoslávia, 1989-2000, 1 bilhão de dólares), Jean-Claude Duvalier (Haiti, 1971-1986, 300 a 800 milhões de dólares), Alberto Fujimori (Peru, 1990-2000, 600 milhões de dólares), Pavlo Lazarenko (Ucrânia, 1996-1997, 114 a 200 milhões de dólares), Arnoldo Aleman (Nicarágua, 1997-2002, 100 milhões de dólares) e Joseph Estrada (Filipinas, 1998-2001, 78 a 80 milhões de dólares). O segundo foi Ferdinando Marcos, presidente filipino de 1965 a 1986, que com sua esposa, Imelda — famosa por sua extensa coleção de sapatos —, saqueou a economia das Filipinas por meio de um sistema de "capitalismo de cupinchas", amealhando vasta fortuna enquanto os filipinos comuns passavam fome. Os adversários eram presos pelos militares — mais de 60 mil no período de 1972 a 1977 — e muitos foram torturados e assassinados, incluindo o líder da oposição, Benigno Aquino. Uma rebelião popular em 1986 finalmente o forçou a deixar o cargo, e ele fugiu com a esposa para o Havaí. A fortuna roubada foi avaliada em 5 bilhões a 10 bilhões de dólares pela Transparência Internacional, mas outros consideram que o total tenha sido muito maior. Marcos morreu em 1989, antes que pudesse ser julgado.

O pior cleptocrata foi Mohamed Suharto, presidente indonésio de 1967 a 1998, mas, na prática, governante militar desde 1957. Seu regime brutal massacrou 2 milhões de pessoas após uma tentativa de golpe comunista em 1965, além de 250 mil mortos em sua invasão ao Timor Leste, em 1975, e de centenas de milhares de torturados e assassinados durante sua ditadura. O crescimento econômico espetacular resultou em poucos benefícios a seu povo e muitos mais a Suharto e seus comparsas, que enriqueceram fabulosamente, a ponto de a lucrativa comissão paga à sua esposa dar a ela o apelido de "Madame Dez por Cento". Sua cleptocracia veio a público após a renúncia forçada, em 1998, em seguida à crise financeira asiática: 15 milhões a 35 bilhões de dólares, segundo a Transparência Internacional. Alegações duvidosas de problemas de saúde, no entanto, permitiram-lhe escapar da Justiça. Ele morreu em 2008.

Nascido em Yogyakarta, Suharto foi o segundo presidente da Indonésia independente e roubou cerca de 35 bilhões de dólares.

"A Besta", Salvatore "Baixote" Riina trouxe décadas de assassinato e tumulto às ruas da Sicília. Ele era um homem para quem a violência era uma segunda natureza, eliminava cruelmente qualquer rival — e a brutalidade de seus assassinatos era ainda mais arrepiante pelo frio distanciamento com que os executava. Membro de longa data da Máfia dessa ilha, no início dos anos 1980 ele já havia ascendido, por meio de uma série de assassinatos múltiplos, e se tornara o homem mais poderoso de toda a organização. Seu nome tornou-se sinônimo de banho de sangue e corrupção.

SALVATORE RIINA 1930-2017

> *Sua filosofia era que se o dedo de alguém doía, era melhor cortar o braço inteiro por precaução.*
> ANTONINO CALDERONE, INFORMANTE DA MÁFIA, SOBRE SALVATORE RIINA

Filho de Giacomo Riina, um gângster local preso em 1942 por contrabando de cigarros, Salvatore (Totò) foi criado em Corleone, onde foi apresentado à Máfia local por seu tio. Depois de seu primeiro assassinato para a organização, ele foi admitido na "família" aos 18 anos. No ano seguinte, matou um homem em uma discussão e foi condenado a seis anos de prisão por homicídio. Ali ele se aliou a dois outros mafiosos — Luciano Leggio e Bernardo Provenzano, "O Trator" — e, ao saírem, os três criaram uma facção rival, tendo Leggio como chefe. Não demorou para que entrassem em confronto com Michele Navarra, chefe da "família" Corleone, que enviou capangas para eliminar Leggio, mas Riina e Provenzano, conseguindo frustrar essa tentativa, mataram Navarra a tiros por ordem de Leggio, que assumiu o controle dos Corleonesi. Eles eram ainda uma preocupação provinciana, e seus colegas de Palermo — que se referiam a eles com desprezo como "os camponeses" — os viam como peixes miúdos, embora em breve isso fosse mudar.

Nos dez anos que se seguiram, Riina e Leggio sistematicamente assassinaram os ex-partidários de Navarra, até que, em 1969, foram levados a julgamento, apenas para serem absolvidos após ameaças a jurados e testemunhas. Riina, no entanto, foi mais tarde indiciado em outra acusação de assassinato nesse mesmo ano, e passou a esconder-se, permanecendo nas sombras durante os 23 anos seguintes. No entanto, isso não o impediu de prosseguir com os Corleonesi – quando Luciano Leggio finalmente foi preso, em 1974, pelo assassinato de Michele Navarra – e de tornar-se o novo líder. No mesmo ano, ele se casou com Ninetta, com quem teve quatro filhos, dois dos quais, Giovanni e Giuseppe, seguiram seus passos na Máfia e, por fim, foram parar na prisão.

Os anos 1970 foram uma época próspera para a Sicília, e a moeda dessa prosperidade foi a heroína — o "ouro branco". Os mafiosos rapidamente se tornaram "postos de troca" entre os campos de papoula do Oriente e as cidades lucrativas do continente norte-americano, onde gerações de imigração italiana proporcionavam a oportunidade perfeita para exercerem seu negócio. Mais de um Tony Soprano em carne e osso surgiu nesse período ao longo da costa leste dos Estados Unidos, enquanto na Sicília a Máfia evoluía, tornando-se um empreendimento genuinamente transnacional — refino, transporte e distribuição da droga e recolhimento de centenas de milhões de libras em lucros a cada ano.

Não admira que tal riqueza criasse ganância e rivalidade, e Riina estava determinado a fazer com que sua "família" emergisse como a facção mafiosa dominante. O resultado foi uma brutal luta interna no fim da década de 1970 e começo da seguinte, que culminou com a "Grande Guerra da Máfia" — a Mattanza — iniciada em 1981. Os capangas de Riina eliminaram os líderes — e muitos subordinados — de todas as facções rivais. A escala da sangria foi extraordinária. Pelo menos 200 pessoas — entre elas Stefano Bontade, Salvatore Inzerillo, Gaetano Badalamenti, Filippo Marchese, Giuseppe Greco e Rosario Riccobono — pereceram nos anos que se seguiram. Muitos simplesmente desapareceram — vítimas da *lupara bianca* (a "espingarda branca" em siciliano): seus corpos nunca foram encontrados.

Riina também orquestrou o assassinato de muitas figuras importantes, incluindo juízes, advogados e policiais, a mais proeminente delas sendo o general Carlo Alberto Dalla Chiesa, nomeado comandante da polícia de Palermo para combater as lutas da Máfia local.

Em certo ponto, a carnificina provocou uma resposta. Um crescente movimento antimáfia tomou forma no interior da província, liderado por dois magistrados — Giovanni Falcone e Paolo Borsellino — que se tornariam os maiores inimigos que a Máfia já enfrentara. Juntos, presidiram o primeiro "megajulgamento" de 1986-1987, em que foram acusados 474 homens (muitos dos quais, no entanto, permaneceram "foragidos" — incluindo "Baixote" Riina). Mais de 100 foram absolvidos, mas os demais foram condenados a cerca de 2,5 mil anos de prisão. Um golpe decisivo foi desferido contra a Máfia, e outros "megajulgamentos" se seguiram.

Como não podia deixar de ser, Falcone e Borsellino haviam se tornado inimigos "número um" da organização, e Riina estava determinado a se vingar. Em maio de 1992, Falcone, sua esposa e três guarda-costas foram mortos por uma bomba na estrada, perto de Palermo, e menos de dois meses depois Borsellino foi vítima de um carro-bomba, juntamente com cinco guarda-costas. A matança não terminou ali. Decidido a proteger seu império, Riina deu início a uma campanha de explosões terroristas para obrigar o estado a abandonar seu ataque judicial contra a Máfia. O resultado, no entanto, foi que isso serviu apenas para endurecer a determinação dos que estavam dispostos a quebrar a organização. Em janeiro de 1993, seguindo uma informação vazada por seu motorista, Balduccio di Maggio (que teve vários parentes posteriormente assassinados em represália), Riina foi preso em seu carro enquanto esperava em um semáforo.

Julgado in *absentia*, Riina já havia sido condenado a duas prisões perpétuas, mas a estas foram agora acrescentados novos veredictos culpando-o por mais de uma centena de outros assassinatos. "A Besta" foi condenada a passar o resto da vida atrás das grades, onde permanece até hoje.

Salvatore "Totò" Riina, preso em Palermo em 15 de janeiro de 1993 depois de um esforço conjunto do governo italiano para extirpar a Máfia.

A MÁFIA SICILIANA

La Cosa Nostra — "a coisa nossa": tal é o termo pelo qual muitos se referem à Máfia siciliana, embora por anos alguns duvidassem de sua existência, alegando que a "Máfia" era uma fantasia criada por imaginações exageradas; criação de quem não conseguia entender a mentalidade siciliana ou estava obcecado por filmes de gângster de Hollywood. Foi somente no último trimestre do século XX, quando as atrocidades perpetradas por Corleonesi "Totò" Riina tornaram a Máfia impossível de ser ignorada, é que a realidade se evidenciou.

A Máfia de tempos recentes é bem distinta da que existia antes. Ela surgiu pela primeira vez no fim do século XIX, no contexto da oportunidade econômica que então estava em curso. Na Sicília alguns enriqueceram; outros passaram a invejar essas fortunas e decidiram usar a violência para conquistar uma fatia — fosse por homicídio e roubo, fosse fazendo tratos para proteger a riqueza alheia em troca de uma parte da fortuna. Foi essa a lacuna preenchida pelos *mafiosi* — os "homens de honra", como gostavam de ser chamados. Nas palavras de um observador do fim do século XIX, eles se fizeram capitães do que poderia ser chamado de "a indústria de violência".

Até a ascensão do comércio da heroína e dos Corleonesi, esses mafiosos operavam quase que inteiramente dentro de estruturas de "família" geograficamente centradas. Cada "família" trabalhava em seu próprio território, de modo mais ou menos independente do resto. Extorquiam dinheiro de empresas, envolviam-se em esquemas chantagistas e faziam acordos de propinas para que autoridades políticas dessem cobertura a suas ações — uma realidade maligna, corruptora, mas por vezes pouco perceptível situada logo abaixo da superfície da vida siciliana. Totò Riina mudou tudo isso, tornando a Máfia mais poderosa e visível do que nunca. A ironia é que, ao fazê-lo, ele pode também ter aberto o caminho para destruir a organização.

Policiais militares italianos montam guarda fora da pequena cidade siciliana de Corleone, em 1992. A cidade é conhecida como berço de pelo menos nove chefes da Máfia, incluindo membros das famílias Corleonesi, Genovese e Morello.

Jim Jones foi um líder auto-obcecado de uma seita norte-americana que manipulou os pobres e vulneráveis, exigiu a sua completa obediência e ordenou o assassinato dos que questionaram sua integridade. No fim, ele matou ou convenceu quase mil pessoas — incluindo 200 crianças — a tirarem a própria vida em um assentamento na selva sul-americana chamado "Jonestown", construído em torno de sua própria fantasia distorcida e paranoica.

JIM JONES 1931-1978

> *Eu sou o Caminho, a Verdade e a Luz. Ninguém pode vir ao Pai senão por mim.*
> JIM JONES

James Warren Jones nasceu em Indiana (EUA), numa família que lutava para lidar com os efeitos da Grande Depressão. Desde o início da vida, ele desenvolveu empatia com as aflições dos pobres e, quando adolescente, se envolveu fortemente com uma igreja pentecostal, pregando em esquinas de áreas carentes, tanto para comunidades brancas da classe trabalhadora quanto afro-americanas. Com seu cabelo negro e pele morena, seus óculos de sol e seu sorriso fixo e confiante, Jones era uma figura atraente e carismática. No fim da década de 1940, interessou-se por socialismo e comunalismo, vendo ali uma resposta ao que enxergava como a força destrutiva do capitalismo. Ele também defendia a integração e a reconciliação entre as raças.

No entanto, já em idade precoce, havia indícios de um lado mais sombrio. Jones claramente odiava a rejeição e, certa vez, baleou um amigo que se recusou a ceder a suas exigências. Por muitos anos, sua esposa, Marceline — que tinha uma visão metodista tradicional —, sofreu com as broncas ciumentas e o comportamento manipulador do marido. No início de seu casamento, Jones brevemente rejeitou Deus e ameaçou se matar caso ela continuasse a orar e, não medindo esforços, tentou, embora sem sucesso, adotar o filho de 12 anos de um parente de Marceline, contra a vontade do menino. Comportando-se muitas vezes de forma hipócrita, exigia fidelidade e moralidade dos que estavam a seu redor, enquanto ele próprio era dependente de antidepressivos e embarcava em uma série de casos extraconjugais.

Em 1952, Jones pareceu haver recuperado a fé, em parte graças ao fato de ter visto no metodismo de Marceline uma religião que se interessava pelas aflições dos pobres. Por um breve período, chegou até mesmo a estudar para ser pastor metodista. No entanto, os enfoques idiossincráticos de Jones — uma mistura mal definida de cristianismo e socialismo, valores de família tradicionais e liberalismo social — o levaram a criar sua própria igreja, o Templo do Povo, na qual ele teria uma posição privilegiada. O Templo do Povo montou uma cozinha e ofereceu apoio aos pobres e aos excluídos da sociedade, como ex-prisioneiros e viciados em drogas. Havia também um forte traço de charlatanismo, com Jones prometendo curas milagrosas para todos os tipos de males, incluindo câncer, em uma tentativa de recrutar mais seguidores.

Em 1965, Jones mudou-se com sua família e 140 seguidores para Ukiah, no norte da Califórnia, aparentemente porque acreditava que o lugar seria seguro em caso de ataque nuclear. Em 1968, como seu séquito encolhesse, ele afiliou o Templo do Povo aos Discípulos de Cristo, um grupo religioso maior, o que renovou a credibilidade de Jones e lhe deu acesso a 1,5 milhão de membros.

À medida que seu culto crescia novamente, intensificava-se o olhar investigativo de jornalistas e políticos, e começaram a surgir acusações de que Jones estava usando fundos de membros da seita para fins pessoais. Ansioso para escapar a essa vigilância, Jones e seus seguidores mudaram-se, em 1977, para a Guiana, onde, na floresta equatorial, montaram uma comuna agrícola chamada Jonestown. Nesse processo, seus seguidores lhe cederam o controle de todas as suas posses.

Longe dos olhos do público, Jones começou a apertar o cerco sobre seus seguidores. Houve relatos de espancamentos e ameaças de morte, e exigia-se que cada pessoa confessasse suas práticas e fantasias sexuais, enquanto as mulheres eram incentivadas a criticar as habilidades de seus maridos na cama. Jones disse à sua congregação que ele era o único heterossexual verdadeiro entre eles, embora em 1973 tivesse sido preso por contato lascivo em um ponto de encontro conhecido de homossexuais.

Em 17 de novembro de 1978, o deputado federal norte-americano pelo estado da Califórnia, Leo Ryan, chegou à Guiana com um grupo de jornalistas e de familiares preocupados em inspecionar o acampamento. Depois de 14 membros do culto concordarem em desertar, Jones — tomado de paranoia — acreditou que sua fantasia estava ruindo em volta dele. Em 18 de novembro, enquanto Ryan e os desertores se dirigiam ao avião que os levaria para casa nos Estados Unidos, eles foram atacados por membros do Templo do Povo. Ryan foi morto com três jornalistas e um desertor. De volta ao acampamento, Jones ordenou que seus seguidores — aos quais havia treinado, em muitas ocasiões, para o suicídio em massa — se reunissem e bebessem um ponche misturado com cianeto. A grande maioria obedeceu sem objeção; o coquetel letal foi injetado com seringas na boca dos bebês, enquanto qualquer um que se opusesse era coagido ou morto a tiros. Jones optou por um caminho mais fácil, disparando contra a própria cabeça. Quando as tropas guianenses chegaram ao local para perseguir os que haviam perpetrado os assassinatos na pista de pouso, depararam-se com a visão de quase mil corpos — homens, mulheres e crianças — prostrados no chão.

Jones começou a vida como um homem devoto com consciência social, que se recusava a julgar as pessoas com base em riqueza ou raça. No entanto, sua visão de uma utopia socialista se tornou, por fim, indistinguível de seu próprio desejo maníaco de dominação e, quando esse controle foi ameaçado, ele estava preparado para infligir destruição a todos a seu redor.

O reverendo Jim Jones, em Jonestown, Guiana, onde induziu 900 membros de sua seita ao suicídio.

VIDENTES E CHARLATÃES

Videntes, charlatães e falsos profetas tais como Jim Jones têm sido uma característica da maioria das sociedades ao longo de séculos, oferecendo uma alternativa popular à religião convencional, na forma de liderança carismática, visões do futuro e curas milagrosas.

No mundo antigo, um dos mais notórios charlatães foi Alexandre, o Paflagônio, (século II d.C.), que profetizou a segunda vinda de Apolo e afirmou que Asclépio, o deus grego da cura, havia renascido como serpente. Alexandre atendia no templo de Esculápio, na Paflagônia, oferecendo doutos conselhos enquanto a cobra domada, adornada de uma cabeça humana falsa, se enrolava em torno de seu corpo.

Charlatães médicos mais recentes incluem o "Dr." John Brinkley (1885-1942), que fez fortuna nos Estados Unidos prendendo glândulas e testículos de bode em mais de 15 mil homens, aos quais convencera que experimentariam aumento da virilidade. Outro desse tipo foi o "Dr." Albert Abrams (1863-1924), que inventou algo chamado "dinomizador", um dispositivo eletrônico que ele afirmava poder diagnosticar doenças a partir de uma única amostra de sangue, que ele instruía seus pacientes a enviar pelo correio. Ele alegava até mesmo que podia curá-los por telefone.

Dos modernos líderes de cultos americanos, o de mais triste lembrança desde Jim Jones foi David Koresh (1959-1993), cuja seita religiosa Ramo Davidiano era sediada em uma fazenda chamada Monte Carmel, em Waco, Texas. Koresh acreditava ser um profeta do Antigo Testamento nos dias de hoje, mas na realidade era um mulherengo que alegava ter direito a 140 esposas e que se impôs sobre meninas de apenas 12 anos. Uma invasão frustrada do FBI à fazenda em Monte Carmel em fevereiro de 1993 resultou em um cerco de 51 dias, que terminou com um tiroteio e grande incêndio, em que 82 membros do culto — incluindo 21 crianças — pereceram.

Fogo e fumaça consomem as instalações do culto Ramo Davidiano, de David Koresh, em Waco, Texas, em 19 de abril de 1993, pondo um fim apocalíptico ao cerco de 51 dias do FBI à sede da seita. Acredita-se que o fogo tenha sido ateado por membros do próprio culto, depois que o FBI lançou gás lacrimogêneo em uma tentativa de acabar com o cerco.

Charles Manson foi uma aberração sangrenta em uma década que pregava paz e amor. Sonhador pervertido e patológico, ele usava seus tortuosos poderes de manipulação para capturar outros em sua rede depravada de ódio e violência, atraindo um pequeno bando de devotos distorcidos que estavam preparados para cometer assassinatos a sangue-frio sob suas ordens.

CHARLES MANSON 1934-2017

> *Ser louco costumava significar algo. Atualmente, todos são loucos.*
> CHARLES MANSON

Nascido em Cincinnatti, Ohio (EUA), filho de mãe solteira adolescente que, certa vez, tentou trocá-lo por um jarro de cerveja, Manson passou boa parte de sua juventude em reformatórios para adolescentes e sodomizou um colega internado, sob ameaça de faca, quando tinha apenas 18 anos. Em 1966, agindo como cafetão e ladrão armado, ele já havia passado mais da metade de seus 32 anos de vida na prisão. Quando foi solto sob condicional em 1967, o ano do "verão do amor", foi morar com Mary Brunner, uma bibliotecária de 23 anos da Universidade da Califórnia, em Berkeley, estabelecendo-se como um guru *hippie* no distrito de Haight-Ashbury, em São Francisco. Posteriormente, ele conseguiu um velho ônibus escolar e começou a viajar pela Califórnia com um grupo de devotos, na maioria mulheres, formando uma seita quase religiosa centrada em sua personalidade dominante. No auge, essa seita — depois, denominada "Família Manson" pela mídia — contava mais de 100 pessoas, que se referiam a Manson tanto como "Deus" quanto como "Satã".

Manson era obcecado pelos Beatles, tinha aprendido a tocar violão na prisão e estava ansioso para fazer contatos no mundo da música. Na primavera de 1968, Dennis Wilson, dos Beach Boys, deu carona a duas moças que eram membros da Família Manson. Quando ele voltou para sua casa em Pacific Palisades, Los Angeles, foi recebido por Manson e mais de 20 membros da família que, pelos dois meses seguintes, tomaram conta de sua casa.

Em novembro de 1968, a Família mudou-se para criar uma comunidade em uma propriedade vazia, o Barker Ranch, no Vale da Morte, na Califórnia. Nesse ponto, Charles "Tex" Watson, um texano que viajava de carona, juntou-se a eles e logo se tornou o principal braço direito de Manson. Eles passavam seu tempo praticando um conjunto de doutrinas religiosas que Manson havia montado a partir de uma mistura eclética de música contemporânea, textos de ficção científica, Cientologia, *Livro das Revelações* e fantasia racista. Tomando emprestado o título de uma música dos Beatles, Manson profetizou o "Helter-Skelter", uma guerra apocalíptica de raças entre negros e brancos, no fim da qual a Família iria emergir de uma cidade subterrânea sob o Vale da Morte e assumiria uma posição de liderança mundial. Eles iriam controlar os negros e, nas palavras de Manson, "chutar a bunda deles e dizer para colherem algodão e serem bons negros".

Em julho de 1969, Manson disse a seus seguidores que eles teriam que desencadear o Helter-Skelter. Em 8 de agosto, ordenou que "Tex" Watson e três mulheres da família fossem à antiga casa de um velho

Uma foto policial de 1969 do norte-americano líder de culto e assassino múltiplo Charles Manson.

(LA5) LOS ANGELES, 2 de dezembro – LÍDER DO CULTO? – Charles Mason, acima, 34 anos, foi descrito hoje pelo Los Angeles Times e pelo advogado Richard Caballero como o líder de um culto quase religioso de hippies, três dos quais foram presos por mandados de prisão emitidos no assassinato da atriz Sharon Tate e de quatro outras pessoas na casa dela. Manson está preso.

conhecido — um produtor fonográfico chamado Terry Melcher — e destruíssem todos completamente... "do modo mais horrendo que puderem". Como Manson sabia, Melcher havia se mudado e a casa agora pertencia a Sharon Tate, atriz e esposa de Roman Polanski, diretor de cinema de Hollywood que estava trabalhando na Grã-Bretanha nessa época.

Perto da meia-noite, Watson cortou as linhas de telefone e invadiu a casa, reunindo Sharon Tate e três amigas (Wojciech Frykowski, Abigail Folger e Jay Sebring) que estavam hospedadas com ela. Por um breve momento, as quatro mulheres conseguiram escapar de seus captores, mas foram caçadas, esfaqueadas e baleadas repetidamente. Sharon Tate, que estava grávida de oito meses e meio, foi esfaqueada 16 vezes, gritando chorosamente "Mãe" ao expirar. Antes de fugir, os atacantes escreveram "PORCO" na porta da frente com uma toalha molhada no sangue de Sharon Tate.

Na noite seguinte, seis membros da Família, desta vez acompanhados pelo próprio Manson, foram até a casa de Leno La Bianca, um executivo do ramo de supermercados, em Waverly Drive, Los Angeles. Invadiram e amarraram La Bianca e sua esposa, Rosemary. Depois, a um sinal de Manson, eles esfaquearam o casal em um frenesi feroz. La Bianca foi deixado com um garfo de trinchar na

> "destruam todos completamente... do modo mais horrendo que puderem."
> CHARLES MANSON

O LADO NEGRO DO VERÃO DO AMOR

O "Verão do Amor" de 1967 é agora considerado o ponto alto da cultura *hippie* nos Estados Unidos, marcado por amor livre, drogas, *rock* e o despertar da consciência política centrada no movimento dos Direitos Civis e na Guerra do Vietnã. Os críticos do movimento *hippie* focaram-se na devassidão e na anarquia social desorientadora que caracterizaram esse período, provocando desilusão, excessos e, em alguns casos, morte. Quando Jim Morrison, vocalista do grupo The Doors, morreu em Paris, em julho de 1971, aparentemente por overdose de drogas, pareceu para muitos que a inocência da era havia finalmente desaparecido. Mesmo durante o auge do movimento *hippie*, os Estados Unidos estavam passando por um período marcado por tensão racial. Poucos meses depois do Verão do Amor, em 4 de abril de 1968, Martin Luther King — a figura mais destacada do protesto pacífico — foi assassinado, e sua morte desencadeou dias e noites de tumultos e saques nas áreas negras urbanas pobres em todo o país. A Guerra do Vietnã não só havia envenenado a política, mas criara uma atmosfera de revolta e antagonismo. Robert Kennedy, candidato a presidente, havia aumentado a esperança e a fé, mas foi assassinado como seu irmão, John F. Kennedy, em junho de 1968. O último ano da vibrante década de 1960 é visto, às vezes, como o momento em que o movimento *hippie* começou a dar muito errado. Primeiro, aconteceram os assassinatos perpetrados pela Família Manson e, depois, em 6 de dezembro de 1969, no Altamont Free Concert,

barriga e uma faca de churrasco na garganta, enquanto a esposa foi esfaqueada 41 vezes. "HELTER SKELTER!" foi escrito com sangue nas paredes e "Tex" Watson gravou a palavra "GUERRA" na barriga de La Bianca.

A polícia logo ligou os crimes a Manson e à Família que estava se movimentando entre Spahn Ranch — cujo proprietário era um fazendeiro de laticínios de 80 anos que permitia que Manson ficasse lá em troca de favores sexuais das seguidoras dele —, a noroeste de Los Angeles, e o Barker Ranch, no Vale da Morte. Depois de algumas tentativas, a polícia finalmente localizou Manson neste último local em 12 de outubro de 1969, escondido em um armário no banheiro. No julgamento por conspiração para assassinato, em 1970, ele brilhou sob os holofotes da mídia, raspando a cabeça, cortando a barba no formato de um tridente e declarando "Eu sou o demônio". Manson foi condenado à morte em junho de 1971, mas escapou à execução quando a Califórnia aboliu a pena de morte. Hoje, é o prisioneiro B33920 na Prisão Estadual de Corcoran.

Na aparência, um produto típico da revolução *hippie* dos anos 1960, a mente distorcida e sádica de Manson foi a antítese completa dos ideais por trás do chamado "Verão do Amor". Manipulando os medos e preconceitos dos norte-americanos contemporâneos, ele usou o fanatismo selvagem e a decadência alimentada pelas drogas para atuar suas fantasias pervertidas.

o sonho *hippie* transformou-se em pesadelo. O *show* — que pretendia imitar o sucesso do Festival de Woodstock que havia acontecido quatro meses antes — tinha a presença dos famosos Rolling Stones, mas era mal organizado. O local, a pista de corridas em Altamont, no norte da Califórnia, foi escolhido no último momento, e a segurança do evento — que atraiu entre 300 mil a 400 mil jovens — foi colocada nas mãos dos Hell's Angels, a gangue de motociclistas notoriamente violentos que, supostamente, pediram para ser pagos com cerveja. O sistema de som do concerto tinha problemas e o palco, de apenas 1,20 metro de altura, era rodeado por um círculo de Hell's Angels, alguns deles montados em suas motos. No decorrer do dia, os Angels ficaram cada vez mais embriagados e desregrados, controlando a multidão com tacos de sinuca serrados ou jogando as motos diretamente sobre as pessoas, provocando alguns ferimentos graves. Em um ponto, os Angels até subiram ao palco e deixaram inconsciente o guitarrista da Jefferson Airplane, Marty Balin.

O pior ainda estava por vir. Quando Meredith Hunter, um negro de 18 anos, possivelmente sob o efeito de drogas, puxou um revólver para um dos Angels, ele foi esfaqueado cinco vezes e espancado até a morte na frente das câmeras de TV. Logo se espalhou o boato de que os Stones, que estavam no meio de sua apresentação, estavam tocando *Sympathy for the Devil* enquanto Hunter era morto, mas isso não aconteceu. Os Grateful Dead, uma das bandas presentes no dia, depois escreveram algumas músicas sobre o acontecimento, e uma delas tem o título nefasto *Manson's children*.

Mick Jagger canta no desafortunado Altamont Free Concert no sábado, 6 de dezembro de 1969.

O coronel Mengistu Haile Mariam ajudou a derrubar o imperador Haile Selassie, tomou o poder na Etiópia, assassinou seus próprios ministros com uma metralhadora, impôs uma tirania leninista brutal e um estado policial repressivo, ordenou o assassinato de milhões de seus compatriotas e criou, por meio de políticas e enganos, uma fome que matou milhões de pessoas. Ele foi um dos monstros mais desastrosos da África.

MENGISTU HAILE MARIAM

n. 1937

Quando jovem, o baixinho Mengistu entrou para o exército da Etiópia e, depois de se formar na academia militar do país, foi enviado aos Estados Unidos para continuar seu treinamento. Foi lá, na tensa atmosfera racial do fim da década de 1960, que Mengistu se interessou por Josef Stalin e se ligou ao marxismo soviético. Ele voltou à Etiópia em 1971, depois de desenvolver ideias radicais sobre como seu país deveria ser governado.

Em 1974, o idoso imperador Haile Selassie, no poder havia muito tempo, começou a perder o controle de seu regime inepto e corrupto, embora pitoresco; ele se mostrou incapaz de ajudar o povo em uma fome terrível. A oposição se intensificou. Uma junta de cerca de 100 militares se reuniu, denominando-se "Dergue", ou comitê, e o imperador foi derrubado em um golpe sangrento. Desde o momento em que tomou o controle, o Dergue assumiu uma atitude sistemática de expurgar os inimigos. Sessenta dos principais oficiais que haviam servido ao imperador foram reunidos e colocados diante de pelotões de fuzilamento sem julgamento; esse ato deu o tom para o novo regime. Meses depois, o patriarca da Igreja Ortodoxa Etíope foi assassinado. Em 1976, Mengistu falou a uma grande multidão na capital, Addis Abeba, segurando grandes garrafas que, segundo afirmou, estavam cheias com o sangue de seus inimigos.

Até ser derrubado, em 1991, Mengistu e o Dergue foram responsáveis pela morte de milhões de etíopes. Em um eco do breve

Mengistu Haile Mariam liderou um golpe sangrento contra o imperador etíope Haile Selassie, em 1974, criando no lugar uma junta militar conhecida como o "Dergue", que conduziu num período de 17 anos de repressão sangrenta, genocídio e terror antes de perder o poder em 1991.

> *Os membros da Dergue que estão presentes no tribunal hoje e aqueles que estão sendo julgados in absentia conspiraram para destruir um grupo político e matar pessoas com impunidade. Eles criaram um esquadrão de extermínio para dizimar, torturar e destruir os grupos que se opusessem ao regime de Mengistu.*
> JULGAMENTO DA CORTE SUPREMA DA ETIÓPIA, DEZEMBRO DE 2006

regime no Camboja no fim dos anos 1970, centenas de intelectuais, em especial os que tinham qualquer associação com o antigo regime, foram reunidos e fuzilados a fim de purificar o país em nome da revolução. O rival Partido Revolucionário do Povo Etíope sofreu especialmente nos anos seguintes — ser membro do partido era o bastante para provocar o sequestro e quase que a morte certa.

O Dergue governou por meio do cultivo de uma atmosfera de medo e paranoia. Os comitês locais, chamados de "Kebeles", foram criados em toda a Etiópia, com o poder de monitorar e denunciar os possíveis "inimigos da revolução". Os nomes dos suspeitos eram então arquivados pela administração central e logo eram repassados a milícias pagas pelo regime. Muitos corpos apareciam no dia seguinte, ou semanas depois; outros nunca foram encontrados. Quando os corpos eram entregues para ser enterrados, os Kebeles exigiam que a família da vítima pagasse o custo das balas usadas para matar seu ente querido.

Em 1977, Mengistu, com uma eficiência brutal, havia se estabelecido como o principal chefe no exército e no Dergue. Quando a Etiópia adotou uma atitude agressiva para com a vizinha Eritreia, Mengistu atirou em um membro do Dergue que tinha argumentado a favor de uma política externa mais cautelosa. Ele expurgou pessoalmente o Dergue, executando rivais e adversários com uma metralhadora. Também ordenou o assassinato de qualquer outro ex-camarada que atravessasse seu caminho, e em 1987 declarou-se presidente vitalício.

Como presidente, as primeiras mudanças que Mengistu implementou trouxeram algum progresso ao desmontar o sistema territorial arcaico e quase feudal da Etiópia. Mas as relocações forçadas de pessoas em novos assentamentos agrícolas coletivos mostraram-se desastrosas e provocaram mais tragédias. Mengistu não só matou seu próprio povo como travou uma guerra longa e sangrenta com seu rival, o ditador esquerdista Mohamed Siad Barre, da Somália. Centenas de milhares de pessoas morreram.

O sofrimento do povo etíope foi aliviado, em alguma medida, pelo apoio da União Soviética, à qual Mengistu havia oferecido seu país como um estado-satélite, embora boa parte da ajuda soviética tenha sido gasta em custos militares. Quando a União Soviética começou a desmoronar, em meados da década de 1980, a retirada da ajuda demonstrou que a resposta de Mengistu à devastadora fome de 1984-1985 era inteiramente inefetiva. Quando as notícias da fome começaram a ser divulgadas, o regime condenou-as como propaganda inimiga, mas foi apenas a ajuda internacional que impediu que o número de mortos ultrapassasse os já chocantes 1 milhão. Em 1991, Mengistu foi finalmente deposto pela Frente Democrática Revolucionária Etíope, uma coalizão de grupos de oposição, que incluía eritreanos e tigrinos. Mengistu fugiu para o Zimbábue.

Em dezembro de 2006, depois de um julgamento de 12 anos, um tribunal etíope condenou Mengistu *in absentia* por genocídio — a morte de incontáveis milhões — e sentenciou-o à prisão perpétua. Até o momento, o ex-ditador continua a viver com conforto no Zimbábue, em uma grande fazenda.

ROBERT MUGABE

Ao buscar refúgio no Zimbábue de Robert Mugabe, Mengistu Haile Mariam encontrou uma alma gêmea, pois Mugabe é responsável pela morte de milhares nos massacres de Matabeleland e por mergulhar seu país em um estado de desespero econômico e político.

Mugabe tinha todas as credenciais para ser um herói da maioria negra do Zimbábue. A partir dos anos 1960, ele se tornou uma figura-chave na oposição à minoria branca que governava o país, então chamado Rodésia, e foi preso por dez anos por subversão. Em 1975, ele emergiu como o líder da União Nacional Africana do Zimbábue (ZANU), que lançou uma guerra de guerrilha contra o regime branco. Em 1980, quando a paz foi restaurada e instituído o governo de maioria negra, Mugabe foi eleito primeiro-ministro. A princípio, ele agiu cautelosamente, buscando uma base ampla de apoio entre brancos e negros, mas logo ele agiu contra seu rival negro, Joshua Nkomo, que falava pelo povo Ndebele, enquanto Mugabe era apoiado pela maioria da tribo Shona. Conforme a tensão tribal aumentava, confrontos em áreas dos Ndebele, como Matabeleland, eram enfrentados de modo sangrento pelos soldados de Mugabe.

Em 1984, Mugabe estabeleceu efetivamente uma tirania de partido único. Ele se tornou o primeiro presidente executivo do país, em 1987, e as eleições posteriores foram caracterizadas por ampla intimidação e violência. Mugabe também incentivou os grupos paramilitares e os veteranos de guerra violentos a se apoderarem das terras que ainda eram de propriedade de brancos, e o caos resultante levou a um declínio catastrófico na produção agrícola. Em anos recentes, a comunidade negra também sofreu com o deslocamento que se seguiu a planos de larga escala para destruir as favelas nas áreas em que a oposição é mais forte.

Apesar da oposição do Movimento pela Mudança Democrática, a corrupção e a intimidação garantiram que o partido de Mugabe conseguisse manter-se firme no poder nas eleições de 2000 e 2002. Enquanto isso, qualquer sinal de dissidência era impiedosamente suprimido por sua polícia secreta, a Organização de Inteligência Central.

Mugabe presidiu a destruição de uma nação. O país tem muitos recursos naturais e uma terra rica para lavoura que já o tornou um dos países mais prósperos na África, mas agora existem escassez frequente de alimentos e inflação descontrolada. Em 2008, Mugabe perdeu uma eleição, mas ele consolidou sua tirania e desafiou o mundo por meio de assassinatos generalizados, tortura, prisões, violência e fraude eleitoral.

O presidente Robert Mugabe, do Zimbábue, que foi reeleito em eleições indisputadas em 2008.

Saddam Hussein, o ditador do Iraque, desejava ser um herói e conquistador árabe, mas seu longo governo de opressão brutal, crueldade sádica, corrupção e banditismo, guerras desnecessárias, assassinato em massa e um ridículo culto à personalidade levou a uma série de erros de julgamento políticos que provocaram a destruição de seu regime e sua morte na forca.

SADDAM HUSSEIN 1937-2006

> O que caiu sobre nós como derrota, vergonha e humilhação, Saddam, é o resultado de suas loucuras, seus erros de julgamento e de suas ações irresponsáveis.
> COMANDANTE SHIA DO EXÉRCITO IRAQUIANO. EM 1991, INICIANDO O LEVANTE CONTRA O GOVERNO DE SADDAM QUE FOI POSTERIORMENTE ESMAGADO PELAS FORÇAS DO DITADOR

Saddam nasceu em uma pequena aldeia Sunni perto da cidade de Tikrit. Seu pai morreu antes que ele nascesse e ele foi criado na casa de seu padrasto, sendo repetidamente espancado e passando grande parte de sua juventude como uma "criança de rua". Em 1947, Saddam foi morar com o irmão da mãe, de quem, aos dez anos, recebeu as primeiras lições escolares.

No início dos anos 1950, Saddam mudou-se com o tio para Bagdá e tentou entrar na escola militar, mas não passou nos testes. Enquanto isso, ele absorveu o ódio que o tio tinha pela influência britânica no reino do Iraque, tornou-se um participante regular nas demonstrações antigoverno e formou sua própria gangue de rua para atacar os adversários políticos. Com o tempo, foi atraído para o Partido Baath, que combinava o socialismo com um nacionalismo pan-árabe e antiocidental e, em 1958, participou do golpe de estado liderado pelo brigadeiro Abdel Karim Kassem, que derrubou e assassinou o rei Faisal II. Muitos, especialmente os partidários do partido Baath, ficaram decepcionados por Kassem não ter liderado o Iraque para uma união com os países árabes vizinhos, e em 1959 Saddam envolveu-se em uma tentativa fracassada para assassinar Kassem e, depois disso, viveu exilado na Síria e no Egito.

Um golpe dominado pelo Partido Baath, em 1963, induziu Saddam a retornar, mas o novo governante do Iraque, Abdul Salam Arif, logo se desentendeu com seus aliados do Baath, e Saddam ficou preso por vários anos antes de fugir, em 1967. Ele se tornou o braço direito do líder do Partido Baath, Ahmad Hassan al-Bakr, e depois que o partido tomou o poder, em 1968, emergiu como o homem forte do regime, tornando-se vice-presidente e também o chefe do aparelho de segurança do Iraque e secretário-geral do partido. Saddam moldou deliberadamente seu regime conforme o de Stalin, que havia estudado.

A partir de sua nova posição, Saddam supervisionou a nacionalização da Companhia de Petróleo do Iraque, de propriedade de ocidentais, usando os fundos acumulados para desenvolver os serviços de bem-estar do país, em especial seu sistema de saúde. Ele também iniciou uma importante ação contra o analfabetismo, fez melhorias na infraestrutura do Iraque e, de modo geral, buscou incentivar a modernização e a industrialização. Ao mesmo tempo, porém, também trabalhou assiduamente para acumular poder pessoal, colocando partidários leais em posições cruciais, estabelecendo uma polícia secreta brutal e fortalecendo seu controle sobre a máquina estatal.

Em meados de 1979, Saddam pressionou o idoso al-Bakr a renunciar e assumiu a presidência. Ele convocou imediatamente o Conselho Revolucionário, que incluía a liderança do Partido Baath, e anunciou que "o sionismo e as forças da escuridão" estavam envolvidos numa conspiração contra o Iraque. Depois, para horror de todos os presentes, anunciou que havia envolvidos naquela sala. Enquanto Saddam fumava um enorme charuto, uma série de nomes foi lida em voz alta e, uma a uma, 66 pessoas foram levadas embora. Posteriormente, 22 desses homens foram sentenciados culpados, e Saddam supervisionou pessoalmente sua execução, exigindo que pessoas importantes na liderança iraquiana aplicassem as penas de morte.

Saddam estava decidido a transformar o Iraque no que um dissidente chamou de "República do Medo". Sua famosa polícia secreta, a Mukhabarat, junto com o departamento de segurança interna do estado (o Amn), estabeleceu um forte controle sobre todo o país. Massacres regulares eram realizados tendo como alvos judeus, maçons, comunistas, sabotadores econômicos ou meramente pessoas que atrapalhavam Saddam ou sua família ambiciosa e impiedosa, cujos membros trabalhavam no governo dele. Seguiu-se expurgo a expurgo, incluindo julgamentos espetaculares e confissões televisionadas. No decorrer das duas décadas seguintes, Saddam Hussein matou pelo menos 400 mil iraquianos, muitos dos quais passaram por todo tipo de tortura. Seus filhos psicopatas, em especial o herdeiro nomeado Uday, sádico e louco, travavam suas próprias lutas por poder e reinos brutais de terror, torturando pessoalmente seus inimigos. Em certo ponto, os dois genros de Saddam, temendo serem mortos por Uday, fugiram para a Jordânia, mas foram enganados e retornaram, sendo então massacrados por Uday.

Não se contentando em dominar o Iraque, Saddam também estava determinado a afirmar sua hegemonia regional. Ele invadiu o Irã em 1980, usando a Revolução Islâmica do Irã de 1979 como um

A GUERRA IRÃ-IRAQUE

Em setembro de 1980, o Iraque declarou guerra ao Irã. O objetivo ostensivo de Saddam era capturar o rio Shatt al-Arab, que separa os dois países, mas na verdade ele queria controlar os campos de petróleo iranianos e golpear a Revolução Islâmica iraniana, que ameaçava seduzir a minoria shia do Iraque.

Depois de algum sucesso inicial, o exército iraquiano foi derrotado. As forças de Saddam pareciam estar à beira do colapso, até que os Estados Unidos forneceram ao Iraque informações obtidas por satélite sobre manobras de tropas, permitindo que Saddam usasse sua aviação com mais sucesso.

Alguns aspectos do conflito Irã-Iraque — inclusive a guerra de trincheiras, cercas de arame farpado e soldados atravessando terreno aberto para atacar ninhos de metralhadora — lembravam a luta na 1ª Guerra Mundial. Entretanto, houve algumas inovações sinistras, como as ondas humanas de rapazes iranianos, a quem foi dito que seriam "mártires" se fossem mortos, em campos minados. Não menos horrendo foi o uso iraquiano intenso de armas químicas contra os soldados iranianos que avançavam.

O conflito se transformou em uma guerra de escaramuças. Na época em que houve um acordo de cessar-fogo, em julho de 1988, os dois lados haviam efetivamente voltado ao ponto de partida — com mais de 1 milhão de vidas perdidas.

Um soldado iraniano usando máscara de gás durante a Guerra Irã-Iraque.

pretexto para tomar o controle dos campos de petróleo iranianos, e, assim, desencadeou uma guerra desastrosa de oito anos que terminou em um impasse e custou a vida de mais de 1 milhão de pessoas. Adepto de jogar as grandes potências uma contra a outra, ele foi significativamente ajudado pelo Ocidente, que considerava o Irã como o pior de dois males.

Durante a guerra, o Irã havia incentivado os curdos iraquianos a se rebelarem contra o governo do Baath. Saddam respondeu de modo impiedoso, usando gás mostarda e gás de efeito moral contra a população civil, sendo o mais conhecido o ataque à cidade de Halabja, onde cerca de 5 mil curdos morreram em um único ataque, em março de 1988. Quatro mil aldeias foram destruídas e 100 mil curdos foram assassinados.

O fim da guerra contra o Irã deixou o Iraque exaurido, apesar das altas receitas do petróleo. Em agosto de 1990, Saddam invadiu e ocupou o Kuwait. Esse foi um erro de julgamento catastrófico. As Nações Unidas autorizaram uma grande coalizão militar, liderada pelos Estados Unidos, para expulsar os iraquianos do Kuwait, o que foi rapidamente conseguido em 1991. Os curdos e xiitas iraquianos — incentivados pela coalizão — rebelaram-se contra Saddam, mas, sem o apoio militar ocidental, eles foram brutalmente abafados.

Segundo o acordo de cessar-fogo, o Iraque concordou em abandonar as armas nucleares, químicas e biológicas. No entanto, Saddam não cooperou com os inspetores de armas das Nações Unidas, proibiu-os de inspecionar o país a partir de 1998 e se envolveu em uma constante manipulação diplomática.

A situação de Saddam mudou com os ataques terroristas da Al-Qaeda aos Estados Unidos, em 11 de setembro de 2001. O presidente George W. Bush — confiante depois de derrubar os que apoiavam a Al-Qaeda, o Talibã, no Afeganistão — mostrou-se favorável a uma "mudança de regime" no Iraque e à criação de uma democracia iraquiana para incentivar a liberdade no mundo árabe, citando como justificativa a ditadura de Saddam, o desenvolvimento contínuo de armas de destruição em massa e o apoio a grupos terroristas. Ironicamente, não havia armas de destruição em massa, mas, temendo que a verdade pudesse expor a fraqueza de seu regime ao Irã, Saddam cometeu outro erro de julgamento, pensando que os Estados Unidos não ousariam invadir seu país. Em março de 2003, forças de coalizão lideradas pelos norte-americanos invadiram o país e derrubaram o ditador, que foi finalmente capturado, julgado e condenado à morte. Sua execução, constrangedoramente atrapalhada, simbolizou a incompetência e a falta de preparo da bem-intencionada invasão norte-americana e britânica e do subsequente atoleiro militar. De qualquer modo, a sentença foi muito merecida.

*Autocrata brutal e militarista, que invadiu o **Kuwait** em 1990 e matou milhares de seus compatriotas, **Saddam Hussein** governou o Iraque de 1968 até ser deposto por forças norte-americanas invasoras, em 2003.*

Turkmenbashi — o "pai dos turcomenos" — foi um dos mais absurdos monstros da história. Presidente do Turcomenistão de 1990 até morrer, em 2006, ele liderou uma das repúblicas recém-independentes que emergiram da antiga União Soviética e modelou-se ao redor do que ele mais amava: ele mesmo. Vulgar, vaidoso, ambicioso e iludido, esse ditador pós-moderno surrealista não só levou o narcisismo patrocinado pelo estado a novos níveis de egoísmo insano, criando um culto ao redor de sua própria personalidade e seu próprio livro sagrado, como também aterrorizou o povo com sua polícia secreta e empobreceu-o, construindo palácios absurdos e monumentos grandiosos revestidos de ouro.

TURKMENBASHI 1940-2006

> *Eu tinha lido sobre espancamentos e terapia de choque elétrico que vivi na prisão, mas foram as técnicas inesperadas que realmente me afetaram. Colocaram uma máscara de gás no meu rosto e a passagem de ar foi fechada. Eles tocaram fitas de meus parentes sendo espancados depois de serem presos. O sofrimento deles era meu.*
> BORIS SHIKMURADOV, EX-MINISTRO DO EXTERIOR DO TURCOMENISTÃO, SOBRE O TRATAMENTO QUE RECEBEU DE TURKMENBASHI

O jovem Turkmenbashi — nascido Saparmurat Atayevich Niyazov — mal conheceu seus pais. O pai morreu lutando pelos soviéticos durante a 2ª Guerra Mundial, enquanto a mãe (e o resto de sua família imediata) foi morta durante um forte terremoto em 1948. Aos oito anos, Niyazov foi obrigado a viver em um orfanato público, e depois com parentes distantes.

Niyazov encontrou uma oportunidade de fugir aos infortúnios de sua infância ao estudar engenharia e entrar para o Partido Comunista, no qual foi admitido em 1962. Conseguindo fama rapidamente por sua defesa entusiasmada e rígida da doutrina comunista, ele se tornou primeiro-secretário do Partido Comunista da República Socialista Soviética Turcomena, em 1985 — surpreendentemente, foi indicado por Mikhail Gorbachev, o homem que iria tentar a reforma da URSS. Cinco anos depois, enquanto a URSS começava a desmoronar, Niyazov tornou-se presidente do Soviete Supremo Turcomeno RSS — presidente em tudo, menos no nome. Em agosto de 1991, quando os membros da linha-dura do *establishment* soviético tentaram derrubar Gorbachov com um golpe, Niyazov apoiou-os, compreensivelmente ansioso para apoiar o sistema a que devia tanto. Entretanto, quando o golpe fracassou e, junto com ele, o estado soviético desmoronou, Niyazov agiu rápido e se reinventou. Niyazov, o ardente comunista, tornou-se Niyazov, o nacionalista turcomeno, salvador de seu povo.

Em outubro de 1991, Niyazov supervisionou a criação de um Turcomenistão independente e se tornou o primeiro presidente do país. Poucos meses depois, em junho de 1992, ele se transformou no primeiro líder "eleito" do país, quando venceu uma eleição presidencial (o que não foi surpresa, pois era o único candidato). Um ano depois, começou a usar o título "Turkmenbashi" — "o pai dos turcomenos". Em 1994, um referendo aprovou uma extensão de seu mandato presidencial até 2002. Depois, em 1999, o Parlamento, que ele mesmo havia escolhido, declarou-o presidente vitalício.

Para desestimular qualquer dissidência, o governo de Turkmenbashi revogou todas as licenças de internet em 2000, exceto as de propriedade da empresa estatal Turkmen Telecom, e, um ano mais tarde, todos os cafés com internet foram fechados. Segundo seu líder, a rede mundial de computadores e a revolução tecnológica do fim do século XX não eram adequados para o povo turcomeno. Os benefícios dos imensos recursos de gás natural do Turcomenistão também não se voltavam para o povo. Apesar de ter a segunda reserva em tamanho na antiga União Soviética, a população geral vivia em pobreza abjeta e mal ganhava o suficiente para sobreviver. Conforme a escala de repressão dentro do país aumentava, o mesmo acontecia com a insatisfação popular, mas ela foi vigorosamente suprimida, e uma tentativa fracassada de assassinar o presidente em 2002 foi o pretexto para sufocar a crescente oposição doméstica e estrangeira. A polícia secreta era onipresente, e prisões e torturas eram endêmicas.

Entrincheirado no poder, Turkmenbashi dedicou-se a construir um dos mais estranhos cultos à personalidade do século XX. Ele renomeou os dias da semana e os meses do ano com os nomes de vários heróis turcomenos, incluindo, é claro, o do próprio presidente e membros de sua família. Janeiro passou a se chamar "Turkmenbashi", e abril recebeu o nome de "Gurbansoltanedzhe", em homenagem à mãe do presidente. Entre os curiosos decretos que Turkmenbashi assinou está o de 2004 que proíbe que homens usem cabelos longos e barbas. Outra lei do mesmo ano ordenava que todos os motoristas legalizados passassem por um teste de moralidade, enquanto em 2005 todos os *videogames* foram proibidos no Turcomenistão. Certa vez, ele sugeriu que um gigantesco palácio de gelo fosse construído no escaldante deserto Karakum.

Além desses decretos estranhos, mas relativamente inócuos, houve outras ordens mais sombrias. No início de 2006, um terço dos idosos do Turcomenistão perdeu suas pensões; muitos outros passaram a receber menos. Outras políticas pareciam voltadas a garantir que o mínimo de pessoas possível chegasse à idade da aposentadoria. Em 2004, por exemplo, o presidente repentinamente demitiu cerca de 15 mil profissionais dos serviços de saúde do país — entre eles enfermeiras, parteiras e atendentes —, substituindo-os por recrutas do exército pouco treinados. As consequências para o padrão do atendimento de saúde no país foram devastadoras. Um efeito similar teve o decreto de 2005 que fechou todos os hospitais fora da capital do Turcomenistão, Ashgabat — uma decisão tomada com o argumento de que as pessoas deviam ir até a cidade para ser tratadas, mesmo que morassem distante. As bibliotecas rurais também foram fechadas em decorrência da mesma lei — e o motivo era que os turcomenos normais não liam livros. Os que não conseguissem abafar completamente suas inclinações literárias recebiam um volume de leitura essencial: o *Ruhnama*, um suposto "épico" nacional que o próprio Turkmenbashi havia escrito.

Nada representa mais eloquentemente a megalomania e o egoísmo desse ditador ridículo do que a gigantesca estátua revestida de ouro à sua imagem que ele mandou erigir no lado oposto de seu igualmente extravagante palácio presidencial no centro de Ashgabat. Dominando a cidade 35 metros abaixo, ela gira 360 graus a cada dia: um lembrete a todos os cidadãos do olhar vigilante de seu governante controlador — caso as incontáveis fotos presidenciais que adornam cada rua deixem de cumprir esse propósito.

Turkmenbashi morreu em dezembro de 2006 e foi sucedido por um de seus assistentes. Sua ditadura continua no poder, como também ocorreu com as demais tiranias com uma posição estarrecedora em relação aos direitos humanos que continuam a governar as antigas Repúblicas soviéticas na Ásia Central.

Saparmurat Niyazov, geralmente chamado de Turkmenbashi, que por 21 anos governou a República do Turcomenistão, na Ásia Central, rica em gás. Esta foto foi tirada em 2 de novembro de 2006, pouco antes da morte do presidente.

AS LOUCURAS DA TIRANIA

Encontrei um viajante de uma terra antiga
Que disse: Duas pernas, imensas e sem tronco,
Erguem-se no deserto. Perto delas, na areia,
Meio enterrado, jaz um semblante despedaçado, cuja fronte cerrada
Lábio enrugado em um sorriso desdenhoso de frio comando
Dizem que o escultor leu bem as paixões
Que ainda sobrevivem, estampadas nessas coisas inertes,
A mão que as moldou e o coração que as alimentou
E, no pedestal, estas palavras encontram-se:
"Meu nome é Ozymandias, Rei dos Reis:
Contemplem minhas obras, ó poderosos, e se desesperem!"
Nada mais resta. Ao redor, só há decadência
Dos destroços colossais, sem limites e nus,
E as areias solitárias e planas se estendem ao longe.

O poema "Ozymandias", de Percy Bysshe Shelley, escrito em 1817, foi inspirado pelas imensas estátuas em ruínas do faraó Ramsés II que se encontram nos desertos do Egito. Ramsés, que estendeu o império egípcio até o Oriente Próximo no século XIII a.C., foi um dos primeiros de uma longa lista de reis, imperadores e ditadores que satisfizeram sua vaidade erigindo imensos monumentos para sua própria glória — fossem estátuas, palácios extravagantes, arcos do triunfo ou mausoléus monstruosos. Palácios imperiais vastos e luxuosos sempre foram preferidos, desde a Casa de Ouro de Nero, com seu mármore incrustado com pedras preciosas, conchas marinhas e metais preciosos, até a cidade dentro de um palácio em Versalhes, símbolo e base de poder da monarquia absoluta de Luís XIV, até a residência presidencial com domos dourados de Turkmenbashi em Ashgabat. Este não foi o único ditador da Era Moderna a ter incontáveis recursos luxuosos em suas acomodações domésticas. Entre as manifestações mais ofensivas estão os numerosos palácios de Saddam Hussein em todo o Iraque, nos quais até mesmo os assentos sanitários são feitos de ouro maciço, e o palácio ironicamente denominado "Palácio do Povo", de Nicolae Ceausescu, o terceiro maior edifício no mundo, construído com o esforço de 20 mil trabalhadores e insuperado em sua arquitetura bombástica e estética horrendamente desproporcionada e localização anômala. Igualmente desproporcional é a Basílica de Nossa Senhora da Paz de Yamoussoukro, construída pelo presidente Félix Houphouët-Boigny, da Costa do Marfim, a um custo de 300 milhões de dólares. Mausoléus — algumas vezes exibindo o cadáver embalsamado do querido líder morto — sempre foram um item favorito dos tiranos. A Grande Pirâmide de Gizé, do faraó Khufu, o monte funerário do imperador Shi Huangdi com seu exército subterrâneo de guerreiros de terracota em tamanho natural, o Mausoléu de Halicarnasso, construído para um sátrapa persa no século IV a.C., e os túmulos extravagantes dos ditadores comunistas Mao Tsé-tung e Lênin, todos corporificam as aspirações de seus ocupantes em relação à imortalidade. As gerações seguintes só podem olhar maravilhadas para essa loucura.

A Basílica de Nossa Senhora da Paz de Yamoussoukro, construída com gastos nababescos entre 1985 e 1989 pelo presidente Félix Houphouët-Boigny. Ela é considerada atualmente a maior igreja do mundo, ainda maior que a de São Pedro, no Vaticano. O governo da Costa do Marfim declarou falência em 1997, logo depois da morte de Houphouët-Boigny.

Slobodan Milosevic, o "Açougueiro dos Bálcãs", levou o genocídio e o massacre de volta à Europa pela primeira vez desde os campos de extermínio nazistas. Soltando um exército regular brutal e bandos de suas milícias coordenadas pessoalmente sobre a população civil perplexa, ele começou uma série de guerras com o objetivo de erradicar as nações não sérvias do que ele considerava sendo solo sérvio, muitas vezes ordenando massacre e estupro gerais. Foi como se o despotismo assassino da Guerra dos Trinta Anos do século XVII tivesse retornado ao continente civilizado da Europa.

SLOBODAN MILOSEVIC 1941-2006

> *Esse homem, esse... monstro, esse criminoso de guerra que arrasou o sudeste da Europa no fim do século XX, se foi... Mas suas marcas permanecem, e isso não é muito bom.*
> RICHARD HOLBROOKE, EX-NEGOCIADOR NORTE-AMERICANO JUNTO À ANTIGA IUGOSLÁVIA, AO SABER DA MORTE DE MILOSEVIC

Embora chamado de "pai dos sérvios", Milosevic era na verdade de Montenegro. Seu pai, Svetozar, era um diácono da Igreja Ortodoxa Sérvia, e sua mãe, Stanislava, era professora, mas, quando ele chegou aos 35 anos, ambos já haviam cometido suicídio. Daí por diante, a única relação constante em sua vida foi sua esposa, Mirjana Markovic, com quem ele se casou em 1965 — uma parceira em um dos mais sombrios e malignos dos casamentos políticos.

A carreira política de Milosevic não decolou até 1986, quando ele se tornou presidente da Liga dos Comunistas da Sérvia. Ele garantiu sua posição como líder de fato da nação sérvia quando, em 1987, declarou a uma multidão de sérvios reunidos em Kosovo: "Ninguém deve ousar bater em vocês". Planejando com êxito a derrubada de Ivan Stambolic — seu mentor e primeiro patrono — como presidente da Sérvia, ele mesmo assumiu esse papel no início de 1988. (Milosevic posteriormente foi acusado de ter ordenado o sequestro e o assassinato de Stambolic em 2000.)

A Iugoslávia era uma criação problemática causada pela ruína dos impérios em 1918 e dominada até a 2ª Guerra Mundial pela monarquia sérvia, embora incluísse bósnios muçulmanos e albaneses de Kosovo, montenegrinos e sérvios ortodoxos e croatas católicos. Do que restara dos massacres étnicos brutais das duas guerras mundiais, o ditador no poder havia muito tempo, marechal Josip Tito, cujos *partisans* haviam liberado a Iugoslávia da ocupação nazista, havia criado um regime forte, usando sua própria personalidade carismática e, menos

O presidente iugoslavo Slobodan Milosevic durante um discurso de eleição na fortaleza sérvia de Berane, em Montenegro, em 20 de setembro de 2000.

conhecido pelo público, polícia secreta e campos de concentração. No entanto, Tito controlou os feudos étnicos mortais dos Bálcãs e deu a seus povos quase 30 anos de paz e ordem. No entanto, a presidência em rotação implementada depois de sua morte, em 1980, deixou um caldeirão étnico fervente que necessitava de uma mão forte para ser controlado. Milosevic preencheu esse vácuo com seus esquadrões da morte, *condottieri* e militares psicopatas, coordenados e financiados sob seu comando pessoal.

Estabelecendo sua meta como a criação de uma "Sérvia Maior", Milosevic colocou o Exército Nacional Iugoslavo (JNA) — então o quarto maior exército na Europa — contra as Repúblicas com tendências separatistas. Ao mesmo tempo, as forças sérvias dentro dessas repúblicas foram incentivadas a se rebelar. Sem uma grande população sérvia, a Eslovênia recebeu permissão de Milosevic, depois de uma "guerra de dez dias", para seguir seu próprio caminho após declarar independência em junho de 1991. O mesmo não ocorreu com a Croácia e a Bósnia-Herzegovina: ele estava determinado a fazer com que suas populações sérvias minoritárias permanecessem dentro da Iugoslávia. Comandantes leais a Milosevic ajudaram a criar enclaves autônomos sérvios em cada uma delas: primeiro, Milan Babic, na região de Krajina, na Croácia, dominada pelos sérvios; e depois o general Ratko Mladic e o psiquiatra que se transformou em demagogo, Radovan Karadzic, dentro da Bósnia. Grupos paramilitares com nomes impressionantes — Tigres de Arkan, Águias Brancas, Chetniks — agiam com violência na Croácia e na Bósnia, governadas pelos sérvios, levando a morte e a destruição aonde iam. No processo, eles criaram um novo termo no vocabulário de guerra, *ethnicko cis ctnjt trena* — literalmente, a "limpeza étnica da terra", ou, simplesmente, limpeza étnica.

O conflito revelou ao mundo imagens que se pensava terem ficado no passado: homens e mulheres emaciados presos atrás de arame farpado em campos de concentração no coração da Europa; estupro em massa; o bombardeio deliberado de cidades como Vukovar, Sarajevo, Dubrovnik e Mostar; e o assassinato indiscriminado de civis inocentes. Finalmente, o genocídio retornou ao continente quando 8 mil bósnios muçulmanos foram massacrados pelas forças sérvias sob o comando do general Mladic, na cidade de Srebrenica, em julho de 1995.

O conflito finalmente terminou em 1995, depois que ofensivas da OTAN e croatas viraram a maré decisivamente contra as tropas de Milosevic. O líder, então, negociou o Acordo de Paz de Dayton e teve permissão para permanecer no poder — e pôde até mesmo se afirmar como o homem que trouxe a paz aos Bálcãs. Mas a paz não durou. Tendo conseguido a posição de presidente da Iugoslávia (reduzida apenas a Sérvia e Montenegro) quando seu mandato como presidente da Sérvia terminou, em 1997, ele logo envolveu seus soldados em uma nova guerra, dessa vez com a província do Kosovo. Um levante armado pela independência dessa província em 1999 foi controlado com a brutal repressão sérvia, e a limpeza étnica voltou mais uma vez à Europa. Dessa vez, porém, isso provocou uma campanha de bombardeios de 74 dias pela OTAN, ordenada pelo presidente norte-americano Clinton e pelo primeiro-ministro inglês Tony Blair, forçando Milosevic a voltar atrás.

Com a economia da Sérvia já à beira do colapso depois da imposição de sanções após o conflito com a Bósnia, novas penalidades internacionais significaram o fim de Milosevic. Depois de eleições presidenciais federais no ano seguinte, ele foi forçado por demonstrações de massa e pelos militares a reconhecer a derrota diante do candidato de oposição, Vojislav Kostunica. Em 2001, Milosevic foi preso pelas autoridades sérvias e mais tarde, no mesmo ano, foi mandado a Haia para ser julgado pelo Tribunal Criminal Internacional para a ex-Iugoslávia para Crimes de Guerra e Crimes contra a Humanidade. Esse julgamento ainda estava em andamento quando Milosevic morreu de problemas cardíacos, em março de 2006. Beneficiando-se a princípio das tendências apaziguadoras e do choque ingênuo dos ministros ocidentais, tudo o que Milosevic conseguiu foi o massacre de milhares de pessoas, o empobrecimento de sua nação e sua própria destruição. A Sérvia é agora uma democracia florescente.

CAÇANDO CRIMINOSOS DE GUERRA

Depois dos Julgamentos de Nuremberg dos líderes nazistas sobreviventes na Alemanha, em 1945-1946, houve uma crescente determinação de que os responsáveis pelos piores crimes nunca deveriam ter permissão para escapar à Justiça. A Carta de Londres, de agosto de 1945, havia estabelecido a natureza dos "crimes de guerra, "crimes contra a paz" e "crimes contra a humanidade"; a meta era criar um conceito de lei internacional novo e aplicável universalmente, centrado nos direitos humanos.

Nos anos que se seguiram, houve importantes esforços para rastrear os sobreviventes da hierarquia nazista, muitos dos quais haviam fugido quando a 2ª Guerra Mundial se aproximava do fim. Uma das caçadas mais dramáticas culminou em 1960, quando os agentes do Mossad, o serviço de inteligência israelense, raptaram Adolf Eichmann na Argentina. Depois da captura de Eichmann, o empenho para localizar e processar outros criminosos de guerra nazistas tem continuado. Em 1987, em outro caso bastante famoso, Klaus Barbie, o "Açougueiro de Lion" da SS, foi condenado à prisão perpétua por um tribunal francês por seu papel na organização da deportação de judeus de Lion para os campos de concentração nazistas.

Os crimes de guerra também foram perpetrados em outros conflitos mais recentes. Isso levou à fundação do Tribunal Penal Internacional (TPI) em Haia, na Holanda, em 2002. Embora não seja endossado por todos os países, o TPI tem conseguido alguns êxitos notáveis em sua perseguição aos criminosos de guerra. Desse modo, em junho de 2007, foi iniciado o julgamento de Charles Taylor, presidente da Libéria de 1997 a 2003, que é acusado de crimes de guerra e de crimes contra a humanidade em resultado de ações cometidas por suas forças na Libéria e em Serra Leoa durante o início da década de 1990. Taylor, um comandante brutal, liderou um exército de crianças e bandidos adolescentes, ficou rico com diamantes de sangue e quase destruiu a Libéria; ele foi outro dos verdadeiros monstros da África. Ainda mais recentemente, o TPI indiciou os que supostamente estiveram envolvidos no genocídio de Darfur, no Sudão. Além do TPI, vários outros organismos têm se envolvido na caça e processo de criminosos de guerra. O mais conhecido deles é o Tribunal Penal Internacional para a ex-Iugoslávia, criado em 1993 para levar à Justiça os responsáveis pelos crimes durante as guerras nos Bálcãs do início da década de 1990. Em 1996, um sérvio-bósnio, Dusan Tadic, tornou-se o primeiro homem a ser condenado pelo tribunal ao ser considerado culpado de assassinato e tortura. Outros processos se seguiram, o mais famoso dos quais foi o de Slobodan Milosevic — o primeiro chefe de estado a ser indiciado por crimes de guerra (ver texto principal). Tendo escapado à captura por mais de uma década — apesar de um mandado internacional para sua prisão —, o assistente sérvio-bósnio de Milosevic, Radovan Karadzic, foi finalmente encontrado em julho de 2008, em Belgrado, onde ele trabalhava como curador *new age* sob falsa identidade. Ratko Mladic, que juntamente com Karadzic foi responsável pelos acontecimentos no território da Bósnia, permanecia em liberdade enquanto este livro estava sendo escrito. O destino de Milosevic é uma mensagem clara a eles e a outros iguais: os perpetradores dos crimes mais horrendos não escaparão à Justiça.

"*End of the Road*", um cartum norte-americano de 1946.

O mais poderoso, rico e assassino dos criminosos do século XX, Pablo Escobar foi o principal chefão colombiano das drogas, que se tornou o cérebro e a figura central do tráfico internacional de cocaína. Ele acumulou bilhões de dólares e, nesse processo, foi responsável por centenas de raptos e assassinatos. Uma figura de "chefão" de magnitude inigualável e uma lei por si mesmo, Escobar ameaçou a própria integridade de estado da Colômbia.

PABLO ESCOBAR 1949-1993

> *A engenhosidade de meu irmão era extraordinária.*
> ROBERTO ESCOBAR

Escobar era filho de um lavrador e de uma professora e cresceu em um subúrbio de Medellín. Ele se envolveu em atividades criminosas desde muito novo, roubando carros e até, segundo se dizia, lápides que limpava com jato de areia antes de vender como se fossem novas. Começou com pequenos crimes, vendendo cigarros de contrabando e bilhetes de loteria falsos; e depois, no fim dos anos 1960, com o aumento da demanda por maconha e cocaína, ele viu a oportunidade no tráfico de drogas.

Durante a primeira metade da década de 1970, Escobar tornou-se cada vez mais importante no Cartel de Medellín, no qual diversos grupos de crime organizado cooperavam para controlar a maior parte do setor de tráfico de drogas da Colômbia. Em 1975, um importante chefe do crime de Medellín, Fabio Restrepo, foi assassinado, e Escobar logo assumiu a operação dele.

Em maio do ano seguinte, Escobar foi acusado de organizar uma rota de drogas para o Equador. Tentou subornar os juízes que presidiam seu caso, mas, quando isso falhou, assassinou os dois oficiais que o prenderam e as principais testemunhas, encerrando assim o caso. Isso se tornou parte de um padrão estabelecido, uma estratégia chamada *plata o plomo* ("moedas de prata ou balas de chumbo", isto é, aceitar um suborno ou enfrentar um assassinato). Ele matou milhares de pessoas, por meio de ordens ou pessoalmente, muitas vezes com selvageria assombrosa.

Escobar também era um astuto agente político, ciente da necessidade de molhar a mão dos políticos locais. Em Medellín, ele também era um Robin Hood populista, contribuindo com pequenas, mas significativas porções de sua fortuna pessoal para projetos de construção locais ou clubes de futebol com dificuldades financeiras, o que lhe deu alguma popularidade entre os moradores da cidade. Teve seu próprio jornal por um breve período, e em 1982 tornou-se deputado do Partido Liberal no Congresso colombiano.

No início da década de 1990, o cartel de Escobar monopolizava o tráfico de drogas sul-americano e era responsável por cerca de 80% da cocaína e da maconha que entravam nos Estados Unidos, no México, em Porto Rico e na República Dominicana. Sua operação envolvia a compra da pasta de coca na Bolívia e no Peru, seu processamento em fábricas de droga espalhadas por toda a Colômbia e o contrabando de milhares de toneladas por semana que saíam do país e entravam nos Estados Unidos por mar, ar e rodovias.

Em 1989, a revista *Forbes* listou Escobar como o sétimo homem mais rico do mundo, com uma fortuna estimada em 24 bilhões de dólares. Ele possuía muitas casas belas, um zoológico particular, diversos iates e helicópteros, uma frota de aviões particulares e até dois submarinos; sua folha de pagamento também incluía um exército particular de guarda-costas e assassinos. Escobar nunca perdoava aqueles que ameaçassem sua posição, mesmo que minimamente: depois de pegar um empregado roubando prata de uma de suas mansões, ele mandou que o infeliz fosse amarrado e jogado na piscina, deixando que se afogasse.

Não demorou muito para que Escobar se tornasse alvo das autoridades norte-americanas. Em 1979, os Estados Unidos e a Colômbia haviam assinado um tratado de extradição como parte de uma atitude mais dura diante do tráfico de drogas. Escobar odiava esse tratado e começou uma campanha de assassinato contra qualquer pessoa que o apoiasse ou que fosse favorável a políticas mais fortes contra os cartéis de drogas. Acreditava-se amplamente que ele estivesse por trás da invasão, em 1985, da Suprema Corte da Colômbia, por guerrilheiros de esquerda, que terminou com a morte de 11 juízes. Quatro anos depois, Escobar ordenou o assassinato de três candidatos à Presidência e também a derrubada de um avião, matando 107 pessoas, e o bombardeio do prédio da segurança nacional em Bogotá, no qual 52 pessoas perderam a vida. No mesmo ano, dois de seus assistentes foram presos em Miami enquanto tentavam comprar mísseis.

Em 1991, à medida que o cerco parecia estar se fechando a seu redor, Escobar propôs um acordo às autoridades colombianas: a fim de evitar a extradição, ele aceitaria cinco anos de prisão. Como parte do acordo, Escobar recebeu permissão de construir sua própria "prisão", que naturalmente era outra mansão luxuosa, de onde ele podia dirigir seu império de drogas por telefone. Ele podia sair para assistir a um jogo de futebol ou ir a uma festa, e também tinha permissão para receber visita, inclusive prostitutas (quanto mais jovens, melhor) e parceiros de negócios, dois dos quais foram assassinados em sua propriedade. Escobar gostava de torturar pessoalmente suas vítimas.

Em 22 de julho de 1992, enquanto estava sendo transferido para uma prisão de nível de segurança mais alto, Escobar conseguiu fugir. As autoridades colombianas iniciaram uma intensa caçada humana, com a ajuda dos Estados Unidos e também de inimigos de Escobar, inclusive do Los Pepes (Pessoas Perseguidas por Pablo Escobar), um grupo paramilitar formado pelas vítimas dele e por membros do rival Cartel de Cáli. Durante a busca, que durou 16 meses, centenas de pessoas foram mortas, tanto policiais quanto auxiliares de Escobar. Por fim, Escobar foi descoberto em uma casa de segurança em Medellín e baleado na perna, no tronco e na cabeça enquanto tentava uma ousada fuga pelo telhado; morreu instantaneamente. Isso aconteceu em 2 de dezembro de 1993, um dia depois de ele ter completado 44 anos.

Os partidários de Escobar consideravam-no um herói elegante e um defensor dos pobres, mas na realidade ele era um marginal de ambição e sadismo sem par. Seus gestos simbólicos de filantropia não disfarçaram a pouca consideração que tinha pela vida humana e, no auge de sua influência, seu cartel foi responsável por uma média de 20 assassinatos a cada mês.

*Pablo Escobar foi o líder do cartel de drogas de Medellín de 1975 a 1993, tornando-se um dos criminosos mais ricos e mais poderosos do século **XX**.*

O CARTEL DE CÁLI

Depois da morte violenta de Pablo Escobar num telhado em Medellín, em dezembro de 1993, o Cartel de Cáli — que havia disponibilizado seus próprios soldados e fundos no esforço conjunto de rastrear Escobar — ficou em posição de proeminência, assumindo o controle das redes de tráfico do fragmentado e desorientado Cartel de Medellín.

Como seu rival, o Cartel de Cáli havia se formado no início da década de 1970, concentrando-se inicialmente em fraudes, raptos e extorsão e só depois se envolvendo no tráfico de drogas. Enquanto o Cartel de Medellín era conhecido por seu estilo selvagem e pelo estilo de vida extravagante de seus membros, Cáli tinha um clima mais executivo e de "cavalheirismo".

Ele foi fundado na cidade de Cáli, no sul da Colômbia, por Miguel e Gilberto Rodriguez Orejuela, dois irmãos de uma família "respeitável". Quando Cáli começou a se envolver no tráfico de cocaína, no fim dos anos 1970, eles estabeleceram células em cidades norte-americanas como Nova York, o que lhes assegurava uma linha constante de distribuição. Ao contrário de Escobar, os irmãos Rodríguez Orejuela preferiam evitar um confronto aberto com o estado. Porém, eles eram igualmente brutais, dizendo a seus agentes que, se eles traíssem o cartel, suas famílias seriam mortas. O Cartel de Cáli também se associou com uma forma sinistra de vigilância, na qual removiam das ruas aqueles que considerassem "indesejáveis", por exemplo, ladrões sem importância, agressores sexuais e, de modo irônico, dependentes de drogas. Depois dessa "limpeza", essas pessoas eram mortas.

O homem mais esquivo do Cartel de Cáli era Francisco Helmer Herrera Buitrago. Escobar ordenou seu assassinato, mas, quando os atiradores abriram fogo em um evento esportivo, Herrera escapou, embora 11 pessoas a seu redor fossem mortas. Aparentemente em uma retaliação direta, o Cartel de Cáli raptou e assassinou Gustavo Gaviria, primo de Escobar. Em 1996, Herrera entregou-se à polícia, sendo o último dos sete líderes do Cartel de Cáli a ser detido em uma grande operação contra o tráfico, realizada em conjunto pelos governos da Colômbia e dos Estados Unidos.

O chefe das drogas colombianas Gilberto Rodríguez Orejuela, um dos fundadores do Cartel de Cáli e um dos mais mortais rivais de Pablo Escobar, é escoltado pela polícia no aeroporto militar de Catam, em Bogotá, em 12 de março de 2003. Orejuela foi, depois, extraditado para os Estados Unidos, onde acabou sendo acusado de tráfico de drogas e lavagem de dinheiro.

Osama bin Laden foi o fanático idealizador dos ataques espetaculares e assassinos com aviões-bomba contra as Torres Gêmeas e o Pentágono que mataram milhares de pessoas inocentes em nome de uma distorção intolerante e dogmática da fé islâmica. Promovendo uma ideologia de jihad que glorifica o assassinato e endossa um culto niilista do suicídio, ele visava eliminar o poderio norte-americano e ocidental, apagar Israel do mapa e restaurar um califado em qualquer parte do mundo que já tenha sido governada pelo Islã. Mas sua única política prática real foi aterrorizar pessoas inocentes e destruir sociedades democráticas tolerantes, usando jovens impressionáveis como bombas vivas contra vítimas escolhidas apenas porque são cidadãs do Ocidente livre e democrático.

OSAMA BIN LADEN — 1957-2011

> *Os pedaços dos corpos dos infiéis estavam voando como partículas de poeira. Se vocês tivessem visto com seus próprios olhos, teriam ficado muito satisfeitos e seu coração teria se enchido de alegria.*
> OSAMA BIN LADEN, NO CASAMENTO DE SEU FILHO DEPOIS DO ASSASSINATO DE 17 SOLDADOS DOS ESTADOS UNIDOS NO BOMBARDEIO SUICIDA DO USS COLE, EM 12 DE OUTUBRO DE 2000

Bin Laden nasceu em Riad, em 1957, como filho de Muhammed Awad bin Laden, que juntou uma imensa fortuna depois que sua construtora conseguiu direitos exclusivos da família real saudita para projetos de construção religiosos dentro do país, e de sua décima esposa, Hamida al-Attas, posteriormente divorciada. Filho único desse casamento, embora tivesse numerosos irmãos por parte de pai, Osama — após o casamento de sua mãe com Muhammad al-Attas — foi criado como um muçulmano sunita, exibindo uma piedade intransigente desde tenra idade.

Ele estudou em uma escola de elite, e depois na Universidade King Abdulaziz, e se casou com sua primeira esposa, Najwa Ghanem, em 1974. Teve outras quatro esposas, divorciou-se de duas e gerou entre 12 e 24 filhos.

Em 1979, Bin Laden, juntamente com milhares de outros partidários devotos da *jihad* — chamados coletivamente de *mujahidin* —, viajaram para o Afeganistão para repelir a invasão da União Soviética. Ele se juntou ao militante Abdullah Azzam e criou a Maktab al-Khadamat, uma organização paramilitar dedicada a ajudar a luta que ele considerava uma *jihad* (guerra santa). A guerra também foi apoiada e financiada pelos Estados Unidos, que temiam a

Osama bin Laden durante uma entrevista com o jornalista paquistanês Hamid Mir, em 10 de novembro de 2001. No artigo, Bin Laden disse que tinha armas nucleares e químicas e que poderia usá-las em resposta a ataques norte-americanos. Mir disse à Reuters que a entrevista de duas horas com Bin Laden havia sido realizada em árabe em um local secreto.

expansão soviética; e quando Bin Laden voltou à Arábia Saudita, em 1990, foi amplamente festejado por ter resistido às forças do comunismo. No entanto, ele já estava fazendo planos para uma nova organização voltada para sua meta de expulsar os Estados Unidos ("o Grande Satã") do mundo muçulmano. Essa organização viria a ser conhecida como Al-Qaeda ("a Base").

Depois da Guerra do Golfo de 1991, Bin Laden denunciou a família real saudita por permitir que tropas norte-americanas ficassem estacionadas no país, até que, em 1992, eles o expulsaram. Ele se mudou para o Sudão, a partir de onde, trabalhando com a Jihad Islâmica Egípcia, idealizou o ataque de 29 de dezembro de 1992 em Aden, no qual duas pessoas morreram. No entanto, depois de uma tentativa fracassada de assassinato contra o presidente Mubarak, do Egito, em 1995, a Jihad Islâmica Egípcia foi expulsa do Sudão, levando Bin Laden a retornar ao Afeganistão, onde se aliou ao Talibã, proporcionando campos de treinamento para milhares de partidários da jihad.

Em 1997, Bin Laden patrocinou o famoso massacre em Luxor, em 17 de novembro, que matou 62 civis, e no ano seguinte a Al-Qaeda bombardeou embaixadas norte-americanas em Nairóbi, no Quênia e na Tanzânia, matando quase 300 pessoas. Uma tendência mais sinistra começou a surgir em outubro de 2000 quando, mais uma vez em Aden, um homem-bomba suicida atacou o navio norte-americano USS Cole, tirando a vida de 17 pessoas. Esse tipo de ação logo se tornou a "arma" preferida da Al-Qaeda: jovens muçulmanos militantes que eram doutrinados a buscar o martírio. Mais tarde, no mesmo ano, Bin Laden e seu braço direito, o dr. Ayman al-Zawahiri — que conhecera durante a guerra no Afeganistão —, assinaram em conjunto uma *fatwa* declarando que os muçulmanos tinham o dever de matar os norte-americanos e seus aliados.

Depois, Bin Laden e al-Zawahiri idealizaram seu plano mais ambicioso. No início da manhã de 11 de setembro de 2001, duas equipes de ativistas da jihad embarcaram em quatro aviões de passageiros nos aeroportos de Washington, Boston e Newark. As autoridades logo souberam que os aviões haviam sido sequestrados por 19 homens do Oriente Médio. Às 8h46 no horário local, o voo 11 da American Airlines bateu na torre norte das Torres Gêmeas em Nova York, os maiores edifícios em Manhattan. As câmeras de televisão testemunharam a catástrofe que se desenrolava, às 9h02, quando o voo 175 da United Airlines bateu na torre sul. Trinta e cinco minutos depois, foi divulgada a notícia de que o voo 77 da American Airlines havia batido contra o Pentágono, na Virgínia, e, às 10h03, o voo 93 da United Airlines, destinado à Casa Branca, foi derrubado na Pensilvânia por passageiros heroicos que haviam sabido do destino dos outros aviões quando falaram freneticamente com seus parentes pelos telefones de bordo.

Cenas do apocalipse aconteceram em Nova York. As Torres Gêmeas, que haviam sido irremediavelmente enfraquecidas pelo impacto dos jatos e pelos incêndios que se seguiram, desabaram — a torre sul às 9h59 e a norte às 10h28 —, matando milhares de vítimas que ainda estavam presas nelas e levantando uma nuvem de poeira que cobriu a região sul de Manhattan. Além dos sequestradores, quase 3 mil pessoas morreram naquele dia: 246 nos aviões, 125 no Pentágono e 2.603 nas Torres Gêmeas (incluindo 341 bombeiros e dois heroicos paramédicos).

Comprometendo-se com uma guerra contra o terrorismo, os Estados Unidos juraram caçar Bin Laden, que já estava entre os primeiros na lista de mais procurados pelo FBI. As forças aliadas logo derrubaram o regime talibã no Afeganistão, onde a Al-Qaeda havia operado durante anos, mas Bin Laden havia fugido para as montanhas na fronteira do Afeganistão e do Paquistão. Uma oportunidade de capturá-lo ali foi perdida no fim de 2001, quando tropas que avançavam deixaram de procurar nas cavernas Tora Bora onde era quase certo que ele estivesse escondido. Quando as cavernas foram atacadas posteriormente, em agosto de 2007, ele já não estava mais lá.

A torre sul do World Trade Center irrompe em chamas depois de ser atingida pelo voo 175 da United Airlines que havia sido sequestrado, enquanto a torre norte queima devido a um ataque anterior por um avião sequestrado, em Nova York, em 11 de setembro de 2001. Os chocantes ataques aéreos ao enorme complexo comercial onde mais de 40 mil pessoas trabalhavam todos os dias foram parte de um ataque coordenado que visava ao coração financeiro do país. Eles destruíram um dos mais marcantes símbolos do poder e da força financeira dos Estados Unidos e abalaram Nova York.

Desde o 11 de setembro, os muçulmanos radicais, estimulados pela mensagem distorcida de ódio e de violência enviada por Bin Laden, têm continuado incansavelmente a campanha assassina da Al-Qaeda. Em 12 de outubro de 2002, três bombas explodiram em Bali, matando 202 pessoas e ferindo outras 209. Depois, em 2004, uma série de bombas explodiu na rede ferroviária de Madri, tirando a vida de 191 pessoas e ferindo 1.755. No ano seguinte, em 7 de julho, Londres foi o alvo de três bombas que explodiram em intervalos de um minuto entre elas durante a hora do *rush* matinal do sistema de metrô londrino e de outra bomba que explodiu em um ônibus em Tavistock Square menos de uma hora depois. Além dos quatro homens-bomba, 52 pessoas morreram e 700 ficaram feridas. Outra carnificina foi evitada uma noite depois, quando as bombas carregadas por quatro homens-bomba não explodiram. Em outubro do mesmo ano, houve um segundo ataque a Bali, com 20 mortos e 129 feridos. Por meio de uma campanha de bombardeios cruéis no Iraque, a Al-Qaeda concentrou-se em fomentar um massacre sectário entre os muçulmanos sunitas e xiitas para frustrar os planos norte-americanos de uma democracia iraquiana.

Em 2 de maio de 2011, Bin Laden foi morto a tiros dentro de um complexo residencial privado em Abbottabad, no Paquistão, por membros do United States Naval Special Warfare Development Group e por gentes da CIA em uma operação secreta ordenada pelo presidente dos EUA, Barack Obama.

BOMBARDEIOS SUICIDAS

O uso de ataques suicidas não é novo. Durante os últimos estágios da 2ª Guerra Mundial, quando o Japão enfrentava uma derrota quase certa, os camicases ("vento divino") japoneses jogavam seus aviões contra navios de guerra aliados, continuando uma longa tradição de sacrifício e suicídio. A ideia foi proposta pela primeira vez em outubro de 1944, pelo vice-almirante da marinha japonesa, Takijiro Onishi, que, com a missão de enviar um ataque a uma frota norte-americana na costa das Filipinas com um esquadrão extremamente inadequado, percebeu que o único modo de infligir dano significativo era usar seus aviões como se fossem mísseis guiados. Não havia escassez de voluntários, cada um assumindo o lema "Um homem – um navio". Os ataques chegaram ao auge durante os 82 dias da Batalha de Okinawa, quando, em 6 de abril de 1945, quase 1,5 mil aviões japoneses conseguiram afundar mais de 30 navios de guerra norte-americanos, como parte da Operação Kikusi ("crisântemos flutuantes"). Um piloto camicase, o tenente Yukio Sekio, resumiu a ideologia perversa de seus companheiros: "É melhor morrer", disse ele, "do que viver como um covarde". No total, houve cerca de 5 mil ataques camicases, que resultaram em 36 navios norte-americanos afundados e 368 danificados. Os japoneses também usaram lanchas suicidas; torpedos suicidas com um minúsculo *cockpit* e periscópio; minissubmarinos suicidas que carregavam explosivos em vez de torpedos; mergulhadores suicidas que carregavam explosivos e soldados de infantaria suicidas que carregavam minas antiveículos blindados de combate.

O USS St Louis explode depois de ser atingido por um piloto camicase japonês no golfo de Leyte, nas Ilhas Filipinas, em 1944.